ANALECTA DIVIONENSIA

CORRESPONDANCE

DE LA

MAIRIE DE DIJON

EXTRAITE

DES ARCHIVES DE CETTE VILLE

PUBLIÉE POUR LA PREMIÈRE FOIS PAR

JOSEPH GARNIER

Conservateur des Archives du département de la Côte-d'Or
et de l'ancienne province de Bourgogne,
Correspondant du Ministère de l'Instruction publique,
Membre de l'académie de Dijon.

TOME DEUXIÈME

DIJON

J.-E. RABUTOT, IMPRIMEUR-ÉDITEUR

MDCCCLXX

ANALECTA
DIVIONENSIA

ANALECTA DIVIONENSIA

DOCUMENTS

INÉDITS POUR SERVIR

A L'HISTOIRE DE FRANCE

ET PARTICULIÈREMENT A CELLE

DE BOURGOGNE

TIRÉS DES ARCHIVES ET DE LA BIBLIOTHÈQUE DE DIJON

DIJON

J.-E. RABUTOT, IMPRIMEUR-ÉDITEUR

MDCCCLXX

CORRESPONDANCE

DE LA

MAIRIE DE DIJON

EXTRAITE

DES ARCHIVES DE CETTE VILLE

PUBLIÉE POUR LA PREMIÈRE FOIS PAR

JOSEPH GARNIER

Conservateur des Archives du département de la Côte-d'Or
et de l'ancienne province de Bourgogne,
Correspondant du Ministère de l'Instruction publique.
Membre de l'académie de Dijon.

TOME DEUXIÈME

PRÉCIS HISTORIQUE

Il y avait à peine un an que Henri II avait succédé à François Ier lorsque l'*Interim* arrêté entre Charles-Quint et les luthériens, irritant profondément la cour romaine, brouilla le pape avec l'empereur. Le nouveau roi, dont cette querelle servait la politique, et qu'il espérait envenimer davantage au moyen des intrigues nouées par ses agents en Italie, voulut se rapprocher du théâtre des événements. Sous prétexte donc de visiter la frontière de l'Est, il s'achemina par la Champagne, fit une entrée solennelle à Troyes et descendit en Bourgogne. Claude de Guise, gouverneur des deux provinces, qui, suivant l'exemple de ses prédécesseurs, tenait à ce que la cour se montrât satisfaite, n'avait point épargné les messagers aux magistrats de Dijon « pour les admonester de toutes choses (1). » L'événement répondit à ses désirs. Arrivé le 1er juillet 1548, Henri II, au sortir de la Chartreuse, trouva dans la prairie qui s'étendait au pied

---

(1) N⁰ˢ 263 à 269 du Recueil.

du couvent la milice bourgeoise rangée en bataille, 1,500 hommes « bien dressés, » et à leur tête le vicomte mayeur, qui lui présenta les clefs de la ville. Entré par la porte d'Ouche, le roi se rendit en grande pompe à l'église Saint-Bénigne, où, « satisfait de la liesse avec laquelle il avait été reçu, » il jura la conservation des priviléges de la ville, et reçut le serment de fidélité des habitants. Le chancelier Olivier, les cardinaux de Guise, de Châtillon et de Saint-André, le connétable de Montmorency, le grand écuyer, le duc de Guise, furent les témoins de cette solennité, après laquelle le maire, suivant l'antique cérémonie, prit le coursier du monarque par la bride et le conduisit à travers les rues, tendues de tapisseries et décorées « d'arcs triomphaux, en sa maison de Dijon (1). »

Le lendemain ce fut le tour de la reine Catherine de Médicis, en l'honneur de laquelle on renouvela les mystères et autres représentations scéniques de la veille; puis, le mercredi, tout le corps de ville s'étant rendu au palais, Guillaume Bataille, échevin, « fit le propos » à Leurs Majestés; puis le maire offrit au roi, de la part de la ville, une belle coupe en or, et à la reine une salière aussi en or « en forme de melon. »

Six mois plus tard, Renée de France, duchesse de Ferrare, qui venait de fiancer Anne, sa fille, avec François, fils aîné du duc de Guise, faisait aussi son entrée à Dijon. Ce dernier, on le comprend, fier de cette alliance avec la maison de France, avait donné des ordres pour que rien ne manquât à la réception de la fille de Louis XII (2). On releva donc les arcs de

---

(1) Délibération de la chambre de ville.
(2) N° 269 du Recueil.

triomphe, les échafauds des « momeries, » et tous ceux des habitants qui possédaient un cheval durent se réunir aux officiers municipaux pour se porter au-devant de la princesse et l'escorter au Logis-du-Roi, où son logement avait été préparé (1).

Si la révolte, qui avait éclaté en Guyenne pendant le séjour du roi en Italie, avait compromis le succès des négociations entamées avec la papauté, l'intervention française dans les affaires d'Ecosse eut des résultats plus heureux. En même temps qu'un corps franco-écossais pénétrait dans le nord de l'Angleterre, le roi, à la tête d'une nombreuse armée, envahissait le Boulonnais, et, sauf Calais et Boulogne, reprenait toutes les places du littoral (2).

L'année suivante, les fils aînés du premier des Guise invitaient les villes, gentilshommes et estats du pays à assister aux obsèques de leur père, décédé le 12 avril à Joinville (3). Obtempérant à ce désir, la mairie de Dijon, qui avait déjà fait célébrer un service funèbre à la Sainte-Chapelle, y envoya des députés porteurs de torches aux armes de la ville.

Le court règne de François II n'est représenté dans notre recueil que par un seul document relatif à la conspiration d'Amboise : ce sont les lettres royaux du 1ᵉʳ septembre 1560, enjoignant aux gens d'armes des ordonnances de rejoindre au plus vite leurs compagnies « afin d'obvier aux séditieux, qui firent telle démonstration à Amboise, et dont la malice est telle-

---

(1) Délibération de la chambre de ville.
(2) N° 270 du Recueil.
(3) N° 271.

ment empirée qu'ils sont préparés à faire encore plus les fous. » Les Guise avaient déterminé François II à mettre en jugement les Bourbons, et toutes les forces du royaume étaient mises sur pied pour neutraliser les efforts de leurs partisans (1).

Trois mois plus tard François II cédait la place à son frère Charles IX, qui gouvernait sous la tutelle de sa mère, Catherine de Médicis. Elle inaugura le nouveau règne en convoquant les états généraux à Orléans. L'assemblée fut des plus solennelles, et, sans parler des remontrances qui y furent faites, les réformes qu'on sollicitait furent en grande partie sanctionnées par un édit demeuré célèbre. Toutefois, comme en matière de subsides les députés, effrayés des demandes de la cour, s'étaient reconnus sans pouvoirs suffisants pour décider; on les ajourna après la séance royale du 31 janvier. Revenus dans leurs foyers, ces députés, qui avaient été les témoins des luttes des Guise avec les Montmorency et les Bourbons pour s'emparer du pouvoir, saisirent avec bonheur cette occasion d'en faire au gouvernement telle représentation que leur suggérait le parti dominant auquel la province appartenait.

La cour, qui, ses demandes consenties, n'aspirait qu'à se débarrasser de ces surveillants incommodes, les gourmanda vivement de cette dérogation à leurs attributions, et protesta que la bonne intelligence n'avait cessé de régner dans les conseils du roi. Les gouverneurs de provinces eurent ordre de rassembler leurs états pour délibérer seulement sur les moyens

---

(1) N° 274 du Receuil.

de procurer les subsides réclamés, et déléguer un représentant de chacun des ordres à l'assemblée générale convoquée à Melun (1), « afin de prendre advis sur ce qui devra se faire au fait de la religion, en attendant le fruit d'un bon et saint concille (2). »

Deux autres dépêches du 2 avril (3) accentuent encore plus cette prétendue bonne union. Le duc d'Aumale, fils puîné du duc de Guise, qui avait hérité de son gouvernement de Bourgogne, recevait l'ordre exprès de faire exécuter l'édit de Romorantin, et Gaspard de Saulx-Tavannes, son lieutenant, celui de convoquer les états et de presser la nomination des députés (4).

Ces diverses dépêches n'étaient qu'un leurre, car pas plus catholiques que protestants n'étaient disposés à faire des concessions, et la reine Catherine, flottant entre les deux partis, prétendait les dominer les uns par les autres; aussi la crise devenait de plus en plus imminente, et la catastrophe de Vassy en détermina l'explosion.

A cette époque la province de Bourgogne, depuis longtemps gouvernée par les Lorrains, s'était toujours montrée rebelle aux idées nouvelles. La plus grande partie de sa noblesse s'en était préservée, et, sauf quelques ecclésiastiques, un petit nombre de magistrats, le calvinisme ne comptait de prosélytes que dans la bourgeoisie et surtout parmi les artisans qui, dans leurs voyages ou l'exercice du métier, s'é-

---

(1) Elle se tint à Pontoise.
(2) N° 275 du Recueil.
(3) N° 276.
(4) N° 277.

taient trouvés en contact avec les nouveaux sectaires, soit comme compagnons, soit comme ouvriers ou patrons. Dès 1554, à Dijon, où cependant le Parlement faisait rigoureusement exécuter les édits rendus contre la Réforme, le nombre des protestants était devenu assez grand pour éveiller l'attention de la chambre de ville et nécessiter de sa part une surveillance que ces derniers justifièrent bientôt par des actes, tels que l'insulte publique aux ministres et aux cérémonies du culte, et par le bris des images qui décoraient l'extérieur des églises (1).

La découverte de la conspiration d'Amboise accrut encore plus les haines religieuses qui divisaient la population. Tandis que les magistrats catholiques contraignaient par commissaires les maîtres et les serviteurs suspects d'hérésie à s'acquitter de leurs devoirs religieux; qu'ils interdisaient le chant des psaumes en français, ceux-ci répondaient par des placards menaçant de mort les parlementaires intolérants; et, de connivence avec le prieur des Carmes, accusé de tenir des propos contraires à l'ancienne foi, ils couraient en foule à ses sermons, et, au grand scandale des catholiques, ils entonnaient leurs psaumes et ne les cessaient qu'à l'arrivée du prédicateur (2).

Ce fut bien pis quand, à l'occasion du colloque de de Poissy, la cour essaya de tenir la balance égale entre les papistes et les huguenots. Quoique Tavannes, qui commandait en Bourgogne sous le duc d'Aumale,

(1) Délibération de la chambre de ville.
(2) Idem.

se fût opposé à l'enregistrement de l'édit de tolérance de janvier 1651, et qu'il eût maintenu la province sous l'autorité des précédents édits, les protestants n'en tinrent compte. Ils continuèrent à baptiser leurs enfants à la mode de Genève, à couvrir les murs de placards incendiaires, à tourner en dérision les cérémonies du culte, sans laisser échapper l'occasion d'en détruire les images (1). Cantonnés pour la plupart dans la rue des Forges (2), ils avaient, pour favoriser « leurs conventicules, » établi des communications entre chaque maison, et y recevaient presque ouvertement les prédicants arrivés de Genève.

Toutes ces menées, qui, dans un quartier aussi central, ne pouvaient échapper à la population catholique, lui causaient une irritation si violente, que peu s'en fallut qu'une collision n'éclatât. Le jour de la Toussaint 1561, les vignerons de la paroisse Saint-Philibert, sur le bruit que les huguenots leur avaient soustrait une image de en argent Notre-Dame, s'assemblèrent au son du tocsin pour aller attaquer les huguenots qui s'étaient barricadés dans leurs quartiers. Ce ne fut pas trop de la milice bourgeoise tout entière pour contenir les vignerons et contraindre les réformés à rentrer chez eux. Le lendemain, nouvelle alerte : les vignerons, ne se voyant pas les plus forts, avaient appelé leurs amis des campagnes, et il fallut

---

(1) Registre de la chambre de ville.
(2) Avant l'ouverture de la rue Condé, en 1721, la rue des Forges, commençait au carrefour du coin du Miroir et se continuait par les rues Notre-Dames et de l'Arbre-de-Jessé jusqu'au jardin du Logis-du-Roi, aujourd'hui place des Ducs.

fermer les portes et procéder avec vigueur contre les perturbateurs des deux partis (1).

C'est alors que la mairie alarmée s'adressa au duc d'Aumale (2) qui, vraisemblablement, retourna la dépêche à son lieutenant.

Donc, à la nouvelle du massacre de Vassy, et en même temps que Poitiers, Orléans, Bourges et Lyon se livraient aux protestants, ceux de Dijon essayèrent de soumettre la ville. Mais Tavannes, qui ne les perdait pas de vue, ne leur en donna pas le temps. Informé de leurs préparatifs, il défendit, sous peine de mort, tout rassemblement de nuit, et occupa fortement la maison du Miroir, qui assurait ses communications avec le Château, par où arrivèrent en toute hâte les compagnies qu'il avait mandées. Dès lors, maître de la situation, il désarma les huguenots, prit des ôtages, en chassa 1,200 de la ville, parmi lesquels des magistrats, des bourgeois et tous les étrangers, et s'assura aussitôt, par les mêmes moyens, des villes de Beaune, d'Auxonne et de Seurre. Il fut moins heureux pour Chalon et Mâcon : les huguenots, plus nombreux, le prévinrent et se livrèrent à mille profanations, qu'ils couronnèrent à Chalon en ouvrant les portes à Montbrun, capitaine huguenot du Dauphiné. Tavannes, voyant l'ennemi au cœur du duché, ne s'amusa point à demander des ordres à la cour ; il manda le ban et l'arrière-ban, rassembla ses compagnies, exigea l'argenterie des églises pour

---

(1) Délibération de la chambre de ville. — C'est cette échaufourée que M. H. Martin appelle un combat acharné. — *Histoire de France*, VIII, 107.

(2) N° 279 du Recueil.

en assurer la solde. et courut à l'ennemi. Il rencontra Montbrun, le battit, recouvra Chalon, Tournus, et par d'habiles manœuvres, magré la disproportion des forces, il expulsa les huguenots de son gouvernement. C'est alors qu'en réponse à la dépêche où il notifiait ce succès à la régente, celle-ci, lui adressant ses félicitations, l'engagea à profiter de la circonstance pour nettoyer la Bourgogne de cette vermine de prédicants qui y avait mis la peste (1).

Au nombre des suspects expulsés par Tavannes figurait Jacques de Vintimille, conseiller au Parlement, et l'un des membres les plus distingués de cette cour, qui comptait alors tant d'hommes remarquables. Jacques, sans être calviniste, fréquentait quelques maisons suspectes; il partageait les idées de tolérance du chancelier l'Hospital, et il avait essayé de les faire prévaloir lors de la présentation de l'édit de janvier. Il n'en fallut pas davantage pour le proscrire. La mairie fit une enquête contre lui. Ses collègues du Parlement ne se montraient pas moins irrités, et c'est à grand'peine que, à la sollicitation de Guillaume de Saulx (2), fils aîné de Tavannes, ils lui permirent de rentrer pour se justifier et professer sa foi catholique suivant les articles écrits par la Sorbonne.

Notre Recueil n'a conservé de relatif à l'entrée du roi Charles IX, qui eut lieu en 1564, que le marché conclu par la mairie avec un Italien établi à Bâle (3), autant pour cette circonstance que pour accroître les

---

(1) N° 278 du Recueil.
(2) N°s 280 et 281.
(3) N° 283.

moyens de défense d'une place qui devait être toujours sur le qui-vive. Avec Tavannes et Guillaume son fils, qui, récemment nommé bailli de Dijon, était encore son lieutenant, il fallait être toujours sous les armes. Tantôt il s'agissait d'arrêter les protestants, qui, sans mandement du roi, couraient à la défense de Genève, menacé par le duc d'Albe (1), de passer des revues pour s'assurer du nombre des hommes en état de porter les armes (2). A l'occasion du passage de l'armée du duc d'Albe à travers la Franché-Comté, les précautions redoublent; on se garde comme en emps d'éminent péril (3). Ce fut bien pis quand on reçut le manifeste par lequel le roi protestait de maintenir son édit de tolérance (4). Tavannes, qui savait à quoi s'en tenir sur la bonne foi d'une déclaration destinée à abuser les réformés, mit, à la première nouvelle de l'affaire de Meaux, toute la province sous les armes (5). Ce fut la première application de la ligue du Saint-Esprit, qu'il avait l'année même organisée dans son gouvernement. Ces préparatifs de défense cessèrent à la paix de Longjumeau, à l'occasion de laquelle Tavannes se vit obligé de démentir les faux bruits répandus chez les catholiques sur de prétendus avantages octroyés aux protestants (6), et de prendre les mesures les plus sévères pour sa stricte observation par les gens des deux partis (7).

(1) N° 284 du Recueil.
(2) N° 285.
(3) N° 286.
(4) N° 287.
(5) N°s 288, 289.
(6) N° 290.
(7) N° 291.

Cette paix de Longjumeau, qui n'avait contenté personne, ne pouvait être considérée que comme une trêve; car, moins de cinq mois après, la guerre civile éclatait avec plus de fureur que jamais. Cette fois, la Bourgogne allait avoir sa part des malheurs publics. Tavannes l'avait quittée pour diriger le duc d'Anjou, nommé général de l'armée destinée à combattre les réformés dans l'Ouest. Tandis que le duc d'Aumale faisait tête en Alsace aux reîtres protestants que le prince de Condé et le duc des Deux-Ponts amenaient au secours de Coligny, Claude de Saulx-Vantoux, cousin de Tavannes et son lieutenant dans le duché, disposant de trop peu de forces pour tenir la campagne, les dispersa dans les places, et attendit l'ennemi derrière ses murailles. Entrés en Bourgogne par la Franche-Comté, les reîtres insultèrent les faubourgs de Dijon, brûlèrent ceux de Nuits; mais, suivis de près par le duc d'Aumale, qui, mieux conseillé, aurait pu leur faire éprouver des pertes sensibles, ils traversèrent rapidement la Bourgogne et le Nivernais, en détruisant tout sur leur passage, franchirent la Loire à La Charité, et opérèrent leur jonction avec l'amiral. Guillaume de Tavannes, qui servait dans l'armée du duc d'Aumale, félicita les magistrats de Dijon de la conduite qu'ils tinrent dans cette circonstance (1).

Après un an de luttes sans résultat pour les catholiques, le roi Charles, sur le point de signer les articles de la paix de Saint-Germain, prescrivait à Saulx-Vantoux de cesser les hostilités en Bourgo-

(1) N° 292 du Recueil.

gne (1), et Henri d'Anjou, son lieutenant général, lui transmettait les mêmes ordres.

Tavannes, qui avait conquis son titre de maréchal sur les champs de bataille de Jarnac et de Montcontour, céda sa lieutenance générale à Éléonor Chabot, comte de Charny, grand-écuyer de France, dont son fils Guillaume allait épouser la fille.

Notre Recueil n'a conservé aucunes dépêches relatives soit à l'exécution de l'édit de pacification en Bourgogne, où l'exercice du culte réformé rencontra toujours une opposition énergique, soit aux conséquences du massacre de la Saint-Barthélemy, que Charny, sur l'avis de Jeannin, alors simple conseil des états, refusa d'exécuter; il passe sans transition à l'année 1574. Des libraires de Paris impriment la Cosmographie de Munster, et le roi, désireux d'y voir figurer la ville de Dijon, enjoint à Charny de permettre aux magistrats « d'en faire faire le plan par quelqu'un qui entende la perspective (2). »

Édouard Bredin ne put finir en paix le « véritable pourtraict » qu'il avait commencé. Quarante jours plus tard, à la réception d'une nouvelle dépêche du roi (3), les habitants, arborant la croix blanche, veillaient sur leurs remparts pour éviter les surprises, et s'approvisionnaient en prévision d'un siége. Les protestants, disait la dépêche, abusés par de faux bruits, s'agitaient dans l'Ouest et, un an après la Saint-Barthélemy, élevaient des prétentions qu'ils n'avaient jamais osé avouer auparavant. Mais ce que

---

(1) Nos 293 et 294 du Recueil.
(2) No 295.
(3) Nos 296, 297

le roi taisait, c'était la participation de son frère d'Alençon et du roi de Navarre à ces troubles, et leur incarcération à Vincennes.

Charles IX, déjà mourant quand il expédiait cette lettre à nos magistrats, exigea peu après qu'ils prêtassent entre les mains de Charny un nouveau serment d'obéissance et de fidélité (1). Douze jours n'étaient pas écoulés, que ce dernier leur transmettait copie de la lettre que lui écrivait Catherine (2) pour l'informer que, « cédant à l'instante du feu roy, » elle avait consenti à se charger de l'administration du royaume jusqu'à l'arrivée du roi de Pologne. Elle le priait, pour la bonne dévotion et affection qu'il avait toujours fait paraître au bien public, d'obvier à toutes entreprises contraires à la tranquillité générale.

Bernard d'Esbarres, vicomte mayeur, convoqua aussitôt la chambre de ville; il lui annonça la perte que le royaume venait de faire « d'un si bon prince, « auquel Dieu et nature avaient, par grande singu- « larité et excellence, mis ce qui estoit requis pour « gouverner son peuple avec piété et justice, » et proposa de reconnaître le roi de Pologne comme son successeur et la régence de Catherine (3).

La guerre civile, qui avait salué le retour de Henri III, se continua avec des succès divers durant toute l'année 1575. Menacé d'une nouvelle invasion du duc des Deux-Ponts, le roi, presque coup sur coup, avait recommandé aux magistrats de se tenir

---

(1) Registre des délibérations de la chambre de ville.
(2) N° 298 du Recueil.
(3) Registre des délibérations de la mairie.

sur leurs gardes (1), et défendu de recevoir son frère d'Alençon, qui venait de quitter la cour pour se mettre à la tête des mécontents (2). La Bourgogne était dans les alarmes, et elles redoublèrent quand des lettres de Chaumont confirmèrent l'approche des 18,000 reîtres conduits par Jean-Casimir et le jeune prince de Condé (3).

Ce fut, hélas! la répétition encore plus désastreuse des saccagements de 1569. Les reîtres, débouchant par le Bassigny, défilèrent autour de Dijon, dont toute la population gardait les remparts ; ils assiégèrent Nuits, en massacrèrent les habitants au mépris de la capitulation, et, laissant derrière eux la ruine et toutes les horreurs qu'engendre une soldatesque barbare, ils rejoignirent le duc d'Alençon en Bourbonnais.

Charles, duc de Mayenne, qui avait succédé à son oncle d'Aumale, et qui commandait une armée royale, montra la même impéritie que son prédécesseur; il ne sut ni défendre son gouvernement, ni s'opposer à la jonction des réformés : aussi leur attitude devint-elle si menaçante, que le roi et Catherine se hâtèrent d'accepter leurs conditions. L'effet en fut désastreux, et provoqua de la part des catholiques une réaction sous le nom de Ligue, qui prit bientôt de formidables proportions. Les états-généraux de Blois s'ouvrirent sous ces auspices.

Le tiers état de la ville et du bailliage y étaient re-

---

(1) N° 299 du Receuil.
(2) N° 300.
(3) N° 301.

présentés par l'avocat Royhier, catholique ardent, qu'on retrouvera plus tard parmi les ligueurs obstinés. Il avait été élu à l'assemblée convoquée à Beaune le 22 octobre, à cause de la peste qui régnait à Dijon (1).

La députation de Bourgogne, qui, d'accord avec le clergé, avait émis un vœu favorable à la réception pure et simple du concile de Trente, se montra plus modérée en ce qui concernait le culte réformé. Tout en opinant pour qu'il n'y eût désormais qu'une seule religion dans l'Etat, elle se rallia à ceux qui demandaient que les dissidents fussent ramenés par les voies de douceur.

Royhier, comme plus tard son confrère Bernard aux états de Blois et de Paris, informait ses collègues de la chambre de ville des événements qui s'accomplissaient sous ses yeux. Malheureusement il ne nous reste qu'une seule dépêche de cette correspondance, qui, à en juger par les registres de la ville, fut des plus actives. Par sa lettre du 21 décembre, il mandait avoir présenté au roi, qui l'avait merveilleusement accueillie, la requête de la ville apportée par un exprès de M. de Charny. Il les entretenait de la rédaction des cahiers, et terminait en espérant qu'il sortirait de cette assemblée « un bon et saint effet, » d'autant qu'on avait un roi vertueux et généreux, qui le témoignait par ses propos et par ses actes (2).

Si Royhier, comme on le voit, s'était laissé prendre aux démonstrations ultra-catholiques de Henri III, ses

(1) N° 303 et 304 du Recueil.
(2) N° 305.

confrères de la chambre de ville lui témoignèrent que, bien qu'éloignés de la scène principale, ils n'avaient point été la dupe de la comédie qui s'y jouait et que tout fervents catholiques qu'ils se fussent montrés, leur majorité n'était pas disposée à seconder les machinations des Guises. En effet, le roi, dans son zèle pour l'extermination des hérétiques, venait cependant d'accorder le libre exercice de leur culte, confirmé les articles de la ligue catholique jurée en Picardie, et il en avait, le 2 décembre, fait expédier des copies dans toutes les provinces du royaume, avec ordre aux gouverneurs de la faire accepter et de lui renvoyer dans six semaines le rôle de tous les adhérents. Charny les avait aussitôt présentés au corps de ville, qui, d'accord sur le fond, avait fait ses réserves sur certains articles, et, nonobstant l'opposition du lieutenant-général, avait décidé qu'avant de prendre aucun parti, requête serait présentée au roi. C'était celle mentionnée dans la lettre de Royher.

La principale de ces réserves portait sur le serment de fidélité « au Roi, à sa postérité et maison de Valois, » phrase qui, dans le texte officiel, semblait exclure la branche de Bourbon, et à laquelle les Dijonnais voulaient ajouter : « aux quels cy après, par succession légitime et loy du royaume, la couronne sera déférée, » en attendant que Royhier, de retour des états et déjà livré aux Guises, y fît ajouter comme correctif : « pourvu qu'ils vivent en la religion catholique, apostolique et romaine. » Les autres avaient trait aux garanties des cotisations volontaires, au choix des commandements, au recrutement du conseil de l'association, à l'observation des édits rendus sur les remontrances des états généraux, et à l'obligation imposée à toute magistrature de servir l'association.

Cette détermination de la chambre, renouvelée le 4 janvier, était d'autant mieux fondée, qu'à peu près vers le même temps le roi, mandant les députés de Bourgogne, les avait pressés d'organiser la Ligue dans leur pays, et que ceux-ci s'étaient excusés de ne rien faire sans consulter auparavant les Etats de la province.

Dans cette conjoncture, le Roi chargea l'un d'eux, Nicolas de Bauffremont, baron de Sennecey, grand prévôt de son hôtel, de se rendre à Dijon et d'y convoquer les états (1). Sennecey, à la prière des magistrats municipaux, consentit à ce qu'ils réunissent les députés des villes du bailliage, afin de leur communiquer au préalable les articles amendés; mais diverses circonstances empêchèrent cette assemblée, le Parlement refusa de s'y associer en corps; de telle sorte que la mission de Sennecey n'aboutit point.

Or, bien que les plus ardents parmi les catholiques se fussent empressés de signer les articles de la nouvelle association, la confrérie du Saint-Esprit, organisée en 1567, par Tavanes, dans un but exclusivement religieux, persista pour le plus grand nombre jusqu'au jour où les déportements de Henri III et l'influence de plus en plus prépondérante des Lorrains la changèrent en parti politique.

Les députés aux états avaient à peine regagné leurs foyers, que la guerre recommença avec les ré-

(1) N° 306 du Recueil.

formés; Chabot-Charny, faisant trêve à la douleur qu'il éprouvait de la perte de sa seconde femme (1), mit la province en défense et réorganisa à cet effet le guet de la ville, à la grande satisfaction des habitants (2). Le traité de Bergerac (septembre 1577) suspendit bientôt les hostilités.

Si courte que fut cette guerre, elle n'en avait pas moins contribué, avec les folles dépenses du roi, à épuiser le trésor, et, comme les états généraux s'étaient refusés à en combler le vide, Henri III crut devoir s'adresser directement à ceux de la province; Jean de la Guesle, ancien président du Parlement de Dijon et procureur général en celui de Paris, fut envoyé en qualité de commissaire aux états de Bourgogne (3). Ceux-ci consentirent volontiers à octroyer le don gratuit demandé, mais sous la condition de supprimer du même coup tous les subsides extraordinaires exigés contrairement aux priviléges du pays. Ces résolutions portées au pied du trône par les élus, le roi consentit à grand'peine l'abolition du cinquième sur le vin et de la traite foraine; mais ces concessions furent jugées insuffisantes. Réunis de nouveau au mois de mars 1579 (4), pour entendre le rapport de leurs délégués, les états sommèrent le roi d'avoir à supprimer les impôts levés contrairement au pacte qui liait la Bourgogne à la France, de convertir en loi les articles arrêtés aux derniers états généraux, et se montrèrent si unanimes, que le roi révoqua tous ses édits bursaux.

(1) N° 307, 308 du Recueil.
(2) N° 309.
(3) N° 310.
(4) Archives de la Côte-d'Or, délibérations des états.

L'ordonnance de mai 1579 répondit en partie aux désirs manifestés par nos états; mais, pour le surplus, la guerre des amoureux, qui ne tarda point à éclater, et les dilapidations qui continuèrent de plus belle, ajournèrent indéfiniment le bien qu'on en attendait.

Pendant ce temps, la ville avait acquis et réuni à la mairie la prévôté royale, qui, depuis longtemps, n'était plus qu'une ferme; elle disputait à celle de Saint-Jean-de-Losne le monopole d'un poids public, lorsque, à la nouvelle de la prise de La Fère par le prince de Condé et du soulèvement du Poitou (1); elle met de nouveau sa milice sous les armes. Chabot-Charny, malade de la goutte, parcourut en litière toutes les villes de son gouvernement, et, en fidèle serviteur de la couronne, il recommandait à leurs habitants une surveillance sévère, aussi bien contre les pillards des deux partis qui battaient la contrée, que contre les menées ténébreuses des Lorrains, qui se décelaient chaque jour davantage (2).

Ces divers mouvements, ceux des protestants allant à la défense de Genève, des troupes levées pour le frère du roi nommé duc de Brabant (3), des reîtres, dont on annonçait une nouvelle invasion, tinrent la ville en haleine durant les années 1580, 1581 et 1582 (4).

Henri d'Anjou étant mort en mai 1584, cet événement, qui faisait d'un hérétique (le roi de Navarre) l'héritier présomptif de la couronne, vint fournir un

---

(1) Nos 311, 312 du Recueil.
(2) Nos 313 à 320.
(3) Nos 322, 323.
(4) Registre des délibérations de la chambre de ville.

nouvel aliment aux passions religieuses et favoriser d'autant les desseins ambitieux des Guise. C'est alors que Mayenne s'empara des places de Dijon et d'Auxonne, et qu'il confia le gouvernement de cette dernière à Jean de Saulx, vicomte de Tavannes, le plus jeune des fils du maréchal, et qui était aussi sympathique à la Ligue que son frère Guillaume se montrait dévoué au roi légitime. Mais bientôt les habitants « marris d'avoir été faits ligueurs contre leur volonté, » se concertèrent avec leur voisin Joachim de Rochefort, sieur de Pluvault, et, de l'aveu tacite des comtes de Charny et de Tavannes, ils arrêtèrent le vicomte Jean à la messe, l'emprisonnèrent et ouvrirent leurs portes à Rochefort [1er novembre] (1).

A cette nouvelle, les magistrats de Dijon, croyant à une trahison, en écrivirent à Mayenne et au comte de Charny (2); leurs craintes devinrent plus vives quand ils apprirent que Rochefort même était devenu suspect aux Auxonnais qui ne voulaient pas le reconnaître nonobstant les ordres du roi, et qu'enfin, blessés de leur attitude, ils refusaient l'entrée de leur ville aux Dijonnais. Chose plus grave encore : le roi de Navarre leur avait adressé des félicitations, et le capitaine huguenot Margeret, de Dijon, allié à plusieurs familles d'Auxonne, machinait la surprise de cette place, qui assurait les communications de son parti avec Genève, la Suisse et Montbéliard (3).

Le comte de Charny ne se dissimulait pas non plus

---

(1) Mémoires de Guillaume de Saulx, comte de Tavannes.
(2) N° 324 du Recueil.
3) Registre des délibérations de la mairie de Dijon.

les périls de la situation ; mais, sans forces suffisantes pour faire respecter la volonté royale, il négociait, tout en empêchant les Dijonnais d'en venir à des hostilités et les Auxonnais d'introduire les huguenots (1). Sur ces entrefaites, le roi, qui venait d'accorder le gouvernement de Provence au duc d'Epernon, comprit Auxonne parmi les places qu'il cédait en dédommagement aux Lorrains. Le duc de Guise, qui guerroyait sur les frontières de la Champagne, accourut aussitôt devant Auxonne. Par un traité signé devant Tillenay, et que ménagea Charny, Rochefort reçut en forme d'indemnité l'abbaye de Vézelay; les habitants furent déchargés du crime de lèse-majesté, exemptés de contributions pendant neuf ans et gratifiés d'une somme de 36,000 livres; moyennant quoi, ils reçurent pour gouverneur Claude de Bauffremont, baron de Sennecey (2).

Toutefois, bien qu'ils eussent échappé au danger d'avoir les huguenots installés à leurs portes, les Dijonnais ne furent pas quittes des tentatives de surprise que les réformés, Margeret en tête, continuèrent à machiner à l'endroit de la ville et de Talant, et contre lesquelles Chabot-Charny ne cessa de les prémunir (3).

Henri III, qui, deux ans après la mort de son frère, avait demandé à la mairie de Dijon de faire dire des prières publiques afin de lui obtenir une lignée (4);

---

(1) Nos 325, 327 à 330, 333 du Recueil.
(2) Mémoires de Guillaume de Tavannes.
(3) Nos 331-334, 341 du Receuil.
(4) No 321.

qui, en 1585, promettait aux magistrats de ne jamais transférer ailleurs le Parlement (1), leur adressait, le 6 octobre 1586, comme une nouvelle aggravation des édits de juillet 1585 et octobre 1586, l'ordre exprès de poursuivre comme criminels de lèse-majesté tous les réformés rentrés sans permission, et de confisquer leurs biens (2). Il va sans dire que la mairie s'empressa d'y adhérer, ce qui redoubla les attaques des réformés, auxquelles on répondit par de nouvelles rigueurs (3).

Au mois de mai 1587, le roi, auquel on avait décelé les projets de plus en plus menaçants des ligueurs, se contenta, n'osant pour le moment faire plus, de publier contre eux un manifeste (4), que le maire de Dijon se contenta aussi de lire en assemblée générale, après l'avoir fait précéder de quelques paroles que ne suivirent aucune résolution (5).

Cet accueil était significatif, en ce qu'il témoignait que, depuis 1585, Mayenne n'avait rien négligé pour grossir le nombre des partisans de la Sainte-Union. Du reste, secouant de plus en plus l'autorité royale, tout en protestant publiquement du contraire (6), il n'avait laissé qu'une autorité nominale à Charny (7), et quoique souvent éloigné de la province, il y suppléait par une correspondance active avec les magis-

---

(1) N° 326 du Recueil.
(2) N° 335.
(3) N°ˢ 336-338, 340, 341.
(4) N° 339.
(5) Registre des délibérations.
(6) Idem.
(7) N° 344.

trats (1), et, par des ménagements calculés, il était parvenu à s'assurer la majorité des habitants.

Grâce à cette influence, il parvint à faire élire comme député aux états-généraux, qui allaient se rouvrir à Blois, Etienne Bernard, échevin de Dijon, avocat distingué, et l'un de ses plus chauds partisans. Bernard, qui fut dans cette célèbre assemblée l'orateur de son ordre, en dirigea les débats après l'arrestation de La Chapelle-Marteau, son président, qui suivit le massacre des Guise. Il acquit dans ces diverses circonstances une réputation qui lui a survécu.

Bernard, qui nous a laissé une curieuse relation des faits accomplis dans ces états, suivit vis-à-vis la chambre de ville de Dijon l'exemple accoutumé. Il lui envoyait le bulletin de ce qui se passait sous ses yeux. Par malheur, il ne nous reste qu'une seule pièce de cette correspondance, qui, complète, eût formé un intéressant appendice de son livre. Cette lettre est du 3 janvier; il y annonce, avec les succès du roi de Navarre, la remise prochaine des cahiers de doléances et les harangues où lui-même, dans une forme modérée, devait tenir au roi un langage si hardi (2).

Quand cette dépêche parvint à Dijon, la ville y était en proie à la plus vive agitation. La nouvelle de l'assassinat du duc de Guise, venant de la ville de Paris, y était arrivée le 30 décembre au matin; mais le maire n'osant y croire avait attendu, pour la communiquer au conseil, des dépêches plus certaines, qu'il reçut le soir même, sous la forme de lettres du roi adressées

---

(1) N°s 343, 345 du Recueil et Registre des délibérations.
(2) N° 349.

tant à la mairie qu'au Parlement. Ce dernier manda aussitôt la chambre de ville, et, après communication réciproque des deux dépêches, il lui prescrivit de prendre les mesures les plus sévères pour maintenir la tranquillité publique. Celle-ci commença par défendre toutes assemblées et *conventicules*, sous peine de mort; s'adjoignit un conseil extraordinaire de notables, ne laissa qu'une porte ouverte et redoubla la garde de la ville.

Ces précautions étaient dirigées moins contre les ligueurs que contre les royalistes, dont nombre figuraient parmi les membres du Parlement. L'un d'eux des plus énergiques, Baillet de Vaugrenant, président aux requêtes du palais, sans se préoccuper de ces mesures, essaya de tenter un mouvement avant l'arrivée de Mayenne, qui venait de Lyon à marches forcées. Guillaume de Tavannes, averti, accourut à Ahuy avec ce qu'il put rassembler de gentilhommes; mais les ligueurs, auxquels Vaugrenant était depuis longtemps suspect, avaient épié ses démarches : l'attaque de la porte fut manquée, et Vaugrenant obligé de chercher son salut dans la fuite (1).

L'arrivée de Mayenne coïncida avec l'arrivée d'une dépêche des Seize de Paris à la mairie de Dijon, par laquelle ils lui mandaient qu'ils étaient résolus à faire la guerre; qu'à Paris on tenait Dieu pour roi, et que son image était peinte sur toutes les enseignes. Tous les habitants s'étaient « seignez » pour la solde des 20,000 hommes qu'on levait pour marcher sous le commandement des princes. Le Parlement devait

(1) Mémoires de Guillaume de Tavannes, Registre des délibérations de la mairie, *Journal de souvenance de Pepin.*

consulter les cours du royaume sur l'opportunité de nommer un régent en remplacement du roi, que la Sorbonne venait de déclarer hérétique et indigne de la couronne. Ils terminaient en invitant la mairie à implorer l'aide de Dieu par des jeûnes, des aumônes et des processions, et à citer toujours au peuple l'exemple des Machabées, pour l'exciter à exposer sa vie pour la défense d'une si bonne, juste et sainte cause (1).

On comprend qu'avec de telles excitations et le souvenir du danger auquel on venait d'échapper, Mayenne n'eut pas de peine à obtenir du corps de ville la proscription de ceux des suspects qui n'avaient point suivi Vaugrenant (2). Assuré désormais de la capitale, il confia le gouvernement de la province au comte de Fervaques (3) et courut au secours d'Orléans.

Guillaume de Hautemer, seigneur de Fervaques, normand d'origine et de nature, était un personnage considérable, auquel sa mère, Anne de La Baume-Montrevel, avait laissé en héritage la vaste terre de Châteauvilain, le comté de Grancey, les seigneuries de Selongey, de Gemeaux, etc. S'il s'était acquis une certaine renommée dans les combats, en revanche celle que lui avait valu son long séjour dans cette cour détestable des Valois était loin d'être aussi honorable : égoïste, corrompu, sans scrupules sur les moyens d'accroître sa richesse, l'intérêt personnel était devenu la seule règle de sa conduite. Attaché

(1) No 350 du Recueil.
(2) No 351.
(3) No 352.

au service de Charles IX, il était passé en celui du duc d'Anjou, qu'il avait quitté pour celui de François, duc d'Alençon, triste personnage, dont il demeura jusqu'à la fin le favori, le conseiller intime. Aussi son nom se trouve-t-il mêlé à toutes les intrigues (1) : on le voit tour à tour négocier avec les protestants ou les ennemis des Guise, et favoriser l'évasion du roi de Navarre. Lieutenant de François en Flandre, on l'accusait d'avoir conseillé et tenté d'exécuter le pillage d'Anvers, qui avait eu pour son maître des conséquences si funestes. Quoi qu'il en soit, les événements qui venaient de se passer l'avaient trouvé lieutenant-général au gouvernement de Normandie, qu'il avait quitté dès 1587 (2), pour séjourner à Grancey et y attendre, sollicité par les deux partis, celui qui satisferait le mieux son ambition. Mayenne surtout, qui voulait le rallier au sien, saisissait toutes les occasions pour lui faire ou faire faire, par l'entremise du conseiller Berbisey et du président Jeannin, les offres les plus avantageuses (3). Après le meurtre des Guise, Fervaques, jugeant Henri III perdu, se laissa gagner et prit le commandement de la province.

C'était pour lui une situation des plus difficiles et des plus délicates ; car si les grandes villes, commandées par des personnages dévoués à Mayenne, étaient déjà loin d'être unanimes dans l'expression de leurs sentiments pour la Sainte-Union (4), qu'on juge ce

(1) Le *Livre de souvenance de Pepin* raconte que, en novembre 1577, des troupes allèrent le relancer dans son château de Grancey, comme criminel de lèse-majesté.
(2) N° 342 du Recueil.
(3) N°s 346, 347, 348.
(4) N°s 355, 357, 358, 370, 387, 392, 403, 422, 432, 436, 442, 443, 451.

que devaient être les petites localités et les campagnes, où dominait une noblesse nombreuse qui ne s'était pas toute livrée aux Lorrains! Elle reconnaissait pour chefs le vénérable Chabot-Charny, lieutenant général du roi en Bourgogne, et son gendre Guillaume de Saulx, comte de Tavannes, auquel Henri III venait de confier les pouvoirs les plus étendus.

Pour soutenir une lutte qui chaque jour devenait plus imminente, Mayenne, qui vraisemblablement se faisait des illusions sur le véritable esprit de la Bourgogne, n'avait laissé à Fervaques, outre les garnisons des places, que les arquebusiers du baron de Vitteaux et un corps de 140 hommes. Fervaques, qui ne négligeait jamais ses intérêts, en envoya d'abord 40 à sa femme pour garder son château de Grancey.

Une sommation de Charny aux magistrats des villes ligueuses d'avoir à reconnaître l'autorité royale étant demeurée sans résultat (1), Tavannes, de concert avec les présidents Fremyot et Vaugrenant, résolut de recourir à la force. Il s'empara de Flavigny, où Fremyot installa la portion du Parlement restée fidèle à la cause; puis, rassemblant toutes les forces dont il pouvait disposer, il se mit en campagne pour le triomphe de sa cause.

Quand on examine attentivement la conduite de Fervaques durant les quatre mois de son gouvernement, on y remarque d'étranges contradictions qui semblent justifier la sévérité des jugements portés sur lui par ses contemporains. En même temps qu'il se montre d'une rigueur extrême envers les ennemis

---

(1) Nos 353, 354, 355, 365, 366 du Recueil.

de la Sainte-Union, il paralyse ou entrave tous les moyens d'action proposés par ses défenseurs. Eût-il, comme on l'en accusa dès le principe, l'intention d'évincer Mayenne du gouvernement de la Bourgogne et de l'exploiter à son profit? Voulut-il, au contraire, s'en rendre maître pour la vendre le plus cher possible au roi de Navarre, son ancien obligé? Voilà le doute qui se présente. Ainsi, on le voit tout d'abord épouvanter le Parlement sous la menace d'une émotion populaire, et le contraindre à dénier toute obéissance au roi Henri III; gourmander en toute circonstance la mairie de Dijon de ses ménagements envers les suspects, et recommander sans cesse de nouvelles mesures de rigueur (1). Mais, d'autre part, c'est en vain que, dès le début des hostilités, Mayenne et le président Jeannin lui dénoncent les projets de Tavannes, des présidents Fremyot et Vaugrenant, de soulever la Bourgogne (2). Vainement Montmoyen, gouverneur de Beaune; Chastenay-Saint-Vincent et Lartusie, qui commandent à Chalon, ainsi que d'autres chefs, lui signalent les menées des royalistes de leur voisinage (3); en vain le pressent-ils d'occuper Verdun, que sa position sur la frontière, au confluent du Doubs et de la Saône, rend des plus importantes (4). Il feint de se laisser prendre aux belles paroles de Pontus de Thiard, justifiant son neveu, Héliodore de Bissy, du dessein qu'on lui prête de s'en em-

---

(1) Registre de la mairie de Dijon.
(2) Nos 356, 359, 360, 364, 365, 378 du Recueil.
(3) Nos 355, 365, 370, 372, 374, 378, 380, 427, 429, 430, 431, 533, 443.
(4) Nos 362, 366, 367, 370, 373, 427, 441, 445, 447.

parer (1), et la lui laisse surprendre (2). Cependant, harcelé par Mayenne, qui le piquait d'honneur en lui, témoignant une confiance absolue (3), averti que sa conduite commençait à devenir suspecte, il se décida à entrer aussi en campagne.

Sa déclaration de guerre à Tavannes, son neveu, lui valut de prime abord deux sanglantes réponses : l'une de la vieille maréchale, sa cousine germaine (4); l'autre de sa bru, Catherine Chabot (5). La convocation qu'il fit, vers le même temps, d'une assemblée des villes du duché à Dijon, à l'effet d'en obtenir des subsides, ne lui réussit pas davantage. Sennecey, gouverneur d'Auxonne, qui naguère s'était excusé d'une façon assez impertinente de ne l'avoir point visité à son passage à Dijon (6), lui répondit au nom de la ville qu'il trouvait cette communication de sa part fort étrange en l'absence de MM. de Mayenne ou de Charny, seuls commandants de la province; mais que pourtant, du moment où il s'agissait du soulagement du peuple, s'il consentait à transférer l'assemblée à Auxonne, lui se mettait à son service (7). Les magistrats de Mâcon lui ayant également fait des objections (8), la réunion ajournée n'eut lieu qu'au mois d'août suivant.

Pendant que Fervaques assemblait à grand'peine

---

(1) Nos 368, 391, 447 du Receuil.
(2) Idem.
(3) Nos 360, 363, 378, 401, 408.
(4) No 369.
(5) No 371.
(6) No 375.
(7) No 388.
(8) No 398.

les forces dont il pouvait disposer, Vaugrenant essayait, mais sans succès, de réparer sur un autre point sa déconvenue de Dijon. Il s'était rendu dans le voisinage de Chalon et de Mâcon, où il comptait de nombreux amis dont il stimulait le zèle en faveur de la royauté (1). Il avait noué des intelligences avec la noblesse de la contrée, et conçu le projet d'enlever par surprise à Lartusie la citadelle de Chalon, dont Mayenne lui avait confié la garde, et y eût réussi sans la fidélité du soudard auquel il s'adressa (2). Aussi devint-il odieux aux ligueurs, qui n'épargnèrent rien pour s'en emparer (3). Le capitaine Marnay enleva le château de Dracy-sur-Couches, espérant l'y rencontrer (4); Chastenay et Lartusie le traquèrent jusque dans Mâcon, où il s'efforçait de ranimer, mais en vain, le dévoûment des royalistes. A la fin, fatigué de ces machinations dans l'ombre, il remplaça son mortier par un morion, sa plume par une épée, et se jeta au grand jour dans la mêlée.

Son collègue Bénigne Fremyot, nature moins ardente, mais caractère plus fortement trempé, donnait en même temps un mémorable exemple de courage civil et de la sublime abnégation où peut conduire le sentiment du devoir. A la nouvelle de la prise de Flavigny, les ligueurs de Dijon, exaspérés de ce premier succès des royalistes, avaient contraint son frère à l'aller trouver pour lui signifier que s'il ne rompait avec Tavannes, on lui enverrait la tête de son fils

---

(1) N° 372 du Recueil.
(2) N° 379, 385, 394, 399.
(3) N° 387.
(4) N°ˢ 382, 384, 387, 392, 405.

dans un panier. Fremyot résista aux touchantes supplications de son frère, et lui remit pour Fervaques cette magnifique réponse (joyau précieux de ce Recueil), où l'homme se peignait tout entier. Fervaques et ses adhérents reculèrent (1).

Il est vrai qu'en ce moment même des préoccupations plus vives venaient les assaillir. Tavannes, sur l'ordre exprès du roi d'organiser la résistance en Bourgogne, avait levé des troupes; il s'était concerté avec les officiers royalistes du voisinage et marchait sur Is-sur-Tille, dont la possession lui était indispensable pour assurer ses communications avec la Champagne et tenir Dijon en échec. Arrivé en vue de ce bourg avec 150 hommes, dont un tiers de cavalerie, Tavannes rencontra les troupes du baron de Bussy qui assiégeaient le château de Crecey; il les culbuta, enleva le village, et vint de là sommer Is-sur-Tille de de lui ouvrir ses portes. Les magistrats, tous dévoués à la Sainte-Union, ayant demandé un délai dont ils profitèrent pour avertir secrètement Fervaques, Tavannes le leur accorda et occupa les faubourgs.

Cependant, si rapide qu'avait été son expédition, Fervaques en était instruit, mandant aussitôt le régiment de Vitteaux, qui, après avoir impunément ravagé le Chalonnais, entamait les terres d'outre-Saône (2). Il réunit quelques compagnies de gens d'armes à ceux de son ordonnance, et dérobant sa marche aux cavaliers envoyés par Tavannes à la découverte, il le surprit sous les murs d'Is-sur-Tille. Malgré la grande disproportion des forces, celui-ci

(1) N° 408 du Recueil.
(2) N°ˢ 393, 395, 397, 398 du Recueil et registre de la mairie de Dijon.

attendit le premier choc; néanmoins il dut abandonner son infanterie et battre précipitamment en retraite (1).

Les ligueurs, et à leur tête Mayenne et la mairie de Dijon, qui, à l'annonce de ce succès, avait fait chanter le *Te Deum*, comptaient bien que le vainqueur, profitant de ses avantages, allait poursuivre Tavannes l'épée dans les reins jusque dans Flavigny, et l'obliger de capituler (2). Il n'en fut malheureusement rien : Tavannes ne se reformait pas encore à Poiseul-la-Grange, que déjà Fervaques, à la stupéfaction des siens, congédiait les troupes et s'en venait droit à Grancey. Sa femme, Renée de Marconay, l'y attendait avec une grande impatience. Elle avait hâte, en effet, de l'instruire de vive voix des nouvelles du dehors qui lui arrivaient de toute part, et dont elle ne manquait pas, en son absence, de lui expédier le bulletin émaillé de détails d'intérieur. Il fallait bien aussi se concerter sur le chômage des forges de Marey, et aviser aux moyens de mettre leurs nombreux sujets à l'abri des attaques des troupes des deux partis (3). Lui, de son côté, qui la savait femme de tête et de bon conseil, voulait de même aussi lui communiquer les lettres de leur gendre P. de Médavy, qui l'invitait à resserrer les liens qui l'unissaient à Mayenne (4); et celles de Mme de La Ferté, leur troisième fille, royaliste déterminée, qui plaidait précisément la cause contraire (5).

(1) Mémoires de Guillaume de Tavannes et Registre de la mairie.
(2) N°s 404, 407, 410, 418, 419 du Recueil.
(3) N°s 361, 414, 449.
(4) N°s 376, 426.
(5) N° 377.

Si Mme de Grancey, comme on peut le remarquer dans ses lettres, ne le cédait guère à son mari sur le chapitre de la convoitise; si elle ne négligeait rien de ce qui pouvait accroître la fortune ou les avantages de sa famille; les écrits contemporains et cette correspondance même (1), témoignent qu'elle lui était supérieure pour la droiture et pour le caractère. Ils nous montrent cette femme, habituée jusque-là aux loisirs d'une cour où elle avait conservé les plus hautes relations, privée tout à coup de son mari, et obligée, par des circonstances impérieuses, d'allier à la conduite d'un grand état de maison le commandement de gens de guerre. Nous la voyons guerroyer contre des capitaines renommés, repousser des assauts, prendre, garder des places fortes, et, à l'occasion, ne point faiblir devant aucune des tristes nécessités de la guerre sans merci à laquelle elle prenait part.

Tandis que Fervaques consacrait à ses intérêts privés un temps précieux pour la cause qu'il avait embrassée, son adversaire en profitait pour réparer son échec. Rentré à Flavigny, où il trouva ses nouvelles levées, il renforça ses garnisons et courut avec le reste reconnaître près d'Avallon les troupes que le duc de Nemours, signalé par Mayenne à Fervaques (2), conduisait à Lyon. De là, il fit une pointe à travers le Morvand jusque dans le Charollais, y réunit ses partisans et se rabattit dans l'Auxois. Vaugrenant, de son côté, ne restait point inactif; ayant toujours à

---

(1) *Livre de souvenance de Pepin*, Journal du conseiller Breunot, Registres de la mairie de Dijon.
(2) N° 489 du Recueil.

cœur son insuccès du mois de janvier, il avait fait venir de Genève trois officiers expérimentés : le baron d'Aubonne, un nommé L'Espagnol et le capitaine Saint-Mathieu, inventeur de pétards et de saucisses à l'aide desquels ils devaient, à un signal donné, pratiquer des brèches sur plusieurs points des remparts de Dijon, pour en faciliter l'accès aux troupes venues de différents côtés. Par malheur, l'arrivée de plusieurs cavaliers d'allure suspecte aux environs de Chenôve ayant été signalée à la mairie, elle y envoya la nuit un détachement qui mit la main sur le baron d'Aubonne, sans pouvoir saisir ses compagnons. Néanmoins, l'affaire fut encore manquée; et M. de Fervaques, sur l'étonnement duquel les royalistes, en espoir du succès, comptaient beaucoup, ne fut point étonné (1).

Par compensation, la garnison de Rochefort-sur-Brevon et le baron de Fontette s'étaient rendus maîtres de la plupart des châteaux et des villages aux environs de Châtillon, et tenaient bloqué dans cette ville son commandant Noirot, qui réclamait, mais en vain, du secours à Fervaques (2).

Cependant celui-ci, après avoir bien muni son château de Grancey, s'être assuré de celui de Montsaugeon et donné satisfaction aux bourgeois de Langres, en leur faisant rendre leur député, arrêté à Gien à son retour des états (3), se détermina à faire le siége de Flavigny. Mayenne et ses conseillers ne cessaient de l'en presser, et, ce but atteint, ils lui promettaient

(1) Nos 406, 407 du Recueil, et Registre de la mairie.
(2) Nos 412 et 415 du Recueil.
(3) No 383.

de lui donner les moyens de purger la province (1).
Mais, soit calcul, soit faute de subsides, soit impossibilité de rallier le régiment de Vitteaux qui, depuis l'affaire d'Is-sur-Tille, « mangeait le bon homme, » à ce point que les ligueurs en étaient eux-mêmes exaspérés (2), cette expédition annoncée à grands frais n'aboutit point (3). Mayenne lui-même la rendit impossible en rappelant le baron de Vitteaux et en enjoignant à Fervaques de se tenir sur la défensive (4).

C'était faire la partie belle au comte de Tavannes, qui, pour se consoler d'avoir échoué devant Mâcon, courut investir la ville de Semur (5), dont les magistrats écrivaient naguère à Fervaques, en le dissuadant de leur faire visite, que les incitations de M. de Tavannes ne les divertiraient point de la cause de l'Union (6). Cependant, quoiqu'il eût dérobé sa marche, Bailly, capitaine de Vergy, Drouas de la Plante, commandant de Vitteaux, et Janny, capitaine à Semur, l'avaient éventée et signalée à Fervaques, qui ne bougea point (7). Aussi Tavannes, parvenu sous les murs de la place, l'ayant fait sommer, mais inutilement, d'avoir à reconnaître son autorité (8), l'attaqua de deux côtés et la contraignit à capituler (31 mars) (9).

Le succès enfante le succès : Tavannes n'eut pas plus tôt rétabli comme gouverneur Humbert de Mar-

---

(1) Nos 408, 419, 421.
(2) Registres de la mairie de Dijon, nos 417 et 420 du Recueil.
(3) Idem et no 424.
(4) No 428.
(5) Mémoires de Tavannes et no 422 du Recueil.
(6) No 411.
(7) Nos 413, 431, 433, 435.
(8) No 439.
(9) Nos 437, 440.

cilly-Cypierre, qu'il se dirigea en toute hâte sur Saint-Jean-de-Losne, où ses partisans attendaient impatiemment son arrivée pour se déclarer en sa faveur. Ils s'y étaient depuis longtemps préparés, en se retranchant derrière le serment de fidélité que leur avait imposé Mayenne, pour se dispenser de recevoir une garnison (1); en ajournant sans cesse l'époque du serment solennel qu'ils devaient prêter à la Sainte-Union (2), et en répondant aux magistrats de Dijon, qui les sommaient de s'exécuter, qu'ils étaient tout disposés à le prêter le jour où les gens de guerre ne tourmenteraient plus les paysans et où les habitants des villes pourraient délibérer en paix sur ses articles (3). Tavannes, admis sans difficulté dans la ville, se fit reconnaître des Losnois en qualité de lieutenant général; il reçut leur serment de fidélité, et les décida à recevoir une garnison.

La tentative qu'il fit pour surprendre Seurre ayant échoué (4), il se rabattit par Argilly sur Nuits (5), qu'il somma sans succès, et chercha à gagner l'Auxois par la vallée du Muzin et le plateau de Détain. A peine s'y était-il engagé, que Fervaques, qui le suivait à la piste avec des forces triples, atteignit son arrière-garde à Villars-Fontaine, enveloppa le baron de

---

(1) N° 416 du Recueil. De son côté, Mayenne, bien avisé, n'était de son côté pas mieux disposé à tenir sa promesse. Il écrivait en mars à Fervaques (n° 428) que le défaut de subsides l'empêchait seul de mettre garnison à Saint-Jean-de-Losne et à Verdun. Le vicomte de Tavannes insistait fortement pour qu'on occupât ces deux places ainsi que celle de Seurre.
(2) N° 425.
(3) N° 432.
(4) N° 444.
(5) N° 446.

Chantal, qui s'était retranché dans Messange, le fit prisonnier (1), et poursuivit Tavannes, qui se retirait en bon ordre par Thorey, jusqu'au vallon de l'Ouche (2).

Ce nouvel échec ne profita point à la Ligue, car Tavannes s'en dédommagea presque aussitôt en emportant Saulieu de vive force et en y installant une garnison. Quant à Fervaques, si cet avantage détourna pour un moment les soupçons que sa conduite ambiguë avait inspirés à la mairie de Dijon (3), ils renaquirent de plus belle quand on le vit, sans plus de souci des avis des capitaines et de Mayenne lui-même (4), laisser les royalistes s'affermir en paix dans Saint-Jean-de-Losne; envoyer les cent hommes de son ordonnance rejoindre les quarante autres au château de Grancey; exiger de la mairie des armes dont on ne justifiait point l'emploi, et contester au vicomte mayeur le droit de délivrer des passeports (5). Ce fut bien pis quand, après le rejet par la chambre de ville de sa proposition d'emprisonner pêle-mêle tous les suspects de la ville, sans faire aucune distinction (6), on apprit, par des indiscrétions de son entourage, qu'il n'attendait qu'une occasion pour, nonobstant les

---

(1) Montmoyen, qui était son parent, écrivit aussitôt à Fervaques pour le réclamer et le faire soigner à Beaune sous ses yeux. Il le demanda à son parent (nos 552 et 453), mais sa requête ne fut point accueillie; le capitaine Beaucharme, qui l'avait pris, l'amena à Dijon, où il fut traité, et, après sa guérison, mis à une rançon de 500 écus, et la promesse de ne point servir de trois mois contre la Sainte-Union.
(2) Mémoires de Tavannes.
(3) N° 450.
(4) Nos 443, 448.
(5) Registres de la mairie.
(6) Idem. Il y en avait de tous les ordres de la société : des membres du Parlement jusqu'à de simples artisans.

articles de l'Union qu'il niait avoir jurés, évincer Mayenne du gouvernement de la province, et qu'un de ses officiers avait « machiné » un soldat pour tuer Franchesse au moment donné. Quant au maire, on devait le poignarder au sortir de sa maison, s'emparer des clefs de la ville et introduire une garnison dévouée au lieutenant général. Le conseil secret de la Ligue, qui redoutait une trahison, résolut de la prévenir. Donc, dans la soirée du 23, les habitants, soulevés au bruit que l'on voulait assassiner leur premier magistrat, se portèrent tumultueusement en armes sur la place Saint-Michel (1), en proférant des cris de mort contre le lieutenant général. La Verne, feignant d'être surpris de cette alarme, se hâta d'envoyer un affidé à Fervaques pour le déterminer à gagner le Château et y attendre « que la furie du peuple fût apaisée. » Celui-ci, qui était cependant un rusé personnage, donna dans le piége, et quand les portes du Château se furent refermées sur lui, Franchesse le déclara son prisonnier.

Le lendemain, la chambre de ville se rendit au Palais, où le maire exposa les motifs qui avaient déterminé une mesure aussi grave. La cour, dans l'espoir (qui fut déçu) de recouvrer ceux de ses membres que la mairie avait fait emprisonner, approuva les faits accomplis. Celle-ci, de retour à l'hôtel de ville, exigea encore l'adhésion des notables habitants, qui, bon gré, mal gré, durent la donner; elle saisit la correspondance et les papiers de Fervaques (2), fit dres-

---

(1) Lieu du domicile de La Verne.
(2) Après la réduction de la Bourgogne sous l'obéissance d'Henri IV, Fervaques intenta un procès en indemnité à la mairie de Dijon. Il suc-

ser une enquête et des mémoires sur les faits qu'elle lui reprochait, et adressa le tout à Mayenne, en lui demandant justice. Mayenne, toujours temporisateur, voulut, avant de se prononcer, entendre Fervaques lui-même. Il manda qu'on le lui envoyât, après lui avoir fait jurer entre les mains du duc de Nemours de ne plus nuire aux catholiques (1). Mais la mairie ne tint pas plus compte de cet ordre que de ceux qu'elle en avait déjà reçus (2). Fervaques demeura en prison jusqu'au mois de mars 1590, qu'il en sortit moyennant une caution de 10,000 écus et la promesse de ne jamais servir contre la Sainte-Union.

La mairie de Dijon n'en avait pas plutôt terminé avec cet ennemi, qu'il lui en surgissait un nouveau dans la personne d'Edme de Mâlain, baron de Lux, personnage non moins équivoque que le précédent, avec lequel du reste, il offre plus d'un oint de ressemblance. Gouverneur de Chalon pour le roi, on l'accusait d'avoir vendu sa place à Mayenne; neveu de Pierre d'Epinac, archevêque de Lyon, conseiller intime des Guise, après l'assassinat desquels il avait été arrêté. Il avait, pour ne pas aggraver la situation de son oncle, pris le parti de garder la neutralité et de se renfermer dans le château de Mâlain (3). Mais bientôt, soit inconstance, soit désir d'obtenir par ses services une plus prompte libération de son parent, il se laissa gagner par Tavannes et le suivit dans toutes ses courses.

---

comba, et n'obtint pas même sa correspondance, qui resta déposée aux archives, où elle existe aujourd'hui.
(1) Délibération de la chambre de ville du 24 mai.
(2) N° 461 du Recueil, 472.
(3) N° 396 du Recueil.

Les soldats de la garnison qu'il avait établie à Mâlain ayant détroussé des habitants de Dijon, la mairie lui en fit des reproches et lui intima d'avoir à rendre le dommage, sous peine de voir ses maisons occupées. Mâlain, blessé du ton qu'elle avait pris, lui répondit en bref « qu'il méprisait le vent de ses menaces et furies, que les clefs qu'elle disait avoir de ses maisons étaient rouillées et n'entraient plus dans ses serrures (1). » Dès lors il ne garda plus de ménagements, et figura au premier rang de ceux qui, peu de temps après la détention de Fervaques, tentèrent coup sur coup d'enlever Dijon et Talant (2).

Du reste, si les royalistes observaient peu la foi jurée, leurs adversaires ne leur cédaient point à ce sujet, mais ils ne respectaient pas même le traité de neutralité conclu entre les deux Bourgognes. Notre Recueil renferme plusieurs lettres de François de Vergy, gouverneur de Franche-Comté, qui se plaint amèrement à Fervaques des ravages commis sur ses frontières par les troupes sous ses ordres, et menace de s'en plaindre à Mayenne (3).

A la nouvelle des événements de Dijon (4), ce dernier avait mandé au duc de Nemours de hâter son départ de Lyon et de s'arrêter dans cette ville pour y commander provisoirement. Nemours entra dans le du-

---

(1) N° 456.
(2) Registres de la Mairie et n° 460.
(3) N°s 386 et 434.
(4) La mairie de Dijon qui, malgré ses violences envers les royalistes, avait conservé des ménagements pour Chabot-Charny, avait cru devoir lui faire part de l'arrestation de son successeur. Chabot leur avait répondu par des remerciements de leur bon souvenir, ses regrets de voir tant de misère dans la province, et sa satisfaction que leur remuement se fut accompli sans violence. Lettre datée de Pagny le 27 avril, n° 457.

ché par Mâcon, qu'il assura à la Ligue. Arrivé à Dijon, il emporta Is-sur-Tille, dont le baron de Lu s'était emparé (1), revint sur Tournus, qui, malgré ses promesses de fidélité à Fervaques, avait ouvert ses portes au comte de Crusilles, la pilla de fond en comble, y « usa, comme à Is-sur-Tille, de plus de cruauté que s'il fust esté le Turc » (2), et regagna Dijon pour y recevoir deux régiments suisses levés pour Mayenne (3).

Ses habitants espéraient bien le déterminer à faire le siége de Saint-Jean-de-Losne, dont la garnison les incommodait fort par ses courses incessantes. Ils en avaient commencé les préparatifs au moyen de cotisations imposées aux absents et aux suspects; mais Nemours, pressé de regagner l'Ile-de-France, ne voulut point en courir les risques. Il continua sa route, en laissant derrière lui de nouvelles ruines, sans plus de profit pour la Sainte-Union.

Ce départ laissait la province aux royalistes, et ils fussent parvenus à la faire rentrer dans le devoir s'ils eussent, comme au début, conservé une direction unique et des chefs aussi dévoués que désintéressés. Malheureusement, dès la prise de Semur des germes de mésintelligence s'étaient développés parmi eux, et ce défaut d'entente, qui prit bientôt des proportions considérables, ralentit, s'il ne paralysa, leurs premiers succès. Tavannes et le président Fremyot, qui, les premiers, avaient déterminé la lutte, préten-

---

(1) *Livre de souvenance de Pepin*, Registres des délibérations de la mairie, et n° 460 du Recueil.
(2) N°ˢ 460, 462.
(3) *Livre de souvenance*, Registres des délibérations.

daient la diriger toujours et disposer à leur gré de la solde des troupes. Vaugrenant, qui les avait secondés de sa personne et de son argent, voulait avoir accès au conseil et sa part du remboursement des avances qu'il avait faites pour la cause. Il accusait Tavannes, dont la libéralité n'était pas, à ce qu'il paraît, la vertu dominante, de s'attribuer la plus forte part de la solde des troupes (1). D'un autre côté, les Chabot qui, malgré leur parenté avec les Tavannes, les jalousaient fort (2), et, à leur exemple, une bonne partie de la haute noblesse, avaient préféré une sorte de neutralité plutôt que de marcher sous les ordres du fils de l'ancien maréchal (3). Celui-ci, mis dans l'impossibilité de rien entreprendre de sérieux, prit quelques petites places, défit des partis de ligueurs venus pour surprendre Saint-Jean-de-Losne, manqua d'emporter Châtillon et vint ensuite escorter les troupes suisses que Sancy amenait au Roi.

Lorsqu'arriva la nouvelle de l'assassinat de Henri, et presque au moment où le commandeur de Dijon, ambassadeur de la Ligue auprès du Pape, narrait avec complaisance devant la Chambre de ville de Dijon les détails de l'exécrable attentat commis par Jacques Clément, M. de Thoires, envoyé de Mayenne, arrivait à Meulson, où se trouvaient rassemblés les chefs royalistes, et s'efforçait de les déterminer à reconnaître le cardinal de Bourbon pour roi légitime. Tous, et Tavannes à leur tête, proclamèrent Henri roi de France et de Navarre, et jurèrent de venger la

---

(1) Nos 437, 440.
(2) Nos 369, 462, 464.
(3) No 464 et Mémoires de Tavannes.

mort de son prédécesseur. Parmi eux figuraient le baron de Lux et celui de Vitteaux qui, mécontent pour lors de Mayenne et de Dijon (1), s'était rallié aux royalistes. Celui-ci, après s'être laissé reprendre Verdun, fit bientôt défection, et l'autre ne fut pas plus tôt informé de la libération de l'archevêque son oncle, qu'il suivit son exemple (2).

Ces défections suivies de beaucoup d'autres (3), sous prétexte que le nouveau roi était hérétique, se compensèrent par l'adhésion de ceux qui jusqu'alors s'étaient tenus à l'écart. Les Chabot, notamment, descendirent à leur tour dans la lice, à la grande fureur des Dijonnais, qui croyaient compter sur leur neutralité (4); ils joignirent leur cornette à celle de Tavannes.

Leur présence dans l'armée royaliste n'y ramena point la concorde; égaux de naissance avec les Tavannes, issus d'une famille qui avait commandé dans la province, ils contestèrent au lieutenant général l'autorité qu'il tenait du Roi, et firent cause commune avec Vaugrenant, qui, en haine de Tavannes et du président Fremyot, s'était séparé de MM. du Parlement de Flavigny (5). Bref, après une première campagne qui enleva à la Ligue Verdun, Louhans, Charolles et Paray, les Chabot quittèrent Tavannes pour guerroyer de leur côté; puis, non contents de cet abandon, ils le dénoncèrent à la cour, en priant de

---

(1) N° 459 et **Mémoires de Tavannes**.
(2) N° 469.
(3) N° 464.
(4) N°⁸ 462 et 464.
(5) Idem.

lui substituer un grand seigneur (1), et cherchèrent même à lui surprendre ses places (2).

Ces dissentions étaient d'autant plus regrettables, que Mayenne, qui promettait toujours des secours qu'il était impuissant à donner (3), venait de substituer à Fervaques, Claude de Bauffremont, baron de Sennecey, gouverneur d'Auxonne. Les Etats s'étaient réunis à Dijon. Après un discours d'ouverture, où Brulart, premier président du Parlement, avait qualifié le forfait de Jacques Clément « de grand coup de la main de Dieu (4), » on avait voté des subsides pour la solde des troupes, parmi lesquelles figurait un corps de cent-suisses, levés au nom et pour la garde de la ville (5).

Sennecey, homme du pays, officier distingué, adroit politique, avide de butin et sans grande conviction, était pour ses compatriotes du parti opposé un redoutable adversaire, et il le leur prouva bientôt.

Tavannes, cependant, réduit à ses seules forces, n'en continua pas moins ses courses; il pilla l'abbaye de Citeaux, acte dont il ne se vante point dans ses mémoires, prit quelques châteaux aux environs de Semur, et se rendit dans le Maine faire hommage au nouveau Roi et recevoir ses commandements.

Durant son absence, le cardinal Cajetan, légat du pape Sixte V auprès de la Ligue, sortant de Lyon, qui lui avait fait une réception royale (6), arriva à

---

(1) Nos 426 et 464 du Recueil.
(2) Notamment Vergy, Bonnencontre et Saint-Jean-de Losne.
(3) Nos 466 et 471 du Recueil.
(4) Archives de la Côte-d'Or; Registre des décrets des Etats.
(5) Nos 467, 484, 508.
(6) No 468.

Dijon, où l'attendaient des honneurs non moins grands (11 décembre). Durant son séjour, il tenta sans succès une réconciliation entre les parlementaires dissidents et la chambre de ville; mais celle-ci, qui était en relations suivies avec Paris (1), et qui s'inspirait des mêmes passions, déclina net la proposition, de même que la mise en liberté de Fervaques.

Tavannes, revenu trop tard pour barrer passage au légat, préparait une expédition dans le Charollais lorsqu'il fut informé du dessein de la mairie de Dijon de faire mourir un homme d'armes de son ordonnance, dit le capitaine Rougemont, que le sort des armes avait fait tomber dans ses mains. Il la menaça sur-le-champ aussitôt d'user de représailles (2), et parvint à le faire échanger.

Pendant ce temps, Mayenne, ayant repris les armes, assiégeait Meulan, au secours duquel le roi accourait à marches forcées (3). La mairie, qui avait appris d'un capitaine arrivé récemment de Normandie « que le roi de Navarre présumait tant de lui et de son adresse, qu'il ne tenait compte des siens, » attendait avec impatience la nouvelle du gain d'une bataille annoncée comme imminente. Elle reçut un bulletin de défaite : « Dieu, y disaient Mayenne et l'échevin Carrelet, ne eur avait pas donné du meilleur à Ivry (4). » « Néanmoins, ajoutait le premier dans une seconde lettre destinée à relever le moral de ses partisans, le mal n'était pas grand : il n'avait perdu que peu de monde,

(1) Nos 458, 465.
(2) No 473.
(3) No 470.
(4) Nos 474, 475 du Recueil.

et il allait se trouver bientôt aussi fort qu'auparavant (1). »

C'est sous ces auspices que le baron de Sennecey, sachant les royalistes obstinés devant Montbard, entra en campagne à son tour. Le 25 mars, il annonçait aux magistrats de Dijon la prise du château d'Argilly, et insistait pour obtenir des munitions et le nerf de la guerre (2). Lavisey, échevin de Dijon et commissaire, lui amena ce qu'il désirait. De là, traversant toute la Bourgogne, il se rendit à la Clayette, qu'il quitta bientôt pour marcher au secours du marquis de Saint-Sorlin, frère de Nemours, qu'Ornano, lieutenant du roi en Dauphiné, acculait sous les murs de Lyon (3).

Son absence prolongée laissant le nord de la province sans défense, les royalistes, qui avaient toujours des intelligences dans Dijon, recommencèrent des « pratiques secrètes, » qui, découvertes, eurent pour résultat l'emprisonnement de trois suspects et l'expulsion d'un quatrième. La mairie, bien que leur participation à ce complot ne fût rien moins que prouvée, voulait exercer une justice plus prompte et plus sévère; mais, comme le lui fit remarquer Sennecey qu'elle consulta, n'ayant point reçu de Mayenne des pouvoirs aussi exorbitants, elle dut s'arrêter (4).

Ces perpétuelles alarmes ne lui faisaient pas voir d'un bon œil l'armée qu'elle avait soudoyée pour sa défense engagée dans une lutte à l'extrême frontière de la province. Son anxiété redoubla quand

(1) N° 476 du Recueil.
(2) N° 477.
(3) N° 478.
(4) N° 478.

elle sut (1) qu'elle avait franchi le Rhône et qu'elle marchait sur Vienne. Sennecey, en effet, passant par Oullins et Condrieux, poussa jusqu'à Sainte-Colombe, faubourg de Vienne, où Maugiron, Alphonse Ornano et Lesdiguières s'étaient retranchés ; il les chassa de poste en poste, prit Ornano et contraignit les ennemis à se réfugier dans la place (2).

Ramenant ensuite son armée à Lyon, Sennecey la dirigea sur le Mâconnais, sous le commandement des barons de Lux et de Vitteaux, et revint à Auxonne avec son prisonnier. Ceux-ci assiégèrent Charlieu, où on disait exister beaucoup de sel, et y commirent tant d'excès, que Lavisey exprimait énergiquement à ses confrères de Dijon le vif désir qu'il avait de voir revenir M. de Sennecey, « pour le peu d'ordre qu'il y avait et les méchancetés qui s'y commettaient (3). »

Quand Lavisey écrivait sa dépêche, il y avait trois jours que Paris, livré à ses seules forces, était assiégé par Henri IV. Mayenne, qui se trouvait dans l'impossibilité de le secourir, écrivait, le 25, aux magistrats que ses affaires n'étaient pas en aussi mauvais état que ses ennemis le publiaient. Néanmoins, il demandait « l'assistance de touts leurs quartiers, » et, n'osant leur décrire la véritable situation des choses, il chargeait le conseiller Tixier de la leur dire de vive voix (1). Le siège, comme on sait, ne fut levé que le 30 août; et le 4 septembre, en leur annon-

---

(1) N° 480. Par une lettre datée du 15 avril, Sennecey avait prévenu la mairie de la nécessité où il se trouverait peut-être de marcher en avant pour dégager les environs de Dijon.
(2) N° 480 du Recueil.
(3) N° 481.
(4) N° 483.

çant cette bonne nouvelle, Mayenne ne craignait pas d'ajouter que le roi avait refusé la bataille et s'était renfermé dans son camp, ce qui était précisément le contraire de la vérité (1).

Si au sortir de ce siége la misère était affreuse dans l'Isle de France, celle qui régnait en Bourgogne ne lui cédait en rien. Toute relation avait cessé entre les villes, le commerce n'existait plus; les villages, brûlés pour la plupart, étaient inhabités; leurs habitants, traqués, rançonnés quand ils n'étaient pas tués par les troupes des deux partis, s'étaient réfugiés dans les places, ou ne cultivaient plus que les terres les plus rapprochées de leur refuge. La famine était imminente. C'est alors que Tavannes, qui, nonobstant les succès de Sennecey, était resté maître de la campagne, proposa une trêve à son adversaire. Celui-ci accueillit la proposition, mais ne voulut point s'engager avant d'avoir l'avis de la mairie de Dijon. Les villes et les peuples ne demandent que repos, lui écrivit-il; consultez la ville en assemblée générale, « et que quiconque la refusera, si les conditions « sont raisonnables, mette la main à la bourse tant « pour l'entretenement des garnisons que pour les « gens de guerre qui sont à la campagne, lesquels, « hors de la grasse picorée où ils sont, ne voudront ni « marcher, ni se tenir ensemble sans cela (2). » La ville de Beaune avait déjà écrit à ce propos une lettre très pressante (3). Celle de Dijon, qui au fond ne désirait que gagner le temps nécessaire à l'arrivée

(1) N° 493.
(2) N° 486.
(3) N° 485.

des troupes que Mayenne lui promettait, s'en souciait peu. Aussi, au lieu d'adhérer spontanément, comme tout semblait le lui commander, demandat-elle à Sennecey l'autorisation d'en conférer avec les villes du parti, et le pria d'obtenir à cet effet une suspension d'armes. Nuits et Beaune adhérèrent à la trève (1), Châtillon (2) s'enquit si elle les préserverait des attaques des Champenois, et Chalon de quelle manière on devait l'observer (3). Sennecey, impatienté de tous ces retards au moyen desquels les hostilités, ou plutôt, comme il le disait lui-même, les voleries qui ruinaient le peuple se continuaient, signa la trève et leur en envoya les articles avec l'invitation de la publier. La dépêche était datée d'Auxonne le 30 juillet, et le 15 août nos magistrats en ordonnaient seulement la publication.

C'était un fâcheux indice de la façon dont ils entendaient observer le traité, et il le parut bien davantage quand on reçut une missive de Tavannes annonçant l'arrivée d'un officier chargé de s'entendre avec eux sur différents points restés en suspens. Il s'engageait à donner toute facilité à ceux qui auraient volonté de sortir de la ville avec leurs biens, à la décharge de leurs cautions, et il leur faisait la même prière pour le fils du président Fremyot et les prisonniers mis à rançon (4). Tavannes exigeant pour Fremyot ; la mairie mise en demeure de donner satisfaction aux deux

---

(1) N° 487 et 488 du Recueil.
(2) N° 490.
(3) N° 491. La ville de Chaumont insistait de son côté pour être comprise dans cette trève ou tout au moins empêcher les royaux de Bourgogne de se réunir contre elle avec ceux du Bassigny (N° 495).
(4) N° 492.

hommes qu'elle haïssait le plus, aux deux hommes auxquels elle pensait quand elle sollicitait et obtenait de Mayenne l'ordre de passer tous les suspects au fil de l'épée (1), c'était plus qu'elle n'en pouvait supporter. Aussi, bien décidée à ne rien céder, elle répondit à Tavannes que les pères des prisonniers sous caution, qui étaient pour la plupart des jeunes gens, ayant déclaré s'opposer à ce que leurs enfants servissent une autre cause que celle de la Sainte-Union, elle ne les relâcherait pas. Quant au fils Fremyot, comme c'était un fils de famille, elle remettait à en délibérer jusqu'à ce que le père en eût fait lui-même la demande et que les articles de la trêve fussent publiés et exécutés.

Tavannes se le tint pour dit et agit en conséquence. Cinq jours après (3 septembre), un de ses officiers, le capitaine La Planche, surprenait le château de Gilly, appartenant à l'abbé de Cîteaux, et interceptait toute communication entre Dijon et la Côte. A cette nouvelle, les Dijonnais, effrayés, criant à l'infraction de la trêve, recoururent aux deux chefs qui l'avaient signée. Sennecey, qui dès les premiers pourparlers ne s'était point fait d'illusion à cet égard, se borna à leur répondre que si l'abbé, au lieu de prendre un capitaine, ne s'était pas confié à un laquais, l'accident ne fût point arrivé; qu'au surplus, il a lait s'occuper de le réparer (2). Tavannes, auquel ils notifièrent la capture de La Planche tombé entre les mains du baron de Thianges, fut plus explicite; il leur déclara nettement que la restitution de Gilly suivrait celle de son lieutenant et des places rebelles à l'autorité du roi.

(1) Registre des délibérations de la chambre de ville. 1er juin 1590.
(2) N° 494 du Recueil.

Cependant Sennecey lui ayant demandé des explications sur les causes de cette rupture, celles qu'il reçut lui parurent si concluantes qu'il les envoya au conseil de l'Union, en disant qu'il n'y trouvait pas grande sauce, sinon qu'on leur attribuait tous les torts (1). Enfin, quinze jours plus tard Tavannes lui signifiait que le roi, informé des mauvais déportements de ceux de Dijon et des voleries des gens détachés de l'armée de Mayenne, lui avait ordonné de rompre la trêve et de recommencer les hostilités (2).

Sennecey, en communiquant cette dépêche aux Dijonnais, ne leur dissimulait point la gravité de la situation. Les ennemis tenaient toutes les routes; ils attendaient le maréchal d'Aumont avec des renforts, tandis que Mayenne n'avait pas trop de toutes ses forces pour combattre le roi de Navarre. Il était donc urgent de faire une nouvelle levée afin de garnir les villes menacées, et, pour cela, de rassembler à bref délai les Etats, auxquels sa goutte ne lui permettrait pas d'assister (3).

On réunit donc (octobre) à Dijon le petit nombre des députés des trois ordres qui osèrent s'aventurer sur les chemins. On vota la levée d'un corps de 1,200 hommes, outre ceux déjà existants, et on se sépara après avoir exprimé le vœu d'une convocation des Etats généraux chargés d'élire un roi catholique.

Pendant ce temps-là, Mayenne, rentré à Paris (18 septembre), s'était remis en marche pour assié-

(1) N° 496.
(2) N° 499.
(3) N° 498.

ger Corbeil. Il avait, chemin faisant, donné à Jean Fyot, conseiller au Parlement, envoyé vers lui par sa compagnie, la mission d'exposer à la chambre de ville l'état de ses affaires. Par un *post-scriptum* entièrement écrit de sa main, il lui recommandait de traiter les membres du Parlement avec dignité et respect, « présupposant qu'ils fussent bons catholiques (1). » Celle-ci, qui savait la valeur de la recommandation, ne daigna pas même la mentionner sur son registre.

Corbeil n'était pas retombé au pouvoir de la Ligue, que, moins d'un mois après, Givry le lui reprenait, avec l'aide d'un officier du maréchal d'Aumont, nommé Marivaul, lequel s'empressa d'en informer son ancien chef (2), qui savait déjà la nouvelle par une dépêche du roi lui-même, toujours à la poursuite du duc de Parme (3).

Ce maréchal, qui était en marche sur la Bourgogne, où les « royaux » l'attendaient impatiemment, avait dû s'arrêter à Tours sur un ordre du roi. Néanmoins, il avisait les présidents Fremyot et de Crespy de sa prochaine arrivée, et leur recommandait de faire bonne provision d'argent et de munitions. Il faut, leur disait-il, que nous disposions les affaires du roi en Bourgogne en aussi heureux succès qu'elles sont de ce côté ; et, pour preuve, il leur annonçait la reprise de Corbeil, qui avait découragé les Parisiens ; la retraite désastreuse du duc de Parme, ayant à ses trousses le roi, La Noue et le duc de Nevers, et, enfin,

(1) N° 497 du Recueil.
(2) N° 501.
(3) N° 500.

la sortie de Paris des principaux mutins : le prévôt des marchands, les présidents Bresson et de Neuilly, le petit Feuillant, l'abbé de Cîteaux et autres prêcheurs séditieux (1).

Sur ces entrefaites le château de Duesme étant tombé entre les mains des royalistes, Mayenne prescrivit à Franchesse d'employer tous les moyens pour le reprendre ; et comme cela tardait trop au gré de ses désirs, lui-même n'en trouva point de plus assuré que d'en proposer l'échange contre le fils de Fremyot (2). La mairie eût bien préféré un autre gage ; mais elle n'en fut pas la maîtresse, il lui fallut céder et décharger les cautions des 2,000 écus qui leur avaient été imposés.

Cependant Henri IV, après diverses attaques sur Paris et autour de Paris, avait feint de quitter l'Isle-de-France (3) pour se rabattre sur Chartres, dont il forma aussitôt le siége (4). Mayenne, qui cette fois ne put le lui faire lever, s'en dédommagea par la prise de Château-Thierry (5) ; mais l'avantage de la campagne demeura au roi.

Les choses n'allèrent pas aussi bien en Bourgogne : Mayenne, qui, à défaut de secours qui n'arrivaient jamais, était prodigue de promesses, avait bercé les Dijonnais de l'idée que le maréchal d'Aumont, retenu par le roi devant Chartres (6), ne pourrait s'acheminer en Bourgogne. Grande fut donc leur stupéfaction

---

(1) N° 502 du Recueil.
(2) N° 503.
(3) N° 506.
(4) N° 507.
(5) N° 510.
(6) N° 507.

quand ils apprirent que le maréchal, arrivant par le Nivernais, avait été rejoint devant Château-Chinon par les « royaux » bourguignons, et que tous ensemble ils assiégeaient cette place. La présence inopinée du duc de Nemours qui, brouillé avec son frère Mayenne, regagnait le Lyonnais, ranima leur courage. Ils lui remirent le commandement de tout ce que le conseil de l'Union put rassembler de troupes, à l'aide desquelles il reprit Gilly, Louhans, Montaigu, Toulon-sur-Arroux (1); puis il se porta sur Autun pour barrer le passage au maréchal. Mais celui-ci, trompant son attente, déboucha du Morvan par Saulieu, prit en passant le château de La Motte-Ternant, et vint camper à l'abri des murs de Semur et de Flavigny.

Nemours, dont les Lyonnais réclamaient vivement la présence, ne poursuivit point ses avantages; sa retraite livrait le duché à son adversaire, qui en profita pour assiéger Autun. Il s'en fût aisément rendu le maître, si, au lieu de suivre l'avis de son conseiller Lubert, il eût préféré celui de Guitry et de Tavannes. Autun, mal attaqué, lui résista vigoureusement et le contraignit à abandonner la place.

Il en fut de même de l'entreprise sur la citadelle de Chalon, de la tentative de surprise d'Avallon et du blocus de Dijon, qui dura dix-huit jours.

Ce qu'il y avait de plus grave, c'est que ce n'était pas seulement par ces échecs réitérés que le maréchal d'Aumont compromettait les affaires du roi; son incroyable conduite envers celui qui jusqu'à son

---

(1) N° 509 du Recueil.

arrivée les avait fait prospérer aurait pu, avec un caractère moins fermement trempé que celui de Tavannes, avoir pour la cause royale des conséquences désastreuses.

D'Aumont, qui n'ignorait rien des dissentiments des royalistes (1), ne comprit pas que, d'une part, les services éclatants de Tavannes, de l'autre le dévouement de Vaugrenant et ses affections de famille, lui commandaient le rôle de médiateur. Toujours guidé par son conseiller Lubert, sympathique en cela à la cause d'un homme de robe, il épousa la querelle de Vaugrenant et des Chabot, et pesa sur Tavannes de toute l'autorité de son titre de maréchal. Etant à Saint-Jean-de-Losne, il le contraignit, sous prétexte de solder les reîtres amenés par Schomberg, de lui remettre l'argent qu'il avait emprunté en Suisse pour l'entretien des troupes du pays, et l'employa sans scrupule à compléter sa compagnie de gens d'armes. Puis, sous prétexte d'une expédition au dehors, il le fit sortir de Saint-Jean-de-Losne et en donna le commandement à ce même Vaugrenant, son ennemi intime. Tavannes se retira à Vergy, qu'il avait achetée du capitaine Bailly. Il y arriva assez tôt pour empêcher cette place d'avoir pour lui le sort de celle de Saint-Jean-de-Losne. Néanmoins, son dévouement à la cause royale ne faiblit point; il suivit le maréchal au siége de Louhans, à l'expédition sans fruit de Bresse, après laquelle d'Aumont, dont cette campagne ne reverdissait guère les lauriers, s'empressa de rejoindre Henri IV.

Au mois de mai précédent, et lorsque les magistrats

(1) Nos 462, 464 du Recueil.

de Dijon étaient encore dans l'incertitude du point sur lequel le maréchal allait diriger ses premiers coups, ils avaient reçu du duc d'Elbeuf, toujours renfermé à Loches depuis le massacre de ses cousins de Guise, une dépêche par laquelle il les priait de contribuer au paiement de sa rançon, fixée à 150,000 écus (1). Sa femme Marguerite Chabot, qui appelait cette délivrance de tous ses vœux (2), et Mayenne lui-même, insistèrent pour que la ville y coopérât; mais en vain : la misère des habitants était devenue telle, que le peu d'argent dont elle pouvait disposer ne suffisait plus aux besoins de la défense.

Elle fit du moins un effort quand elle apprit l'heureuse évasion du fils du Balafré, et, sans attendre les ordres de Mayenne (3), elle fit chanter le *Te Deum*, tirer le canon et allumer des feux de joie.

Si les dissentiments qui avaient éclaté au sein de l'armée royale avaient compromis les succès qu'elle avait obtenus jusque-là, il ne faut pas s'étonner si vers le même temps les divisions produisirent un résultat identique parmi ses adversaires. Seulement, la vanité et l'indiscipline s'effaçaient, ici, devant une question d'argent. On a vu plus haut comment Sennecey ayant fait prisonnier Alphonse Ornano, l'avait emmené à Auxonne et avait taxé sa rançon à 40,000 écus. Cette somme avait été payée, sur l'ordre du roi, par les présidents Fremyot, de Crespy et M. de Chevigny-Frenoy, et Sennecey se l'était adjugée sans en faire part au marquis de Saint-Sorlin, qui commandait

(1) N° 512 du Recueil.
(2) N°s 380, 390.
(3) N° 517.

l'armée avec lui. Celui-ci, de même que son frère Nemours, en conservait un vif ressentiment qui n'attendait qu'une occasion pour éclater. Sur ces entrefaites, l'invasion de la Bourgogne par le maréchal d'Aumont ayant rendu toute opération impossible dans le nord du duché, le duc de Nemours ne pouvant y prolonger son séjour, proposa au baron de le suivre dans le Mâconnais, où il voulait guerroyer en continuant sa route. Sennecey, qui cependant était bien fin et qui, ayant eu une explication avec le duc, se croyait suffisamment couvert par son titre de lieutenant général, y consentit, et, quoique malade de la goutte, le suivit dans cette expédition. Les Mâconnais ayant prié le duc de Nemours de les délivrer de la garnison du château de Berzé, qui les incommodait beaucoup, Sennecey, par un motif qu'on ignore, s'y opposa. Nemours et son frère en prirent texte pour le faire arrêter et conduire au château de Pierre-Encise.

Cet acte impolitique, qui privait la province d'un chef estimé, juste au moment où elle en avait le plus grand besoin, causa une vive irritation dans les villes ligueuses. Le maire de Dijon en adressa d'énergiques remontrances aux ducs de Mayenne et de Nemours, et réclama impérieusement son commandant. Nemours, le premier, au risque d'être démenti, nia toute participation à la mesure et rejeta le tout sur son frère (1). Mayenne, de son côté, qui, comme il le leur dit, jugeait que cet accident ne pouvait qu'apporter de l'altération au repos du pays, « fit une « bonne dépêche à ses frères pour leur faire con-

(1) N° 518 du Recueil.

« naître qu'on n'était pas au temps ou il fallait pré-
« férer son intérêt au bien général (1), » et lui annonça l'arrivée d'un gentilhomme chargé de lui ramener Sennecey. Il réitéra les mêmes promesses par une dépêche du 31 août (2); mais ses frères, qui le savaient loin et hors d'état de le leur arracher, n'en tinrent aucun compte. Seulement, comme Sennecey était déjà âgé, goutteux, et qu'une mort prématurée pouvait, en l'enlevant, leur ôter le bénéfice de leur mauvaise action, ils se déterminèrent au bout de deux mois d'une dure captivité à le mettre en liberté, après lui avoir fait souscrire une obligation de 60,000 écus, avec caution bourgeoise, « afin, écrivait Ne-
« mours à la mairie (3), d'empêcher qu'on le poussât
« à quelque injuste ressentiment de la cause des ca-
« tholiques et de l'astreindre à se conformer au parti. »
Ses enfants restèrent en ôtage.

Le baron, qui n'ignorait point la part active que la mairie avait eue à sa délivrance, s'empressa, dès son retour à Sennecey, de lui en exprimer sa gratitude (4). Puis, dégoûté de la Ligue et, d'ailleurs, irrité de l'indifférence de Mayenne à son égard, il lui remit son commandement et se retira à Auxonne, qu'il maintint dans une sorte de neutralité jusqu'à la fin des troubles.

On a vu plus haut par quel vœu les Etats du duché avaient clos l'assemblée du mois d'octobre 1590. Ce vœu était celui de toute la France, et, bien qu'il

(1) N° 519 du Recueil.
(2) N° 520.
(3) N° 526.
(4) N° 529.

entrât dans la politique de Mayenne d'en retarder de plus en plus la réalisation, il crut devoir donner satisfaction à l'opinion publique en annonçant la prochaine assemblée des Etats à Orléans. Donc, par une dépêche du 6 décembre 1590, il invita la chambre de ville à préparer l'élection d'un député pour chacun des ordres du bailliage (1). Un mois plus tard, à propos d'un règlement sur ces mêmes Etats, il en annonçait l'ajournement à une époque indéterminée; et, pour pallier l'effet de cette nouvelle, il avisait la chambre de ville que, de concert avec le roi de Navarre, il s'occupait d'assurer la liberté du labourage (2).

Au mois d'avril 1592, nouvelle convocation; cette fois l'assemblée aura lieu à Reims. Le Parlement de Paris en presse la réunion; il faut donc que les députés y soient rendus le 31 mai, sous une escorte fournie par le lieutenant général (3). Le 26, autre dépêche : comme il a été jugé nécessaire « d'autoriser » l'assemblée d'un nombre d'hommes choisis dans les provinces et notamment des maires, celui de Dijon étant désigné, il désire que M. Bernard, député, dont il connaît le mérite, soit choisi pour maire à la prochaine élection (4). Grand émoi dans la province : Chalon demande s'il faut procéder à de nouveaux suffrages (5). Sur la réponse négative, les députés font leurs préparatifs, mais d'une manière si lente,

---

(1) N° 504 du Recueil.
(2) N° 505.
(3) N° 511.
(4) N° 513.
(5) N° 514.

vu la pénurie d'argent et le péril des chemins, que Mayenne est obligé de les gourmander et de leur rappeler que les députés déjà arrivés s'impatientent (1). Enfin, Bernard, craignant de tomber entre les mains des royalistes qui marchaient pour bloquer Dijon, part, le 6 septembre, sous la garde des cavaliers de son confrère Lavisey, qui l'escortent jusqu'en Comté. De là, poursuivant sa route, il se rend non à Reims, où les députés continuaient à se morfondre, mais à Verdun, près de Mayenne, qui l'emmène à Nancy prendre part à ses conférences avec le duc de Lorraine et les agents espagnols, en vue des Etats toujours prochains et où un rôle important lui était réservé (2).

En attendant, Henri IV et Mayenne avaient fait de grands préparatifs pour terminer la lutte. Le roi, renforcé d'un corps anglais envoyé par Elisabeth, marchait au-devant des auxiliaires allemands que lui amenait le duc de Bouillon; tandis que Mayenne, dans le but d'empêcher cette jonction, s'était porté sur Verdun, où il attendait l'armée papale qui arrivait par la Franche-Comté et la Lorraine.

Bernard, témoin de ces mouvements, ne manquait pas d'en informer la chambre de ville. Celle-ci, tant forcenée ligueuse qu'elle fût, aurait préféré l'annonce prochaine de l'arrivée du secours qu'elle attendait pour résister au maréchal d'Aumont, qui la bloquait (3),

---

(1) N° 516 du Receuil.
(2) N°s 521, 522.
(3) N°s 521, 522, 523.

et que Mayenne lui promettait toujours, alors même qu'il lui était impossible de le procurer (1).

Mayenne, n'ayant pu remplir le but qu'il s'était proposé, suivit à la piste l'armée royale à travers la Champagne et la Picardie (2), jusqu'aux environs de Rouen, dont Henri IV avait résolu le siége. Bernard quitta alors le prince pour venir à Reims diriger les préparatifs des Etats, ou, mieux, pour y sonder les esprits (3). Cependant, au mois de novembre, il se rendit à Valenciennes pour assister à une entrevue du duc de Mayenne avec le duc de Parme, le nonce Landriano, le légat et l'abbé de Citeaux (4).

Les magistrats de Dijon, qui, dans l'attente des grands coups qui allaient se frapper devant Rouen, avaient ordonné des prières et « oroysons » publiques, furent étrangement surpris de recevoir à peu de temps de là, au lieu d'un bulletin de guerre, deux dépêches, de la ville de Paris et du duc de Mayenne, qui lui annonçaient à la fois l'abominable assassinat juridique commis par les Seize sur le premier président Brisson, les conseillers Larcher et Tardif, et l'éclatante vengeance qui en avait été tirée. Ces dépêches étaient datées du 7 décembre; le crime ayant été commis le 15 novembre, il était certainement déjà connu des plus fanatiques de Dijon, de ceux avec lesquels les Seize entretenaient une correspondance active et dont ils étaient les imitateurs fidèles jusqu'à se mettre, à l'insu de Mayenne, en communication

---

(1) Nos 520, 524, 528 du Recueil.
(2) Nos 525, 527.
(3) Idem.
(4) Nos 530, 531.

directe avec le duc de Parme (1). Il ne faut point s'en étonner : Morin de Cromey, le principal instigateur de l'attentat, avait été conseiller et procureur général à Dijon avant d'entrer au grand conseil ; sa famille y occupait des charges, il y avait conservé de nombreuses relations qu'il entretenait lors de ses visites à sa terre de Cromey, en Autunois.

Etienne Bernard, notamment, avait dû avoir avec Morin des rapports fréquents, et c'est sans doute à lui qu'il pensait quand, entretenant la chambre de ville de ce funeste événement, il disait : « Les « premiers coups sont à blasmer et les derniers à « plaindre (2). »

Quoi qu'il en soit, le coup qui frappait les Seize de Paris retentit jusqu'à Dijon, et si les zélés de la chambre de ville, avisés que Mayenne n'ignorait pas leurs menées avec l'étranger, s'abstinrent désormais de pratiques si dangereuses, ils ne renoncèrent point aux doublons du roi d'Espagne (3). Ils s'efforcèrent, au contraire, de les mériter jusqu'à la fin, par leur fanatisme et leur violente opposition à tout ce qui, contrairement à leurs vues, pouvait mettre un terme aux maux du pays.

Pour faire diversion à cette catastrophe, Mayenne et Bernard, chacun de leur côté (4), tenaient la

---

(1) N° 486 du Recueil. Le maire, en donnant communication de ces deux dépêches à la Chambre, ne les fit suivre d'aucune reflexions, comme cela arrivait en toute autre circonstance. Il insista davantage sur les nouvelles venues de Rouen, et fit décider que les dépêches seraient lues seulement aux officiers de la milice bourgeoise.

(2) N° 533.

(3) Journal du conseiller Brunot, II, 46 et *passim*.

(4) Bernard était demeuré à Reims en conférence avec le légat. (Voir n°s 533, 536.)

chambre de ville au courant des péripéties du siége de Rouen. Depuis le 11 novembre, jour de l'investissement de la place, aucun avantage sérieux n'avait été obtenu par les assiégeants; Mayenne s'était rendu, en janvier, à La Fère, où il avait opéré sa jonction avec le duc de Parme, et tous deux marchaient lentement au secours de la ville (1); le 28, une dépêche de Mayenne le disait à huit heures des ennemis et demandait la continuation des prières (2). Le 3 février, Bernard, qui était demeuré à Reims, poursuivant avec le légat des conférences que la mort du pape avait interrompues, mandait que les Anglais « s'étaient « retirés de honte et de perte (3). »

Le 28, Mayenne annonçait le succès de Neuchâtel (4), puis l'heureuse sortie de Villars (5), et le 11 mai, le retour en Bourgogne du député Bernard, chargé d'y poursuivre des affaires importantes; ce témoin oculaire des dernières opérations du siége devait les leur faire connaître de sa part (6).

Mayenne tenait beaucoup à voir dans les circonstances présentes son conseiller intime à la tête de la magistrature dijonnaise. Déjà l'année précédente il s'en était ouvert à La Verne, maire sortant (7), qui, n'en tenant aucun compte, s'était fait réélire. Cette fois Mayenne avait pris ses précautions. « Le 20 juin, « dit Pepin, fut faicte eslection du vicomte mayeur,

---

(1) N° 534 du Recueil.
(2) N° 535.
(3) N° 536.
(4) N° 537.
(5) N° 538.
(6) N° 539 et *Livre de souvenance de Pepin*,
(7) N° 513.

« où il y eut tres grandes altercations pour les bri-
« gueurs, et suffrages du peuple gagné tant par
« argent, banquets, ivrogneries et autres dissolutions.
« Il fut trouvé que M. l'avocat Bernard eut le plus de
« voix et suffrages. » Aussi le duc, charmé du résultat,
ne trouva rien de mieux, pour donner à la chambre
de ville un témoignage de sa satisfaction, que de lui
annoncer l'arrivée prochaine de Henri, son fils aîné,
auquel il déléguait le gouvernement de Bourgogne (1).

Depuis la retraite du baron de Sennecey la province,
privée de commandant, était livrée à une véritable
anarchie. Tandis que les partis royalistes la sillon-
naient librement dans tous les sens, les garnisons
des places ligueuses exigeaient des villages des cotes
particulières en dehors des taxes consenties et les
rançonnaient impitoyablement; aussi l'irritation des
paysans devint bientôt telle, qu'ils ne demandaient
qu'un chef pour se soulever en masse contre leurs
oppresseurs, à quelque parti qu'ils appartinssent. C'est
ce que Montmoyen, gouverneur de Beaune, mandait
à la mairie de Dijon (2); laquelle, dans l'impuissance
d'agir d'une manière efficace, ne trouvait d'autre
moyen à lui proposer que d'intervenir par moyens
doux pour apaiser les campagnards et prier de nouveau Mayenne d'envoyer un chef au pays. Ce n'était
pas que, sous ce dernier rapport, les compétiteurs
manquassent, au contraire; mais soit qu'ils n'inspi-
rassent point assez de confiance à Mayenne, soit qu'il
se souciât peu de courir une troisième fois la mau-

(1) N° 514.
(2) N° 540.

vaise fortune de voir son lieutenant général sortir de charge par une geôle, toujours est-il qu'il prit ce moyen terme de nommer son fils, en lui donnant comme directeur un homme capable, résolu et dévoué.

Il le trouva dans Jean de Saulx, vicomte de Tavannes, fils puîné du célèbre maréchal. Jean, qui rédigea les curieux Mémoires de son père, comptait parmi les gentilshommes les plus instruits de son temps; ses connaissances militaires étaient fort étendues, quoique dans leur application en campagne il ne s'éleva jamais à la hauteur de son père, ni même de son frère aîné. La nature l'avait doué d'un caractère hardi. Il était orgueilleux et dur; élevé par son père dans la haine du nom huguenot, il eut durant toute sa vie ces sentiments pour règle de conduite. Emporté par eux, il oublia que le maréchal avait été, toujours et avant tout, le loyal serviteur de la royauté, et il s'allia aux Lorrains, qui le comptèrent au nombre de leurs plus chauds partisans. Mayenne surtout, qui le goûtait fort, se l'était attaché jusqu'à lui donner la lieutenance générale de Normandie; mais obligé de la lui retirer pour satisfaire le marquis de Villars, il s'était hâté de l'en dédommager par un poste équivalent en Bourgogne. Un homme moins fanatisé que lui ne l'eût jamais accepté.

En effet, Jean de Tavannes, lieutenant général de la Sainte-Union, allait avoir en face de lui, à titre égal, son frère Guillaume, le dévoué champion de la cause royaliste. Deux frères en présence, c'était bien le complément de cette situation singulière créée par la Ligue dans notre pays, où l'on voyait deux Parlements, deux États de Bourgogne se disputant le pouvoir et annulant réciproquement leurs décisions.

« Si mon frère le vicomte de Tavannes, écrivait « Guillaume au roi, vient par deçà à la guerre, comme « il en est le bruit, je la luy feray si ferme que mes « malveillants n'auront point subject de me blasmer. » Il tint parole. Jean, qui avait annoncé hautement son projet de reprendre toutes les places occupées par les royalistes, fit voter 25,000 écus aux États et leva des troupes. Il prit et démantela plusieurs petites places aux environs d'Autun, parcourut le Charolais et se dirigea sur Verdun, qu'il investit sans pouvoir l'emporter, à cause du secours que son frère parvint à y introduire. Il fut plus heureux devant Til-Châtel et à Montsaugeon, forte place du Langrois qu'il prit par composition et dans laquelle il mit une garnison toute à sa dévotion. Il essaya aussi de surprendre Saint-Jean-de-Losne, fit battre ses lieutenants à Izier et suspendit ses opérations pour se rendre aux États généraux, que Mayenne convoquait enfin à Paris.

Les conférences avec les Espagnols au sujet de ces états, interrompues par le siége de Rouen, avaient été reprises. Les agents de Philippe, qui voulaient peser sur ces États, exigeaient que la réunion s'en fît dans une ville à leur portée; Mayenne, qui s'y refusait, continuait son système de remises et d'attermoiements. De Reims, où l'assemblée n'avait pu avoir lieu, il l'avait, au mois de septembre 1592, transférée à Soissons; et adressé, en conséquence, de nouvelles lettres aux députés (1). Bernard, qui était dans la

(1) N° 542 du Recueil.

confidence, ne s'en émut point; il déclara à la chambre de ville qu'il s'en était excusé auprès du lieutenant général, et exprima le désir que des prières publiques fussent demandées au clergé, afin que le Saint-Esprit descendît sur l'assemblée.

Mais quand, sur l'avis de Jeannin et à bout de moyens dilatoires, le lieutenant général de l'état et couronne de France put rassembler les députés à Paris au mois de janvier 1593, l'attitude de Bernard fut différente. Une lutte sérieuse allait s'engager : royalistes, politiques et ligueurs s'apprêtaient à y prendre part, et l'ancien orateur du tiers-état aux états de Blois n'était pas homme à laisser échapper cette nouvelle occasion de témoigner de son zèle pour la religion et de son dévouement aux Lorrains. D'ailleurs, le duc de Mayenne, le président Jeannin, le légat lui-même, qui comptaient sur son habileté, pressaient son arrivée (1), et le premier, qui appréhendait quelque obstacle du côté de la chambre de ville, la priait de ne point s'opposer à ce départ (2).

Bernard, du reste, était trop bien de son pays pour ne pas se mettre en règle avec ses collègues. Il avait déjà réuni la chambre, afin de lui communiquer ses dépêches et demander son avis. « Celle-ci, considé-
« rant qu'à ces États généraux devaient se traiter des
« affaires les plus grandes et ardues qui se soient
« jamais présentées de mémoire d'homme; que Ber-
« nard avait été élu député par le bailliage de Dijon,
« que sa qualité de vicomte mayeur le faisait élu né

---

(1) Délibération de la chambre de ville.
(2) N° 543 du Recueil.

« du tiers-état de Bourgogne, qu'enfin sa présence
« y était nécessaire, le pria d'entreprendre ce voyage,
« délaissant à ses prudents conseils de dire et faire
« ce qu'il jugera convenable. » Elle commit pour le
remplacer en son absence Jacques La Verne, « antique » mayeur.

Le 18 janvier, à huit heures du matin, Etienne Bernard monta à cheval, et, précédé des sergents en hallebardes qui lui firent la conduite, il partit au milieu de la population qui, hommes, femmes, enfants, lui faisait la révérence, baisait ses mains et lui souhaitait heureux voyage. Le vicomte de Tavannes l'accompagnait avec une nombreuse escorte de cavalerie.

La petite troupe, qui se grossissait à mesure qu'elle avançait du côté de Paris (1), arriva à Troyes, où l'attendait la députation de Champagne (2), et fit son entrée le 29 à Paris. Elle y était impatiemment attendue. La députation de Bourgogne, la plus complète après celle de Paris, fut reçue avec beaucoup d'honneur. Trois jours plus tard, Bernard, en envoyant à ses collègues un exemplaire imprimé du « propos » tenu à la première séance par le légat, les prévenait d'une expédition confiée au frère du duc de Longueville sur la Bourgogne, de la déclaration du roi à Nantes, et leur recommandait la vigilance (3). Le légat lui-même crut devoir, en leur témoignant le singulier contentement qu'il éprouvait de l'arrivée des députés et la consolation qu'il recevait journellement de la présence de M. Bernard, leur adresser un

(1) N° 526.
(2) N° 492.
(3) N° 514.

exemplaire de son « Exhortation aux catholiques sui-
« vant le parti de l'hérétique, » avec prière de la « di-
« vulguer le plus que faire se pourrait (1). »

Etienne Bernard était arrivé à Paris, précédé de la grande réputation qu'il s'était acquise aux états de Blois. Il y avait retrouvé plusieurs de ses confrères, parmi lesquels : Pierre d'Epinac, archevêque de Lyon; le président de Neuilly, l'avocat général d'Orléans; ces deux derniers faisaient partie de la députation de Paris. Tous l'avaient vu à l'œuvre et se promettaient d'utiliser son éloquence et son habileté pour le triomphe de la cause de la Sainte-Union. Aussi suffit-il de parcourir le registre de son ordre pour reconnaître la part considérable qui lui revient aussi bien dans les délibérations que dans les colloques tenus chez le légat et la célèbre conférence de Suresne.

Ces travaux multiples ne lui firent point oublier qu'il était maire de Dijon; et bien que, dans les circonstances où il se trouvait alors, on n'eût guère le loisir ni la volonté d'écrire longuement; que, d'ailleurs, la prudence, malgré sa haine pour le roi « de Navarre » qui éclate à chaque ligne, devait aussi lui imposer une certaine réserve et bon nombre de réticences, il n'entretint pas moins avec ses confrères de la chambre de ville une correspondance aussi régulière que possible, dans laquelle il leur exprimait en termes nets, concis, souvent avec élévation, ses jugements sur les événements auxquels il prenait part soit comme acteur, soit comme témoin.

(1) N° 548 du Recueil.

A peine ses pouvoirs avaient-ils été vérifiés, que la chambre le commettait, ainsi que le président de Neuilly et Desportes, pour, de concert avec les délégués des autres chambres, prier le légat de donner la communion aux députés à l'église Notre-Dame (1).

Le 25 février, lui et Lemaistre appuyaient vigoureusement la proposition d'une conférence offerte par les princes et seigneurs catholiques suivant le parti du roi de Navarre, sur les moyens de remédier aux troubles présents; Bernard la soutenait devant la chambre du clergé, et déterminait le conseil de Mayenne et le légat à l'accepter (2).

Sur ces entrefaites, le duc de Feria, ambassadeur de Philippe II, étant arrivé à Paris, les États lui envoyèrent une députation pour le saluer, Bernard en faisait partie (3). Cet ambassadeur ayant, de son côté, exprimé le désir de rendre la même politesse à l'assemblée, séance lui fut accordée, après de longs débats sur la place qui lui serait assignée et la forme du discours que le cardinal de Pellevé devait lui adresser au nom des États, en réponse à sa harangue (4).

Après maintes discussions dans les chambres, chez le légat et au conseil de Mayenne, la conférence avec les catholiques royaux avait été réglée; elle devait se tenir à Suresnes (5). Bernard, qui y avait eu une part active, fut naturellement choisi par sa chambre, avec

---

(1) Procès-verbaux des Étatsgénéraux de 1593 dans la collection des documents inédits, p. 52. — N° 549 du Recueil.
(2) Procès-verbaux des états, pp. 59, 60, 61. — N°⁸ 550, 551.
(3) Procès-verbaux, p. 83.
(4) N° 554 du Receuil.
(5) Procès-verbaux, p. 121 et suiv. — N°⁸ 551, 552, 554.

le président Lemaistre et H. Dulaurens, pour l'y représenter (1).

Cette conférence engagée, la harangue des Espagnols entendue, les États, pressés d'en finir, sommèrent Mayenne, alors occupé au siége de Noyon, de revenir à Paris. Bernard joignit ses instances personnelles à celles de ses collègues (2).

Le 10 mai, entré aux États, le lieutenant général entendait le rapport fait par l'archevêque de Lyon des premières conférences avec les catholiques royaux, et levait la séance, en priant les chambres de nommer chacune deux députés pour entendre chez le légat une communication que désirait faire l'ambassadeur d'Espagne. Les maires de Paris et de Dijon furent encore désignés pour assister à cette réunion, « et « rapporter par escript ce qui y serait proposé, pour « en délibérer (3). »

On sait quel fut le résultat de cette entrevue, où, après avoir énuméré les forces et la finance que Philippe II mettait au service de la Ligue, le duc de Feria exigea en retour « que Madame l'infante Isabelle, « pour son droict, ou par election, ou par les deux « causes conjointement, fût déclarée reyne de France « incontinent (4). »

Si Rose, évêque de Senlis, présent à la séance, ne put contenir son indignation, il est permis de penser que la plupart des autres auditeurs partageaient son sentiment. Bernard lui-même, tout ligueur passionné

---

(1) Procès-verbaux, p. 169. — N° 555.
(2) N° 555.
(3) Procès-verbaux, p. 184.
(4) Procès-verbaux, p. 220. — N° 558.

qu'il se montrât, n'était rien moins qu'Espagnol (le duc de Feria le savait bien) (1). Aussi ne se fit-il pas scrupule d'en faire connaître son opinion à ses confrères de Dijon. « A une conférence qui se fait en la « maison de M. le légat, leur écrivait-il le 22 mai, « les ambassadeurs du roy d'Espaigne nous ont pro- « posé le droit pretendu par la Sérénissime infante « au royaume, et, s'il en est besoing, la favoriser de « l'election de la couronne. Dom Inigo de Mendoza « doit être ouï (2). Je ne sais pas, ajoutait-il, quelles « seront ses raisons, mais nos volontés sont fort eloi- « gnées de leurs demandes. Aussi ne crois-je pas que « ce soit leur dernier mot (3). »

Effectivement, à la suite de plusieurs conférences à Suresnes (4), les royalistes ayant rapporté de Mantes la promesse de Henri IV de se faire instruire dans la religion catholique (5), les Espagnols, mis par les états en demeure de se prononcer sur le mari qui serait donné à l'infante en cas d'élection, désignèrent l'archiduc Ernest. Cette proposition repoussée comme la première, ils revinrent à la charge « et proposèrent « de donner l'infante à un prince françois, entre les- « quels princes ils déclarèrent comprendre toute la « maison de Lorraine, à la charge que le choix en « demeurerait à S. M. C. Cependant, de prendre

---

(1) Dans une note que le duc de Feria envoyait à son maître sur les députés de la conférence de Suresmes, Bernard était ainsi caractérisé : C'est un personnage influent et savant et tenu pour bon catholique ; il fera ce que le duc de Mayenne demandera. — Procès-verbaux, p. 702.
(2) Il le fut à la séance du 29 mars.
(3) N° 561 du Recueil.
(4) N°s 380, 390.
(5) N°s 521, 522.

« resolution sur la royautté du roy françoys qui seroit
« nommé et de l'infante proprietairement *et in soli-*
« *dum.* » — « Il y a, disait encore Bernard, bien
« d'autres circonstances en leurs propos qui donnent
« à penser aux mieux entendus. » Ces circonstances
ou plutôt ces réticences, c'était le dernier mot que
les envoyés de Philippe II ne voulaient exprimer
qu'après avoir épuisé leurs derniers arguments, à
savoir, l'élection du duc de Guise et son mariage avec
l'infante (1). Les négociations s'arrêtèrent là.

Celles qui se poursuivaient concurremment avec
les catholiques royaux eurent plus de succès; elles
décidèrent, nonobstant le mauvais vouloir et les intrigues du duc de Mayenne (2), Henri IV à rentrer
dans le giron de l'Eglise et à conclure avec Mayenne
une trêve de trois mois, à partir du 1ᵉʳ août. Après
quoi les députés, ayant voté l'adoption du concile de
Trente, avec des réserves timides en faveur des libertés de l'Eglise gallicane, se séparèrent avec promesse
d'un retour qui, désormais, n'avait plus de raison
d'être (3).

Dans ces diverses circonstances, soit qu'il défendît
la loi salique contre les attaques des Espagnols, soit
qu'aux conférences de Suresnes il secondât l'archevêque de Lyon dans ces colloques animés qui déterminèrent la conversion du roi, Bernard, dévoué à
Mayenne, dont il suivit constamment la fortune,
s'était montré l'adversaire obstiné du roi « de Navarre. » Les sentiments de haine politique et reli-

---

(1) Nº 561 et 568 du Recueil.
(2) Nº 566.
(3) Procès-verbaux et nº 567.

gieuse qui, en 1589, avaient dicté l'odieux « advis à la noblesse (1) » persistaient toujours, sinon avec la même acrimonie, du moins avec la même malveillance, et, sans parler des actes publics auxquels il prenait part, sa correspondance en donnait l'éclatant témoignage (2). Trois ans plus tard, et sous l'empire d'autres événements, le langage avait bien changé.

En attendant, Bernard, qui le 7 août avait obtenu son congé des États, ne rentra point à Dijon comme il en était parti; les intrigues de La Verne l'avaient évincé de la chaire magistrale. Depuis que, par suite de l'affaiblissement de la royauté, les villes avaient reconquis leurs vieilles libertés, elles supportaient avec impatience toute ingérance des gouvernants à l'endroit des élections municipales. Dijon l'avait plusieurs fois manifesté, et si, en 1592, la haute influence de Mayenne avait fait pencher la balance en faveur de Bernard, une réaction, à laquelle les « politiques » n'étaient point étrangers, avait déterminé un retour d'opinion hostile à la réélection de celui qui pourtant

---

(1) Dans cet écrit, qui parut en 1589, peu de temps après la mort de Henri III, Bernard préconisait l'assassinat de ce prince, et déclarait Henri IV indigne de lui succéder comme étant hérétique, relaps et exclus du trône par les états-généraux.

(2) Nos 546, 552, 555, 561, 564, 567 du Recueil. — Voici, au surplus, en quels termes il rendit compte à la chambre de ville de la cérémonie de l'abjuration du roi : « A Saint-Denis, le jour de la feste de Saint-Jacqeus, iceluy sieur roy de Navarre, se présenta à l'église dudict lieu, trouva les portes fermées. Ayant heurté à icelles, luy fut demandé ce qu'il vouloit, dit voulloir entrer à l'église. Lesdictes portes luy sont ouvertes, d'illec s'en va derrier le grand hautel où il est ouy en confession; mais il n'y séjourna guères, car tout aussitôt il en ressortit et luy fut célébré devant luy une messe. Voilà la conversion du roy de Navarre comme elle a esté faite, et les cérémonies y exercées. Pour s'y fier, les gens de bien n'ont garde. — Registre des délibérations de la chambre de ville, 19 août 1595.

venait de rendre de grands services à la cause catholique. Vainement Bernard, qui pressentait un échec, témoigna-t-il dans ses lettres son vif désir de revenir au temps voulu rendre compte de son administration (1); vainement, dès le 22 mai, le prévôt des marchands Lhuillier et l'échevinage de Paris, « con-« sidérant combien la présence de Bernard était « nécessaire pour le bien général et les affaires impor-« tantes dont il était chargé, priaient affectueusement « leurs confrères de Dijon de ne point presser son « retour (2); » ils ne s'y arrêtèrent pas plus qu'à la lettre très pressante qu'ils reçurent du légat à ce sujet (3), non plus qu'à la dépêche par laquelle Mayenne, leur notifiant son refus de consentir au départ du maire, « les suppliait de surseoir à toute « election jusqu'à son retour (4). » Ils passèrent outre : les élections eurent lieu, selon la coutume, la veille de la Saint-Jean. Non seulement La Verne fut élu, mais Bernard, fait inouï, n'obtint pas un suffrage.

Vivement blessé de l'ingratitude de ses compatriotes, il s'en plaignit par une lettre du 10 juillet, que La Verne conserva après l'avoir montrée à la chambre (5). On lui fit répondre que l'élection s'étant faite « avec autant de candeur, paix, fassons louables « que jamais, on trouvait fort étrange le blâme qu'il « voulait rejeter sur elle. » Et comme elle avait été

---

(1) Nos 552, 554, 555, 558, 564, 567, du Recueil.
(2) No 562.
(3) No 563.
(4) No 565.
(5) M. l'anticque Bernard, dit Breunot dans son journal, escrit une lettre à ceulx de la ville pour la mairye à cheval, qui a esté mal veue et mal receue. I, 352.

informée que la lettre par laquelle elle s'excusait auprès de Mayenne de ne pouvoir obtempérer à son désir ne lui était point parvenue, elle prescrivit de lui en envoyer le *duplicata*.

« L'antique, » dissimulant son ressentiment, se vengea de « l'oubliance » de ses anciens confrères, en leur envoyant la première nouvelle de cette trève (1), aussi impatiemment attendue en Bourgogne que partout ailleurs.

Car si les hostilités avaient été suspendues autour de Paris dès les premières nouvelles de la conférence, elles n'avaient jamais cessé en Bourgogne, bien que ralenties par les discordes intestines des royalistes. Le vicomte de Tavannes, qui y était revenu dès le mois de mars, avait amené avec lui de nouvelles troupes et Henri, prince de Mayenne, dont il était le lieutenant général (2). Il l'avait fait reconnaître dans toutes les villes du parti, puis mené devant Saint-Jean-de-Losne, où il n'obtint pas plus de succès qu'à Verdun (3). Longecourt et La Perrière, moins heureux, durent recevoir une garnison ligueuse; après quoi le vicomte, dégoûté des siéges en règle, quittait les bords de la Saône pour pénétrer dans l'Auxois, l'Autunois et le Charolais, marquant son passage par la prise de Blaisy, d'Eguilly, de Dondain, pour se rabattre bien vite sur Chalon, poursuivi par le duc

---

(1) N° 570 du Recueil.

(2) Délibération de la chambre de ville, livre de Pepin, nos 541, 553, 554, 555.

(3) Cette ville étant défendue par Baillet de Vaugrenant, auquel Mayenne avait fait reconnaître et échanger la fille retenue à Dijon contre le fils du conseiller Catherine, qui avait été fait prisonnier par les coureurs royalistes. V. n° 547.

de Nevers. L'escarmouche sous les murs de Beaune, où Héliodore de Bissy succomba, fut le seul succès marqué de cette campagne, et encore fut-il balancé par la reprise presque immédiate de la plupart de ces châteaux qui retombèrent aux mains des royalistes.

Après d'assez longs pourparlers, dans lesquels le vicomte de Tavannes et les ligueurs de Dijon témoignèrent d'un insigne mauvais vouloir, la trêve fut enfin publiée (1); mais dans l'état où étaient les esprits, elle ne fut qu'un leurre pour les populations. Pouvait-elle, en effet, arrêter des soldats chez qui l'amour du butin avait depuis longtemps remplacé le sentiment religieux, non plus que des chefs qui, dans l'un et l'autre camp, n'aspiraient plus qu'à se gorger de richesse ou se faire acheter le plus cher possible, et qui, en attendant, rivalisaient d'indiscipline? Citons-en un remarquable exemple : Vaugrenant enlevait bêtes et gens des villages cotisés de commun accord par les signataires du traité, et cela sous le beau prétexte qu'on ne lui avait point donné sa part des décimes; le vicomte de Tavannes, qui avait avant la trêve autorisé les infractions à la liberté du labourage reprochées à M. de Trotedant, son lieutenant à Montsaugeon (2), fermant les yeux sur ces arrestations arbitraires (3), en tenait encore moins de compte après sa conclusion. De telle sorte que Mme de Fervaques, qui tenait Grancey et Saulx-le-Duc, ayant

---

(1) N° 572 du Recueil.
(2) N° 557.
(3) N° 560.

eu, soit avant, soit après la trêve, des vassaux ou des animaux enlevés par les garnisons de Montsaugeon et de Bèze, s'en dédommageait sur ceux des habitants de Dijon qui tombaient sous sa main (1). D'où il arrivait que quand la ville royaliste de Langres, plus particulièrement menacée par Montsaugeon, se plaignait à la mairie de Dijon, celle-ci lui répondait qu'elle n'avait pas moins de griefs contre la garnison de Saulx-le-Duc, et que si elle consentait à s'interposer pour que cette dame cessât les hostilités, eux agiraient de même vis-à-vis du vicomte de Tavannes (2). Au mois de septembre, de nouvelles plaintes arrivèrent si vives et la menace de représailles si nettement accentuée (3), que cette fois la mairie de Dijon somma elle-même le vicomte d'arrêter son lieutenant, et protesta aux Langrois de sa volonté d'exécuter les articles de la trêve. Par malheur, elle n'avait pas compté avec la Normande, comme disait Breunot en parlant de Mme de Fervaques; car celle-ci, à qui les gens de Montsaugeon avaient enlevé les bestiaux à plusieurs de ses villages et qui reprochait à la garnison de Bèze d'avoir rançonné ses gens de Marey, ne voulut rien relâcher qu'après réparation du dommage (4). Sur de nouvelles instances, « tout en déplorant que l'innocent pâtît pour le cou- « pable, » elle n'en démordait point, sous prétexte que Tavannes et Trotedan s'étaient moqués d'elle et de ses réclamations (5). Le vicomte, mis une seconde

---

(1) *Livre de souvenance de Pepin, Journal de Breunot.* — Délibération de la chambre de ville. — N° 571 du Recueil.
(2) N° 571.
(3) N° 573.
(4) N° 574.
(5) N° 576.

fois en demeure de s'exécuter, écrivit à la mairie qu'il avait défendu à son lieutenant d'arrêter des Langrois (1); mais comme il avait oublié de rendre le dommage fait à Mme de Grancey, celle-ci conserva les bestiaux en fourrière et les gens en « jaquette. »

C'est ainsi que s'usèrent les cinq mois de la trêve, aussi bien dans les environs de Dijon que dans les autres contrées de la Bourgogne. De son côté, Mayenne, qui n'ignorait pas combien, en définitive, cette trêve lui était défavorable, ne berçait point ses partisans de l'espoir d'une prolongation, ni même d'une paix prochaine (2). Il recommandait aux magistrats de Dijon la plus grande vigilance; leur promettait de les aller visiter (3), et insistait beaucoup pour qu'on n'accordât aucune créance à un certain arrêt attribué au Parlement de Paris, « lequel, di-
« sait-il, n'avait jamais pensé à prononcer une chose
« si inepte et indigne d'un sénat si célèbre, qui avait
« toujours vu fort clair en ses intentions (4). » En cela, Mayenne mentait sans pudeur; car cet arrêt, renouvelé de celui signifié aux états de la Ligue, lorsque la loi salique y fut mise en discussion, avait été réellement rendu à Paris le 3 janvier 1594. Le Parlement, reconnaissant que, par suite de l'abjuration du roi, ses sujets n'avaient plus de motifs de lui dénier obéissance, sommait Mayenne de pourvoir dans un mois à une bonne paix, et, passé ce délai, enjoignait

---

(1) N° 577 du Receuil.
(2) N° 579.
(3) N° 579 bis.
(4) N° 506.

à tous ordres, états et personnes de reconnaître le roi Henri pour leur souverain seigneur, sous peine de confiscation de corps et de biens (1).

Le lieutenant général de l'Etat et couronne de France, en même temps qu'il envoyait à son fils les articles de la trêve, y avait joint l'ordre de convoquer les États du duché, dont la réunion, fixée d'abord au mois de mai, avait été ajournée à cause des États généraux. Leur dernière tenue remontait au mois d'octobre 1590, et depuis ce temps l'octroi de 50,000 écus ayant été absorbé, les élus avaient dû faire face aux nécessités de la défense du pays par des taxes extraordinaires sur toutes les sources du revenu. Mais, comme ces charges croissaient à chaque quartier, les villes s'en émurent comme d'une atteinte portée aux franchises de la province, et elles accusèrent les élus de s'en faire les complices. Autun et Beaune se firent dans cette circonstance les interprètes des sentiments du pays, et notifièrent à la mairie de Dijon, qui, il faut le dire, trouvant peut-être son avantage à cette situation, paraissait s'en préoccuper médiocrement, que si la convocation des Etats n'avait pas lieu au mois d'octobre, on protesterait contre tout ce qui serait fait passé ce terme (2). Les magistrats, mis en demeure, s'exécutèrent de bonne grâce, et la lettre qu'ils écrivirent au vicomte et au prince parut si persuasive, que ceux-ci n'osèrent retarder plus longtemps la convocation. Ils la fixèrent au 20 octobre.

(1) Journal de Breunot. II, 17.
(2) N° 575.

Cependant la trêve expirée, le premier effort des royalistes du Langrois et du Dijonnais porta sur Montsaugeon, qui, secouru à temps par le vicomte, résista à leurs attaques, pour demeurer jusqu'à la fin des troubles la terreur de la contrée; car les royalistes n'étaient pas retirés, que Trotedan recommençait de plus belle ses déprédations (1). Aussi la guerre se ralluma-t-elle avec plus de fureur que jamais, mais sans plus d'avantages pour les ligueurs, réduits de plus en plus à la défensive. Un moment assurés du nord par la retraite de l'armée royaliste, le prince de Mayenne et Tavannes, qui étaient descendus dans le Mâconnais au secours du duc de Nemours, que l'on disait resserré dans Lyon, furent obligés de rétrograder en toute hâte pour débloquer Dijon, sur lequel toutes les garnisons royalistes s'étaient abattues; et, comme ces deux chefs ne pouvaient ni ne voulaient se laisser renfermer dans ses murailles, il fallut que la mairie consentît à recevoir une petite garnison. Mayenne consulté, et dont cette résolution servait les desseins, y donna son approbation avec la promesse d'aller bientôt la secourir (2).

Un mois plus tard, au lieu de ces secours tant de fois promis, Mayenne apprenait aux magistrats de Dijon « l'accident de Paris et les moyens desquels le « comte de Brissac s'estoit servy pour porter au roy « de Navarre une sy grande et catholique ville (3). »

---

(1) N° 581 du Recueil.
(2) N° 582.
(3) N° 583.

C'était un coup d'autant plus rude pour nos ligueurs, qu'ils sentaient combien il servait leurs adversaires; aussi, comme tous les partis qui tombent, s'efforcèrent-ils de le dissimuler en redoublant de violence, en jurant de mourir plutôt que de quitter l'Union, en adjurant les villes du pays de renouveler le même serment, et en poussant les « prescheurs à continuer « les véhémences accoustumées (1). »

A partir de ce moment, Mayenne, qui avait laissé échapper l'occasion de traiter en chef d'un grand parti, dut désespérer du triomphe de sa cause. Il ne prolongea la lutte que pour se ménager un meilleur accommodement, et ses lieutenants suivirent son exemple. Dès lors la guerre devint un véritable brigandage dont, pour la Bourgogne, cette correspondance et les mémoires cités nous ont conservé le hideux tableau. Sans parler des gens de Thenissey, de Vitteaux, qui furent moins des soldats que des écorcheurs, le vicomte de Tavannes, cet archétype du capitaine ligueur, ce catholique exalté, en vint jusqu'à piller les églises et se conduire en toute circonstance plutôt comme un barbare que comme un chrétien (2). C'est que toutes ces sangsues, dont je n'excepte pas certains chefs royalistes, voyaient approcher le moment où il allait falloir lâcher cette proie impunément dévorée depuis si longtemps; aussi s'y acharnaient-ils de plus belle. D'un autre côté, les royalistes de nouvelle date semblaient, en redoublant

---

(1) Registres des délibérations de la Chambre de ville. Journal de Breunot, II, nos 586, 587.

(2) Mémoire de Pepin et de Breunot.

de violence contre leurs anciens adhérents, se faire pardonner leur tardive soumission. Fervaques entre autres, à peine de retour à Grancey, tout en félicitant la mairie d'avoir évincé « l'antique » maire La Verne, exigeait une satisfaction pour sa détention en 1589, et menaçait, en cas de refus, de se la procurer lui-même (1).

Si le maréchal de Fervaques n'avait été guidé dans cette circonstance que par le seul désir de se venger de « l'antique, » et qu'il eût retardé l'envoi de sa lettre de deux mois, elle fût devenue sans objet, car, par un juste retour de la justice divine, elle aurait trouvé La Verne, naguère le maître de Dijon, enfermé dans un des cachots du château.

Ce ligueur forcené, ce magistrat sans vergogne, qui avait fait servir son parti et son pouvoir à la satisfaction de ses passions, s'était enfin rendu impossible, même aux siens, par ses violences et son humeur tyrannique. Mayenne et Bernard, qui ne lui avaient point pardonné les élections de 1593, n'eurent pas de peine à l'expulser de son siége, en même temps qu'un parti notable du Parlement s'opposait à sa réception comme conseiller, jusqu'à ce qu'il se fût purgé du crime d'avoir assassiné juridiquement l'avocat du roi Chantepinot.

Furieux de ce double échec, et prévoyant qu'en vue du triomphe imminent de la royauté sa vie pouvait être compromise, La Verne prêta l'oreille aux propositions de Vaugrenant et consentit à lui ouvrir les portes de la ville, en échange des lettres d'abolition

(1) N° 888.

du meurtre de Chantepinot et de la conservation de son office. Mais, comme à tous les lâches, le cœur lui manqua au moment de l'exécution, et il le paya de sa tête.

Son supplice, sur lequel les ligueurs comptaient pour épouvanter leurs ennemis, ne servit, au contraire, qu'à grossir leur nombre. Les politiques surtout, qui, depuis la conversion du roi, s'augmentaient de plus en plus, réduisirent bientôt les ligueurs à n'être plus à Dijon qu'une minorité factieuse qui, sentant le pouvoir lui échapper, s'y cramponnait en redoublant de violences et de vexations. Tavannes, témoin impuissant de cette « mutation, » « sentait ce friant « morceau de Bourgogne, » comme il disait à Mayenne, prêt à lui échapper, et il appelait le lieutenant général à son aide.

Celui-ci, qui n'avait pu ni retarder la réduction d'Amiens sous l'obéissance royale (1), ni empêcher la reddition de Laon (2), n'en continuait pas moins à calomnier son souverain dans ses lettres (3). Il ne lui restait plus, en Picardie, que Soissons, Ham et La Fère, et si la conférence qu'il avait demandée à Bruxelles à l'archiduc Ernest n'aboutissait point, la Bourgogne devenait son seul refuge. C'est ce qui arriva. Il fit son entrée à Dijon sous les plus sombres auspices, le jour des Morts, par un temps affreux, et cinq jours après le supplice de La Verne, auquel son fils et Tavannes avaient promis la vie.

L'ancien lieutenant général de l'Etat et couronne

(1) N° 589 du Recueil.
(2) N°⁸ 590, 592.
(3) N° 589.

de France était trop habile pour, nonobstant les protestations des zélés, ne pas reconnaître combien les prévisions de son lieutenant étaient fondées. Dans les villes, et plus particulièrement à Dijon, l'enthousiasme religieux avait fait place à une lassitude complète. On huait volontiers les prédicateurs, et les notabilités ligueuses étaient signalées à l'animadversion publique (1). La misère, accrue encore par les courses incessantes des royalistes, qui empêchaient les arrivages, dépassait toute proportion. Les campagnes étaient désertes; ceux de leurs habitants qui n'avaient pu trouver un refuge dans les places fortes, pillés, rançonnés par les soldats « avec toutes les « cruautés barbares qu'ils pouvaient excogiter, en « etaient reduits à paître l'herbe des champs (2). »

Tavannes, encore maître des villes principales, qui n'attendaient qu'une occasion favorable de secouer son joug, ne pouvait s'y maintenir qu'en les contenant par des garnisons et au prix de courses incessantes de l'une à l'autre, en s'ouvrant un passage à travers les bandes royalistes, qui chaque jour se resserraient davantage; d'un autre côté, les troupes amenées par Mayenne suffisant à peine pour renforcer ces garnisons, il lui fallut user de la même tactique jusqu'au moment où Biron, nommé gouverneur de la province, y ayant pénétré avec une armée, ce système de défense fut paralysé.

Ces considérations n'arrêtèrent point le duc de Mayenne, et quoique Henri IV, dans de récents pour-

---

(1) Journal du conseiller Breunot.
(2) Cahiers des états de Bourgogne.

parlers de traité, se fût refusé à lui continuer le gouvernement de Bourgogne, il résolut néanmoins de s'y cantonner et de s'y défendre à toute extrémité. La ville de Dijon, qui refusait obstinément toute garnison permanente, ne lui offrant point un refuge assuré, il résolut de faire de Beaune sa place d'armes, et, dans ce but, il détruisit les magnifiques faubourgs qui formaient sa première enceinte. Précaution inutile : le 5 février, à peine a-t-il quitté cette ville pour se rendre à Chalon, que les habitants, exaspérés de ses violences, avertissent sous main le maréchal de Biron, cantonné à Nolay, courent aux armes, repoussent les Lorrains et introduisent le maréchal dans leurs murs.

Mayenne, coupé de ses communications avec Dijon, où était demeuré Tavannes, essaya bien de s'en rendre maître par surprise ; mais, quoique fissent les « zélés, » les « politiques » veillaient, et ses manœuvres furent toujours déjouées. Force lui fut donc de s'en tenir, vis-à-vis d'eux, à des exhortations à la fidélité et à des promesses de secours qu'il était moins que jamais en mesure de procurer.

Les événements, du reste, se précipitaient : le château de Beaune avait capitulé ; Mayenne, bloqué dans le Chalonnais, était réduit à l'impuissance, et Biron marchait sur Autun. A Dijon, les « politiques, » enhardis par le succès, « levaient de plus en plus les « cornes, » à la grande fureur des obstinés ligueurs, qui, se refusant toujours à l'évidence, conservaient toutes leurs illusions. Ainsi, le 18 avril, informés que la résolution de la paix tenait seulement au refus d'exécution en Bourgogne de l'édit de tolérance de

1577 et au maintien de la société du nom de Jésus qu'ils considéraient comme les deux cordes principales de leur navire, ils lui demandèrent l'autorisation de consulter sur ces deux points toutes les villes des deux partis, afin que « leurs suffrages étant sem-
« blables aux leurs, celuy (c'est-à-dire le roy) eût
» moins d'excuse de les refuser (1). » Mayenne garda le silence, et ne le rompit que pour les autoriser à conclure une trêve, les menaçant, en cas de mouvements, de ruiner entièrement leur ville. Sa lettre était datée de Vesoul, le 25 mai (2). Trois jours après, Biron, accueilli comme un libérateur, pénétrait dans Dijon, aux acclamations de la foule, et y proclamait la royauté de Henri IV.

(1) N° 603 du Recueil.
(2) N° 604.

CORRESPONDANCE

DE LA

MAIRIE DE DIJON

[263]

CLAUDE, DUC DE GUISE, A M. DE CHATEAUVILAIN, LIEUTENANT GÉNÉRAL EN BOURGOGNE.

Le Roi devant faire prochainement son entrée dans la ville de Dijon, il lui enjoint de tout préparer, de presser la réparation des fortifications et l'établissement d'un jeu de paume.

NOGENT-SUR-SEINE, 1548, 12 avril.

COPIE DU TEMPS, B. 458, n° 83.

Monsieur de Chasteauvillain (1), pour ce que le Roy se délibère d'estre à la my may au plus tard vers Dijon, et que passant par Troyes, il y veult faire son entrée, vous adviserez d'advertyr tant ceulx dudit Dijon que aultres villes de frontières de mon gouvernement quelles se tiennent toutes prestes, pour recevoir ledit seigneur le plus honnorablement que faire se poura. Faisans user de toutes diligences aux ouvrages de

---

(1) Joachim de La Baume, fils de Marc de La Baume, comte de Montrevel, et d'Anne de Châteauvillain, sa seconde femme, commanda la Bourgogne sous le duc de Guise de 1546 au mois de juin 1550, c'est-à-dire jusqu'après la mort de ce prince. Il possédait dans la province, les terres de Grancey, de Selongey, de Gemeaux, etc.

— 2 —

fortiffication, affin que ledit seigneur les puisse trouver en bon estat. Et surtout vous aurez l'œil que la pierre y soit employée et de haster le jeu de paulme dudit Dijon en sorte qu'il puisse estre parachevé, quant ledit seigneur y arrivera (1). Vous pryant ne faillir à me faire scavoir de vos nouvelles, et en cest endroit je prieray Dieu, monsieur de Chasteauvillain, après m'estre de bien bon cueur recommandé à vostre bonne grâce, que vous doit ce que plus désirez.

Escript à Nogent sur Seine, ce douzième jour d'avril.

Votre bien bon ami,
CLAUDE.

Monsieur de Chasteauvillain, lieutenant pour Sa Majesté de Bourgogne, en mon absence.

---

[264]

LE DUC DE GUISE AUX MAGISTRATS DE DIJON.

Annonce la prochaine arrivée du Roi et les invite à imiter ce que font les gens de Troyes à cette occasion.

VAULUISANT, 1548, 27 avril.

MINUTE, B. 458, n° 81.

Très chers et bons amys, j'ai reçu vos lettres, et vous adverty que le Roy ne sera point en Bourgongne qu'il ne soit la fin de may. Et pour avoir entendu les grands préparatifs qui font ceulx de Troyes pour recevoir ledit Sire à son entrée audit lieu et allieurs en sy peu de temps qu'ilz ont eu pour ce faire; j'ai, au reste, bien voulu vous en faire ce mot en ce

(1) On l'avait établi dans la basse-cour du Logis-du-Roi.

que de vostre part veuillez faire pareil debvoir, ce que suis seur ferez bien voluntiers et de bon cueur à l'honneur dudit seigneur, en façon qu'il en aura contentement, en quoi faisant ne me scaurez faire plus grant plaisir. Estant, très chers et bons amys, Nostre Seigneur vous ayt en sa sainte garde.

De Vauluysant, ce xxvii° jour d'apvril.

Le duc de Guyse, gouverneur et lieutenant général du roy en Bourgoigne.

Bien vostre,

CLAUDE.

A mes très chers et bon amys les maire et eschevins de la ville de Dijon.

---

[265]

LE DUC DE GUISE AUX MAGISTRATS.

Même sujet.

ESCLARON,
1548, 26 mai.

ORIGINAL,
B. 458, n° 80.

Messieurs, j'ai veu ce que vous m'avez escript des beaulx et honorables préparatifs que vous faites pour bien recepvoir, le Roy faisant son entrée à Dijon, chose que je trouve très bien délibérée et advisée en vous, et dont j'espère le roy aura contentement. Ledit seigneur pourra estre en Bourgongne dedans la my juing, la Royne avec lui, et entreront par la porte d'Ouche, ainsi qu'il est accoustumé faire en telz cas. Et sur ce, Messieurs, Nostre Seigneur soit garde de vous.

D'Esclaron, ce xxvi° may.

Votre bon amy,

CLAUDE.

A Messieurs les vicomte mayre, eschevins de Dijon.

[266]

LE DUC DE GUISE AUX MAGISTRATS.

Même sujet.

ESCLARON,
1538, 31 mai.

ORIGINAL,
B. 458, n° 78.

Chers et bons amys, je vous ay faict responce à vos lettres par le sieur de Morveau, l'un de vos confrères (1), et ceste sera encore pour vous amonester de faire toute dilligence au faict de l'entrée et bien venue du Roy en vostre ville qui sera brièfve, et pour tousjours tenir vos gens et besongnes prestes. Je suis d'adviz que vous fassiez les monstres des [gens] que entendez mettre en equippaige, le plus souvent que pourez, affin de les mieux dresser, tenir en bonne ordre. Je me tiens asseuré que vous avez le voulloir tant bon et que ferez si bien vostre debvoir, qu'il n'est besoing vous en solliciter d'advantaige, qui me gardera la vous faire plus longue. Sur ce, chers et bons amys, Nostre Seigneur vous ayt en sa garde.

D'Esclaron, le penulthième jour de may.

Vostre bon ami,
CLAUDE.

A mes chiers et bons amys les maire et eschevins de la ville de Dijon.

(1) Chrétien Godran.

[267]

JOACHIM DE LA BAUME, SEIGNEUR DE CHATEAUVILAIN, LIEUTENANT GÉNÉRAL EN BOURGOGNE, AUX MAGISTRATS DE DIJON.

Sur le même sujet.

ESCLARON,　　　　　　　　　　　　ORIGINAL,
1548, 29 mai.　　　　　　　　　　　B. 458, n° 79.

Messieurs, pour ce que le Roy a conclut et se délibère d'estre en Bourgongne plus tôt que m'avait dict, et que monsieur de Guyse vous a mandé par Morveau; je vous ay bien voulu escripre ceste pour vous en advertyr, parquoy je vous prie de mettre ordre à toutes vos affaires pour recevoir ledit seigneur Roy à son entrée en vostre ville le plus honorablement et à la meilleure diligence qui vous sera possible. Comme j'ay faict entendre à mondit sieur de Guyse la bonne volonté en quoy vous en estes, lequel vous escript pour cest effect, et ferez faire vos monstres et reveues (1) le plus souvent que vous pourez, et suis d'avis que preniez quelque gentilhomme pour avoir la conduyte et mener les gens de pied, affin qu'il y eut meilleur ordre. Vous priant de rechief de faire diligence, vous assurant que ne fauldray vous advertyr souvent de toutes nouvelles et moy mesme, quant il sera besoing m'en iray plustôt en poste pour vous faire entendre le tout. Sur ce Mes-

(1) De la milice bourgeoise.

sieurs, je prie notre Seigneur vous donner sa grâce, me recommandant bien fort à vous.

D'Esclaron, ce xxixe de may.

Le tout vostre bon amy,

JOACHIM DE LA BAUME.

A Messieurs les vycomte, maire et eschevins de la ville de Dijon.

---

[268]

LE DUC DE GUISE AUX MAGISTRATS.

Même sujet.

JOINVILLE,
1548, 12 juin.

ORIGINAL,
B. 458., n° 77.

Très chers et bons amys, j'envoye le seigneur de Chasteauvillain, mon lieutenant de par delà, pour donner ordre à mon gouvernement, luy ayant commandé vous dire ce que vous aurez affaire pour l'entrée du Roy en vostre ville de Dijon, et le temps que ledit Roy y pourra estre. Et pour ce que vous entendrez dudit sieur toutes nouvelles, ne la vous feray plus longue, sinon prier Dieu, très chers et bons amys, vous avoir en sa garde.

De Joinville, le xiie jour de juin MV^cXLVIII.

Vostre bon amy,

CLAUDE.

TELIN.

A nos très chers et bons amys les vicomte mayeur, eschevins, manans et habitans de la ville de Dijon.

[269]

LE SIRE DE CHATEAUVILAIN AUX MAGISTRATS.

Ordre de recevoir le plus honorablement possible la duchesse de Ferrare à son passage à Dijon.

LA CÔTE-SAINT-ANDRÉ,
1548, 24 octobre.

ORIGINAL,
B. 454, n° 97.

Monsieur le maire, Monsieur (1) ma commandé vous escripre qu'il vous prye que mestiez ordre à faire acoustrer la Maison du roi et la faire meubler le mieulx et plus honorablement qui vous sera possible, pour y recepvoir madame la princesse de Ferraris (2) qui y poura arriver à ceste Sainct-Martin. Et au demeurant vous n'avez affaire, synon quant elle arrivera, venir au devant d'elle le mieulx en compagnie que vous pourez, et lui présenter et offrir tous les services qui seront en vostre puissance. Je suis bien assuré que mectrés bien ordre à tout quy me gardera vous faire plus longue lettre, après m'estre recommandé bien fort à vous. Je prie nostre Seigneur vous donner ce que plus désirez.

Dez la Coste Sainct Andrié, ce XXIIII° jour d'octobre.

Le tout vostre bon amy,

JOACHIN DE LA BAUME.

A Monsieur le vicomte mayeur de la ville de Dijon.

(1) Le duc de Guise.
(2) Renée de France, fille du roi Louis XII et d'Anne de Bretagne, mariée à Hercule d'Est II, duc de Ferrare. Elle mourut à Montargis le 12 juin 1575, âgée de 65 ans.

[270]

HENRI II AU DUC DE GUISE.

Annonce le recouvrement de la ville d'Ambleteuse sur les Anglais, et ordonne d'en rendre grâce à Dieu par des processions publiques.

AU CAMP D'AMBLETEUSE,   ORIGINAL,
1549, 26 août.   B. 458, n° 51.

Mon cousin. J'estime que vous aurez bien sceu l'entreprinse que j'avoys faicte de venir en ce pays de Boullenoys essayer de recouvrer ce que les Angloys me détiennent injustement, et remectre dedans leurs biens mes pouvres subgectz qui en ont esté déchassez. Où, j'ay avec la grâce de Dieu et le bon et grand debvoir des prinses, seigneurs, gentilzhommes et bons souldarts qui m'ont accompaigné en ce voyaige, tellement exploicté que j'ay remis par force en obéissance le fort de Fellaicque avecques le port et la ville d'Ambleteux, qui est une place de telle importance que j'espère, moyennant la grâce de Dieu, recouvrer le surplus, et pour ce que je sçay que de sa bonté et grande grâce procède ceste victoire, dont il est très raisonnable, qu'il soit par tout mondit royaume remercyé; je vous prye, mon cousin, donner ordre incontinant la présente receue et sans faire tirer artillerye ni aultre démonstration de joye, que par toutes les villes de vostre gouvernement soyent faictes processions, humbles et dévotz remercyemens à Dieu de la grâce qu'il a faicte à moy et à mondit royaume de remectre en mes mains une telle place, et que par sa bonté et clémence, il continue à se monstrer favorable à la poursuite et perfection de madite entreprise, qui redondera (1) à l'aug-

(1) Rejaillira, contribuera.

mentation de son service et bien de son Église. Priant Dieu, mon cousin, qu'il vous ayt en sa sainte garde.

Escript au camp d'Ambleteux le xxvie jour d'aoust 1549.

Signé : HENRY.

Et au dessoubz de Laubespine, et superscriptes :

A mon cousin le duc de Guyse, gouverneur, et mon lieutenant général en Bourgongne, ou à son lieutenant audit gouvernement.

Collationné à l'original par moy, soubzscript, secrétaire de Monseigneur le conte de Chastelvillain, lieutenant du Roy audit gouvernement et par son ordonnance.

COUTELIER.

---

[271]

LE CARDINAL DE LORRAINE ET FRANÇOIS, DUC DE GUISE, A M. DE CHATEAUVILAIN, LIEUTENANT GÉNÉRAL EN BOURGOGNE.

Ils l'invitent aux obsèques de leur père Claude, duc de Guise, et le prient d'y convier les villes, gentilshommes et états du gouvernement de Bourgogne.

SAINT-GERMAIN-EN-LAYE,   COPIE DU TEMPS,
1550, 3 juin.   B. 25, II, n° 102.

Monsieur de Chastelvillain. Pour ce que ayant pleu à Dieu appeller à soy feu Monsieur nostre père (1), comme sçavez assez, Madame nostre mère, Messieurs mes frères et nous

---

(1) Claude de Lorraine, premier duc de Guise. Il était mort à Joinville le 12 avril 1550.

avons advisé, ne pouvant plus faire services au corps, en faire les obsèques et funérailles le premier jour de juillet prochain venant. Et vous prie, Monsieur de Chastelvillain, au nom de nous tous, ne voulloir faillir vous treuver, environ ce temps là à Joinville, pour assister ausdits obsèques, advertissez du jour qu'elles se devront faire les villes, gentilshommes et estatz du gouvernement de Bourgongne, lesquelz vous prierez, de nostre part, nous faire cest honneur, que d'y voulloir aussi assister ou envoier quelques ungs, de par eulx, et vous nous ferés plaisir en ce faisant, pryant Dieu, M. de Chastelvillain, qu'il vous donne ce que désirez.

De Sainct-Germain-en-Laye, le troisiesme jour du mois de jung.

Soubscripte.

Vos meilleurs amys,

Le Cardinal de Lorraine (1) et FRANÇOYS.

Superscripte :

A Monsieur de Chastelvillain, lieutenant pour le Roy, au gouvernement de Bourgongne.

---

(1) Charles, second fils de Claude, né à Joinville le 17 février 1524, duc de Chevreuse, archevêque et duc de Reims. Il mourut le 26 décembre 1574.

François, fils aîné de Claude, auquel il succéda, tué par Poltrot au siége d'Orléans, le 24 février 1563.

[272]

LE CARDINAL DE LORRAINE AUX MAIRE ET ÉCHEVINS DE DIJON.

Il fait choix du père Devote pour prêcher le carême à Metz; mais comme ce religieux est engagé avec eux, il les prie de vouloir bien l'en dispenser en sa faveur.

L'ISLE-ADAM, 1550, 18 septembre.

ORIGINAL.
B. 458, n° 88.

Messieurs. Je suys en très grand désir de recouvrer quelque personnage de sçavoir, suffisante capacité et bon exemple, pour envoyer prescher et annoncer la parole de Dieu ce prochain caresme en mon évesché de Metz, à l'édiffication du peuple. Et pour ce que je sçay combien me pourroit satisfaire en cest endroict nostre maistre Divole, pour la cognoissance que j'ay de luy, jaurays vouloir de luy envoyer, et suys certain que voluntiers il me vouldroit gratifier y prandre ceste charge, moyennant que le vueillez excuser de la promesse qu'il vous a faicte de prescher ledict caresme en vostre ville de Dijon. A ceste cause, je vous prye, Messieurs, attendu que vous avez moyen d'en avoir d'autre, en ma faveur le tenir quicte de sa dicte promesse. Et vous me ferez bien grant plaisir, que je recognoistray envers vous en autre endroict où vous me vouldrez employer, d'aussi bon cœur que je prye Dieu, Messieurs, vous donner entièrement ce que mieulx désirez.

De l'Isle-Adam, le XVIII° de septembre 1550.

Vostre bon amy,

C. Cardinal de LORRAINE.

A Messieurs les maire et eschevins de Dijon.

Receue le 18 d'octobre 1550.

[273]

CHARLES IX AUX MAIRE ET ÉCHEVINS DE DIJON.

M. Morin, conseiller à la Chambre des comptes, suspect de la nouvelle religion, ayant été reconnu bon catholique par arrêt de la cour, invitation est faite à la Chambre de ville de lever la surveillance dont il était l'objet.

SAINT-MAUR.
1560, 28 mai.
B. 458, n° 93.

De par le Roy,

Très chers et bien amez. Nous estant apparu par arrest de nostre court de Parlement de Dijon que M. Pierre Morin, maistre extraordinaire en nostre chambre des Comptes dudit pays, a, comme bon catholique, esté déclaré exempt de la rigueur des édictz et déclarations par nous faictes de ne nous voulloir plus servir d'aulcun officier de la nouvelle religion, et d'ailleurs esté informé de la modestie, fidélité et preudhomye avec laquelle il s'est toujours déporté en toutes ses actions, nous l'avons restably en sondit office, pour nous y servir comme il faisoit par cy-devant. A ceste cause, nous vous mandons et ordonnons par la présente, signée de nostre main, que vous ayez à luy permettre et souffrir, aller et venir, tant par nostre dicte ville que aux champs, quant l'occasion se présentera, pour nostre service ou ses affaires particuliers, sans qu'il luy soit faict aulcun desplaisir, ne pire traictement que à nos aultres officiers et subjetz catholiques. Si ny veullez faire faulte, car tel est nostre plaisir.

Donné à Sainct-Maur le xxviii° jour de may 1560.

CHARLES.

DE LAUBESPINE.

A noz très chers et bien amez les maire et eschevins de nostre bonne ville de Dijon.

[274]

FRANÇOIS II, ROI DE FRANCE, AU BAILLY DE DIJON.

Convocation du ban et de l'arrière-ban pour résister aux meneurs de la conjuration d'Amboise, et département des compagnies d'ordonnances dans les diverses provinces du royaume.

FONTAINEBLEAU,
1560, 1ᵉʳ septembre.

COPIE,
B. 454, n° 111.

De par le Roy,

Nostre âmé et féal. Aiant entendu que l'esprit et la volonté des séditieux de laquelle ilz feirent telle démonstration à Amboyse que chacun sçait (1), ne sont encoires changées, et que leur malice, maulvaise volonté et intention, est tellement empirée qui se sont préparez et disposez à faire encoires plus les folz qu'ilz ne feirent lors, commenceantz à lever forces et assemblées. Ceulx qui sont aussy mal conseillez que eulx pour troubler le repos publicq de nostre royaulme et attempté contre nostre personne et nostre Estat. Nous avons pour y remédier advisé envoier et départir par les provinces de nostre royaulme aucungs des principaulx seigneurs et grandz personnaiges d'icelluy, accompagné des forces que avons jugez nécessaires pour obvier au mal qui en pourroit sortir, et entre aultres des compaignies de noz ordonnances, selon ung estat que en avons fait dresser, lequel vous envoions présentement, suyvant lequel nous voulons et vous mandons que incontinant la présente receüe, vous ayez à faire publier à son de trompe par tout vostre ressort : Que tous les hommes d'armes et archiers desdites compaignies ayent, sur peine d'estre cassez, à eulx retirer et randre aux lieux spéciffiez par ledit estat déans le vingtième jour de ce présent moys, montez,

(1) Elle avait éclaté le 15 mars précédent.

armez et en équipaige, de nous faire service pour obéir et faire ce que leur sera commandé et ordonné pour nostredit service par lesdits seigneurs et chiefz dénommez en icelluy estat, chacun en son endroict.

Donné à Fontainebleau le premier jour de septembre mil cinq cens soixante.

Signé : FRANÇOYS.

Et plus bas :

De Laubespine.

Superscriptes :

A nostre âmé et féal le bailly de Dijon ou à son lieutenant.

Sensuit la teneur dudit estat :

Estat des compaignies des ordonnances du Roy, dont ledit seigneur entend que les princes, chevalliers de son ordre, et capitaines qu'il envoye pour son service, par les provinces de son royaulme, soient accompagnez,

Premièrement :

Monsieur le duc de Montpancier, allant par commandement du Roy en son gouvernement à Tours, oultre sa compaignie, aura celles des seigneurs de Gonnort, de Vassey et de la bande des escossoys.

Monsieur le prince de La Roche, en son gouvernement à Orléans, aura, oultre sa compaignie, celles de Messieurs les ducz d'Orléans et Angoulesme, et des sires de La Trimoille et Vidame, de Chartres.

Monsieur le duc de Nyvernois, gouverneur de Champaigne et Brye, qui se retirera à Troixe, oultre la sienne, sera aussi accompaigné de celles de Messieurs les princes de Condé, seigneur Don Francisque d'Est, conte d'Eu, seigneurs de La Roche, du Maine et Beauvays.

Monsieur le duc d'Aumalle, allant en Bourgongne, oultre sa compaignie, aura aussy celles de Monsieur le duc de Nemours et du sire de Tavanes.

Monsieur le mareschal de Montmorency demeurera en l'Isle

de France et aura la compaignie de Monsieur le connestable avec la sienne.

Monsieur le mareschal de Sainct Andrey, allant en son gouvernement des Lyonnois et Bourbonnoys, quy demeurera à Molins, aura, oultre sa compaignie, celles des sires de Dampville, Bordillon, Lafayette, contes de Villers et Montlevé.

Monsieur le mareschal de Brissac, allant en son gouvernement de Picardie, oultre sa compaignie, aura aussi celles des sieurs de Senarpont, de Morvillier, d'Umyers, de Channes et Janlyz.

Monsieur le mareschal de Termes, allant à Loches, aura, oultre sa compaignie, celle de Monsieur le prince de Navarre, des sieurs de Sausant, conte de La Roche Foucaut, de Randan, de Charny, sieurs de Lude et de La Vauguyon.

Monsieur de Villebon, en la basse Normandie, aura, oultre sa compaignie, celles de Monsieur le marquiz d'Elbeuf, sieurs d'Annebault et de la Meilleraye.

Monsieur de Vieilville, en la ville de Rohan, aura les compaignies des sieurs de Chastillon, admiral de France et d'Estrées.

Toutes lesquelles compaignies, le Roy veult et entend quelles ayent, à partir du lieu où elles sont, et que tous les hommes d'armes et archiers d'icelles, quelque congey ou excuse qu'ilz puissent avoir, aient incontinant après la publication de ces présentes, à partir montez, armez et en l'équipaige que appartient, pour se randre chacun par devers les chiefz dessusdits dedans le vingtiéme jour de ce présent moys, pour luy faire le service dont le besoing se pourra offrir, sur peine d'estre cassez de ses ordonnances et déclairés indignes de jamays y rentrer.

Faict à Fontainebleault le premier jour de septembre mil cinq centz soixante.

      Signé : FRANÇOIS.

  Et plus bas :

       DE LAUBESPINE.

[275]

CHARLES IX AU DUC D'AUMALE, GOUVERNEUR DE BOURGOGNE.

Averti que dans plusieurs provinces du royaume, les Etats, au lieu de délibérer sur les matières pour lesquelles ils avaient été convoqués, se sont amusés à critiquer le gouvernement du royaume, il l'invite à faire publier dans son commandement que la meilleure intelligence n'a cessé de régner entre lui, sa mère et les princes; à rassembler de nouveau les Etats pour délibérer sur les dettes du pays, et nommer ensuite un personnage de chacun des trois ordres pour se rendre à l'assemblée générale convoquée à Melun.

FONTAINEBLEAU,
1560, 25 mars.

COPIE DU TEMPS.
B. 454, n° 122.

Charles, par la grâce de Dieu, roy de France, à nostre très chier et très amé cousin le duc d'Aumalle, pair de France, gouverneur et nostre lieutenant général en noz pays et duché de Bourgongne (1), ou à son lieutenant audict gouvernement. Salut et dillection. Nous avons esté advertiz que aulcungs des gens des trois Estats de nostre royaulme, en la nouvelle convocation et assemblée, faicte chascung en sa jurisdiction, pour adviser, convenir et résouldre, en la présence des gouverneurs de noz provinces ou de leurs lieutenans, et en la principalle ville de leur gouvernement, des moïens de nous aider en noz si grandz affaires, selon ce que derrièrement nous leur ordonnasmes; ilz n'ont en cella suyvy nostre intention. Car au lieu de regarder et adviser sur le discours, aulcungs desdicts Estats se sont amusez à disputer sur le faict du gouvernement et administration de cestuy nostre royaulme,

---

(1) Claude de Lorraine, duc d'Aumale, 1er fils de Claude, duc de Guise, et d'Antoinette de Bourbon, né le 1er août 1526, tué le 14 mars 1573 au siège de La Rochelle. Il avait succédé à son père dans le gouvernement de Bourgogne.

laissans en arrière l'ocasion pour laquelle les faisions rassembler, qui est chose sur quoy nous avons bien plus affaire d'eulx et de leur aide et conseil que sur le faict dudict gouvernement, de sorte que se trouvans à ladite assemblée de Melung ainsy y résoluz, nous ne serions de rien mieulx instruictz ne fortiffiez de l'aide que nous en atendons. En quoy nous désirons bien les remectre et redresser en leur faisant cognoistre et entendre l'estat auquel est le faict dudict gouvernement et de noz affaires, qui est cause que nous vous décernons de rechief et faisons présentement expédier noz lettres patentes de commission. Vous mandant et ordonnant faire entendre et sçavoir par tous les ressors et jurisdiction de vostre gouvernement, et par les baillys et sénéchaulx d'iceulx, faire crier à son de trompe et cry public à ce que nul n'en prétende cause d'ignorance : Quil y a toute union, acord en parfaicte intelligence entre la Roynne, nostre très honnorée dame et mère, nostre très chier et très ammé oncle le Roy de Navarre, de présent nostre lieutenant général, représentant nostre personne par tous noz royaulme et pays de nostre obéissance, et noz très chiers et très amez cousins les cardinal de Bourbon, les prince de Condé, duc de Montpencier et prince de La Roche sur Yon ; tous princes de nostre sang, pour le regard dudict gouvernement et administration de cestuy nostre royaulme. Lesquelz tous ensemble ne regardans que au bien de nostre service et utilité de nostre royaulme, comme ceux à qui, et non à aultres, lesdicts affaires touchent, y ont prins le meilleur et plus certain expédient que l'on sçauroit penser, de manière qu'il n'est besoing à ceulx des Estats de nostre dit royaulme aulcunemen s'en empescher. Ce que leur deffendons très estroictement sur tant qu'ilz craignent nous désobéir et desplaire. Vous mandant au surplus faire de nouveaul retreuver et convenir au mesme lieu que avez cydevant faict, le dixiesme jour de juing prochain, venant tous les gens de trois Estats de vostre gouvernement. Pour là, par entre eulx adviser, délibérer et conclure sur les ouvertures, moïens et expédiens qu'ilz jugeront plus convenables et facilles à nous mectre hors de grandes debtes où nous sumes, et ladicte résolution prise, eslire et dépputer par tout vostre gouvernement trois personnaiges, ung de chascung estat pour eulx rendre et treuver en nostre ville de Melun le premier jour d'aoust prochain, après en suyvant jusques auquel jour nous avons remis et prolongé, remectons et prolongeons l'assignation que nous y avions donnée audict premier jour de may, affin que entre cy et là lesdictz Estatz saichans lesdicts accord ayent plus de moïen d'épuiser au faict dudict secours et aux aultres choses, dont ilz vouldront nous faire remonstrance et requeste. Ce que nous entendons qu'ilz puissent faire librement audict Melun, où nous les oïrrons avec les aultres depputez des aultes pays de nostre royaulme, sur les ouvertures et moïens qu'ilz auront pensé pour nous aider et secourir en affaire si urgent. Davantaige leur ferez aussy sçavoir et entendre, comme dessus; que congnoissans combien de trouble et scroupulle mect parmy noz subjectz le faict de la religion par la diversité d'oppinion qui ont cours, nous avons, par le bon, saige et prudent conseil de nostredicte dame et mère, de nostredict oncle le roy de Navarre et princes nostredict sang, advisé, mandé et faire venir devers nous certain bon nombre des plus grandz, dignes et vertueux personnaiges de nostredit royaulme, gens de saincte vie, doctrine et sçavoir, pour prendre d'eux advis sur ce qui se debvra faire au faict de ladite religion, attendant le fruict d'ung bon et sainct Concille, par lequel moïen, nous espérons avec l'aide, immense bonté de nostredit Seigneur, qu'il sera en brief porveu au mal et inconvénient qui y pend à son honneur et gloire, et au repos de nostre peuple, qui est chose au monde que avons plus à cœur. De ce faire, vous avons donné et donnons plain pouvoir, puissance, auctorité, commission et mandement espécial. Mandons et commandons à tous nos justiciers, officiers et subjetz que à vous, en ce faisant, obéissent et entendent diligemment.

Donné à Fontainebleau le vingtcinquiesme jour de mars, l'an de grâce mil cinq cens soixante, avant Pasques, et de nostre règne le premier. Ainsy signé par le Roy en son conseil, auquel estoyent la Roynne sa mère, le Roy de Navarre, Messieurs les princes de Condé, duc de Montpencier, prince de La Roche sur Yon et aultres.

DE L'AUBESPINE.

Et scellées de cire jaulne à simple queue de parchemin pendant.

---

[276]

CHARLES IX AU DUC D'AUMALE, GOUVERNEUR DE BOURGOGNE.

Voulant empêcher par tous les moyens l'explosion des troubles causés « par le fait de la religion, » il lui prescrit d'exécuter et de faire exécuter rigoureusement l'édit de Romorantin.

FONTAINEBLEAU,　　　　　　　COPIE DU TEMPS,
1560, 2 avril.　　　　　　　　B. 454, n° 122.

Mon cousin. Je voys par tout mon royaulme le faict de la religion estre en une telle conbustion pour la diversité des oppinions dont les peuples sont aujourdhuy divisez les ungs des aultres, et tous si opiniastres qu'il y a danger que de là s'engendre telle aigreur et altération entre eux, que finablement ilz soyent pour venir aux armes ; comme en plusieurs lieux il s'est desjà veu par expérience, chose qui est si dangereuse conséquence et sy importante à la conservation de ma couronne, et au bien et repos universel de tous mes subjectz qu'il est besoing promptement y remédier, et que la dilligence dextérité et prudence des gouverneurs sache appaiser ce mal qu'il ne croisse plus avant. Dont ayant avec la roynne, Madame ma mère, mon oncle le roy de Navarre, les princes de mon sang et aultres princes et seigneurs de mon Conseil, longuement consulté et cherché les moïens pour guérir ceste maladie et arrester son cours. Il n'a esté treuvé ung plus seur moïen pour le présent, que de faire par tous les gouvernemens de mon royaulme, bien et soigneusement garder et entretenir les ordonnances qui ont estées faictes par moy depuis mon advénement à la couronne, tendantes à l'union et repos des ungs et des aultres. Et là ou il surviendroit quelque sédition ou élévation pour ce faict, avoir recours à l'ecdict de Remorentin, faict par le feu roy, mon très cher seigneur et frère, par lequel il est bien pourveu encores que les remèdes qui y sont soient de peu de fruict, sy mes gouverneurs ou leurs lieutenans ne tiennent la main bien roidde à l'entretenement d'iceulx. Et pour ce, je vous prie, mon cousin, sur tout le service que me désirez jamais faire, faire en vostre gouvernement publier et réitérer, s'il est de besoing, lesdites ordonnances; les faire bien soigneusement observer par tous mes officiers chacung en son regard, tenant la main que le premier qui fera sédition, assemblée illicite et pour quelque occasion que ce soyt, émouvera le peuple à prendre les armes, et faire quelque mutinerie et élévation, de quelque religion qu'il soit, que la punission promptement en soit faicte, sans renvoyer devers nous, si exemplaire qu'elle serve à contenir les mauvais et préserver les gens de bien à l'injure et violence des meschans. Ayant pour vous donner plus de moïen d'exécuter ceste notre intention commandé et enjoinct bien expressement à tous nos baillifz et sénéchaulx de aller résider en leurs charges, et là tenir la main à l'observation de mesdictes ordonnances de tout leur pouvoir. Dont de vostre part vous nous advertirez, affin que nous puissions sçavoir qui seront ceulx qui y feront bien leur debvoir. Je ne vous recommanderay point davantage ce faict, pour ce que vous sçavez assés de quelle conséquence il est pour le bien de mon service et seureté de mon estat. Priant Dieu, mon cousin, vous avoir en sa saincte et digne garde.

De Fontainebleau, ce deuxiesme jour d'apvril mil cinq cens soixante.

Signé : CHARLES.

Et plus bas :

Robert.

Superscript :

A mon cousin le duc d'Aumalle, gouverneur, et mon lieutenant général en mon pays et duché de Bourgongne, ou son lieutenant audict gouvernement.

---

[277]

CHARLES IX, ROI DE FRANCE, A GASPARD DE SAULX-TAVANES, SON LIEUTENANT GÉNÉRAL EN BOURGOGNE.

Ordre de convoquer les Etats de la province.

FONTAINEBLEAU, 1560, 2 avril.

COPIE DU TEMPS, B. 454, n° 122.

Monsieur de Tavanes (1). J'ay sceu par vostre lettre du vingttroisiesme du passé ce qui a esté résolu aux Estatz de Bourgongne et la bonne volunté en quoy vous les avez treuvé

(1) Gaspard de Saulx, seigneur de Tavanes, fils de Jean de Saulx, seigneur d'Orain, et de Marguerite de Tavanes, né à Dijon en 1509, débuta dans la carrière des armes par la bataille de Pavie, où il fut fait prisonnier en combattant à côté du Roi. Il fit ensuite les campagnes de Naples, de Provence, de Luxembourg, et contribua au gain des batailles de Cerisolles et de Renti. Nommé, en 1561, à la lieutenance générale de Bourgogne, après la mort de P. d'Epinac, il déjoua toutes les entreprises des huguenots pour se maintenir dans son gouvernement. Il fut créé maréchal de France le 28 novembre 1570, en récompense du succès de la bataille de Montcontour, et mourut au mois de juin 1573 gouverneur et amiral de Provence.

de me secourir. Et touteffois, affin qu'ilz entendent comme toutes choses passent ici et ayent aussy meilleur moyen et loisir de penser à ce dont j'ay besoing d'eulx, j'ay advisé comme aussy par tous les aultres lieux de mon royaulme les faire rassembler, ainsy que vous verrez, par les lettres de commission que je vous envoye à ceste fin, suyvant lesquelles je vous prye donner ordre que au temps porté par ladite commission ladite nouvelle convention s'en face, pour en faire sortir le fruict que j'en désire, car vous ne me sçauriez jamais faire plus grant service. Priant Dieu, Monsieur de Tavanes, vous avoir en sa sainte garde.

Escript à Fontainebleau le troisiesme jour d'apvril mil cinq cens soixante.

Signé : CHARLES.

Et plus bas :

DE LAUBESPINE.

Superscript :

A Monsieur de Tavanes, chevalier de mon ordre et mon lieutenant général au gouvernement de Bourgogne.

---

[278]

CATHERINE DE MÉDICIS A M. DE TAVANES, LIEUTENANT GÉNÉRAL EN BOURGOGNE.

Félicitations sur les mesures qu'il a prises pour débarrasser la Bourgogne des ministres protestants.

ÉTAMPES, 1562, 4 juin.   COPIE DU TEMPS, B. 199, n° 277.

Monsieur de Tavanes,

J'ai sceu, par ce que m'avez escript, et que m'a dit de votre part Pelissier, présent pourteur, comme est passé le faict de

Chalon, d'ou se sont retirés ceulx qui s'en estoient saisiz (1). Dequoy j'ay esté très aize et très contente du bon ordre que vous avez donné pour les réduire à la peur qui les a réduit, ce dont il ne faut pas perdre le fruit. Désirant que suivant ce que vous aurez peu entendre de l'entencion du roy Monsieur mon filz et de moy, par la despesche que vous a esté dernièrement faicte par le corrier, vous faciez tout ce que vous pourrez pour achever de nettoyer tout le pays de Bourgongne de ceste vermine de prédicans et de ministres qui y ont mis la peste, ainsi que vous avez bien commancé ou pour dire la vérité, qui sont causes des insollences qui y ont esté faictes et de la désobeyssance qui sy est *ochue* jusques icy, que je vous prie recovrer par tous moyens et ny espargner ny oublier riens, extimant, comme il me semble bien raisonnable que vous serriez ceux de Lyon le plus près que vous pourrez. Et regardez et recovrez de ce cousté là tout ce que sy estoit perdu en manière que le roy mondit filz y soit obey, et les sédicieulx chastiez comme ilz l'ont meritez. Priant Dieu, Monsieur de Tavanes, vous donner ce que plus désirez.

D'Estampes, le quatrième jour de juing 1562.

Signé : CATHERINE.

Et plus bas :

DE L'AUBESPINE.

Souscripte à M. de Tavanes, chevalier de l'ordre du roy M. mon filz et son lieutenant au gouvernement de Bourgongne.

Collation faite à l'original par moy, secrétaire de M. de Tavanes.

Signé : PERROUL.

---

(1) Le mois précédent, les religionnaires de Chalon, après s'être emparés de la ville, y avaient introduit le capitaine Montbrun et sa troupe. Les églises furent profanées, saccagées; mais à la nouvelle que Tavanes marchait contre lui, Montbrun ne se sentant pas en force pour résister, avait évacué Chalon, non sans essuyer des pertes dans sa retraite.

[279]

LA MAIRIE DE DIJON AU DUC D'AUMALE, GOUVERNEUR DE BOURGOGNE.

Les échevins porteurs de cette lettre lui diront l'audace croissante des réformés, qui prêchent maintenant publiquement. Prière d'en informer le Roi, et de revenir bientôt à Dijon.

1562 ?
MINUTE,
B. 456, n° 50.

Monseigneur, la grande anxiété en laquelle sumes continuellement par les conventicules et assemblées de gens mal sentant de nostre foy et religion chrétienne contre les editz du roy; nous a meu vous en advertir et escripre la présente par nos frères eschevins porteurs d'icelle, pour lesquelz, Monseigneur, serez informé et adverty à la vérité comme journellement lesdicts devoiéz continuent leurs dites assemblées en diverses maisons, y preschent à leur malheureuse façon accoustumée de beau jour et les portes ouvertes. Dequoy avons fait informer, y donnons tout l'ordre qui nous a esté possible avec l'aide de monseigneur le bailly; mais ne pouvons tant bien faire qu'ilz ne croissent de nombre et facent de pis en pis, de sorte que nous craignons beaucoup qu'il n'advienne grant scandale à la ville par leurs séditions et entreprises. A ce moyen, Monseigneur, qui estes nostre bon père et protecteur, nous vous supplions très humblement qu'il vous plaise le faire entendre au Roy, et que son bon plaisir soit mandéz à la cour de Parlement, de faire estroitement entretenir ses editz, et en actendant votre venue en ceste ville, qui nous est plus que nécessaire à la protection d'icelle et du pays, vous supplions, Monseigneur, très affectueusement à ce besoing nous venir visiter.

Monseigneur, nous prions Dieu qu'il vous ait en santé très bonne et longue vie.

---

[280]

GUILLAUME DE SAULX-TAVANES, LIEUTENANT DU MARÉCHAL DE TAVANES, A MM. DU PARLEMENT DE BOURGOGNE.

Il leur renvoie l'information faite par la mairie de Dijon contre le conseiller de Vintimille, et approuve la confession de religion qu'on impose à tous les membres de la compagnie.

CHALON, 1562, 7 juillet.

ORIGINAL, Collection de Lagoutte.

Messieurs, les maire et eschevins de la ville de Dijon m'ont envoyé par leur procureur certaine information faite à l'encontre du sieur de Vintemille (1), concernant les causes pour lesquelles ils luy ont denyé l'entrée de ladite ville, que vous envoye comme estant votre juridicque, et que l'affaire vous touche tant pour la seurthé de ladite ville que pour la relligion. afin d'en faire ce que treuverez par vostre bon jugement. Aussy que j'ay esté adverty que vous avez fait ou devez faire faire à tous les conseillers de vostre court la confession de leur religion, chose très saincte, dont je suis très joyeulx

(1) Jacques, issu des comtes de Vintimille, en Ligurie, savant distingué, avait été pourvu en 1549 d'un office de conseiller au Parlement de Dijon. Déclaré suspect d'hérésie pour s'être montré favorable à l'édit de tolérance proposé par le chancelier de l'Hospital. Gaspard, de Saulx-Tavanes l'avait compris parmi les conseillers qu'il expulsa de Dijon lors du soulèvement des huguenots de la province, et qui n'y rentrèrent qu'après une confession de leurs erreurs.

pour oster toutes suspicions que l'on pourroit doresnavant avoir sur le faict de ladite nouvelle religion. A quoy je m'asseure que tiendrez la main comme avez tousjours faict par cy devant. J'ai escript audit maire, ne lui reffuser l'entrée de ladite ville pour se justiffier devant vous des charges contenues en ladite information, qui est l'endroit de mes plus affectionnées recommandations de bien bon cuer à vos bonnes grâces. Priant Dieu, Messieurs, vous donner en santé très bonne et longue vie.

De Chalon, ce VII° jour de juillet 1562.

Vostre plus seur et parfect amy,

TAVANES (1).

A Messieurs, Messieurs de la court de Parlement, à Dijon.

---

[281]

GUILLAUME DE SAULX, COMTE DE TAVANES, AUX MEMBRES DU PARLEMENT DE DIJON.

Il les presse de recevoir le conseiller de Vintimille, qui veut se justifier le plutôt possible.

CHALON,
1562, 3 août.

ORIGINAL,
Collection de Lagoutte.

Messieurs, j'ay entendu de la part de M. de Vintemille qu'il désire fort se justifier et vous faire apparoir de son inno-

---

(1) Guillaume de Saulx, comte de Tavanes, fils aîné du maréchal Gaspard, était alors lieutenant de son père. Il fut nommé bailli de Dijon en 1569, et lieutenant général du Dijonnais sous M. de Charny, son beau-père, et le duc de Mayenne. Demeuré fidèle à Henri III et Henri IV, il combattit constamment pour conserver la Bourgogne sous leur autorité, et résigna ses fonctions après la bataille de Fontaine-Française. Il mourut en 1633.

cence sur les infirmaicons qui ont esté faictes contre luy que vous ay envoyées. Et est tousjours attendant votre résolution. Et pour ce que les vaccations approchent, durant lesquelles il crainct que n'y puissiez toucher, il m'a faict requeste de vous en escripre pour l'expédition et abréviation de son affaire, ce que je ne luy ay deu reffuser. Je vous prie, si possible est, le faire expédier avant lesdites vaccations, qui sera l'endroict de mes très afectueuses recommandacions à vos bonnes grâces. Priant le Créateur vous donner ce que desirez.

A Chalon, ce III⁰ aoust 1562.

Votre plus seur et parfect amy,

TAVANES.

A Messieurs, Messieurs de la court de Parlement de Bourgogne, à Dijon.

Veue et leue le v août 1562.

[282]

LA DUCHESSE DE GUISE AUX MAGISTRATS DE DIJON.

Elle leur transmet les nouvelles qu'elle a reçues de Lorraine, et leur en demande de celles du côté de Lyon.

JOINVILLE,
1563, 16 septembre.

ORIGINAL,
B. 456, n° 55.

Messieurs, le gentilhomme que javois envoyé en Lorraine pour avoir nouvelles des Allemans revint hiere, qui m'apporta celles que pourrez voire par sa copie que je vous ay bien voullu envoyer par ce porteur en bonne pièce, me faire le semblable de toutes que vous surviendrons, et vous me ferez bien fort grant plaisir comme sur nostre Seigneur, lequel je supplye, Messieurs, vous avoir en sa sainte garde.

De Marac, ce XVI° septembre 1563.

Vostre bien bonne amye,

Anthoinette de BOURBON.

Si vous savez quelques nouvelles du costé de Lyon, je vous prie m'en faire part.

A Messieurs les bailly, maire et eschevins de la ville de Dijon, à Dijon.

---

[283]

J. ANGELO CALDARINI, BOURGEOIS DE BALE, AUX MAGISTRATS DE DIJON.

Il leur envoye son serviteur avec le prix des armes qu'ils lui ont commandées, avec prière de lui mander si ses conditions leur conviennent, car, à leur refus, plusieurs grands seigneurs le pressent de leur vendre ces armes.

BALE,
$156\frac{3}{4}$, 23 février.

ORIGINAL,
B. 459, n° 98.

Messieurs, despuys vos dernières lettres, je vous ay plusieurs foys escript, sur lesquelles lettres de V. S. n'ay eu aulchune response. Et comme por vostre derniere lettre me mandez que je vous envoyase quantité des armes. Lequel vous prendre, lequel sont en ce lieu, et les ay faict venir de Millan. Et pour ce que mon serviteur, pourteur de ceste, m'a dict que luy avés dict que n'avés aulchun marché faict avecque moy; je l'envoye exprès vers vous pour vous faire entendre, ce vostre seigneuries plaist avoir lesdictes armes pour les pris que sommes convenus par ensemble : à savoir, à raison de trente livres tournoys le corselet fourny avec morion, bourgoniotte, braselets, guantelets et tachetes. L'arquebuse fourny avecque la flesque flescon et le morion blans, le tout de Millan, pour la somme de trente livres tournoys. Sous dict, je ne fauldray en breff de le vous envoyer et fournyr jusques à la somme que m'escripvés et aussy pour le pris sousdict. Priant V. S. de fournyr et délivrer au pourteur de ceste, pour fournyr à la valeur d'icelles armes, la somme de deux cens escus soleil à bon conte, et de fauldres in continant dès, les faire mettre en chemin, vous promettant que les corselets sont plus granz aises que ceulx que avez vers vous. Et aussy les harquebuses plus long, de sorte que je scay que V. S. ares contentement. Messieurs, je me fusse transporté et venus vers vous passé longtemps, s'il neust esté . . . . et des grans affaire que me sont survenues, [depuis] mon pertement de vous. Et aussy des. . . . . venus à ma maison, comme M. de. . . . . aultres. Et ce V. S. ne veulz achepter les dictes armes, corselets, harquebuses, et…. moyennant le pris sousdict, vous prie de le me mander, car il y a des aultres grands seigneurs qui sont après moy pour les accepter et plus grande quantité, pour ce vous prye de m'advertyr vostre intention. Et quant à deniers que avés faict délivrer à mon homme marchandize, lesdicts gaiges que avés entre vos mains resteront jusques que je vous envoye vous deniers. Et ce V. S. veulles mes armes sera le premier rabattus. Que est, Messieurs, l'endroict ou je me recommande très affectueusement à V. S., priant le Créateur, Messieurs, vous donner ce que vostre noble cuer désire et sa grâce, et à moy la vostre.

De Basle en Suysse, ce XXIIIe de febvrier avant Pasques.

Vostre très obéissant serviteur et amy à jaymais,

JOAN ANGELLO CALDARIN,
borge de Balle.

A Messieurs les vicomte mayeur et eschevins de Dijon, à Dijon.

[284]

GUILLAUME DE SAULX, BAILLI ET LIEUTENANT GÉNÉRAL
DU DIJONNAIS, AUX MAGISTRATS DE DIJON.

Il leur recommande la plus grande surveillance à l'endroit des ordonnances qui interdisent aux Français le service chez les princes étrangers, et les invite à l'informer aussitôt de tout ce qui pourrait troubler la tranquillité de la ville.

LA MARCHE-SUR-SAÔNE,
1567, 22 mars.

ORIGINAL,
B. 458, n° 101.

Messieurs. Pour aultant que je suis sur mon partement pour aller à Chalon, je vous ay bien voullu faire ce mot, pour entendre de vous, avant mon dit partement, s'il y a chose qui concerne le faict de vostre ville et service du roy, mesme où ma présence fut requise ou il y escheut quelque prompte expédition. Vous recommandant, durant mon absence, qui ne sera pas longue, le service de Sa Majesté, de laquelle j'ay receu deulx lettres, par où il me commande d'empescher ses subjectz qui vouldroient aller au services des princes estrangers, oultres les déffences que jà ont estés publiées. Le tout affin que sy le malheur veult que les troubles, qui sont commencéz hors ce royaume, continuent, que nous ne soions poinct de la meslée. Par quoy vous adviserez, s'il vous entendez quelcung de vostre ville qui y veulle aller, le faire arrester et saisir prisonnier pour lui faire praticquer l'ordonnance (1). Vous m'advertirez d'heure à autre comment toutes choses passeront en vostre dicte ville. Vous recommandant la tranquilité, seurté de vostre dicte ville et service de Sa Majesté, qui est l'endroict où je prie à Nostre Seigneur, Messieurs, vous donner bonne et longue vye.

(1) Cette mesure avait été récemment prise pour empêcher les protestants de courir au secours de Genève menacée par le duc d'Albe.

De La Marche, près Auxonne, le xxii₉ jour de mars 1567. J'escrips à Mons. de Montesson (1), assister, ou son lieutenant, avecques partie de ses soldats à la procession, le jour de Pasques, pour éviter tout squandalle, je me tiens tout asseuré que de vostre costé y saurez bien pourveoir et mettre tout l'ordre nécessaire (2).

Vostre plus seur et meilleur amy,

TAVANES.

A Messieurs les maïeur visconte et eschevins de la ville de Dijon.

---

[285]

GASPARD DE SAULX-TAVANNES, LIEUTENANT GÉNÉRAL EN BOURGOGNE, AUX MAGISTRATS DE DIJON.

Ordre de dresser le rôle de tous les habitants en état de porter les armes.

ARC-SUR-TILLE,　　　　　　　　　　　　ORIGINAL,
1567, 20 juin.　　　　　　　　　　　　　B. 458, n° 107.

Gaspard de Saulx, seigneur de Tavanes, chevalier de l'ordre, capitaine de cinquante hommes d'armes des ordonnances du Roy, et son lieutenant général au gouvernement de Bourgongne, en absence de Monseigneur le duc d'Aumale.

Comme par cy-devant, le Roy, en faisant désarmer plusieurs villes de son royaulme, à cause des troubles pour réduyre toutes choses en paix, nous auroit commandé laisser les armes

---

(1) Capitaine du château.
(2) A la réception de ces lettres, la mairie, craignant une entreprise des partis huguenots qui tenaient la campagne, fit renforer la garde des portes. — Délibération du 24 mars.

aux villes de frontière de ce duché de Bourgongne pour la conservation de son Estat, deffence et tuission dudit pays et de son peuple, especiallement de sa ville de Dijon, comme ville capitale et de tout temps à luy très fidelle. A ces causes, encore que estimons tant de leur bonne voulunté envers leur prince qu'ils soient mugnis d'armes pour subvenir à ce que dessus. Et néantmoings, pour certaines et bonnes occasions, leur ordonnons à tous, sans nul excepter, tenir leurs dictes armes, tant offencives que deffencives, et leur personnes prestes pour en faire au premier jour la reveue, soit pardevant nous ou ceulx qui y commectrons, ou les maire, capitaines et eschevins, auxquels ordonnons faire exécuter et publier ceste présente, nostre ordonnance, et nous envoyer ung roolle, tant des présentz que des absentz, ne voulons estre excusez sans légitime occasion, laquelle sera insérée dans ledict roole. Sy mandons à tous, de quelque qualité ou condition qu'ilz soient, qu'ils aient à obeir à ce que dessus, à peine d'estre chastiez et servir d'exemple.

Faict à Arc sur Thille, près Dijon, le xx° jour de juing 1567.

G. DE SAULX.

[286]

GUILLAUME DE SAULX-TAVANES AUX MÊMES.

Informé que parmi les habitants beaucoup négligent leurs armes et même les vendent, et en outre que le service militaire y est fort relâché, il leur envoie le sieur de Couches avec mission de passer des revues par paroisse et de rétablir le guet et garde jusqu'à nouvel ordre comme en temps d'éminent péril. Le Parlement sera exempté de ces exercices.

ARC-SUR-TILLE, 1567, 30 juin.

ORIGINAL, B. 458, n° 109.

Messieurs. Pour aultant que de longtemps j'avoys tousjours ordonné à ceux des villes de frontières, ausquelz le roy à ces derniers troubles, pour bonnes occasions, a laissé les armes sans les désarmer, comme les aultres villes de plusieurs endroictz de son royaulme, tenir leurs armes prestes pour quant j'en voudroye faire faire la reveue, et que j'ay entendu que la pluspart ils sont négligens, laissant rouiller et déperir leurs dictes armes ; aultres les vendent et laissent transporter aux estrangiers hors lesdictes villes. Et d'aventaige que les habitants d'icelles s'apesentissent, n'ayant le soing aux gardes des portes et guet de jour et de nuit, ainsi qu'il appartient, de sorte que, le cas avenant qu'il y eust affaire, dont je ne voys, Dieu mercy, nulle apparance, attendu la bonne et fraternelle union de noz princes, se pourroient treuver iceulx fort empeschez, pour n'estre exitez ausdictes armes, et savoir prontement ce qu'ilz auroient affaire. A ces causes, et pour aultant qu'il est besoing d'avoir personnaige de qualité en vostre ville, comme ville cappitalle du pays, j'ay advisé, pour le service du roy, choisir M. le baron de Couches (1), auquel j'ay ordonné se transporter en vostre ville pour jeudy ou vendredy prochain, faire généralement prendre les armes à tous ceulx de vostre dicte ville qui les peuvent porter, et départir les enseignes par paroisse, ainsy que l'on a accoustumé, et après les avoir veue chascun en leur dicte paroisse, sans aultrement se mettre tous ensemble, leur ordonner se transporter sur la muraille aux quartiers qui leur seront désignez, reservé ceulx à qui il est commandé demeurer aux places, selon l'ordonnance que je fis à la dernière reveue, laquelle vous avez rière vous. Et au demeurant, leur ferez faire le guet de nuit et de jour, et pareillement la garde des portes, tout ainsi que sy c'estoit en eminant péril. Lesquelz guet et portes vous ne désisterez jusques aultrement j'en ayent ordonné. Et ferez en tout ce que dessus, par le conseil et advis dudict sieur de Couches, et ce qu'il ordonnera pour la seurté et ordre de vostre

(1) Philippe de Rochechouart, seigneur de Sainte-Pereuse et de Marigny, baron de Couches, mourut au château de Marigny le 8 juin 1587. Anselme, IV, 658.

dicte ville, y faisant hobéyr vostre peuple et chastier ceulx qui défaudront. Estimant que vous ny ferez faulte, ne la vous feray plus longue, sinon de prier Dieu, Messieurs, vous donner bonne et longue vie. D'Arc sur Thille, ce dernier de juing 1567.

Vous ny appellerez aultrement Messieurs de la court de Parlement, qu'en sont empeschez pour la justice. Ilz m'ont asseuré, ayant une affaire, qu'ils seront tousjours les premiers prestz.

Vostre entièrement meilleur amy,

TAVANES.

---

[287]

CHARLES IX AU BAILLI DE DIJON.

Manifeste contre les bruits semés par les protestants sur le maintien des édits de tolérance.

PARIS, 1567, 10 septembre.

COPIE DU TEMPS, B. 458, n° 111.

De par le Roy,

Nostre amé et féal. Despuis la grâce qu'il a pleu à Dieu faire à nous et à nostre royaulme d'y faire cesser les troubles et tumultes qui sy estoient eslevez, chascun a veu avecques quel soing et affection au bien de nos subjectz nous nous sumes employez à les maintenir en tranquillité. Congneu semblablement le travail, peyne et dilligence, dont nous avons usé pour appaiser toutes querelles, riottes et dissentions qui pouvoient nourrir les occasions de la division, prétexte desdiz tumultes, et senty aussi le fruict et la douceur de nos editz et ordonnances, soubz lesquelles, jusques à présent, toutes choses se sont passées assez paisiblement avecques apparence et espérance de mieulx, joint le bon ordre que nous avons donné par tout, pour faire que nostre justice retourne en sa première dignité, pour la conservation des bons et pugnition des aultres. Touteffois, nous avons congneu, puis naguères, et sommes dehuement adverty que aucuns ennemis du repos de ce royaulme, pour donner nourriture à la faction de laquelle il a esté cy devant travaillé, essayent, par tous moyens à pervertir et interrompre le cours de ceste tranquillité, faisant courir certains articles et sement parmy noz subjectz, infinies choses non véritables. Et là dessus tiennent noz diz subjectz en effroy et défiance du bien et repos que nous leur désirons, les mectant en despense de se tenir armez et pourveuz de chevaulx pour leur seurté; font cuillette de deniers, amas d'armes et beaucoup d'aultres choses, que nous sont non de ceste heure cogneues, et lesquelles, touteffoix, tant s'en fault que ayons voulu exactement regarder avec infinyes aultres contraventions à nos diz éeditz et ordonnances, faictes pour le bien général de tous. Nous avons, pour nourrir la tranquillité dissimulée, en espérance que le temps et nostre tollérance apporteroit, avecques la grâce de nostre Seigneur, la confirmacion entière de l'unyon, concorde et ferme restablissement de la société que désirons revoir entre tous nosdiz subjects. Laquelle, néantmoings, à notre grant regret, voyons aucunement altérer et intervertir, par les moyens dessus diz, esloignez de nostre désir et intention que nous avons bien voullu, pour faire veoir plus clair à ceulx de noz diz subjects, que l'on tient en ce doubte, vous escripre et advertir de ce que nous cognoissons et scavons au vray des choses dessus dictes, pour les faire entendre à tous nosdiz subjectz par la publication de ceste lettre, que voulons estre faicte par tout vostre ressort. Par laquelle ils scauront que nostre intention n'a point esté de rompre ne invertir la tranquillité et repos en laquelle nous avons entretenuz nosdiz subjects jusques à présent, mais que chacun vive et se contienne doulcement, ainsy qu'ils ont peu et deu faire, selon la teneur de nosdiz éeditz et ordonnances, et comme il appartient à bons et loyaulx subjectz. Lesquelz nous admonnestons aussy ne se laisser doresnavant persuader par telz déguisements ; ne que nous aïons autre intention envers iceulx nosdiz subjectz que de les tenir en toute la plus grande tranquillité, repos et seureté de leurs personnes et biens, qu'il nous sera possible, tant qu'ilz se montreront observateurs et obéissantz audiz éeditz et ordonnances. Leur déffendant de rechef très estroictement toute levée et contribution de deniers, port d'armes et assemblées illicites, et ce sur peyne de la vie, quelque mandement que leur soyt faict d'aultre que de nous et pour nostre service. Scachans et estant asseurez que de ceux qui seront cogneuz avoir faict cy après le contraire et monstreront contempner ainsi nosdiz commandementz, éeditz et ordonnances, nous ferons faire, telle est si rigoureuse pugnition que l'exemple en sera de longue mémoire.

Donné à Paris, le dixiesme jour de septembre mil cinq cens soixante sept.

Signé : CHARLES.

Et plus bas :
De l'Aubespine.

Et superscripte :

A nostre amé et féal bailly de Dijon, ou son lieutenant.

---

[288]

GUILLAUME DE SAULX-TAVANES AU BAILLI DE DIJON.

Convocation du ban et de l'arrière-ban pour résister aux protestants soulevés contre l'autorité royale.

DIJON,
1567, 16 octobre.

COPIE DU TEMPS,
B. 458, n° 113.

Monsieur le bailly. Pour porveoir aux entreprinses de ceulx de la religion nouvelle, ayans prins les armes contre le roy et s'estant saisys de quelques villes de ce royaulme et mesmes en ce pays, Sa Majesté nous a escript faire assembler toutes les forces qui se pourront trouver, avec les bancz et arrière bans de cest pays, affin de résister ausdictes entreprinses. A ces causes, incontinant la présente receue, vous ne fauldrez faire convocquer et appeller tous les gentilz hommes et autres subjectz aux ban et arrière ban, pour se treuver en ce lieu de Dijon le dixiesme jour du prochain mois de novembre, pour y faire monstres et reveue et estre employez pour le service de Sa dicte Majesté, selon et ainsi que par nous y sera ordonné, et pour satisfaire à la solde de ceulx qui feront ledict service, vous ferez contribuer les aultres qui ne le peuvent faire suyvans les éeditz du roy, et envoyerez audit jour le trésorier qui y sera commis pour en faire les payementz. Et touteffoiz, n'entendons comprendre ausdiz arrière bans les gentilzhommes ausquelz avons particulièrement escript nous venir treuver à la fin de ce mois, dont nous ferons roolle pour vous en bailler des certifficatz au jour de ladicte monstre, à quoy je vous prye ne faire faulte, de sorte que le service du roy ne soit retardé, qui est l'endroict de mes affectionnées recommandations à vos bonnes grâces. Priant Dieu, Monsieur le bailly, vous tenir en sa saincte garde.

De Dijon, le 16 octobre mil v^c soixante sept.

Soubscript :

Vostre plus seur et meilleur amy,

TAVANES.

Et superscripte :

A Monsieur le bailly de Dijon, ou son lieutenant, et officiers du roy audit bailliage de Dijon.

[289]

GASPARD DE SAULX-TAVANES, LIEUTENANT-GÉNÉRAL EN BOURGOGNE, AUX MAGISTRATS DE DIJON.

Il prescrit les mesures de sûreté commandées par les circonstances nées du soulèvement des protestants.

DIJON,
1567, 23 octobre.

ORIGINAL,
B. 458, n° 114.

De par le Roy,

Et le seigneur de Tavanes, chevalier de l'Ordre, capitaine de cinquante hommes d'armes et lieutenant général de Sa Majesté au gouvernement de Bourgogne, en absence de Monseigneur le duc d'Aumalle.

Affin de résister aux entreprinses de ceulx de la nouvelle religion, qui ont prins les armes contre le roy, s'estans, par surprinses, saisiz de quelques villes de ce royaulme. L'on ordonne à tous les habitans de ceste ville de Dijon, de quelque qualité qu'ilz soient, faire provision de bledz et vins pour la fourniture de leurs maisons pour trois mois. Et ce, dans quinze jours après la publication de ces présentes, à peine d'estre expulsez hors de la dicte ville.

Pareillement l'on ordonne à tous lesdiz habitans de l'ancienne religion, de prendre et porter les armes pour le service de Sa dicte Majesté et deffence de ladicte ville, sans discontinuation, suyvant ce que jà leur a esté ordonné, à peine d'en estre punis comme désobéissans.

Est ordonné aussi à tous les diz habitans de monter sur la muraille pour le guet de la nuict, avant que les portes de ladicte ville soyent fermées. Leur deffendant d'en sortir et descendre ny désamparer ledit guet, jusques à ce que lesdictes portes soyent ouvertes et les gardes assises.

Semblablement l'on deffend de faire aucun bruict ou rumeur sur lesdictes murailles, ny dans la ville parmy les rues et aultres lieux, depuis que lesdictes portes seront fermées, ne tirer coups de harquebuze ou pistollets, tant sur les dictes murailles que dans ladicte ville, depuis ladicte closture des portes jusques après l'ouverture d'icelles, et que la garde y soyt assise ; le tout à peine de la vye.

Comme aussi l'on deffend à tous ceulx de ladicte religion nouvelle, leurs femmes et enfans, sortir hors de leurs maisons depuis l'heure de six heures du soir jusques au landemain que lesdictes portes seront ouvertes et la garde assise, ny s'assembler plus de deux ensemble tant de jour que de nuict, à peine d'en estre chastiez.

Et, pour ce que plusieurs desdiz habitants vendent leurs armes aux estrangiers, l'on faict inhibition et deffence à tous lesdiz habitans, de quelque qualité qu'ilz soyent, de vendre de leurs dictes armes, et aux gardes des portes d'en laisser passer, à peine de confiscation d'icelles armes et d'en estre puniz s'il n'y a congé.

Faict à Dijon, le 23e jour d'octobre 1567.

G. DE SAULX.

Par ordonnance de mondit seigneur de Tavanes :

PERROUT.

[290]

GASPARD DE SAULX - TAVANES AUX MAGISTRATS DE DIJON.

Dément les faux bruits semés par les protestants sur les exemptions que leur attribuait le traité de Longjumeau.

DIJON,
1568, 28 avril.

ORIGINAL,
B. 458, n° 141.

De par le Roy,

Et Monsieur de Tavanes, chevalier de l'Ordre, capitaine de 50 hommes d'armes des ordonnances de Sa Majesté et son lieutenant général au gouvernement de Bourgogne en absence de Monseigneur le duc d'Aumalle.

Pour ce que aucuns font courir le bruict et sèment par le peuple pour attirer à aultre sinistre occasion que le roy a accordé par l'éedict de paciffication, ou par certains articles secretz dont ilz baillent les coppies, d'aucune desquelles le dit sieur de Tavanes est saisy : Que ceulx de la prétendue religion réformée seront désormais exemptz de payer aucune chose aux gens ecclésiasticques de leurs droicts de dixmes, censes et aultres droictures anciennes, et qu'il leur sera loisible désormais de prescher aux faulxbourgs de toutes les villes de ce royaulme. L'on faict sçavoir à tous que tel bruict est faulx et chose supposée contre l'intention du roy et son éedict. Et est ordonné à tous subjectz de ce gouvernement de se contenir selon ledit éedict de paciffication publié et suyvant icelluy payer les anciennes redebvances, dixmes deuz aux seigneurs et gens ecclésiasticques, tant à cause de leurs seigneuryes que de leurs cures et aultres telles de l'Eglise, à peine de l'amander arbitrairement et aultres peines contenues par l'éedict.

Faict à Dijon le xxviiie apvril 1568.

G. DE SAULX.

Par ordonnance de mondit seigneur de Tavanes :

Perrout.

---

[291]

LE MÊME AUX MÊMES.

Ordonnance pour l'observation de la paix de Longjumeau entre catholiques et protestants, sauf, en ce qui concerne ces derniers, les nécessités de la sûreté de la ville.

DIJON,
1568, 30 avril.

ORIGINAL,
B. 458, n° 141.

Gaspard de Saulx, seigneur de Tavanes, chevalier de l'Ordre, capitaine de 100 hommes d'armes des ordonnances du roy et son lieutenant général au gouvernement de Bourgogne en absence de Monseigneur le duc d'Aumale.

Nous ordonnons aux habitans de ceste ville de Dijon, de quelque religion qu'ilz soient, se comporter modestement les ungs avec les aultres, sans aigreur ny souvenance des troubles passez, ains entretenir l'éedict de la paix publié dernièrement en la Cour de Parlement, selon sa forme et teneur, aux peines y contenues. Et, néantmoings, pour la seurté de ladicte ville, nous ordonnons à ceulx qui sont déclarez de la prétendue réformée, se contenir en leurs maisons, sans en sortir depuis neuf heures du soir, jusques au lendemain matin, après les gardes levées, et ne porteront aucunes armes de jour par ladicte ville à peine de la hart. Et ne pourront aussi, les dessus diz, sortir d'icelle sans prendre de nous passeport; sauf que s'il y a aucuns vignerons ou laboureurs qui soient contrainctz en sortir pour leurs labourages et journées, le vicomte mayeur y pourvoyra et à la seurté de ladicte ville, et de sorte que leurs ouvrages ne cessent, et le tout pendant que les estrangers seront en ce gouvernement, et jusques aultrement par nous sera ordonné.

Faict audit Dijon le dernier jour d'apvril mil cinq cens soixante huit.

G. DE SAULX.

Par ordonnance de mondit seigneur de Tavanes :

PERROUT.

---

[292]

GUILLAUME DE SAULX-TAVANES AUX MAIRE ET ÉCHEVINS DE DIJON.

Il les complimente sur les mesures qu'ils ont prises pour résister aux reitres du duc des Deux-Ponts, et regrette de ne point être au milieu d'eux.

BEAULIEU,
1569, 28 juillet.   B. 458, n° 148.

Messieurs, j'ai receu vos lettres avec bien fort grand contantement de cognoistre que vous avez souvenance de l'homme de ce monde qui vous désire le plus de prospérité, et suis fort ayse que vous soyez si résolus et diligens pour le service de Dieu, du roy et la conservation de vostre ville. Je vous supplie, tant qu'il m'est possible, y vouloir continuer et considérer que vous estes la teste du pays, qui conduisés les membres, et que selon votre bonne providence le reste vous suyvra. Quant à ma part, je regrette infiniment de ne pouvoir estre par delà pour vous y ayder depuis l'arrivée du camp de Monsieur d'Aumalle au nostre. Je finis après à m'en cuyder aller, mais il n'est possible et sera le plustost que je pourray. Cependant je me veux recommander de bien bon cueur à votre bonne grâce, et prie mon Seigneur, Messieurs, vous donner en santé très bonne et longue vye.

Du camp de Beaulieu, ce 28ᵉ jour de juillet.

Vostre plus seure et parfait amy,

TAVANES.

A Messieurs les vicomte mayeur et eschevins de la ville de Dijon.

---

[293]

CHARLES IX A M. DE SAULX-VANTOUX, LIEUTENANT-GÉNÉRAL EN BOURGOGNE.

Avis du traité de pacification conclu avec les princes réformés, et ordre de suspendre les hostilités et de faire respecter l'édit.

SAINT-GERMAIN-EN-LAYE, 1570, 4 août.   COPIE DU TEMPS, B. 208, f° 3.

Monsieur de Vantou. Je croiz que vous avés peu entendre la négociation qu'il y a quelques mois que j'ay commencé à faire traicter pour la pacification des troubles de mon roïaume, et en estant les choses au jourd'huy réduictes à tel poinct que la dicte paciffication est conclutte et arrestée avec les députez des princes qui sont icy près de moy. Je vous en ay voulu donner advis, vous priant et néantmoins ordonnant que en attendant que la publication de l'édict d'icelle paciffication se face en mes cours de Parlement, comme elle sera faicte dedans peu de jours, vous aïés à faire cesser toutes voyes d'armes et d'hostilités à l'encontre de mes subjetz qui sont de la nouvelle religion, ainsi qu'il sera faict de leur part à l'endroit de mes bons subjetz catholiques, maintenant les ungz et les aultres soubz ma protection et sauvegarde, pour y demeurer au mesme repos et tranquilité qu'ils estoient au paravant l'ouverture des présents troubles. Ordonnant à tous les cappitaines, gouverneurs, maires, échevins et habitants des villes, qui sont au dedans de votre gouvernement, de faire le semblable de leur part et de se comporter doulcement avec ceulx de ladicte religion comme avec leurs bons concitoïens, et sur ce, je prie Dieu, Monsieur de Vantou, qu'il vous ait en sa saincte et digne garde.

Escript à Saint Germain en Laye le quatriesme jour de aoust 1570.

CHARLES.

Et plus bas :

BRULART.

Superscriptes :

A Monsieur de Vantou (1), chevalier de mon ordre, capitaine de cinquante hommes d'armes de mes ordonnances, et mon lieutenant général en Bourgoigne en l'absence des sieurs d'Aumalle et de Tavanes.

---

(1) Claude de Saulx, seigneur de Vantoux et de Torpes, gouverneur de Beaune, lieutenant-général du roi en Bourgogne. Il mourut à Pontailler le 1er décembre 1571.

[294]

HENRY, DUC D'ANJOU, A M. DE SAULX-VANTOUX, LIEUTENANT-GÉNÉRAL DU DUC D'AUMALE ET DE GASPARD DE SAULX-TAVANES EN BOURGOGNE.

Ordre de faire cesser les hostilités contre les réformés.

SAINT-GERMAIN-EN-LAYE,   COPIE DU TEMPS.
1570, 4 août.   B. 208, fº 3.

Monsieur de Vantou, vous verrés, par le lettre que présentement vous escript le roy mon seigneur et frère, comme il désire que vous faictes cesser tous actes d'hostilité à l'encontre de ceulx de la nouvelle oppinion, puisque les choses sont terminées par une conclusion d'une bonne paciffication; à quoy je vous prie de satisfaire soigneusement d'aultant que vous désirez faire service au roy mon dit seigneur et frère. Et sur ce je prieray Dieu, Monsieur de Vantou, qu'il vous ayt en sa saincte et digne garde.

Escript à Sainct Germain en Laye le quatriesme jour de aoust 1570.

Vostre bon amy,

HENRY.

A Monsieur de Vantou, chevalier de l'Ordre du roy mon seigneur et frère, capitaine de cinquante hommes d'armes de ses ordonnances, et son lieutenant général en Bourgogne en l'absence de Messieurs d'Aumalle et de Tavanes.

[295]

CHARLES IX A M. DE CHABOT-CHARNY, SON LIEUTENANT-GÉNÉRAL EN BOURGOGNE.

Invitation de faire lever le plan de Dijon et d'y joindre une notice des choses les plus remarquables de la ville, afin de les publier dans la *Cosmographie de Munster*.

SAINT-GERMAIN-EN-LAYE, 1574, 16 janvier.

COPIE DU TEMPS, B. 208, f° 26.

Mon cousin,

Pour ce que je désire que la ville de Dijon soit dans le livre de la Cosmografie de Munster, je vous prie de permetre aux maire et eschevins de ladite ville qu'ilz en puissent faire le plan (1), par quel ung qui entende bien la perspective, avec ung sommaire des choses plus rares et remarquables qui sont en ycelle, soit pour la beaulté de l'assiette et passage, soit de la façon de vivre des citoyens, et de la première fondation et établissement d'icelle pour estre après par eulx envoyé à Nicolas Chesneau et Michel Sommiet, libraires à Paris, qui ont en main ladite Cosmografie de Munster pour la réimprimer. Et n'estant la présente à aultre fin, je vays prier Dieu, mon cousin, qu'il vous ayt en sa sainte garde.

Escript à Saint Germain en Laye, le 16° jour de janvier 1574.   CHARLES.

BRULARD.

A mon cousin le comte de Charny (2).

(1) Ce plan, levé par Edouard Bredin peintre, géomètre et arpenteur à Dijon, fut gravé et inséré d'abord dans la *Cosmographie de Munster*, puis dans l'ouvrage de saint Julien de Baleure : *De l'Origine des Bourguignons*, publié en 1581. Une reproduction de ce plan a été faite pour la seconde édition de la *Description de Bourgogne* par l'abbé Courtépée. Dijon, 1847-1848, 4 vol in-8°.

(2) Eléonor Chabot, fils aîné de l'amiral Philippe Chabot-Brion et de

[296]

CHARLES IX AUX MAIRE ET ÉCHEVINS DE DIJON.

Il dément les faux bruits répandus sur certains projets à l'encontre des réformés, et invite les magistrats, dans le cas où ceux-ci prendraient les armes, à prendre toutes précautions pour empêcher la surprise de la ville.

SAINT-GERMAIN-EN-LAYE,　　　　　　　　　　COPIE DU TEMPS,
　1574, 25 février.　　　　　　　　　　　　　　B. 211, f° 26.

De par le Roy,

Chers et bien amez. Nous avons heu advis que les faulx bruitz semez par aucuns mal affectionnez au repos publicq et qui ne demandent que à veoir recommencer les troubles, afin qu'ils aient pendant iceulx, plus de moïen de mal faire, piller et oppresser le peuple comme ils faisoient durant les passez, ont estés cause que nos subjets de la nouvelle opinion sont entrez en si grande défiance, que la pluspart d'eulx sont deliberéz de s'eslever, estimant que les dicts faulx bruitz, à quoy nous n'avons jamais pensé, fussent véritables. Et ont les dictz de la nouvelle opinion, sur ces ocasions, délibéré à ce que nous avons aussi entendu, essayer de surprendre aulcunes de nos dictes villes pour s'en saisir s'ilz peuvent et dont nous avons advisé vous advertir incontinent, afin que vous aïez à prendre garde à la sureté de nostre ville de Dijon, faisant faire bonnes garde aux portes; que s'il y avoit entreprise sur icelle, vous en puissiez empescher l'exécution. Mais nous désirons que vous comportés de façon que establissant bien la seurté

Françoise de Longvy, dame de Pagny, grand écuyer de France, succéda au maréchal de Tavanes dans la lieutenance de Bourgogne. Chabot-Charny s'est immortalisé en refusant, sur le conseil de Jeannin, d'exécuter les ordres du roi Charles IX pour le massacre des huguenots de son gouvernement. Il mourut à Saint-Jean-de-Losne le 12 juin 1597.

de notre dicte ville de Dijon et y faisant faire la garde pour quelques temps et jusques à ce que nous voyons que ce sera de touts ces bruits, tous noz subjectz y puissent vivre en paix et que les dits de la nouvelle opinion, puissent cognoistre comme notre droitte et sincère intention est de contenir tous nos subjetz de l'une et de l'aultre religion en seurté et repos, soubz notre obéissance.

Donné à Saint Germain en Laye, le 27ᵉ jour de febvrier 1574.

CHARLES.

Bruslard.

Au surplus, pour ce que depuis ceste lettre escripte, nous avons entendu que lesdits de la nouvelle opinion s'assemblent de toutes partz et commencent à marcher, ne faillés pour leur oster tout moïen de surprendre votre ville, de faire incontinent retirer les bacs, bateaulx, flottes, nasselles qui sont sur la rivière, et iceux mettre en lieux où ils ne s'en puissent prevaloir à notre préjudice et au votre.

A nos chers et bien amez les maire et eschevins de notre ville de Dijon (1).

---

(1) A la réception de ces lettres, c'est-à-dire le 12 mars, la chambre prescrivit aux habitants de prendre la croix, marque distinctive des catholiques, les armes, et de faire retirer dans la ville les provisions qu'ils avaient au plat pays.

[297]

LE COMTE DE CHARNY A M. B. D'ESBARRES, MAIRE DE DIJON.

Accusé de réception de la copie des précédentes lettres. Approuve les mesures prises pour la sûreté de la ville. Surveiller sans bruit les gens de Montbéliard. Avis de sa prochaine arrivée.

PAGNY,　　　　　　　　　　　COPIE DU TEMPS,
1574, 9 mars.　　　　　　　　　B. 211, f° 27.

Monsieur des Barres. J'ay veu les lettres que m'avez escrites, ensemble le coppie de celles de S. M. à vous addressées. J'en avois désjà receu d'autres d'Elle, avec amples advertissements des choses qui se passent; vous avez fait bien de renforcer la garde aux portes. Vous ordonnerez aussy à ce qu'on face bon guet la nuit. Je vous envoie une commission pour ladite garde, ainsi que me la demandez. Quant aux habitans qui sont retirés de Montbéliard, il se faut contenir en toute modestie avec eulx pour ne les esmouvoir et esclairer leurs actions et deportemens si doulcement qu'ils ne s'en aperçoivent et qu'on ne les face point entrer en soupçon. Vous m'aurez dans deux ou trois jours espérant me bien porter, et quant bien je ne pourrois monter à cheval, je me mettray en litière. A tant je me recommande à vous bien fort à votre bonne souvenance, et prie Dieu vous avoir et tenir en sa garde saincte.

De Pagny, le ix mars 1574.

Votre entier et bon ami,

CHARNY.

A Monsieur des Barres, vicomte maïeur de la ville et advocat en la Cour de Parlement de Dijon.

[298]

CATHERINE DE MÉDICIS AU COMTE DE CHARNY, LIEUTENANT GÉNÉRAL EN BOURGOGNE.

Cédant aux dernières volontés du roi Charles, elle a consenti à prendre la régence du royaume jusqu'à la prochaine arrivée du roi de Pologne. Son intention est de ne rien négliger pour la maintenir durant son absence, aussi l'invite-t-elle à obéir à toutes entreprises qui pourraient trouubler la tranquillité publique. Elle lui recommande de veiller à ce que nul ne sorte du royaume par son gouvernemens, sans un passeport émané d'elle.

VINCENNES,
1574, 31 mai.

COPIE DU TEMPS,
B. 460, n° 11.

Mon cousin. Vous avez entendu par la lettre que le feu Roy monsieur mon fils vous a puis naguère escript, qu'elle a esté sa dernière volonté sur l'administration des affaires de ceste couronne et qu'il a encore voulu confirmer par ses lettres patentes. Depuis il a plu à Dieu l'appeler à soy. Et combien que la perte que j'ay faiste en luy de la personne qui m'estoit naturellement la plus chère et recommandée, m'atriste et agrave tellement de douleurs, que je ne désire rien plus de remettre et quitter tous affaires, pour chercher quelque tranquillité de vye; néantmoings vaincue de l'instante prière qu'il m'a faicte par ses derniers propos d'embrasser cest office au bien du roy de Poulongne mon fils, son légitime successeur et serviteur et de ceste dite couronne, à laquelle je recongnois estre tenue de tout ce que l'on m'a departy; j'ai esté contrainte de me charger encores de ladite administration et de la régence qu'il m'a commise, attendant l'arrivée par deça de mondit fils le roy de Poulongne, qui sera comme j'espère dedans peu de temps, ayant donné ordre de l'advertir incontinent de ce désastre. Je m'asseure que chascun a peu congnoistre le désir que j'ai heu toujours au repos de cest estat.

Pour à quoy parvenir je n'ay voulu pardonner à aulcune peine, mesmes au danger de ma propre personne, comme l'on congnoistra encore myeulx par l'ordre que j'espère donner à toutes choses durant son absence, avec telle modération et par le bon conseil de ceulx qui y tiennent les premiers lieux comme vous, que je ne me veulx promestre que Dieu fera la grâce à ce royaulme d'y establir quelque bon espoyr. Vous pryant pour la bonne dévotion et affection que vous avez tousjours faict au bien et conservation d'icelluy, vouloir tenir la main, la part ou vous estes d'obvier à toutes entreprises qui se pourroyent faire pour troubler la tranquillité publique; admonestant ceux de la noblesse et des aultres estats de continuer et persévérer au debvoir qu'ilz ont constamment rendu à leurs Roys et Souverains, dont ilz sont sy recommandables par toutes nations. Vous scavez que l'intention du feu Roy mondit sieur et filz a tousjours esté de conserver tous ceux qui se disposerions à venir doresnavant soubz le bénéfice de ses loix et edictz, comme je scay que telle est la volonté de son successeur et que je désire que vous faciez observer, affin de convier ung chacun à rechercher et procurer ce que regarde à la réunion en son entier de ce royaume. Comme aussi vous vous aiderés de la force et aucrité que vous avez en main contre tous ceulx qui s'oublieront de tant que de décliner l'obéissance dont ils sont tenus de manière qu'ils soient chastiés et pugnis et les bons observés comme ils méritent. Priant Dieu mon cousin qu'il vous ayt en sa sainte garde.

Escript au chasteau de Vincennes le dernier jour de may 1574, signée vostre bonne cousine,

CATHERINE.

A mon cousin le comte de Charny, grand escuyer de France et lieutenant-général pour le Roy monsieur mon fils au gouvernement de Bourgongne.

En apostille est ce qui s'ensuit :

Mon cousin je vous prye de faire observer soigneusement ceux qui sortirons de ce royaulme par le quartier de vostre gouvernement, sans souffrir qu'il en sorte ung seul de ceulx qui yront en poste qu'ils n'ayent mon passeport. Vous ferez aussi prendre garde à ceulx qui entreront en cedit royaulme (1).

---

[299]

HENRY III AUX MAGISTRATS DE DIJON.

Recommandation de bien veiller à la garde et à la sûreté de la ville.

PARIS, 1575, 3 juillet.

ORIGINAL, B. 456, n° 57.

De par le Roy.

Chers et bien amez. Encores que nous estimons que en l'estat où sont les choses de nostre royaume et aux maulvaises volontez que se congnoissent en plusieurs personnes mal affectionnées à nostre service (2), vous aurez tousjours bon soing et esgard à la conservacion et sureté de vostre ville. Et est ce que nous vous en voulons bien admonester par la présente et vous dire que si vouz y avez jusques icy usé d'un bon debvoir, vous ly continuez plus que jamais, dont vous recueillerez les premiers biens en vous préservant des

---

(1) Au reçu de ces dépêches les magistrats municipaux convoqués par le maire (4 juin) délibérèrent qu'ils reconnaîtraient le roi de Pologne comme le roi. Deux jours après, le comte de Charny, étant arrivé à Dijon, il les manda à son hôtel et leur confirma « en plourant » la triste nouvelle. Le 18, on célébra les obsèques solennels à la Sainte-Chapelle.

(2) Allusion au maréchal de Damville, qui avait fait alliance avec les réformés, contre la volonté du roi.

maulx et afflictions qui vous pourroient une fois survenir, si vous estiez surpris et nous en demeurerez aussi bien agréables comme vous estant acquitez du debvoir de bons et loïaux subgectz. Donné à Paris le 3ᵉ de juillet 1575.

HENRY.
BRULART.

A noz chers et bien amez les maire et eschevyns, manans et habitans de nostre ville de Dijon.

---

[300]

HENRY III AUX MAIRE ET ÉCHEVINS.

Avis de la fuite du duc d'Alençon son frère et défense de le recevoir ainsi que ceux qui tiennent son parti, sans son commandement ou celui de ses officiers.

PARIS, 1575, 27 septembre. COPIE DU TEMPS, B. 208, n° 36.

De par le Roy.

Chers et bien amez. Nous vous avons jà faict entendre comme à notre très grand regret notre frère le duc d'Alençon s'est absenté de nous à la persuasion d'aucuns qui ne tendent qu'à troubler le repos et estat de notre royaume (1), sans que luy en ayons donné aucune occasion et vous avons mandé veiller soigneusement à la garde de votre ville et mettre peine de contenir chacun en la fidélité que doivent tous bons subjets à leur prince, afin d'empescher les entreprises qu'on y pourroit dresser. En quoy nous ne faisons doubte que vous ne rendiez le debvoir que nons nous sommes tousjours promis de vous. Toutefois, d'aultant que ceulx qui ont tramé ceste

(1) Il s'était retiré à Dreux d'où il avait lancé un manifeste contre le gouvernement de son frère, en attendant qu'il se mit à la tête du parti protestant.

menée se persuadent soubs le nom de notre dit frère, duquel ils pourront aisément abuser, puisqu'ils le tiennent en leur puissance, d'esbranler l'affection de plusieurs de nos subjects par déguisement de leur maulvaise intention et qu'il est besoing en cela, que chacun, mesmes ceux qui ont le charge et autorité sur les autres se fortifient d'une ferme constance contre leurs artifices, usans de grande dilligence à descouvrir et empescher leurs desseings ; à ceste cause nous vous mandons et de rechef ordonnons que vous ayés à faire en cest endroit si bon debvoir que rien n'advienne en votre dite ville au préjudice de notre dit service. Vous gardant d'y donner entrée à notre dit frère, ne à aucun tenant son party ou aultre de quelque qualité qu'il soit, sans notre exprès commandement ou de ceulx que vous reconnoissez avoir autorité de Nous. Et ce faisant, comme nous avons en vous parfaite confiance, nous aurons tousjours le bien de votre ville en plus grande recommandation. Donné à Paris le 27 juin et septembre 1575.

HENRY.

BRULART.

A nos chers et bien amez les maire et eschevins de la ville de Dijon.

---

[301]

LES HABITANTS DE CHAUMONT AUX MAIRE ET ÉCHEVINS DE DIJON.

Avis du passage de l'armée des Rêttres sous les murs de Chaumont et du dessein du prince de Condé de les attaquer.

CHAUMONT,
1576, 5 janvier.   B. 208, n° 51.

Messieurs. Désirant de satisfaire aux vostres dernières comme voz bien affectionnez voisins, vous avons faict ce mot pour vous advertir que le jour d'hier IIII⁰ de ce moys le duc Casemier logera à Vignory et le prince de Condey aux faubourg et Charmes, ayant dès le jour mesmes faict passer la Moselle pour se rendre aujourdhuy ou demain à Neufchastel et d'illec par les environs de ce lieu, faisant bruire que ce ne sera sans nous ataquer; mais nous espérons qu'à l'aide de Dieu ils perdront leurs temps et desseins qui est ce que avons appris par gens que aivons envoyé exprès les recongnoistre. Vous prions si avez advertissement nous en faire part comme ferions avec pareille affection que prions Dieu.

Messieurs. vous donne en santé ses grâces. A Chaumont ce V⁰ janvier 1576.

Vos affectionnés voisins à vous obéir.

Les manans et habitans de Chaumont.

A messieurs les maire, eschevins et procureur de Dijon.

---

[302]

HENRY III AU COMTE DE CHARNY.

Avis de l'évasion du roi de Navarre qui a quitté la cour en feignant d'aller à la chasse et ordre de prendre à cet égard des mesures de précaution dans son gouvernement pour éviter la surprise des places.

PARIS, 1576, 5 février.

COPIE DU TEMPS. B. 208, f⁰ 67.

Mon cousin. Le roy de Navare mon frère estant party d'icy devant hier III⁰ de ce moys soubs prétexte d'aller à la chasse (1), au lieu de me revenir treuver comme il m'avait asseuré, m'a mandé ce jourd'hui par le sieur de Saint-Martin (2),

(1) à Senlis.
(2) M. de St-Martin d'Anglouse, maitre de la garde-robe et Spalongue, lieutenant des gardes, étaient les deux gardiens du roi de Navarre.

qu'il avoit esté adverty, que j'avois délibéré l'arrester prisonnier quand il seroit de retour, sur quoy je l'ai aussitost renvoyé ledit sieur de Saint-Martin avec le sieur de Rouvray maître de ma garde robe pour le prier de n'adjouster foy à si malheureuse suspicion, l'asseurant, que c'estoit chose à laquelle je n'avais jamais pensé, comme il connoistroit tousjours par vrays effects. Mais pour ce que j'ay entendu que depuis qu'il m'a depesché ledit sieur de Saint-Martin, il s'est desrobé de tous ses gens, lesquels ne scavent quel chemin il a pris, je crains grandement que ceulx qui l'ont poulsé à ceste défiance, l'induisent encores de prendre party contraire à mon intention et service, au moïen de quoy incontinent en advertis de ce que dessus, tous ceulx de mon pays de Bourgogne et mesmes aux villes ; afin que par ignorance de tout pretexte d'amitié, ils ne se laissent surprendre. Leur commandant à ceste fin de ne laisser entrer en icelles notre dit frère, ny aultre envoyé de sa part ou soupçonné de suivre son party, avec nombre gens de guerre, en quelque occasion que ce soit, mais prendre garde plus que jamais à se conserver et garder de toutes surprises . . . .
. . . .

Paris le 5ᵉ de febvrier 1576.

HENRY.

NEUFRILLE.

Charny accompagnait l'envoi de cette copie d'une dépêche écrite de Pagny le 16 février, pour recommander la stricte exécution des ordres du roi.

Celui-ci, averti à Senlis des ordres donnés par Henri III de le ramener à Paris, s'était d'abord hâté d'envoyer Saint-Martin déclarer au roi qu'il se rendait près de Monsieur et qu'il ne demandait que sa parole pour retourner à la cour ou continuer sa chasse. Il s'était ensuite débarassé de Spalongue sous un autre prétexte, puis, sans perte de temps, il avait passé la Seine à Poissy et s'était dirigé à toute course sur Alençon.

[303]

LE BAILLY DE DIJON AUX MAIRE ET ÉCHEVINS.

Invitation d'envoyer à Beaune les délégués de la ville munis de cahiers de doléances et instructions, afin de concourir à l'élection des députés du baillage, aux Etats généraux du royaume convoqués à Blois.

DIJON,	COPIE DU TEMPS,
1576, 28 septembre.	B. 208, f° 100.

Messieurs. Pour ce que la majesté du Roy nous a mandé par ses lettres closes du 6ᵉ août dernier cy devant publiées, veult et entend tenir les Estatz libres et généraulx des trois ordres de son royaume à commencer au xvᵉ jour de novembre prochain en la ville de Blois, ou il entend et désire qu'il se trouve aucuns des plus notables personnages de chacune province, bailliage et sénéchaussée de son royaulme qui seront choisis et esleus par chacun bailliage et sénéchaussée, pour en plaine assemblée faire entendre les remonstrances, plaintes et doléances de tous afligés, afin sans exception de personne y donner tel ordre et remède que le mal requerre, tant en général que en particulier. Auquel effect suivant qu'il nous a esté mandé, nous aurions faict assigner tous ceulx des trois estats de notre dict bailliage, sièges et ressorts d'icelluy à comparoir en la ville du dict Dijon au 1ᵉ jour d'octobre prouchain, pour conférer et communiquer ensemblement tant desdites remonstrances, plaintes et doléances que moïens et advis qu'ils auront à proposer en l'assemblée géneralle des dits estats, ensemble des moïens qu'il leur semblera plus propres et moins dommageables pour entretenir son effet, acquiter la foy des Roys ses prédécesseurs et le sienne, le plus au soulagement de ses subgets que faire se pourra et délivrer ce royaulme de la necessité en laquelle il est réduict et ce faict, eslire, choisir et nommer ung d'entre eulx de chacun ordre qu'ils envoyeront ou feront trouver audit jour 15ᵉ de novembre en la ville de Bloys avec amples instructions et pouvoirs souffisans, pour faire entendre de la part desdicts estats, tant lesdictes plaintes et doléances que ce qui leur semblera torner au bien publicq, soulagement et repos de chacun. Aussi que par aultres lettres du xıᵉ du présent mois de septembre, il nous a esté mandé faire commandement aux députés d'ung chacun desdits trois ordres et estats, qu'ils aient à se trouver en ladite ville de Blois le xıııɪᵉ jour dudit mois de novembre, pour le lendemain xvᵉ d'icelluy mois commencer vaquer et entendre audites remonstrances qui y seront faictes et conséquemment y continuer jusques à une entière résolution. Laquelle assemblée de notre dict bailliage ne se peult bonnement faire en ladicte ville de Dijon pour le danger (de peste) y régnant. A ces causes nous vous advertissons que de l'advis des officiers dudit bailliage, nous avons remise et continuée ladite convocation et assemblée desdits estats dudit bailliage en la ville de Beaulne au xıııɪᵉ jour d'octobre prouchainement venant ; auquel lieu vous envoierés aucuns des plus notables et souffisans personnages de votre ville, garnis des articles, remonstrances et moïens qu'ils ont a proposer pour les conférer, communiquer et accorder avec les aultres convoquez pour en faire les remonstrances audict seigneur Roy en ladicte assemblée générale desdicts estats généraulx et moïens d'acquiter la foy des roys ses prédécesseurs et la sienne, au plus grand soulagement du peuple que faire se pourra et conséquemment eslire choisir et nommer ung personnage d'ung chacung ordre, pour envoyer et faire trouver audict jour xıııɪᵉ novembre audict Blois avec amples instructions et pouvoir soufffisans, pour assister à ladicte tenue générale desdits estats. A quoy vous ne ferez faulte sur tant que désirez le service du Roy et le bien publicq. Sur ce nous nous recommandons à vous, priant Dieu, Messieurs, qu'il vous donne ses grâces.

De Dijon ce XXVIII septembre mil V. LXXVI (1).

Votre bien bon amy le Bailly de Dijon,
Par ordonnance,
JURET.

A messieurs les viconte maïeur, eschevins et procureur-syndic de la ville de Dijon.

---

(1) A la réception de ces lettres, la Chambre de ville, convoquée le jeudi 4 octobre en assemblée extraordinaire, fit publier dans les carrefours, que tout habitant chef d'hôtel qui voudrait donner ses advis, raisons et moyens par escript et de vive voix, eut à le faire le samedi suivant, afin de les résoudre en un cahier, lequel serait porté à Beaune par le vicomte mayeur, député aux Etats, comme chef et premier élu des villes du pays, assisté de M. Choillot, échevin, et Guillaume Royhier, avocat, conseil de la ville. — Six cahiers ayant été présentés à la chambre, elle en entendit la lecture et chargea Royhier de les fondre en un seul. — Le vendredi 12, la chambre donna plein pouvoir aux délégués ci-dessus pour représenter la ville à l'assemblée de Beaune et proposer son cahier. En outre, comme le roi avait dans le principe décidé qu'il y aurait un député de chaque ordre par bailliage, et que les Etats avaient obtenu qu'il n'y en eut qu'un seul pour chacun des ordres du pays, la chambre, en cas d'un désaveu de cette démarche de la part du bailliage, autorisa ses députés à y adhérer. Elle décida, en outre, que si Royhier était élu pour représenter le tiers du bailliage, Claude Martin, lieutenant de la mairie, l'assisterait, mais que s'il échouait, il assisterait au nom de la ville le député nommé par l'assemblée. Royhier fut élu.

[304]

LE COMTE DE CHARNY AUX MAIRE ET ÉCHEVINS DE DIJON.

Même invitation que la précédente.

PAGNY,
1566, 5 octobre.

ORIGINAL,
B. 208, n° 102.

Messieurs les viconte maïeur et eschevins. J'ai receu commission du Roy, en forme de lettres patentes, par lesquelles Sa Majesté désirant soulager à l'advenir ses subjects des foulles et opressions que le malheur des guerres civiles les a par cy devant contraincts de supporter et souffrir et voulant remettre et restablir toutes choses en leur première splendeur et bon ordre que la malice du temps à perverty et altéré, m'ordonne d'assembler en dilligence ceulx des trois estats de ce gouvernement en la ville de Dijon pour y communiquer et conférer ensemble tant des remonstrances et plaintes que des advis et moïens qu'ils auront à proposer en l'assemblée generalle que sa dicte Majesté à convoquer et assigner des trois estats de ce royaulme en la ville de Blois au XV° de novembre prouchain. Surquoy je vous ay fait la présente, pour bien affectueusement vous prier que vous veuillez vous rendre et trouver le XXII° jour ce mois en la ville de Beaulne ou j'ay pensé ceste assemblée particulière se pouvoir faire plus commodément qu'en aultre ville de cedit pays, attendu le danger de peste qui a courru audit Dijon; y apportant avec nous aultre la bonne affection que je m'assure que vous avez tant au service de ladite Majesté et entretenement de son estat qu'au bien, repos et soulagement du publicq tout le bon advis et les ouvertures que vous connoistrés pouvoir servir et estre nécessaire à l'effect et intention si saincte et louable qui a sadicte Majesté en cest endroit et dont chacun de ses subjets doit en son particulier actendre et espérer ung bon fruit. Me promectant que vous ne vouldrez faillir à une si bonne occasion et qu'il n'est besoing vous en faire davantage de prière et d'instance. Je me recommanderay pour fin bien affectueusement à vos bonnes grâces et prie Dieu vous donner Messieurs les viconte maïeur et eschevins en santé l'entier accomplissement de vos bons dessins.

De Paigny, le ve jour d'octobre 1576.

Votre entièrement bon amy,

CHARNY.

A messieurs les viconte-mayeur et eschevins de la ville de Dijon.

---

[305]

ROYHIER, DÉPUTÉ DE DIJON AUX ÉTATS GÉNÉRAUX DE BLOIS, A M. PETIT, VICOMTE MAYEUR DE DIJON.

Il a présenté au roy la requête des magistrats, elle a été bien accueillie. Quant aux autres affaires, le temps n'est pas propice pour s'en occuper. Nouvelles des Etats. On commence la rédaction des cahiers. Le roi est le plus vertueux et généreux que la France ait eu.

BLOIS,	ORIGINAL,
1576, 26 décembre.	B. 456, n° 61.

Monsieur. J'ay receu le pacquet qu'aviez donné à monsieur de Beauvoir Fontaine, auquel j'ay trouvé les lettres de M. le Grand (1) que j'ay présentées au Roy avecques une requeste

---

(1) Chabot-Charny, grand écuyer de France.

au nom de la ville. Ce que le Roy à merveilleusement treuvé bon, et vous puis assurer que vous aurez ce que désirez et plus. Quant aux aultres affaires dont vous avez escript à monsieur Verdin, il n'y à moyen pour le présent ainsi qu'il m'a faict entendre, et que je vous en doibt advertir pour rayson des grands affaires que le Roy a maintenant. Touteffoys si je puis trouver quelque occasion, je la prendray. Quant aux estats je ne vous en puis rien escrire, sinon que lundy prochain les douze cayers du tiers estat se doibvent rapporter en nostre Chambre. Dieu aydant pour en compiler ung. Messieurs de la noblesse se sont plus avancés, car le leur est déjà commencé. Quant à Messieurs de l'Eglise ilz commenceront demain, j'espère avecques la grâce de Dieu qu'il réussira quelque bon et sainct effest de ces estats, d'autant que nous avons ung roy autant vertueux et généreux que jamais nous avons heu. Ce qu'il tesmoingne non seulement par ses propos, mais aussi par ses effets. Parquoy le peuple qui ne le recongnoistra ne sera bien veu de Dieu. Qu'est tout ce que je vous puis rescrire pour le présent, sinon que je me rescomande humblement à voz bonnes graces et de touts messieurs de la Chambre en priant Dieu.

Monsieur qu'il vous conserve en perpétuelle prospérité et santé.

De Blois ce 21e de décembre 1576.

Vostre serviteur et entier amy à jamais,

ROYHIER.

A Monsieur, Monsieur Petit vicomte mayeur de la ville et commune de Dijon à Dijon.

[306]

HENRY III AUX MAIRE ET ÉCHEVINS DE DIJON.

Avis de la prochaine arrivée de M. de Sennecey, chargé de leur faire ses intentions touchant le fait de l'association.

BLOIS,
1576, 29 janvier.

COPIE DU TEMPS,
B. 208, f° 80.

De par le Roy.

Chers et bien amez. Despeschant en notre pays de Bourgoingne le sieur de Sennecey grand prevost de nostre hostel et conseiller en notre conseil privé, nous luy avons donné charge de vous dire aulcunes choses tant sur le fait de l'association (1) de laquelle nous avons cy devant escript à notre cher et amé cousin le comte de Charny grand escuier de France notre lieutenant général au gouvernement de Bourgogne que sur aultres affaires dont nous vous mandons le croire et ly adjouster foy comme à nous mesmes (2).

Donné à Bloys le XXIXe jour de janvier 1577.

HENRY.

(1) La ligue des Catholiques d'après celle de Picardie.
(2) La Chambre, où comptaient déjà de nombreux adhérents des princes lorrains, n'avait pas attendu les ordres du roi pour s'occuper d'une question qui intéressait si fort leur parti. Dès le 4 janvier, les articles de l'association, lus d'abord et acceptés par la Chambre avaient été soumis à de notables personnages, convoqués tout exprès. Puis, sur leur observation, communiqués tour à tour aux notables de chaque paroisse et aux députés du clergé de la ville qui tous y avaient souscrit. Mais tout en s'associant avec enthousiasme aux intentions du Roi, la mairie avait fait ses réserves, c'est-à-dire qu'au lieu d'adhérer purement et simplement comme l'y invitait le comte de Charny à cha-

[307]

CHABOT-CHARNY AUX MAGISTRATS.

Remerciement de leurs témoignages de sympathie à l'occasion du coup qui vient de le frapper.

PAGNY,
1577, 6 juillet.

ORIGINAL,
B. 460, n° 16.

Messieurs. Vous m'avez toujours par cy devant tant faict de démonstration de vos bonnes volontés que je vous en suis beaucoup tenu. Et mesme de m'avoir maintenant envoyé visiter en ma très grande affliction (1). Je vous en remercie très affectionnéement, comme aussi des autres bons offices que messieurs les gens d'église et vous m'avés particulièrement faictz en cette occurence, qui m'est bien la plus importante qui ne seauroit jammais advenir. Je vous mercye aussi les honestes offres contenues en voz lettres et vous prie de

cun des articles de l'édit, elle avait rédigé comme réponse une série d'articles par lesquels elle jurait fidélité au Roi, à sa postérité et maison de Valois « auxquels ci-après par succession légitime et loy du royaume la couronne sera déférée, » pourveu, y faisait ajouter Rouhier à son retour des Etats, qu'ils vivront en la religion catholique, apostolique et romaine. Elle demandait en outre des garanties pour les cotisations volontaires de la ville et de la compagne — d'être consultée sur le choix des commandants des gens de pied, — la nomination de deux membres de chaque ordre dans le premier pour gérer l'association, — l'observance des édits rendus sur les remontrances des Etats-généraux, et l'adhésion de la magistrature toute entière à l'association. Mais Charny s'obstinant à ne pas accepter ces articles, les choses demeuraient suspendues, lorsqu'arriva M. de Sennecey. Il avait mission de convoquer les Etats du duché et de présenter l'édit d'union à leur acceptation. Sur sa demande autorisée par Charny, la mairie réunit les villes du bailliage en assemblée préparatoire, leur communiqua les articles qu'elle avait rédigés et dont on leur délivra copie pour en conférer avec leurs concitoyens et rapport er une conclusion à la prochaine assemblée qui n'eut pas lieu.

(1) Il venait de perdre sa seconde femme, Françoise de Rye, dame de Longvy, qui, comme la première, ne lui avait donné que des filles.

croire que pour le bien du pays et conservation de vostre ville que je tiens particulièrement chère entre les aultres, j'exposeray toujours ma personne et mes moyens, sans y rien espargner en toutes les occasions qui se pourront jammais offrir; c'est tout ce que je vous diray pour le présent, forcé que je suis toujours attendant quelque particulière grace de Nostre Seigneur, lequel je prie messieurs de vous tenir en sa sainte et digne garde.

A Paigny le 6 juillet 1577.

Votre entièrement bien affectionné amy,

CHARNY.

A messieurs les vicomte maiyeur et eschevins de la ville et commune de Dijon.

<small>La Chambre, informée de la maladie de Mme la comtesse de Charny et voulant « recongnoistre le bon zèle et affection de M. le Grand pour la ville, avait, le 4 juillet 1577, ordonné qu'il serait fait le lendemain une procession générale et député au comte de Chabot-Charny, M. de Pardessus, grand-prieur de Saint-Bénigne et Ledoux, médecin, tous deux échevins. — (*Registre des délibérations*, B, 214, f° 25.</small>

[308]

LEDOUX, ÉCHEVIN, AUX MAGISTRATS.

Rend compte de son entrevue avec le comte de Charny et du compliment de condoléance qu'il lui a adressé au sujet de la mort de sa femme.

PAGNY.
1577, 9 juillet.

ORIGINAL,
B. 469, n° 17.

Monsieur et Messieurs. Pour l'acquit de ma charge, vendredy environ une heure après midy, j'arrivay à Paigny où je trouvay tout fort troublé, pour le péril auquel estoit madame. Et combien qu'il y eust quatre jours passez que personne n'entroit à la chambre de monsieur le Grand, toutesfoys adverty de ma venue, près la nuyt me fist appeler, pour entendre ma légation, laquelle fust telle en présence de messieurs de

Cisteaux, de la Renye, de Vingtemil (1) et grand nombre de gentils hommes.

Monseigneur : Les vicomte mayeur et eschevins de ville de Dijon voz très humbles et très obéissans serviteurs, infiniment marrys de l'accident advenu à vostre noble maison. Pour tant d'honneur, de bien et faveur qu'ilz ont receus et espèrent recevoir tant de vostre naturelle bonté que prudence admirable au maniement des affaires de vostre gouvernement de Bourgogne, désirans vous faire paroitre la dehue obéissance qu'ils vous porteront à jamais, avec aussy l'ardent dezir que les poinçonne à vous faire services agréables ; ilz n'ont trouver meilleur expédient ny plus asseuré refuge pour vous consoler de telle affliction et perturbation d'esprit que de recourir au père de toute consolation, lequel comme bien savez Monseigneur peult non seullement guérir les malades, mais qui plus est révoquer en ung clin d'œil, les morts de la vie pristine. A cest effect ils ont convoqué tout le clergé et congrégé le peuple par procession générale, en laquelle pour le sermon y faict tout ledit peuple tant en général qu'en particulier seroit exorté de prier Dieu d'adoulcir son ire. Espérans Monseigneur, que tout ainsy que le bon roy Eséchias combien que l'arrest de sa mort luy fust par le prophète Œsaïe prononcé, obtint par ses larmes et oraisons, non seullement la santé perdue, mais aussy qui plus est l'accroissement de quinze ans de sa vie, aussy le bon Dieu père de miséricorde exaucera les prières de quelques gens de bien de nostre assemblée, et restituera à Madame sa pristine entière et parfaicte sanlté, ce que tous de bon cueur luy recquéreront. Voilà Monseigneur le contenu de la charge à moy donnée par vos très humbles esclaves et serviteurs affectionnéz les viconte mayeur et eschevins de Dijon, lesquelz aussy vous baisants les mains de par moy vous envoyent les présentes.

(1) Nicolas Boucherat, abbé de Cîteaux depuis 1571; Fiacre Hugon de la Reynie, président au Parlement, et Jacques des comtes de Vintimille, conseiller au Parlement.

Cela faict ledit seigneur recevant les lettres remercia bien affectionnement lesdits vicomte et eschevins leur offrant ses biens et vie, lesquelz il protesta d'employer à jamais pour le bien public auquel il s'estoit voué. Et prenant congé de luy me pria combien qu'il me pouvoit commander d'assister à l'obsèque de ma dame et de ne l'abandonner, qui m'a gardé Messieurs, vous rendre compte de ma légation par vive voix. Faisant fin je prieray Dieu qui à vous Monsieur comme aussy a Messieurs doint en parfaite santé longue et heureuse vie. Ce lundy 9 de juillet de Paigny.

Vostre très humble et obéissant serviteur et confrère,
N. LE DOULX.

A Messieurs les vicomte mayeur et eschevins de la ville de Dijon à Dijon.

---

[309]

CHABOT-CHARNY AU MAIRE DE DIJON

Invitation sur la plainte des capitaines des paroisses d'organiser son guet, sans toucher aux dizaines et à la moindre foule des habitants.

COUCHEY, 1577, 6 août.　　　COPIE DU TEMPS, B. 23, n° 86, f° 44.

M. de Gemeaux (1). J'ai este adverty de la part des capitaines lieutenans et enseignes des paroisses de la ville de Dijon, que tous les ans ils sont en grande peine de ce que les maire et procureur de la ville prennent pour leur guet plusieurs personnes sur chacune dizaine particulière, au moyen de quoy le demeurant du peuple qui en est d'autant plus foullé, prent beaucoup d'occasion de désobéissance qui pourront enfin engendrer un remuement général de toutes lesdites dizenes. Surquoy sachant votre volonté si bonne envers eux et tous les habitans que vous ne serés marry qu'il y soit donné pour l'advenir ordre convenable que un chacun le doit désirer. Ils m'ont prié d'y mettre ung reglement duquel j'ay mieux

(1) Jean le Marlet, seigneur de Gemeaux.

aimé vous envoyer à vous mêmes la charge pour le dresser avec Messieurs de la chambre de ville et d'y toucher pour le premier coup ; m'assurant que vous estimerez toujours plus honorable de remédier à ceste confusion doulcement en gardant egalité, que de vous conserver une autorité à la foulle du peuple et par le moyen de laquelle les ungs seront plus pressez que de raison pour soulager les aultres. A ceste cause je vous prie accomoder les choses en telle sorte que cy après l'on n'ait occasion de se plaindre ny recourir à moy qui serois contrainct d'y mettre l'ordre requis. Je suis assez adverty que le nombre des personnes que vous prenez pour votre guet, n'y sont pas tous de votre volonté, ny de celle des précédents maires, comme de l'importunité de plusieurs des grands de la ville qui vous prient pour ceulx qu'ils ont en affection, combien qu'ils debvroient plustost vous admonester du contraire. Il me semble que sans aller de paroisse en paroisse, il sera bon que vous preniez de proche en proche de votre maison ce qu'il conviendra pour votre guet, car quand vous aurez affaire d'aultres hommes, les dits capitaines, lieutenans et enseignes vous bailleront tousjours ce que demanderés ; m'ayant tous promis vous obéir et respecter comme ils doivent. C'est l'endroy ou je me recommanderay bien affectionnement à vos bonnes grâces. Priant le Créateur, monsieur de Gemeaux vous donner en très heureuse santé, longue vie.

A Couchey le VIe aoust 1577.

Votre entièrement bon amy,
CHARNY.

A monsieur de Gemeaux vicomte maïeur de la ville et commune de Dijon.

Déférant aux instructions du lieutenant-général, la chambre de ville, décida le 9 août que désormais le maire choisirait deux dizaines pour son guet parmi les hommes de sa paroisse, plus douze hommes de supplément, que le procureur aurait aussi deux dizaines plus un supplément de cinq hommes, mais que ce service exempterait de la garde des portes.

[310]

CHANTEPINOT, DÉPUTÉ DE LA VILLE EN COUR,
AUX MAGISTRATS DE DIJON.

Le roi a prescrit au procureur-général Le Guesle de se rendre à Dijon pour assister aux Etats. Celui-ci n'a accepté que sous la condition de ne rien ajouter aux charges du peuple et il les a assuré de la révocation des édits qui avaient motivé les doléances du pays.

PARIS, 1578, 10 octobre.

ORIGINAL, B. 406, n° 46.

Messieurs. Je pense estre de mon devoir de vous advertir de ce qui s'est passé puis deux ou trois jours en ceste court comme chose grandement consernant le pays et ladite ville. Le Roy a mandé monsieur le procureur général de Paris pour ailler au pays à la tenue des Estatz, encore que fust mal disposé et qu'il fist reffus de accepter ceste charge. Vaincu neantmoings des commandementz du Roy, il l'a entrepris soubs une promesse qu'il ne porteroit mémoires ni charges qui ne fust agréable au peuple. Il a mandé monsieur de Pringle et moy pour entendre particulièrement les causes des doléances du Pays, mesmement ce qui est survenu puis les remonstrances dernières du Pays, ce que nous avons faict, lui en ayant dressé mémoires. Surquoy il nous a asseuré de la révocquation des vingt quatres editz présentés à la cour de parlement de Paris, tous lesquelz le Roy a cassé ormis celuy des adjointz et que les advocatz du Roy jugeront les procès avec les conseillers des sièges présidiaux moïennant finance. Il a aussi assuré que le décime et demi que le roy

(1) Jean de La Guesle, ancien premier président du Parlement de Dijon, avait quitté cette charge en 1570 pour celle de procureur général en celui de Paris.

demandait aux ecclésiastiques est revocqué, l'edict des clercs n'aura lieu en Bourgoigne et infinitz aultres nouvelletés. Il sera bon luy préparer logis. Quant à monsieur de Rambouillet, il est pour mesme cause encore en Bretaigne. Ce pendant de ce que je pourray pour le Païs, à vous messieurs, je me employeray à mon pouvoir. Messieurs vous ayant présenté mes humbles recommandations, je prie le Créateur, en santé vous donner ce que désirés.

De Fontainebleaux ce 10 d'octobre.

Vostre serviteur à jamais à vous obéir,

CHANTEPINOT.

A messieurs. Messieurs les vicomte mayeur et eschevins de Dijon, à Dijon.

La mairie, sans faire connaître dans ses regtstres de qui lui venait l'avis qu'on vient de lire, délibéra qu'elle s'assemblerait aussitôt après que Le Guesle aurait proposé ce qu'il était chargé de dire de la part du Roi.
Le premier novembre, il fut décidé que la requête présentée au roi par les députés du pays serait suivie ; que l'on accorderait l'octroi au roi, moyennant la suppression de tous subsides extraordinaires contraires aux privilèges du pays et l'abolition des nouveaux offices.
Mais comme les lettres expédiées pour la levée de la subvention du grand parti du sel avaient déjà été enregistrées au Parlement, afin que les Etats retirés, rien n'en retarda la perception, les députés de la ville eurent ordre d'aviser à l'empêcher par toutes les voies raisonnables, sans néanmoins se distraire de l'obéissance due au roi. Registre des délibérations. B, 215, f. 53.
On peut juger par cet échantillon quel était l'esprit qui animait en ce moment les Etats de Bourgogne contre le gouvernement de Henri III.
Les faits répondirent aux paroles. Les députés sommèrent le roi de remettre à la province les impôts levés contrairement au pacte qui, sous Louis XI, avait lié la Bourgogne à la France ils demandèrent en outre la conversion en loi, des articles adoptés à l'unanimité par les derniers Etats généraux et montrèrent une telle décision que le roi révoqua tous les édits bursaux imposés à la province.

(1) Edme de Chantepinot, avocat du roi au bailliage de Dijon, fit longtemps partie de la Chambre de ville et fut un des plus ardents promoteurs de la ligue à Dijon. En 1591, lors du blocus de la ville par le maréchal d'Aumont, Chantepinot s'étant pris de querelle avec le

[311]

CHANTEPINOT AUX MAGISTRATS.

La réunion de la prévôté au corps de ville est décidée. Les lettres en sont expédiées. L'affaire avec la ville de Saint-Jean-de-Losne est en suspens. Le prince de Condé a pris La Fère, Cambrai est au pouvoir des Réformés, qui se soulèvent en Poitou. Le duc d'Anjou a vu le roi. Tout est à la guerre.

PARIS,
1579, 12 août.

ORIGINAL,
B. 460, n° 54.

Messieurs. Les lettres concernants la réunion de la prévosté (1) ont estés expédyées, mais le sceau est taxé si hault, que je n'ay heu le moyen de les retirer pour les vous envoyer, car elles sont taxées a trante tant de livres, touteffois monsieur Verdin les retirera. Je vous prie lui escripre qu'il me les donne si je suis encoires icy ou bien envoyez de l'argent qui sera le premier remboursé y aiant esté mis trente escus pour les frais. Je n'ay point eue de vos nouvelles touschant voz affaires de Saint-Jean-de-Loosne (2), dont je suis bien mery

vicomte-mayeur Jacques Le Verne, s'emporta jusqu'à lui donner un soufflet. Celui-ci le fit aussitôt appréhender au corps, traîner à la prison municipale, où il fut pendu par l'exécuteur, sans autre formalité de procès. Cet assassinat juridique ne porta point bonheur à son auteur, car moins de quatre ans plus tard lui-même périssait de la main du bourreau, comme coupable d'avoir voulu livrer la ville aux Royalistes.

(1) La prévôté de Dijon était un office royal bien diminué d'importance depuis la création de la commune, il ne consistait plus qu'en la publication des foires, la vérification des poids et mesures, la perception des amendes appartenant au souverain et l'exécution des criminels. On l'amodiait comme une ferme. Mais comme les prétentions de ces fermiers amenaient sans cesse des contestations, la Chambre avait résolu d'acquérir cet office et de le réunir au corps de ville, ce qui eut lieu en effet par lettres patentes du 9 décembre.

(2) Les deux villes étaient en contestation au sujet du poids public dont Dijon voulait priver Saint-Jean-de-Losne, lequel en jouissait de temps immémorial.

parce que je crains que je ne m'y puisse employer estant tous les jours en suspend de mon despart. J'ai pensé que savez bien comme monsieur le prince de Condé est en Picardie et a pris La Fère où il y a mis garnison. La Royne mère part aujourd'hui pour l'aller trouver. Il se faict bruit que Cambray est pris et est à la dévotion de ceux de la religion. Monsieur le duc de Montpensier a escript au Roy que depuis le départ de monsieur le prince du Poitou ceux de la religion ont commancé de remuer ménage. Quant à Monsieur le frère du Roy a esté ces jours passés en ceste ville sans se montrer et a veu le Roy. Nous sumes menassés de la guerre dont Dieu nous veuille garder. Messieurs vous ayant présenté mes humbles et affectionnées recommandations, je prieray le Createur que en santé vous donne ce que désirez.

De Paris le 12ᵉ jour d'aoust 1579.

Votre très humble serviteur à vous obéir,

CHANTEPINOT.

Messieurs. Messieurs les vicomte mayeur et eschevins de la ville et commune de Dijon à Dijon.

---

[312]

CHANTEPINOT AUX MAGISTRATS.

Il commencera les poursuites de l'affaire avec la ville de Saint-Jean-de-Losne aussitôt que la reine-mère et le duc de Guise seront arrivés. Ce dernier s'est blessé la jambe. Conseils sur la forme à suivre dans l'instruction de l'affaire. Il presse d'envoyer de l'argent au conseil de la ville à Paris.

PARIS,
1579, 25 décembre.

ORIGINAL,
B. 460, n° 56.

Messieurs. Je n'ay pas encoire commancé à la poursuitte de vos affaires contre ceux de Saint-Jean-de-Loosne, à cause que la Royne mère arriva jeudy seulement de son voiage en Picardye, et monseigneur monsieur de Guyse de Dompierre. Il est logé à son hostel et non pas au Louvre, n'y pouvant venir dès deux ou trois jours, pour raison d'une blessure qui s'est faicte à la jambe. Ce sera ces festes, si Dieu plaist, que je commenceray. Je crains beaulcoup en nostre affaire, une clause qui est en la lettre du Roy ou il est parlé d'ouyr les partyes, que seroit ce que ceulx de Saint-Jean-de-Loosne demandent, qui ont estés ouys pour avoir une évocquation au privé conseil, cela leur ayant été reffusé ; et s'il n'estoit question que de telle chose obtenir, il n'eust esté besoing d'en employer monseigneur le duc du Maine, cela vous ayant ja esté accordé sur une requêste ce me semble. Je suis fort es bay de ceste clause, veu que l'advis n'en contient rien. Monsieur Arviset vous dira ce que nous en avons pensé, toutefois si possible est nous ne viendrons là. Je vous prie envoyer de l'argent, car à ce que je vois, monsieur Verdin n'a pas grand envye d'en advenser, sy ce n'est pour ses peines et pour le sceau et touteffois il fauct que vos affaires passent par autres mains. Quant à moy je n'en ay plus et suis aux emprunts et veuillez aussi envoyer ces coppies des lettres et de jussions de parties adverses.

Messieurs vous ayant présenté mes humbles et affectionnés recommandations, je prieray le Créateur en santé vous donner ce que désirez.

De Paris ce 25ᵉ jour de décembre 1579.

Votre serviteur à jamais à vous obéir,

CHANTEPINOT.

A Messieurs. Messieurs les vicomte maieur et eschevins de la ville de Dijon à Djon.

[313]

CHABOT-CHARNY AUX MAGISTRATS.

Injonction de faire arrêter et mettre en un cul de basse force le capitaine Le Fleur qui mange le bonhomme et de tailler en pièces la troupe qu'il mène avec lui.

PAGNY,	ORIGINAL,
1580, 8 septembre.	B. 460, n° 68.

Messieurs. J'ay bien sceu qu'ung nommé le capitaine Lafleur est à présent aux environs de Dijon y pillant avec sa trouppe et mangeant le bonhomme, et que mesmement il va souvent en ladite ville. Je vous prie d'y faire prendre garde et s'il se peult appréhender, le faire metre en ung fonds de fosse pour estre exemplairement chastié comme il mérite. Et davantage vous ferez très bien de metre aux champs quelques hommes choisiz d'icelle ville, pour aller soubz la conduite d'ung de voz eschevins tailler en pièce cette canaille là, s'il ne se peuvent saisir et amener à vos prisons. Tel exploit servira d'exemple aux autres rodeurs de pays et voleurs rien moins que soldatz. Autant je prie Dieu vous avoir Messieurs en sa sainte et digne garde.

De Paigny, ce 8° de septembre 1580.

Votre entièrement affexionné amy,

CHARNY.

Si j'avois des hommes présentement auprès de moy, outre mon ordinere, je ne vous donnerois la charge de ceste exécution pour le soulégement du peuple et suivant l'intention du Roy. J'ordonne par ce mot au prevost des maréchaulx d'y aller et ses archers avec luy, tant pour la forme de la justice que pour crestre d'autant le nombre de vos hommes.

Les coureurs peuvent de ceste heure estre à Gevrey.

A Messieurs les vicomte majeur et eschevins de la ville de Dijon.

---

[314]

CHABOT-CHARNY AUX MAGISTRATS.

Sa volonté est qu'en ces temps de troubles, tout le monde sans exception veille à la garde de la ville. Quant à l'infraction commise par son cocher il leur montrera qu'il est plus sévère pour les siens que pour tous les autres.

PAGNY,
1580, 1er octobre.

ORIGINAL,
B. 460, n° 79.

Messieurs, j'ai receu vostre letre et entendu ce que ce porteur m'a dict de vostre part. Ne pouvant penser que l'advertissement contenu en vostre letre soit certain pour les raisons que je luy ay particulièrement déclarées, estant touteffoys bien d'advis veu les termes et doubte où nous sommes que les privilégiés de vostre ville aillent à la garde (1). Laquelle je vous prie faire aveq le mesme soing et vigilance que vous avez acoustumé en pareille occurence et selon l'affection que vous avés au service du Roy et à vostre seureté. Faisant au surplus informer du faict que ce dit porteur m'a déclaré, lequel je ne pense avoir esté commis par mon cocher qui estoit allé quérir ma fille de Tavanes despuis deux jours, mais qui que ce soit,

(1) La guerre était déclarée aux protestants depuis le mois de juin et l'on avait autant à redouter leurs attaques que celles des troupes du roi qui tenaient la campagne et ne se faisaient pas le moindre scrupule de piller et faire pis là où on les laissait pénétrer.

je feray cognoistre que je désire que vos portes soyent sarrées et que je suis encore plus rude et sévere juge des miens que de toutz aultres et treuve plus mauvais ung acte sinistre d'ung mien domestique que d'ung estranger. Je vous envoyeray l'ordonnance, Messieurs, pour l'affaire que dessus et cependant me recommanderay bien affectionnement à vos bonnes grâces, priant le Créateur, Messieurs, de vous donner en très bonne santé, longue vie.

A Pagny, le premier d'octobre 1580.

Messieurs, je suis encore prins de mes gouttes en la main droite, de sorte qu'il m'est impossible de vous tenir la plume ayant été contraint de commander à Pégorier, mon secretaire, de signer la présente à mon déffault.

Par commandement de Monseigneur le Grand Escuyer de France, lieutenant général pour le Roy en Bourgoigne.

PEGORIER.

A Messieurs les vicomte mayeur et eschevins de la ville et commune de Dijon, à Dijon.

[315]

LES MAGISTRATS DE CHATILLON-SUR-SEINE AU MAIRE DE DIJON.

Remerciements de l'avis d'une entreprise tramée sur leur ville.

1580, 7 octobre.

ORIGINAL,
B. 460, n° 75.

Monsieur. Nous avons receu les lettres qu'il vous a plu nous escrire, vous remerciant bien amablement l'advertissement que vous nous avez donné, suivant lequel nous nous mettrons sur nos gardes et ferons par moyen que s'il est possible nous conserverons la ville au Roy et résisterons à toutes les entreprinses de nostre pouvoir. Nous avons en ces quartiers quelques troupes de gens de pied qui nous sont incognues et lesquelles ne pouvons descouvrir. Nous ne sçavons d'ou telles assemblées procède, ny à quelle fin. Sy nous en descouvrons quelque chose qui merite vous en faire part, nous ne ferons faulte de vous en advertir. Vous suppliant en faire le semblable, et nous prions Dieu, Monsieur, qu'il vous conserve en très heureuse santé et très longue vye.

A Chastillon, ce 7 octobre 1580.

Vos bien affectionnez serviteurs et amis, les eschevins et maires de Chastillon,

LEGRAND. N. BERTHELEMOT. HALTOT. BERTHELEMOT.

Nous avons baillé au porteur quarante sols pour son vin.

---

[316]

CHABOT- CHARNY AUX MAGISTRATS.

Aussitôt qu'il aura pourvu à la défense des villes de Chalon et de Seurre menacées par les ennemis, et bien qu'il ne puisse aller qu'en litière, il ira les retrouver. Néanmoins il leur recommande la plus grande vigilance pour la garde de la ville.

PAGNY,
1580, 16 octobre.

ORIGINAL,
B. 460, n° 76.

Messieurs. Ce qui m'a jusques ici arresté par deça, a esté les advis certains qu'on m'a donnés de plusieurs endroitz que les desseings de ces trouppes estoient de surprendre les villes de Chalon et de Seurre pour leur servir de retraite et s'ayder de l'artillerie qui y est. Mais sitost que j'auray pourveu à quelques affaires qui me restent pour cet effect, je me mettray en chemin pour vous aller voir, car je puis à ceste heure, grâce à Dieu, me faire porter partout en ma lictière et me promener sur mon petit cheval. Je vous envoie cependant l'ordonnance que vous me demandez pour faire faire le guet et garde aux privilègiez de vostre ville. Messieurs de la court du Parlement m'asseurent de s'y employer de leur costé. J'en attends de mesme de Messieurs de la Chambre des comptes. Vous sçaurez, quant à vous, mettre l'ordre qui sera du surplus le plus nécessaire pour votre conservation. Actant, je prie Dieu, vous avoir Messieurs en sa sainte et digne garde.

De Pagny, le 16 octobre 1580.

Messieurs je vous prie de faire faire fort bon guet et garde qui sera ung moïen de faire peult-estre déporter ces remueurs de leurs desseings (1). Il n'est pas qu'on n'en voye dans cinq ou six jours une fin. S'il vous en vient advis qui mérite, advertissez-moi, car je monteray à quelque heure que ce soit pour vous aller trouver s'il est besoing.

Votre entièrement bien bon amy.

CHARNY.

Messieurs les maire et eschevins de la ville de Dijon.

---

(1) Charny, en écrivant ces lettres, pensait certainement plutôt aux Guises dont les projets se décelaient chaque jour davantage, qu'aux huguenots, lesquels, acculés en Dauphiné, en Picardie et dans la Guyenne étaient réduits à l'impuissance.

[317]

CHABOT-CHARNY AUX MAGISTRATS DE DIJON.

Il les félicite des mesures prises pour la conservation de la ville et les invite à continuer. Injonction de surveiller et d'empêcher les levées qui se font dans la ville. Il se serait déjà rapproché d'eux s'il ne les savait aussi forts que ceux des petites villes sont faibles et à la merci d'un coup de main.

PAGNY,	ORIGINAL,
1580, 19 octobre.	B. 460, n° 78.

Messieurs, je loue infiniment vostre bonne diligence et l'ordre que vous avez en ce péril et nécessité estably en vostre ville, suivant ce que je vous avois parcydevant mandé. Je vous prie de le continuer et ne vous point lasser de ce debvoir que nous ne voyons quel cours prendront ces remuemens et que je ne vous en mande aussy premièrement de mes nouvelles. J'ai sceu du s' Coussin présent porteur, votre coeschevin, qu'il se faisait soubz main quelque secrète levée en votre dite ville (1). Ce sera très bien faict d'en faire de très expresses deffenses et l'empescher en tout ce qu'il sera possible. Vous y sçaurez, je m'asseure, donner bon ordre, et si touteffois vous avez à cet effet besoing d'un commandement spécial de moy, je vous l'enverray aussitôt que vous m'en aurez adverty. Je me fusse bien desjà approché de vous, si je ne vous santois aussy fortz que ces petites places de deça sont foybles de résister à quelque violent effort, de quoy elles ne sont que trop menacées, et moy en peyne et contrainct d'y fort veiller pour en éviter les mauvais effectz. S'il vous arrive occasion qui requiert ma présence, je m'y rendrois incontinent, afin de

---

(1) C'était les premiers manœuvres de la Sainte-Union.

vous y secourir de tout ce que je peulx avec la mesme bonne affection que je vous ay tousjours jusques icy portée. Et en cet endroict je prie Dieu vous avoir, Messieurs, en sa sainte et digne garde. De Pagny, le 19 d'octobre 1580.

Votre entièrement bien bon amy.

CHARNY.

Messieurs les vicomte maieur et eschevins de la ville de Dijon.

---

[318]

ÉTIENNE BERNARD, AVOCAT, AU MAIRE DE DIJON.

Tout le pays entre Chanceaux et Châtillon est couvert de troupes. « On ne sait où tombera le tonnerre, » mais Châtillon tremble comme Dijon.

CHATILLON,
1588, 19 octobre.

MINUTE,
B. 460, n° 79.

Monsieur. Quoyque le présant porteur vous puisse assurement advertir des compagnies de gendarmes qui rodent par deça, néantmoings j'ay pensé estre de mon debvoir vous donner advis que dès Chanseau et la Villeneufve tous les villages qui sont sur le grand chemin de ceste ville de Chastillon estoient hier plains et remplis de gendarmerie, tant à pied qu'à cheval, qui sont troupes du sr de Beaujeu et conduites en son absence par le capitaine Prelon. Je pensais estant ainsi en ce lieu, que toute l'armée seroit passée, mais toute nostre compaignie a esté assurée qu'il y avoit encore une queue du costé de Mussy et Bar-sur-Seine, mesme que une partie est logée aux environs de ce lieu, jusqu'à Corcelles, où quelques soldats ont bruslé la porte du chasteau et y vouloient entrer par force, n'eust esté les capitaines qui survindrent pour empescher l'exécution. Si vous estes incertains des choses qui se manient et où tombera le tonnerre, aussi que pour le droict d'affectionnés voisins, ayés peur de ceux de Chastillon. Ils sont en pareille incertitude et peur de vous. Voylà ce que j'ay appris de certain pour vous en faire part d'aussi bon cœur, qu'après vous avoir baisé les mains et salué ceux de notre compagnie, je prieray Dieu, Monsieur, vous conserver en toute prospérité.

De Chastillon, le 19 octobre 1580.

Votre humble serviteur,

BERNARD (1).

---

[319]

CHABOT-CHARNY AUX MAGISTRATS.

Il les remercie de l'avis des rassemblements armés qui ont lieu vers Saulieu. Invitation de se tenir sur leurs gardes. S'il survient un danger, il montera aussitôt à cheval.

PAGNY,
1580, 24 octobre.

COPIE DU TEMPS,
B. 460, n° 81.

Messieurs, je vous mercye bien fort de l'advertissement que m'avez donné des compagnies qui sont de présent aux environs de la ville de Saulieu, lesquelles je ne pense point

---

(1) Etienne Bernard, né à Dijon le 15 mars 1553, avocat au Parlement, était alors échevin de la ville, fonction qu'il remplit plusieurs fois. Député aux seconds Etats-généraux de Blois, Bernard y fut nommé l'orateur de son ordre. Il figura également aux Etats-généraux de la Ligue en 1593. Etienne Bernard fut l'un des plus fermes soutiens de ce parti en Bourgogne. Il jouissait de toute la confiance du duc de Mayenne, qui, comme on le verra plus tard, le fit élire maire de Dijon et récompensa ses services en lui procurant une charge de conseiller

Corresp.; t. II.

vouloir entreprendre chose quelquonque au préjudice du Roy sur ladite ville ny aultres de ce gouvernement, si ce n'estoit quelqu'une où il eust quantité d'artillerie pour s'en prévaloir et accomoder à exécuter les desseins qu'ils peuvent avoir ailleurs. Et en cela je ne vois pour le présent, meilleur remède que de se tenir sur ses gardes, ce que je vous prie continuer de faire et vous asseure que s'il survenait autre danger, tant petit soit-il, dont Dieu nous veuille préserver, je monteray incontinent à cheval pour me rendre avecq vous et faire tout ce qui sera trouvé expédiant pour vostre conservation et celle de reste du pays, me recommandant pour fin dernière la présente bien affectionnement à vos bonnes graces; priant le créateur, Messieurs, vous donner en très bonne santé et longue vie, contentement des siennes très saintes.

A Pagny, le 24 octobre 1580.

J'escript ung mot aux habitantz de Saulieu et leur campe une lettre pour les chefs et conducteurs des compagnies qui sont autour d'eux. Je vous prie de leur faire tenir par la plus prompte commodité qui se pourra.

Vostre entièrement bien affectionné amy,

CHARNY.

A Messieurs les vicomte maieur et eschevins de la ville et commune de Dijon, à Dijon.

---

au Parlement. Bernard, compromis par la violence de ses écrits politiques, ne put garder cet office lors de la réduction de la province sous l'obéissance de Henri IV. Ce fut seulement après le traité de Folembray que Henri IV, sur la recommandation de Jeannin et de Mayenne, l'employa à la réduction de Marseille et le récompensa du succès de sa négociation en le nommant lieutenant-général du bailliage de Chalon. Il mourut dans cette ville le 28 mars 1609.

[320]

CHABOT-CHARNY AUX MAGISTRATS DE DIJON.

La goutte qui le paralyse, l'empêche de se rendre près d'eux et mettre un terme aux violences dont les gens de guerre usent envers le pauvre peuple. Il approuve du reste la détermination que les Etats ont prise d'en adresser des plaintes au roi.

PAGNY, 1580, 3 novembre.

COPIE DU TEMPS, B. 460, n° 82.

Messieurs, s'il me restoit la moindre force du monde pour porter le travail du chemin d'icy à Dijon, je vous asseure que incontinent après la réception de vos lettres, je n'eusse failly de m'y acheminer avecq la plus grande diligence qu'il m'eust esté possible, affin de vous assister de toutz mes moyens en ceste occurence et vous ayder à porter les peynes que nous admenent ces nouveaux remuements ; mais mes gouttes qui m'on preint il y a environ huit jours, m'ont mis en tel estat qu'il m'est impossible bouger d'une place, ny souffrir que personne me touche. Quant Dieu me fera la grâce de pouvoir me supporter ung peu et me donnera le moyen de respirer et me remetre des doleurs extrêmes que j'ay souffert et souffre encore toutz les jours, qui ne me font pas plus griefves que les extortions et violances dont l'on use en l'endroit du pauvre peuple, je m'aprocheray de vous et me rendray en vostre ville pour essayer tous moyens de donner ordre à ceste furie et ne laisse en arrière chose que je pense pouvoir apartenir à vostre soulaigement et celuy du peuple ne pouvant pour le présent mieux faire que de faire une lettre aux capitaynes qui sont logiés à l'entrée de vostre ville, laquelle je vous prie leur faire tenir. Au reste, je suis très aise que Messieurs d'Authun et de Montperreux avecq le reste de Messieurs des Estats sont là et prennent résolution d'envoyer vers le Roy pour l'advertir de toutes ces occurences. Je l'en ay souvent adverti, mais ce sera bien faict que le pays y envoye et me semble qu'on n'a que trop tardé. Je suis comme estropiet de la main droite et ne puis tenir la plume pour signer, ce qui m'a contraint commander à Pégorier, mon secrétaire de signer en mon deffault la présente pour fin de laquelle je me recommanderay très affectionnement à vostre bonne grâce priant Dieu, Messieurs, vous garder en sa sainte santé et longue vie.

Pagny, le 3 de novembre 1580.

Par commandement de monseigneur le grand escuyer de France, ne pouvant signer.

PÉGORIER.

A Messieurs les viconte maïeur et eschevins de la ville et commune de Dijon, à Dijon.

---

[321]

HENRI III AUX MAGISTRATS DE DIJON.

Demande des processions et des prières publiques afin d'obtenir une lignée.

PARIS,
1581, 26 octobre.

ORIGINAL,
B. 460, n° 88.

De par le Roy.

Chers et bien amez, Nostre Seigneur scait que comme lignée et postérité se doibt attendre et espérer de sa seule grâce, bonté et bénédiction. Nous l'avons ordinairement et dévottement requis et supplié par toutes noz prières et l'avons aussy faict prier que son bon plaisir fust nous donner ung filz. Je suis certain aussy que la Royne, notre très honorée dame et mère nous désirant ce mesme bien, et la Royne nostre très chère et très amée compaigne en leurs dévottes prières et oraisons quelles font journellement, en ont aussy faict fréquentes prières à Dieu et y ont faict adjouster les prières de plusieurs bonnes et intelligentes personnes. Mais ce n'a pas encore esté son bon vouloir de nous communiquer ceste grâce. Laquelle ayant esté quelquefois départie à aucuns roys, princes et princesses par l'intercession du clergé et peuple de leur royaume et estats, nostre désir et intention et celle de la Royne nostre très honorée dame et mère et de la Royne nostre dite compaigne est de réitirer et augmenter en toute humilité et dévotion nos dites prières et d'en faire faire des publiques et processions générales des églises et paroisses des diocèses de cestuy nostre dit royaume ung an durant, à commencer du premier dimanche de l'Avent prochain et finissant ce pareil jour que l'on compte mil cinq cent quatre-vingt deux, en intention qu'il plaise à Dieu nous faire cest heur et faveur et à la Royne nostre compaigne, de nous donner ung filz. Ce que nous mandons à noz amez et féaulx conseillers les archevesques et évesques de cestuy notre royaume, faire entendre et en advertir toutes les églises et paroisses de leurs diocèses et pour ce que le bien et contentement qu'il nous adviendront par le moïen de ceste grâce et bénédiction tourneront aussy à celles de nos peuples et subjets et pour le bien universel de notre royaume. Nous avons bien voulu vous faire ceste lettre pour vous dire et mander que vous vous disposiez et prépariez à assister en toute dévotion et révérence lesdites prières publiques et que vous assistiez aux dictes processions générales et quant pour quelques occasions particulières vous n'y pourrez estre tous, pour le moins qu'il y en ait aucuns des principaulx comme vous, afin que par cest exemple plus volluntiers et soit plus entier à toute bonne et sainte dévotion qui nous aide à obtenir de la bonté et clémence infinie de Dieu la grâce que nous désirons.

Donné à Paris, le 26e jour d'octobre 1581.

HENRY.

BRULART.

A nos chers et bien amez les maire, eschevins, bourgeois et habitans de notre bonne ville de Dijon.

---

[322]

CHABOT-CHARNY AUX MAIRE ET ÉCHEVINS DE DIJON.

Il a été averti des levées d'hommes faites par M. de Pressigny, et bien que ce soit pour secourir la ville de Genève, injonction d'y veiller et de faire bonne garde ; il va porter sa compagnie des bords de la Saône à ceux de la Loire pour observer les troupes du duc d'Anjou.

PAGNY, 1582, 2 août.

ORIGINAL, B. 460, n° 93.

Messieurs, vous me faites grand plaisir de m'advertir des choses qui se passent en vos quartiers, j'avais desjà eu l'advis qui me donnez, de l'amas de gens, que faict le sieur de Précigny et bien entendu que c'est pour le secours de Genève (1); toutefois on ne se peult trop bien asseurer parmi ces remuements et vous prie de faire bon guet et garde afin que par ce moïen vous évitiez ces inconvéniens où les nonchaillans sont subjetz de tomber, vous y avez du passé tenu un fort bon ordre suivant les commandemens qu'en avez eu. J'ai bien cette asseurance que vous le continuerez sans y rien innover, si ce n'estoit du bien en mieux. Quant à ces trouppes qui s'avancent sur le Nivernois et en Ostunois, elles sont advouées de

(1) Menacé par le duc de Savoie.

Monseigneur (1), j'y fais marcher ma compagnie (que j'avois mise du long de la Saône durant le passage des Espagnols et Italiens (2) par le comté) elle y sera incontinent, pour y exécuter ce que j'ay de charge de Sa Majesté, et garantir le plus qu'il se pourra le pauvre peuple de la foulle de ces gens de guerre. Selon que les affaires tourneront, je vous advertiray de ce que vous avez affaire, et vous seray au besoing tousjours présent. A tant je prie Dieu vous avoir Messieurs, en sa sainte et digne garde.

De Paigny le 2 aoust 1582.

Votre entièrement bien affectionné amy,

CHARNY.

A Messieurs les vicomtes mayeur et eschevins de la ville de Dijon.

---

[323]

CHABOT-CHARNY AUX MAIRE ET ÉCHEVINS DE DIJON.

Avisé de projets tentés sur Chalon et Dijon, il les en avertit, afin de redoubler de vigilance à la garde de la ville.

PAGNY, 1582, 13 septembre.

COPIE DU TEMPS, B. 220.

Messieurs. Mareschal (3) que j'avois envoié à Bourbon-Lancyes devers le Roy, me confirma hier au soir à son retour l'advis que j'ay heu d'une entreprise qui se trame sur Dijon et

---

(1) C'étaient des troupes levées pour le compte du duc d'Anjou, reconnu duc de Brabant par les révoltés flamands.
(2) Envoyés comme renforts au prince de Parme, gouverneur des Pays-Bas pour le duc Philippe II.
(3) Secrétaire du comte de Charny.

sur Chalon. Si tost que je me seray deschargé du reste de ces trouppes qui passent sur ceste lizière, laquelle je ne puis devant habandonner, je me rendray avec vous pour veiller tous ensemble à vostre commune seurté. Cependant je vous prie et admoneste de n'y obmettre debvoir quelconque. Et faictes que chacun, en son endroit y rende ce qui est besoing en ung danger. Si les trouppes commandées de Monseigneur de Chastillon (1) tienent la teste de deça, elles accroisteront noz suspitions. J'auray de jour à autre advertissement du chemin qu'elles tiendront ; elles estoient lundy dernier au-dessus de Rouanne et sont plus de cinq mil harquebusiers ensemble, ainsi qu'on m'a mandé. J'espère bien, Dieu aidant, vous exempter du mal qui en est à craindre, si tous ceulx de vostre ville s'aquittent, en cette occasion de ce quoy ilz sont tenus et m'asseure que nul n'en refusera la peine. Je prie Dieu vous avoir, Messieurs en sa saincte et digne garde.

De Pagny le XIIIe septembre 1582.

Vostre entièrement bien affectionné amy,

CHARNY.

A Messieurs les vicomte maieur et eschevins de la ville de Dijon.

(1) Fils aîné de l'amiral de Coligny.

[324]

CHARLES DE LORRAINE, DUC DE MAYENNE, AUX MAIRE ET ÉCHEVINS DE DIJON.

Il les remercie de l'avis qu'ils lui ont donné des mouvements d'Auxonne. Il leur apprend que le roi l'a chargé de pourvoir à cette place et les prie de l'informer de tout ce qui surviendra dans son gouvernement.

CHATELLERAULT,
1585, 21 novembre.

COPIE DU TEMPS,
B. 223, n° 112.

Messieurs. J'ay grandement à vous remercier de la peyne que vous avez prise de me donner advis de ce qui est arrivé à Auxonne (1). J'estime que vous avez maintenant sceu comme se fait passé, ayant pleu à Sa Majesté me commander de pourveoir à ces deux places, ce que je feray dans peu de jours, et de personnes que je m'asseure seront agréables au pays. Qu'est la chose à laquelle je prendray d'aussy près garde. Je vous suplie, Messieurs, de m'advertir de ce qui se passera en mon gouvernement et me continuer l'affection que j'ay de tout temps recongneue en voz bonnes vollontez que je chériray et metray peyne de recongnoistre envers vous tant en général qu'en particulier, d'aussy bon cœur que je suplie le Créateur vous avoir, Messieurs, en sa saincte et digne garde.

De Chastellereau le XXIe novembre 1585.

Vostre entièrement plus affectionné amy,

CHARLES DE LORRAINE.

A Messieurs, Messieurs les maire et eschevins de la ville de Dijon.

———

(1) Les habitants d'Auxonne, mécontents de ce que Jean de Saulx, vicomte de Tavannes, qu'on leur avait donné pour gouverneur, voulait s'assurer d'eux et les contraindre à embrasser le parti de la Ligue, s'étaient emparés de lui le 5 novembre ; ils le gardaient à vue et avaient envoyé une députation au roi pour l'instruire de ce qui s'était passé et demander son remplacement par M. de Rochefort, sieur de Pluvault.

[325]

CHABOT-CHARNY AUX MAIRE ET ÉCHEVINS DE DIJON.

Il les félicite des mesures ordonnées pour la garde de la ville bien que le danger soit encore éloigné. Néanmoins, comme le duc de Guise doit l'aviser de tout mouvement des Réîtres, il les en informera aussitôt et se rendra près d'eux pour veiller à la défense commune.

PAGNY,
1585, 6 décembre.

COPIE DU TEMPS,
B. 223, f° 114.

Messieurs. J'ay reçeu très grand plaisir de vous voir, par le contenu de voz lettres soigneux de vostre conservation et seurté, de celle de ce pays, mais, comme selon les advertissements que j'ay de ce qui se passe en Allemagne, les choses ne sont en terme qu'il en faille venir au point de la récolte et que dès qu'il fera assemblée pour marcher, j'en auray tout aussitost advis de beaucoup de partz et mesme de Monsieur de Guise. Il m'a semblé qu'il n'est besoing de s'advancer encoires jusques à ce. Mais dès que je verray qu'il sera temps et que j'auray nouvelle du moindre danger, je ne faudray de vous en advertir, et faire publier tout ce qui sera requis, et mesme de vous aller trouver, sy besoing est, pour regarder à vous ayder et faire tout ce qui sera trouvé convenable pour remédier aux inconvénians contenuz en vostre lettre. Me recommandant, en ceste vollonté, bien affectueusement à voz bonnes grâces, et priant le Créateur, Messieurs, vous donner, en très bonne santé longue et heureuse vie.

A Pagny le VI° décembre 1585.

Vostre affectionné entièrement bon amy,

CHARNY.

A Messieurs les vicomte maieur et eschevins de la ville et commune de Dijon.

[326]

HENRY III AUX MAIRE ET ÉCHEVINS DE DIJON.

Il dément formellement le bruit répandu de son intention de transférer le Parlement de Bourgogne hors de Dijon.

PARIS, 1585, 10 décembre.

ORIGINAL, B. 223, n° 124.

De par le Roy.

Chers et bien amez. Nous ne savons pas de qui vous pouvez avoir heu advis que nous eussions intention de transférer nostre Cour de Parlement hors de nostre ville de Dijon. Car c'est chose à laquelle nous n'avons aucunement pensé. Bien avons-nous cy devant avisé, sur ce qui nous avoit esté raporté que la contagion de peste y estoit fort grande et qu'il y avoit crainte qu'elle feit pour s'augmenter davantage, au grant dommage des habitans et de noz autres subgetz qui s'y retireront pour suyr leurs procès, sy la tenue de nostre Parlement s'y continuoit et le faire, pour quelque temps séoir et tenir en nostre ville d'Ostun ou Challon. Mais la grâce à Dieu l'occasion en est du tout passée par l'apaisement du mal dont nous avons esté fort ayses, d'autant que, comme nous regretions ce changement. Nous désirions grandement ainsy qu'il est advenu que nostre Cour peut estre toujours contenue au mesme lieu où elle est establie, comme le plus propre et commode pour nos subgetz, qui est tout ce que nous avons à répondre à la lettre que vous avez escripte sur ce suget.

Donné à Paris le Xe décembre 1585.

Signé : HENRY.

Plus bas : BRUSLART, et super scriptes.

A noz chers et bien aymez les viconte mayeur et eschevins de nostre ville de Dijon et scellées de cachet en cire rouge.

[327]

LES MAGISTRATS DE DIJON A M. DE CHABOT-CHARNY.

Le bruit courant dans la ville que les habitants d'Auxonne refusent de recevoir comme gouverneur M. de Rochefort, ils le prient de leur faire connaître le cas échéant quelle conduite ils doivent tenir avec eux, ainsi qu'avec les huguenots qui n'ont point fait leurs Pâques.

1586, 15 avril.   B. 457, n° 43.

Monseigneur. L'on oyt plusieurs rumeurs en ceste ville de ceulx d'Auxonne lesquelz l'on dist estre résolus de mectre des gens de guerre en la ville comme déja ilz l'on faict, contre le vouloir et authorité du Roy, et avoir refusé à M. de Rochefort l'entrée pour y commander suyvant la commission de Sa Majesté (1), ce questant vray, nous donneroyt beaucoup à penser pour nous conduire envers eulx, ainsi que le cas le requerroyt et nous garder de surprise en quoy nous ne vouldrons rien faire ny entreprendre, sans en avoir le commandement du Roy ou de vous Monseigneur qui représentez sa personne en ce païs. Par quoy Monseigneur nous avons despesché ce porteur

(1) Joachim de Rochefort, seigneur de Pluvault, avait aidé le 1er novembre précédent les habitants d'Auxonne à s'emparer de la personne de leur gouverneur, Jean de Saulx, vicomte de Tavannes, et le roi, en récompense, l'avait substitué à Tavannes. Mais les habitants ayant conçu plus tard des soupçons sur la sincérité de ses opinions royalistes, refusèrent de le recevoir en cette qualité non plus que le baron de Sennecey, nommé à sa place. Ils résistèrent à plusieurs reprises aux ordres réitérés du roi, sous prétexte que sa religion avait été surprise; de telle sorte qu'il fallut les menaces d'un siége pour les déterminer à se soumettre. Par un traité conclu le 25 avril à Tillenay, entre les maire et échevins et le comte de Charny, les habitants furent déchargés du crime de lèse-majesté qu'ils avaient encouru; leur conduite fut approuvée, on les exempta de contributions pendant neuf ans, on leur accorda une indemnité de 36,000 fr. et une de 90,000 à M. de Rochefort, que M. de Sennecey remplaça dans son commandement.

pour vous supplier très humblement nous faire ce bien de nous vouloir advertyr de la vérité du faict et résouldre, s'il vous plaist, commander aux habitans de ceste ville de porter les armes et si nous permettrons l'entrée à ceulx dudict Auxonne pour leur oster l'occasion de rien innover ny entreprendre sur ceste ville, car desjà nous avons heu advis, qu'ilz faysoyent prattiquer ici quelques hommes pour leur servir de soldats, et enlever secrètement des armes. Nous avons aussi esté certiorés que ceulx d'Issurthille et des autres lieux circonvoisins qui sont de la nouvelle opinion mettant à mespris les ordres et ordonnances de Sa Majesté ne vont à l'église et ne se sont confessés et communiés à Pasques et plus est ils attendent un commandement pour à brief et mesme jour se lever et prendre les armes.

Il nous a semblé estre de nostre debvoir de vous en advertir pour le désir, quand au service de Sa Majesté et au repos publique.

---

[328].

CHABOT-CHARNY AUX MAGISTRATS DE DIJON.

Il les rassure sur les intentions qu'on prévoit aux habitants d'Auxonne de ne point reconnaître M. de Rochefort pour leur gouverneur et de se soustraire à l'obéissance due au roi, conseils sur la conduite à tenir vis-à-vis les huguenots.

PAGNY,
1586, 16 avril.

ORIGINAL,
B. 460, n° 103.

Messieurs. J'ai veu par vos lettres le doubte ou vous estez entré des intentions et déportement de ceulx d'Auxonne et mesme sur les refus qu'ilz ont franchement faict de recevoir Monsieur de Rochefort en la charge que le Roy lui a donnée de leur ville et chasteau. Hier ils lui en firent entendre leur dernière résolution avec la difficulté qui les aicroche ce qu'il me promit partant de céans de vous dire en passant, je croys qu'il y aura satisfait, et par ainsin je vous diray en ung mot que cest affaire n'est pas hors d'apparence d'un bon succès et acheminement. Mais il fault peut ployer à la nécessité du temps, je dis aux députés dudit Auxonne le soupçon où l'on m'avoit voulu metre de leurs volontés, et les circonstances qu'on m'en avait alléguées ; mais ils m'ont juré et protesté la-dessus n'avoir jusques icy eu autres résolutions que de se maintenir en l'obéissance qu'ilz doibvent à Sa Majesté et qu'ilz ne feront jamais choix d'aucun party contraire à son intention ni au bien de service. Il en fault voir les effectz et tandis ne rien précipiter. Toutesfois si vous appercevez qu'aulcuns d'eulx ou quelqu'ung de leur part se licentiat de faire quelques pratiques en vostre ville, il le faudra appréhender, informer come le cas le mérite. Quant aux Huguenots de Is-sur-Thil que vous m'escrivez n'avoir à ce dernier jour de Pasques faict la communion, ni le devoir de bons catholiques, il fault le faire entendre aux officiers du bailliage de Dijon, les résoudre de procéder contre eulx et faire en ce cas observer le dernier édict de Sa Majesté et s'il faut par cet effect par après employer quelques forces j'y pourvoiray le plus tost qu'il sera possible à tant et je prie Dieu vous maintenir, Messieurs, en sa très sainte et digne garde.

De Pagny ce 16 avril 1586.

Vostre entièrement affectionné amy,

CHARNY.

Messieurs les vicomte maïeur et eschevins de la ville de Dijon.

[329]

LA MAIRIE DE DIJON AU COMTE DE CHARNY.

Elle lui envoie deux échevins pour lui faire des remontrances touchant les déportements des habitants d'Auxonne envers ceux de Dijon, et lui remettre un paquet apporté par un capitaine conduisant des troupes dans les Pays-Bas.

1586, mai.   B. 457, nos 36 et 148.

Monseigneur, nous avons tousjours expérimenté que sur noz plaintes, il a esté si bien pourveu à la connaissance de l'estat de ceste ville soubz vostre auctorité et bon advis que du jour ou aultre. L'obligation croid pour vous honorer et servir à cet effect, nous avons gens et déppute deux de nos confrères eschevins pour rendre et porter tesmoignage que de nostre part nous sommes en ceste volonté de vous en recongnoistre perpétuellement. Ilz ont estez chargés par la chambre de recepvoir voz commandementz touchant la retraicte par vous ordonnée et publiée par la ville et pour vous faire entendre que ceulx de la ville d'Auxonne continuent et se mectent en debvoir de troubler le repos que sur toutes choses nous avez recommandé ; car ils refusent les portes à ceulx qui voyagent par les dites villes pour traficquer au Comté et ailleurs ; ils font ouverture des lectres addressées aux habitants de ceste ville, ne permettent pas qu'ilz se servent pour leurs affaires et négociations ordinaires, empeschent le libre commerce des marchans, et se licencient à tenir des propos qui ne servent que d'esmorce à des querelles et inimitiés. De quoy comme voisins et amys, ils ont esté par nous advertis pour empescher à l'advenir tel rude traitement, mais se ne seroit assez de les inviter à ce qui est de leur debvoir que pareillement vous ne soyez pas nous certiorés de leurs déportemens auxquels, par vostre prudence accoustumée, vous saurez bien mettre ordre, et de ce nous vous prions humblement comme aussi Monseigneur, vostre plaisir soit ne prendre de mauvaise part, sy nous faisons nostre debvoir de nous remuer contre les poursuites de M. Guy Bretaigne, tant pour les justes occasions que nous avons de ce faire que pour estre honorez de la promesse que vous avez faicte de vous déporter au proffit de la ville, de la poursuitte par luy commencée soubz la faveur de vostre nom touchant l'estat d'esleu. Ce jourd'huy, ung capitaine conduisant des troupes de chevaulx en nombre de quatre ou cinq cens qu'il mène aux Pays-Bas soubz le nom de Monsieur de Lavallette a présenté au sieur vicomte mayeur des lectres pour vous faire tenir, s'excusant que sy luy mesme les portoit, ce seroit aultant de temps faire séjourner les troupes cy alentour où elles sont, cause pourquoy et soubz ceste considération il s'est chargé de vous les faire tenir, lesquelles ont estées données à nos confrères pour les vous délivrer, et vous supplions très humblement commander aus dites troupes faire meilleure diligence à marcher parcequ'ilz ne font qu'une lieue par jour, estant ce jourd'huy sortis de Messigny sont arrivez à Plombières et ainsi continuent.

[330]

CHABOT-CHARNY AUX MAIRE ET ÉCHEVINS DE DIJON.

Il partage leurs sentiments sur les déportements de ceux d'Auxonne, mais il les engage à ne point avoir avec eux d'hostilité, à attendre la volonté du roi et à se borner à rompre toute communication avec eux.

PAGNY,
1586, 26 mai.

COPIE DU TEMPS.
B. 223, fo 199.

Messieurs. Il n'y a personne qui ayt ung plus juste déplaisir que moy, de véoir les actions et déportemens de ceulx d'Auxonne estre composés comme ilz sont (1), soit pour la considération du service du Roy, du repos général de ce pays, que pour l'indignité qu'ilz m'ont freschement faicte. Cela assemblé, est assés suffizante occasion de traicter avec eux comme ennemys. Et touteffois que pourra les ramener à leur debvoir avec la douceur, ceste voye est bien plus salutaire que la force, qui ne nous peultz promectre que toute désolation. Sa Majesté sera bien particulièrement advertye de l'estat en quoy est ledict Auxonne, par ceux qu'elle y avoit envoyés. Ladessus, elle se pourra résouldre et commander son intention. Mais avant ce temps-là, il ne fault avoir contre eux que le moing d'hostilité qu'on pourra, de peur de gecter les affaires de ce costé en ung plus dangereux précipice, ayantz mesmement sy peu de moyens, que nous avons pour ceste heure. Et touteffois, afin de divertir le mal que l'on peult craindre d'une trop libre négociation, que ceux dudit Auxonne pourroient avoir en vostre ville, je suis d'advis que vous n'y en admettiés plus aulcung et que vous ne leur en laissiés aussy tirer à l'advenir commodité quelconque, prenant pour prétexte et ocasion l'estat en quoy ilz sont et leurs déportemens. Cependant je suis bien aise de l'ordre que vous commencés à donner à voz fortifications sur les deniers que j'en ay ordonnés et pouvés faire estat qu'en tout ce qui regardera vostre commodité et repos en général, j'y aporteray toute la faveur et affection que je pourray. Priant Dieu, sur ce, vous avoir Messieurs, en sa garde.

Faicte de Paigny le vingt-sixième jour de may mil cinq cens quatre-vingt-six.

Vostre entièrement bon amy,

CHARNY.

A Messieurs les vicomte majeur et eschevins de la ville de Dijon.

(1) Cette dépêche de Chabot-Charny avait été motivée par une lettre écrite par ceux d'Auxonne aux magistrats de Dijon, quelques jours auparavant, et conçue dans des termes si peu convenables, que ceux-ci la lui avaient envoyée pour avoir son avis.

[331]

CHABOT-CHARNY AUX MAIRE ET ÉCHEVINS DE DIJON.

Recommandations des plus vives de veiller à la sûreté de la ville et de l'informer de tout ce qui surviendra d'important.

PAGNY,
1586, 18 juin.

COPIE DU TEMPS.
B. 223, n° 217.

Messieurs. Encore que la composition et effectz de ce temps donnent assez de subject pour exhorter chacung à veiller soigneusement au service du Roy. Si estce que ayant heu advis particulier qu'aucungs de ses mauvais serviteurs ont des entreprinses sur les villes et places fortes de ce pays, je n'ay pas voulſu plus longuement différer de vous pryer et enjoindre, comme je faictz, de faire à l'advenir exactement et avec telle vigilance le guet et garde en vostre ville qu'il n'y puisse arriver aulcung accident sinistre par vostre faulte et à ce que les ocasions en soient plus reculées. Vous ne laisserez entrer personne avec armes ny en nombre tropt grand, sy ce n'est de gens, dont les actions soient hors de tout soupson et que vous en ayés bonne congnoissance. Semblablement sera-t-il besoing que vous faictes faire une revue générale en armes à voz habitans, afin que l'on puisse faire estat du nombre et esquipage, ausquels ilz se treuverront. Sy vous estiés préssé d'une nécessité, je vous prye y tenir la main, comme à chose qui touche le service de Sa Majesté et vostre propre seureté et me donner advis de ce qui s'en passera, ensemble des occurences de voz

---

(1) Chabot-Charny prévenu d'un projet des Huguenots de s'emparer d'une des forteresses de Bourgogne et de s'y cantonner, se pressait d'en avertir les magistrats de Dijon, afin qu'ils redoublassent de vigilance.

quartiers, sy vous en descouvrés qui le méritent. C'est l'endroit où je suplye le Créateur vous maintenir, Messieurs, en sa très saincte et digne garde.

De Paigny, ce dix-huictiesme de juing mil cinq cens quatre-vingt-six.

Votre entièrement bon amy,

CHARNY.

---

[332]

CHABOT-CHARNY AUX MAGISTRATS.

Nouvelles recommandations pour la garde et la conservation de la ville. Il a vu l'échevin Procès, et a écrit au chancelier touchant l'octroi sur le fer.

PAGNY,
1586, 22 juin.

ORIGINAL.
B. 460, n° 106.

Messieurs. Je suis bien fort aise des prompt effectz que vous avez renduz sur le contenu de la dernière lettre que je vous ay escrite, et si vous les continuez de bien en mieux comme il est bien nécessaire, vous accroistrey votre seureté et rendrez vains les mauvais desseins qu'on peult avoir couvés à vostre désavantage. J'ai seu par vostre lettre l'occasion qui vous empesche de faire une revue généralle de voz habitans, suivant ce que je vous avois escrit, je la trouve fort considérable et sera bien assez que vous soiez asseurés au vray du nombre d'hommes et de leurs équipages d'armes, sans y tenir la première voye puisqu'elle peult augmenter votre mal. Le controlleur Procès votre co-eschevin m'a faict entendre ce qui se passe présentement en vostre ville, en quoy je voudrois très volontier que les choses fussent réglées au pois de la raison, et que chacun n'eust autre but que le service du Roy et le repos général, pour aultant que de ses bonnes intentions ne peuvent produire que des effectz semblables. Quant aux letres que vous désirez que j'escrive à Monsieur le Chancelier pour la continuation du subside qui se lève sur les passants en vostre banlieue, je les ay faictes et vous les envoie, désirant qu'elles vous soient aultant fructueuses que les précédentes, pour l'affection que j'ay entièrement à ce qui vous regarde et sur ce je prie Dieu, vous conserver Messieurs, en sa très sainte et digne garde.

De Paigny le XXIIe jour de juin 1586.

Votre entièrement affectionné amy,

CHARNY.

---

[333]

LES MAGISTRATS DE DIJON A M. DE CHABOT-CHARNY.

Ils ont découvert une trame pour s'emparer de la ville, et le conjurent de vouloir revenir à Dijon, afin de prescrire les mesures nécessaires pour déjouer le complot.

DIJON, 1586, 8 juillet.

COPIE DU TEMPS.
457, n° 145 minute, B. 23, n° 96. f° 44.

Monseigneur. Ce n'est sans grande et urgente ocasion qu'il vous a pleu nous advertir de nous tenir sur noz gardes et qu'il y avoit des entreprinses sur la Bourgogne (1), car nous avons freschement receu advis d'une résolution prinse sur ceste ville par quatre capitaines qui y doibvent entrer et se saisir

(1) Le 1er juillet, l'avocat Etienne Bernard, échevin, informait la Chambre de ville qu'un président au Parlement de Paris lui avoit montré des lettres qui annonçaient une prochaine descente des protestants allemands; le surlendemain d'autres dépêches communiquées par le maire, dénonçaient la prise de Choiseul par les Réformés, une tentative d'un parti sorti de Genève sur Chalon, et les démarches des Auxonnois auprès du roi de Navarre.

d'arrivée de plusieurs maisons, ce qu'a esté confirmé à ung de messieurs les présidens et à ung officier de la ville par ung gentilhomme signalé, lequel despuis cinq jours en ça l'on a voulu praticquer pour estre de la partye, ce qu'il n'a voulu accorder, tout est prest pour l'éxécution de telle chose a ce qu'avons apris. Pourquoy, Monseigneur, nous n'avons aultre remède que de recourir à vous et vous suplier très humblement nous faire ce bien de prendre la peine vous transporter en ceste ville, pour, par vostre présence et acoutumée sagesse renverser telz pernisieux desseingz pour le service du Roy et conservation de ses bons subjectz et serviteurs. Vous n'aurez faulte de bons habitans qui recepvront et accompliront très volontiers voz commandements, oultre ce que quand nos ennemys se congnoistront descouvertz, ilz seront contrainctz laisser leur entreprise. Cependant, Monseigneur, nous ferons tout ce qu'estimerons estre du debvoir de la guerre pour garder ceste pauvre ville soubz l'obéyssance de Sa Majesté et empescher qu'elle ne parvienne en mains de ses ennemys. Mais tout ce qu'est à craindre est que, par surprinse ilz ayent premiers les armes au poing et que il y ayt du sang épanché. Ce que touteffois ilz ne feront sy aisément qu'ils pourroient désirer; car, Dieu estant de nostre costé et la bonne cause, ils pourront bien tumber aux filletz qu'ilz nous veulent tendre, de quoy néantmoings nous serons fort joyeux de nous pousser, ne désirant aultre chose que le repos et tranquilité publique et la manutention de ceste pauvre ville au service et obeyssance de Sa Majesté, à quoy vous pouvez tout Monseigneur, qu'après Dieu nous n'attendons aultre ayde que de vous. Noz frères et eschevins, présents porteurs vous pourront informer (1) plus

---

(1) Ces délégués entretinrent certainement le lieutenant de cette démarche d'inconnus à l'hermitage Saint-Martin, pour essayer le son de la cloche; des lettres anonymes, où on leur prédisait de prochains remuements; des menées de trois hommes d'épée et des rôles de soldats ramassés dans les rues.

amplement de bouche, qui sera cause que nous prierons Dieu, Monseigneur, qu'il luy plaise vous conserver en heureuse prospérité et santé.

De Dijon ce huictiesme juillet mil cinq cens quatre-vingtz et six.

Voz très humbles et très obeyssans serviteurs à jamais.

Les vicomte majeur et eschevins de la ville de Dijon.

A Monseigneur, monseigneur le comte de Charny, chevalier des deux ordres du Roy, lieutenant général pour le Roy au Gouvernement de Bourgongne senechal héréditaire dudict pays, à Paigny.

[334]

CHABOT-CHARNY AUX MAIRE ET ÉCHEVINS DE DIJON.

Il regrette que les nécessités du service du roi, ne lui permettent point de se rendre à Dijon, il les engage donc à redoubler de surveillance et à multiplier les précautions pour empêcher les desseins formés contre la ville. Néanmoins si la situation empirait, il leur promet de se rendre parmi eux.

PAGNY,
1586, 8 juillet.

ORIGINAL ET COPIE DU TEMPS.
B. 461, n° 14; B. 224, f° 25.

Messieurs. Je me fusse fort volontiers acheminé en vostre ville pour arrester le cours des desseins et brouillemens qu'avez descouvert que l'on y veult faire, mais je me vois tellement arresté (1) icy pour quelque ocasion qui touche de près le

(1) La Mairie n'avait pas attendu cette réponse pour prendre ses précautions. La garde avait été doublée, les cinq visiteurs de l'hermite Saint-Martin, mis sous clef, et les trois hommes d'armes ainsi que les Auxonnois consignés aux portes de la ville. On avait prié M. de la Ferté-Imbaut, gendre de Fervaques et le secrétaire de son beau-père, de

service du Roy et le repos de ce pays, je n'en puis sortir pour le présent sans beaucoupt de doubte d'ung sinistre événement (1), à ce déffaut vous pourrés prendre garde sur les actions de ceux qui vous peuvent estre suspectz et vous asseurer de leurs personnes sy besoing est, ferés continuer exactement le guet et garde et observer l'ordonnance que je vous envoye (2). Et oultre cela, vous donnerez ordre de ne laisser entrer en vostre dicte ville que gens bien congneuz, nullemant soupçonnés et qu'il n'y ayt, pour y apporter plus de facilité, qu'une de voz portes ouverte. Sy vous treuvez qu'il soit à propos d'ainsy le faire, tant pour la seureté que pour la commodité publique. Cependant, sy le mal croit et qu'il ne puisse estre dissipé que par ma présence, j'abandonnerai tout par deça au premier advis que vous donnerez, car je ne désire rien tant que vostre conservation et la punition des mauvais. Je prye Dieu, sur ce, vous maintenir, Messieurs, en sa très saincte et digne garde.

De Paigny le VIIIe jour de juillet 1586.

Vostre entièrement affectionné amy,

CHARNY.

A Messieurs les vicomte maieur et eschevins de la ville de Dijon.

---

s'abstenir de fréquenter la ville pendant ces remuements ; enfin on avait avisé le capitaine de Talant des projets médités pour s'emparer de sa forteresse.

(1) Il s'occupait de la réduction d'Auxonne, sous l'obéissance de Henri III.

(2) Elle proscrivait aux magistrats de maintenir les habitants en armes, afin qu'ils fussent prêts au premier signal, et de prendre pour la garde de leur ville toutes les mesures nécessaires. Injonction était faite aux habitants de se contenir modestement, sans dresser aucun monopole sous peine de la vie.

[335]

HENRY III AU BAILLY DE DIJON.

Injonction de faire le procès aux huguenots, qui, bannis du royaume, y sont rentrés sans permission, aux relaps et à ceux qui conspirent contre son autorité (1).

PARIS,
1586, 6 octobre.

COPIE DU TEMPS.
B. 224, n° 151.

De par le Roy,

Nostre amé et féal. Nous avons esté adverty qu'il y a plusieurs de nos subjectz, lesquelz, combien qu'ilz eussent abjuré la nouvelle opinion et fait profession de foy de nostre religion catholique, apostolique et romaine devant leurs évesques diocésins ou leur vicaire, n'ont néantmoings percisté et ne percistent en icelle, qui est une dérision manifeste et grandement scandaleuse qui ne se doibt aucunement tollérer. Pour ceste cause, nous vous mandons et très expressément enjoignons que vous ayés à informer diligemment qui sont ceulx de ceste qualité, ensemble de ceux, qui, après s'estre retirés hors de nostre royaume pour jouir des bénéfices de nostre édict de réunion, et à ceste fin envoyé certifficat du lieu de leur retraicte et promesse qui ont esté enregistrées es bailliage et sénéchaussée de leur demeurance, sont depuis retournés en

---

(1) Cette lettre était une conséquence de l'édit de juillet 1585 rendu à la suite du traité de Nemours, et de l'édit d'octobre 1586 que le Parlement de Paris n'avait enregistré, il faut le dire, qu'en vertu d'un ordre exprès du roi. Celui de Dijon s'était montré moins récalcitrant, et à son exemple la Chambre de ville n'eut pas plus tôt pris connaissance de la dépêche royale quelle s'empressa de commettre des échevins chargés de s'enquérir des nouveaux convertis, passibles de peines portées dans l'édit.

ce royaulme et demeurent en leur maison sans avoir faict abjuration et profession de foy. Pareillement contre ceulx qui font menées et pratiques et solicitations, tant déans que hors nostre dict royaume, au préjudice de nostre service, ou bien, que soubz mains adhérent, aydent ou favorisent les rebelles. Sur toutes lesquelles informations vous décreterez ferez et preférer les procès des dessus dictz, comme infracteurs de nos édictz et ordonnances, procédant à la saisie de leurs biens pour estre les meubles vendus au plus offrant et dernier enchérisseur et les immeubles baillés à ferme des deniers provenant de la vente desquels meubles et beaulz des immeubles vous envoyrés les rolles, extraictz et procès-verbaux aux trésoriers généraulx de France, pour en faire dresser les estatz qu'ilz feront puis après tenir à la Chambre du Conseil establye au Trésort pour l'exécution de nostre édict de réunion; usant, en ce qui dépendra de vous, de la plus grande diligence qu'il vous sera possible surtout que vous aymiez le bien de nostre service. Car tel est nostre plaisir.

Donné à Paris le VIe octobre 1586.

HENRY.

BRULLARD.

---

[336]

CHARLES DE LORRAINE, DUC D'ELBEUF, A G. ROYHIER, MAIRE DE DIJON.

Il lui dénonce une entreprise tramée par les huguenots de Montbéliard sur Dijon et sur Talant.

MARAC,
1587, 21 janvier.

COPIE DU TEMPS,
B. 224, n° 186.

Monsieur le Maire. Ayant heu advis très certain que ceulx de la religion qui sont à Montbéliart ont fait entreprinse sur vostre ville de Dijon et le chasteau de Tallant et qu'ils ont jà des gens pratiques pour les surprendre et mesme que quelques uns des habitans de Dijon ont promis assurance de l'entrée d'une porte de la ville ; et je vous en ai bien voulu advertir afin d'y donner ordre et vous donnez sur vos gardes. Et sy avez à faire de moy mandez le moi incontinent, sur ce je me recommanderay affectionnément à vos bonnes grâces, priant Dieu, Monsieur le Maire, vous donner heureuse et longue vye.

De Marac le XXIe janvier 1587.

Clervent est l'ung des chefs de l'entreprinse.

Votre entier fidèle et affectionné,

CHARLES DE LORRAINE.

A M. Royhier, maire de la ville de Dijon (2).

---

[337]

LES MAGISTRATS DE DIJON A CHABOT-CHARNY.

Avis des entreprises méditées par les huguenots sur la ville de Dijon et le château de Talant.

DIJON, 1587, 23 janvier.

MINUTE. B. 457, n° 151.

Monseigneur. Puis nagueres monseigneur de Mayenne nous a fait advertir de nous garder soigneusement parce qu'il y avoyt entreprise de ceulx de la nouvelle opinion sur des villes

---

(1) Charles de Lorraine, duc d'Elbeuf, petit-fils de Claude, premier duc de Guise, avait épousé Marguerite Chabot, fille aînée du second lit de Léonor Chabot, comte de Charny.

(2) Après l'audition de ces lettres, la chambre décida, le 23 janvier, qu'un des siens se rendrait à Pagny en informer M. de Charny, et que les plus grandes précautions seraient prises pour éviter une surprise. On manda les eschevins de Talant auxquels on fit également les plus grandes recommandations, B. 224, p. 185.

et places de Bourgongne ; tost après monseigneur le duc d'Elbœuf nous a envoyé homme exprès avec lettres par lesquelles il nous mande avoir vostre avis très certain que ceulx de Montbéliard faisoyent une entreprise sur la ville de Dijon et le chasteau de Tallant et qu'ils ont jà des gens pratiqués pour le surprendre et mesme que quelques uns des habitants de Dijon ont promis assurance de l'entrée d'une porte de la ville. Le jour d'hier Monsieur le Président Desbarres (1) nous faict veoir des lettres à lui envoyées de Langres, par les quelles on lui mande le semblable. Tous ces advertissements sy soudains et conformes, venant de très bon lieu, nous font croire qu'il y a du péril auquel il est besoing pouvoir faire diligence. Qui est la cause pour laquelle Monseigneur nous envoyons par exprès M. Léger l'un de nos frères eschevins de la ville, pour vous supplier très humblement nous commander ce qu'il vous plaiera qu'en tel sujet nous facions. Par cy devant il a esté observé plusieurs foys sur telle nouvelle qu'on a faict et mis prisonniers les suspects de la religion, ce qui a esté cause qu'ils n'ont peu rien entreprendre ny favoriser les entreprinses des étrangers, tellement que la ville est toujours demeurée au service de Sa Majesté saine et entière jusqu'à présent sans aucune esmotion ny surprise. De penser simplement garder les portes ce ne serait pas chose asseurée veu l'intelligence qui est en la ville, par le moyen de laquelle les habitans qui sont de l'entreprise surprendroyent facilement une porte et aurons moyen de faire entrer par icelle ceulx que leur bon semblera, soyt à une foys ou à plusieurs. Pourquoy il sembleroyt qu'en telle occurence c'est le cas qu'on pourroyt faire que de suivre ce qui du passé a esté prastiqué. C'est à vous Monseigneur de nous commander et nous vous obéirons d'aussi bonne

---

(1) Bernard d'Esbarres, ancien vicomte majeur de Dijon, conseiller, puis président au parlement, résigna ses fonctions en 1597 et mourut archidiacre de Langres en 1599. Il fut l'un des plus dévoués partisans des princes Lorrains en Bourgogne, ce qui valut le surnom de grand gonfalonier de la Ligue.

affection que après nous avons bien humblement baisé les mains nous prierons Dieu, Monseigneur qu'il vous conserve en heureuse prospérite et santé.

De Dijon, ce

[338]

CHABOT-CHARNY AUX MAIRE ET ÉCHEVINS DE DIJON.

Bien qu'il n'y ait encore rien de fondé sur les bruits qui circulent touchant les entreprises sur les villes des pays, il les invite à ne pas se relâcher de leur surveillance ; et, comme les huguenots sont toujours suspects, ils feront bien de s'assurer, sous prétexte d'une revue des hommes et des munitions, du nombre des étrangers logés chez eux.

PAGNY,
1587, 27 janvier.

COPIE DU TEMPS.
B. 224, n° 193.

Messieurs. J'ay par cy-devant heu les mesmes advis qu'on vous a donné de quelques entreprinses que l'on faict sur aulcunes villes de ce pays, et ay despuis veillé fort soigneusement pour en esventer quelques choses de plus particulier, mais je n'en ay descouvert que le premier bruict. Il ne fault pas touteffois négliger cela et seroit bien de vostre opinion de s'asseurer de ceux que l'on peult suspecter pour ce regard (1). Touteffois pour ce que l'on ne peult honestement praticquer cest expédient sur ceulx de la nouvelle opinion qui ont satisfaict à

---

(1) Le maire Roybier, ligueur fanatique, avait déjà pris les devants; averti que plusieurs huguenots avaient quitté Genève et se « ramageaient » à petit bruit dans la ville pour y pratiquer quelques méchancetés et surprises, il enjoignit aux échevins de s'enquérir des gens nouvellement établis dans leurs quartiers, et de constituer prisonniers tous ceux qui leur paraîtraient suspects. Il leur annonça qu'il avait commencé de son côté par faire conduire en prison un individu fraîchement débarqué de Genève, et qu'il allait lui faire son procès comme infracteur à la volonté du roi.

Il va sans dire que les ordres que Charny leur expédiait le même jour furent ponctuellement exécutés. B. 224, fol. 193.

l'édict du Roy, et que pour les aultres qui y contreviennent, la congnoissance en doibt apartenir aux baillis ausquelz j'en ay faict despuis peu de jours une fort expresse despesche pour procéder contre eux. J'ay pensé qu'il ny avoit meilleur moyen pour descouvrir s'il y a quelques factieux en vostre ville que de faire une diligente recherche par toutes les maisons des grains, vin, armes et hommes qui sy trouveront, affin que soubz ceste couleur qui est prinse sur la venue des reistres vous teniés en doubte les mals affectionnés et que vous puissiés descouvrir quelques choses de leurs desseings. Je vous en envoye la commission que vous verrés. Oultre laquelle vous ne laisserés pas de prendre garde, soubz mains aux actions de ceux qui vous seront suspectz et de continuer le guet et garde avec tous aultres effects regardant vostre conservation. A quoy m'asseurant que vous tiendrez le mesme ordre que vous avez acoustumé, je ne vous en feray plus grande exhortation, priant, sur ce, le Créateur vous conserver, Messieurs, en sa très saincte et digne garde.

De Paigny, le XXVIIe janvier 1587.

Votre entièrement affectionné bon amy,

CHARNY.

Messieurs les vicomte maieur et eschevins de la ville de Dijon.

[339]

HENRY III AUX MAIRE, ÉCHEVINS ET HABITANTS DE DIJON.

Manifeste à l'occasion des troubles suscités tant par les huguenots que par ses sujets catholiques.

PARIS,
1587, 16 mars.

COPIE DU TEMPS.
B. 224, n° 193.

De par le Roy,

Chers et bien amez. Nous sommes advertiz qu'il se faict diverses praticques et menées en plusieurs lieux de nostre royaulme pour y partializer nos subjectz et les disvoyer, soubz divers prétextes du droict chemin qu'ils ont tenu jusques à présent en ce qui concerne nostre service et l'obeyssance qui nous est dehue. Surquoy, nous avons advisé vous escripre la présente, pour par icelle vous faire scavoir que sy Dieu eust voulu que la paix que nous avons cy-devant establye en nostre royaulme, n'eust esté interrompue, nos bons subjectz n'eussent esté visités des opressions et vexations qu'ilz ont sentyes despuis ce temps là, et ne seroient en peine maintenant de rechercher les moyens d'y remédier comme ilz ont; car nous y eussions pourveu à nostre contentement et à leur soulagement suyvant ce que nous avons desjà bien commencé de faire. Mais la guerre survenue contre nostre espérance et désir, a rompu nostre desseing et nous a constitué en des despenses telles que chacung voit, et a remply nostre royaulme des désordres qui y règnent à nostre très grand regret. Encores n'avons nous pas esté si tost embarcqués à la guerre contre les ennemys de nostre religion, que aulcungs ont commencé à dresser des praticques et menées parmi noz dictz subjectz, pour les exciter à nouveaux troubles et les précipiter en ung abisme de misères et calamités, soubz prétexte de procurer leur soulagement et advancer le bien de noz affaires. De quoy nous voulons que vous sachiés que nous sommes très mal contens, vous priant ne vous laisser emporter à telles inventions, qui ne tendent que à vostre entière ruyne à laquelle nous avons pareils intérests que vous mesmes, estans certains que s'il advient que noz dictz subjectz se partializent et désunissent les ungs d'avec les aultres, que noz commungs ennemys, lesquels s'attendent d'estre bien tost secourus des forces étrangères en grand nombre nous endommageront grandement, ce qu'ils ne feront s'ilz se maintiennent en bonne union et nous rendent l'obeyssance qu'ilz nous doibvent. Partant nous vous prions de rechef de regecter telles pratiques sy elles s'adressent à vous, et croire qu'elles ne vous seront moings dommageables que à nous désagréables, vous résolvant de cheminer d'un mesme pied en l'obeyssance de noz commandemens et de nous servir d'un conjoinction de bonnes volontés à faire exécuter nostre édict de réunion de tous noz subjectz à la religion catholique, quy est le vray but auquel nous aspirons et pour auquel parvenir nous sommes contrainctz recourir aux moyens de noz dictz subjectz, vous asseurant que si Dieu nous faict jamais la grâce d'en venir à chefz à son honneur et gloire, nous vous ferons paroistre et sentir par vraiz effectz que comme nous avons plus d'intérest à vostre bien et soulagement que nulz aultres, aussy qu'il nous est trop plus cher et recommandé.

Donné à Paris le seiziesme de mars mil cinq cens quatre-vingt-sept.

Signé HENRY.

Et plus bas Brulard, et super scriptes.

A nos chers et bien amez les maire, eschevins, conseillers, bourgeois et habitans de nostre bonne ville de Dijon.

L'effet de ce manifeste fut tout à fait manqué. La Chambre convia les habitants en assemblée générale, le maire dit du bout des lèvres quelques paroles de conciliation ; on lut la dépêche, et l'assemblée se sépara après avoir décidé qu'elle assisterait à trois processions, afin de prier Dieu de faire cesser la guerre, la peste et la famine. Regist. des délib. B. 224, fol. 232.

---

[340]

LE COMTE DE CHABOT-CHARNY AUX MAGISTRATS DE DIJON.

Il a reçu des avis certains de projets de surprise des villes et places fortes de son gouvernement. Invitation pressante de redoubler de surveillance et de l'informer de tout ce qui leur surviendra d'extraordinaire.

PAGNY,
1587, 22 mars.

COPIE DU TEMPS.
B. 224, n° 223.

MESSIEURS,

Combien que les effectz plus communs et évidens de ceste saison donnent assez d'ocasion et de semonce à tous ceulx qui ont charge pour le service du Roy aux villes et places fortes, de veiller bien soigneusement à leur conversation, sy est ce que le mal qui est caché est beaucoup plus dangereux que la simple apparence ne le fait croire. J'ay fait ce que j'ay peu pour descouvrir les lieux et le temps qui le pourroient esclorre et enfin nous sommes tombez en ce période, qu'il est besoin, plus que jamais d'avoir l'œil ouvert, car j'ay des advis que pour certain, il se trame plusieurs menées sur les villes et bonnes places de ce pays et m'en sont les aparances donnnées en beaucoup de sortes, c'est ce que m'a fait vous dépescher incontinent ce porteur pour vous dire et prier de faire faire en vostre ville très soigneuse garde, le jour et la nuyt, veiller sourdement les actions de ceux que vous peuvent être suspectz et n'y laisser entrer d'autres de qui vous pouvez avoir quelque sinistre opinion. Et au cas qu'il survienne quelque chose d'extraordinaire, que vous jugiez me debvoir estre mandé, je désire que vous m'en donniez incontinant advis, afin que l'on ne perde temps et ocasion d'y pourveoir, je m'asseure que vous aurez le soing que debvez en cest endroit, pour estre chose qui vous importe plus qu'à personne et dont despend vostre seureté et repos, et, sur ceste créance, je prie Dieu vous maintenir, Messieurs, en sa très saincte et digne garde.

De Pagny le XXIIe mars 1586.

Vostre entièrement meilleur amy,

CHARNY.

A Messieurs les vicomte mayeur et eschevins de la ville de Dijon.

---

[341]

LES MAGISTRATS DE DIJON AU COMTE DE CHABOT-CHARNY.

Ils le remercient de ses avis, tout en déplorant leur impuissance pour se saisir des conspirateurs. Ils lui rendent compte de l'arrestation d'un huguenot retourné de Genève; de ce qu'ils ont décidé touchant l'hôtellerie du Paon, et lui demandent conseil sur la conduite à tenir pour préserver la ville des entreprises des ennemis.

DIJON, 1587, 27 mars.

MINUTE. B. 461, n° 19.

Monseigneur. Nous vous remercions très humblement l'advis qu'il vous a pleu nous donner, lequel nous estimons estre très véritable, mais estans incertains des chefs et auteurs des entreprises nous ne pouvons faire ce que nous ferions, combien que nous n'oblierons rien de ce qui nous semble appartenir au service du Roy et la seureté de la ville (1). Il y a trois jours

(1) Une proclamation de la Chambre de ville, du 24 mars, avait prescrit aux étrangers de quitter Dijon dans les vingt-quatre heures, sous

qu'il se présenta aux portes ung homme de Genefve qui demandoit l'entrée sous prétexte de quelque orfaveryes et pierreries qu'il portoist, nous luy avons refusée ; mais il ne laissera d'aller de ville en ville, comme nous présumons n'y ayant personne qui y pourvoye, nous ne l'avons osé constituer prisonnier, n'ayant aulcun commandement d'entreprendre contre de tels gens. Ces jours passés, nous avons prins ung cousturier qui retournoyt de Genefve (1) où il avoit demeuré longtemps et n'avoit abjuré son erreur ny faict profession de foy catholique. Il fut jugé et banny perpétuellement de la ville et banlieue, ses biens confisqués, dont il appella, par arrest et fut dict mal nullement et incompétament jugé et réformant le jugement, il fut mys hors de prison à la charge de faire profession de foy deans trois jours. Tellement que l'entrée est donnée à tous ceulx qui voudront retourner de Genefve en ce païs. Margeret, autrement dict Gros Bonot, qui est l'ung des plus factieux de Bourgongne (2) est auprès de cette ville et tournoyt il y a longtemps. Il est à croire que c'est pour praticquer, nous ny oserions toucher tant parce qu'il n'est en la banlieue, comme aussy que s'il estoit pris en la congnoissance et aurait pareil jugement que le cousturier. Nous avons un ostellier en cette ville nommé Antoine Bergier lequel par cy-devant tenoit tout le logis du Pan (3). Depuis le décès de sa femme le logis a esté partagé entre luy et les enfans du premier lict d'icelle. Il a fallu scavoir quy retiendroit le nom et enseigne du Pan. Ceste difficulté estant me-

peine d'être pendus ou étranglés. Défense était faite aux habitants de circuler dans les rues après le couvre-feu, et la fermeture des portes fut fixée à six heures du soir.

(1) C'était un nommé Antoine Laloussier, natif de Meulson ; le maire lui-même en avait fait la capture.

(2) C'est le même Jacques Margeret qui, après avoir vaillamment combattu pour la cause de Henri IV, alla guerroyer contre les Turcs en Transylvanie, puis en Pologne et en Russie, où il parvint aux plus hauts grades militaires. Voir l'étude biographique sur ce personnage, publiée par M. L. Chevreuil.

(3) Sur la paroisse Saint-Michel.

heue pardevant nous, il nous a semblé pour plusieurs raisons que l'enseigne devoit demeurer au logis advenu aux enfans, car il y avoit plus de trente ans que l'enseigne et entrée du Pan y estoit. Aussy que Bergier a toujours esté du party contraire à la religion catholique, et que s'il y a ung homme suspect quy vienne en ceste ville, il se retire en son logis. Davantage il a faict une porte en son pressoir pour entrer au jardin de son voisin, depuis lequel il peult aller sur les murailles de la ville, sur lesquels le dit jardin aboutit. Au mesme jardin il y a une vue si haulte quelle commande à la dicte muraille et descouvre fort loing en la campagne. Il a esté appellant de nostre jugement, le lieutenant du bailly l'a reformé et ordonné que l'enseigne demeureroit au logis de Bergier, au lieu que luy et sa femme devroient estre expeulses de la ville ou detenus prisonniers pendant ces troubles. Cela monseigneur et plusieurs autre choses nous austent le moyen de faire ce que nous desirerions pour la seurté de la ville, dequoy nous sommes tenus vous advertir. Nous confiermant au subject de vos lettres, parce que tous homme de jugement estimeront cela estre fort périlleux, d'aultant mesmement que il y a assés de personnes en ceste ville qui favorisent le party de ceulx de la mauvaise oppinion. Nous vous supplions très humblement, monseigneur, nous ordonner ce qui vous plaist que nous facions en telle pairplexité et y vouloir intéresser vostre aucthorité sy vous trouvez la chose le mieulx, afin que soyez obey et la ville assurée soubz l'obéissance de Sa Majesté, tellement que cyaprès aucune chose ne nous en puisse estre imputée. Vous baisant bien humblement les mains. Nous prierons Dieu, monseigneur, qu'il luy plaise vous conserver en heureuse prospérité et santé.

De Dijon, ce XXVIIe de mars 1587.

Vos humbles et obéissans serviteurs les vicomte mayeur et eschevins de la ville et communauté de Dijon.

[342]

QUENTIN, INTENDANT DE M. DE FERVAQUES, COMTE DE GRANCEY,
A SON MAITRE.

PARIS,
1587, 12 septembre.

ORIGINAL.
B. 462, n° 166.

Monseigneur (1),

Je ne m'aresteray guère à vous mander des nouvelles, parceque je n'ay peu voeir encore guère de gens mesme que la dame que scavés et qui vous escript m'a commandé vous envoyer ce porteur exprès et en toute diligence. Vous verrés par ces lettres ce qu'elle vous escript qu'elle désire fort que vous suiviés sans vous lier d'aultre costé et m'a dit davantaige, *que le Roy se veult servir* de vous et que vous ferés très bien de l'aller trouver à son armée à Gyen, ou il partira demain pour y aller (2) pour le moins s'il ne vous employe. il vous rendra content et asseuré quant il vous aura veu. La dicte dame craint fort que vous ne soyés lié par de là, d'autant qu'elle a tenu par deça le langaige que luy aviés dict et que luy auriés fait tort. Je l'ay asseurée que la veuée que vous avés faite à Dijon, ne vous a obligé encore à rien, vous suivrés le conseil quelle vous donne. Les nouvelles de deça sont que le roy de Navarre à deffait la compaignie de Monseigneur de Joyeuse et pris beaucop des principaulx prisonniers, lesquelz il a renvoyé sur leurs foy pour renvoyer leurs rançons : le sieur de

(1) C'est la première dépêche de la correspondance saisie par la mairie de Dijon sur le maréchal de Fervaques, lorsque, sur le soupçon qu'il trahissait les intérêts de l'Union, elle le fit arrêter et garder au château de Dijon.

(2) Le roi y rassemblait l'armée destinée à intercepter le passage aux confédérés allemands venus au secours des huguenots.

Pienne (1) a esté rendu pour le sieur de Charbonnier qui estoit prisonnier. Le dict sieur roy de Navarre est en Tourraine et fait contenance de vouloir passer pour joindre ses reitres (2) ; l'on a baillé quatre mil Suisses et quatre mil François au dict sieur de Joyeuse qui est retourné en Tourraine pour le combatre (3). L'on tient icy que le roy renvoye à Monsieur de Guyse (4) quarante compaignies de gendarmes. M. De Laverdin (5) n'a esté pris, tué ne blessé. Je croy que Madame de la Ferté (6) vous mandera la bonne réception qu'elle a eue des Roy et Roynes et de Monsieur d'Epernon, cela profittera à la cause.

Je vous envoye les lettres de Mme vostre cousine qui recommence fort à vous aymer, elle m'a fait cest honneur ce soir de me discourir de beaucop de choses ; vous la debvez entretenir et l'aymer, car elle ne vous conseillera rien qui ne soit à vostre avantaige. M. de Saint-Flour, désire fort d'avoir l'abbaye de M. de la Ferté, s'il vous plaist vous vous y employrés, je n'ay peu veoir personne pour vos abbayes, ce sera à mon retour, car les affaires me pressent pour aller en Normandie. L'on se meurt fort de peste à Lizieux, mais je n'y entreray nullement, sy vous renvoyé Myraulmont, et que ce porteur puisse servir à faire des botteaux de foing à la grange vous le retiendrés, sinon vous le renvoyerés ; je vouz renvoye vostre monstre et ung cadran, et trois mains de papier et des esguillettes ; je ne vous envoye point de graine, car tout ce que j'ay peu faire ça esté de tirer aujourd'huy les lettres de

---

(1) Florimond de Hallwin, marquis de Piennes.
(2) Il manœuvrait, en effet, pour se rapprocher des confédérés.
(3) Ce qui arriva le 20 octobre, à Coutras, où il fut défait et tué.
(4) Le duc de Guise était sur les frontières de Lorraine.
(5) Jean de Beaumanoir, marquis de Lavardin, commanda la cavalerie légère sous le duc de Joyeuse, à la bataille de Coutras. Henri IV le nomma maréchal de France en 1595. Il mourut en 1614.
(6) Jeanne de Hautemer, fille cadette de Fervaques, avait épousé, le 10 mars 1759, Claude d'Estampes, sieur de la Ferté Imbault.

Madame vostre cousine et estois ce soir à sa maison qu'il estoit dix heures de nuit. Monsieur de Méry est icy et Madame de Méry, je le verray demain, s'il veult escripre je luy feray tenir ses lettres.

Monseigneur,

Je prie Dieu, vous donner en santé heureuse et bien longue vie.

Ce samedy XIIe de septembre 1587.

Ce porteur m'a dict qu'il sera mardy prochain à disner à Grancey.

Vostre très humble serviteur,

QUENTIN.

Monsieur du Bouchaige, s'est rendu capussin à Paris (1), et ne la on peu retyrer. Madame de Tavanne (2) vous debvoit escripre, mais voyant les remises de jour en jour qu'elle m'a fait et estant en voyage précipité, je me suis advisé vous envoyer ce porteur sans envoyer ses lettres.

Il y a quinze jours qu'elle est malade.

A M. de Fervaques.

---

(1) Il fit profession le 4 septembre.
(2) Françoise de la Baume-Montrevel, veuve du maréchal de Tavannes.

[343]

LE DUC DE MAYENNE AUX MAGISTRATS DE DIJON.

Il les félicite des mesures prises pour la conservation de la ville; se concerter avec M. de Brion pour tout ce qu'ils jugeront nécessaire dans l'intérêt de la défense. Défense a été faite aux troupes de s'approcher de plus de trois lieues de la ville.

NEMOURS,
1587, 2 novembre.

ORIGINAL.
B. 460, n° 108.

Messieurs. J'ay esté bien aise d'avoir entendu par votre lettre du 29e du passé la continuation du bon ordre que vous donnez pour la conservation de vostre ville. Je vous en recommande tousjours le soing et la vigilence qui est ce qui la peult rendre la plus asseurée avecq l'union des gens de bien qui veilleront à ce qui est du service du Roy et de leur intérêt particulier. Je treuve très bon que vous usiez des remèdes dont m'escripvez pour les deux inconvéniens qui sont à craindre tant de la voulte de Reyne que du cours de Suzon et m'en remet à ce que monseigneur de Brion auquel j'ay escript, et vous trouverez estre plus à propos sur tout si c'est chose que vous jugiez nécessaire (1). Faictes y travailler en la plus grande diligence que vous pourez. Je vous envoye une ordonnance portant déffense à tous gens de guerre d'aprocher nostre ville de trois lieues. Je m'asseure qu'ilz ny contreviendrons et vous pouvez voire que s'il y a quelque mal advisé qui y désobéisse, je suis bien délibéré de le faire punir de sorte

(1) Léonor Chabot, sieur de Brion, fils puîné de François Chabot, marquis de Mirebeau.
(2) Il s'agissait de combler les voutes qui donnaient accès à ces deux cours d'eau dans l'intérieur de la ville, et d'en condamner l'entrée. Mesure qui ne fut effectuée que deux ans après, sur l'ordre exprès de Mayenne.

que les autres y prendront exemple. S'il se présente quelque autre chose d'important, je vous prie de m'en tenir adverty, et vous asseurez que bien que je sois esloigné maintenant de vous, si ma présence est aucunement nécessaire en la province, je quiteray touttes choses pour m'y acheminer pour le désir que j'ay d'y establir à l'advenir ung si bon ordre qu'on y puisse vivre en paix et repos estant ce que je désire le plus. Sur ce je prie Notre Seigneur qu'il vous aye Messieurs en sa sainte garde.

De Nemours le IIe jour de novembre 1587.

CHARLES DE LORRAINE.

Messieurs les vicomte maïeur et eschevins de la ville de Dijon.

---

[344]

CHABOT-CHARNY AUX MAIRE ET ÉCHEVINS DE DIJON.

Il les remercie du bon souvenir qu'ils ont conservé de lui, les encourage à persévérer dans leur fidélité au Roi, et se serait rendu près d'eux sans un catharre qui le retient dans sa maison.

PAGNY,
1588, 18 septembre.

ORIGINAL.
B. 460, n° 114.

Messieurs. J'ay cogneu tant par vos lettres que par les propoz que vostre coechevin présent porteur m'a tenu de vostre part (1), la bonne souvenance que vous avés de moy, dont je

---

(1) Par une délibération du 16 précédent, la Chambre avait commis M. Caillin pour porter à M. le Grand les lettres par lesquelles il était prié d'honorer la ville de sa personne, pour recevoir ses commandements.

vous mercye de bien bon cueur et loue beaucoup la bonne affection que vous avés au service du Roy, en laquelle je m'asseure que vous vous scaurés toujours bien conserver et entretenir comme du passé. Je désiroys pour vous aider à cela me rendre en vostre ville incontinent après le despart de Monsieur de Mayenne, sans un furieux catharre qui m'est tombé sur une des joues qui m'en a empesché et contraint différer jusques à ce que je soye du tout guéry. Je commence seulement à en sentir quelque fort petit amendement, mais dès que Dieu m'aura fait la grâce d'en sortir de tout ceste maladie, je fais estat de vous aller voir. Cependant s'il survenoit quelque chose en vostre ville où il soit besoing que je m'employe, j'y pourvoiray à votre contentement, me recommandant en ceste volonté très affectiennement à vos bonnes grâces et priant le créateur vous donner Messieurs en très bonne santé ce que désirez.

A Pagny le 18 septembre 1588.

Vostre bien affectionné entièrement bon amy,

CHARNY.

A Messieurs les vicomte maieur et eschevins de la ville et commune de Dijon. A Dijon.

---

[345]

LE DUC DE MAYENNE AUX MAGISTRATS DE DIJON.

Bien qu'éloigné de son gouvernement, il désire que la ville soit aussi soigneusement gardée que lorsqu'il y réside. Il suppose que le comte de Charny s'en préoccupe aussi.

LYON,
1588, 16 octobre.

ORIGINAL.
B. 460, n 115.

Messieurs. Encor que je sois hors de mon gouvernement et esloigné de votre ville, je ne laisse d'en avoir le soing autant que jamais. Ayant eu quelque advis, pour raison duquel je désire que la garde de Dijon se fasse aussy soigneusement que quand j'y estois et que mesmes les eschevins et cappitaines des paroisses soient astreints d'assister aux portes, parce que c'est chose qui sera très à propos pour le service du Roy qui me faict croire que vous y veillerez de toute votre affection, pour mon particulier j'en auray un très grand contentement, qui me fera prier Dieu, Messieurs, après vous avoir présenté mes plus affectionnez recommandations qu'il vous donne heureuse et longue vye.

A Lyon, le 16 octobre 1588.

Messieurs. Je ne doubte pas que Monsieur le comte de Charny ne veille assez en ce qui est du bien de la province, et touttefois je pense que ledit advis ne sera qu'a propos.

Vostre entièrement plus affectionné et asseuré amy,

CHARLES DE LORRAINE.

A Messieurs les maire et eschevins de la ville de Dijon.

---

[346]

CHARLES, DUC DE MAYENNE, A M. DE FERVAQUES.

Il lui renouvelle ses avances. La mort de Mandelot a mis Lyon en rumeur. On ne sait encore qui le remplacera. Quant à lui, il s'efforce de débrouiller les affaires du Dauphiné.

LYON,
1588, 26 novembre.

AUTOGRAPHE.
B. 462, n° 380.

Monsieur de Fervacques (1), j'avoys prié M. le président Jeanyn s'en retournant en Bourgongne de vous faire scavoir de

(1) Guillaume de Hautemer, baron de Fervaques, comte de Grancey,

mes nouvelles et de prier M. Barbisy (1), de ma part de prandre la peine de vous aller veoir pour vous tesmoigner la continuation du désir que j'ay qu'il se présente quelque bonne occasion pour vous randre une bonne preuve de mon amytié; je vous supplie doncq croire ce qu'il vous en dira. Depuis le partement du dit sieur Jeanyn, la mort du pauvre Monsieur de Mandelot est survenue qui a mys toute ceste ville en rumeur pour l'ombrage et la craincte, en quoy les habitans sont des déportemants de Monsieur de Savoye (2). Ils attendent la volonté du Roy sur le fait du gouvernement et ne scayt on encores qui l'emportera. Je suis toujours après à faire tout ce que je puis pour débrouiller les affaires de Dauphiné où j'y recongnois tant de confusion qu'ung plus habile que moy sy trouveroit bien empêché. Faictes moy scavoir de vos nouvelles et m'aymés, car je vous suys très acquis et très asseuré et autant à vostre dévotion que personne du monde. Je prie nostre Seigneur qu'il vous donne, Monsieur de Fervacques, heureuse et longue vie.

A Lyon, le XXVIe de novembre.

Vostre antièrement affectionné et parfait amy,

CHARLES DE LORRAINE.

A Monsieur de Fervacques.

servit successivement le duc d'Anjou, frère de Henri III, le roi de Navarre et embrassa ensuite le parti de la Ligue. Il vint en Bourgogne, où Mayenne, en janvier 1589, le nomma son lieutenant-général. Fervaques au début montra beaucoup de zèle pour la sainte Union; mais bientôt, sa conduite ambiguë ayant donné de l'ombrage aux ligueurs dijonnais, ils le firent incarcérer au château. Délivré par ordre de Mayenne, Fervaques s'éloigna pour un temps du pays. Dans l'intervalle, il revint à Henri IV, qui, pour récompenser ses services, le nomma maréchal de France. Il mourut en 1613.

(1) Perpetuo Berbisey, conseiller au Parlement depuis le 8 novembre 1576, embrassa chaudement le parti de la Ligue, et fut, avec le président d'Esbarres, un des plus fermes soutiens de Mayenne dans le Parlement de Dijon.

(2) Jacques de Savoie, duc de Nemours.

[347]

X. J. X. F. J. A M. DE FERVAQUES.

Le duc de Nemours est pourvu du gouvernement de Lyon; le duc de Mayenne a résolu son voyage, mais il veut avant tenter quelque chose en Dauphiné. L'entreprise sur Romans a manqué par le peu de résolution de celui qui la dirigeait. Il a rencontré M. de Saulge qui, sans doute, se rendait près de lui. — La Valette, qui a reçu de l'argent du duc de Savoie pour récompense du marquisat de Saluce, fait une rude guerre en Provence.

1588, 10 décembre.

ORIGINAL.
B. 456, n° 69.

J'ay escrit à Lyon, hyer nous en eusmes nouvelles, Monsieur de Nemours est pourveu du gouvernement, Monseigneur est résolu en son voyage, en quoy il se veult advancer, parceque ny est, ny prent, mais il veut encore tanter quelque chose en Daulphiné puisque l'entreprise de Romans n'a réussy, par la seule faulte de celluy qui conduisoit les trouppes, qui manqua de courage et de résolution en sa conduitte, combien fort aysément on pouvoit enlever la citadelle sans aulcun péril, à cause que le pétard avoit fait une miraculeuse ouverture, avec perte de plus de soixante soldatz qui estoient au corps de guarde, et l'alarme ne se prit de troys quartz d'heures après. Voilà le proffit qu'on ha de commettre les belles charges à personnes craintives qui ayment mieux digérer que dévorer les périls. Vous estes maistre au mestier, vous scavez que veult dire cela. J'ay escrit à Langres, et me prometz que vous en recepvrez contentement. Je treuvay près d'Issurtylle M. de Saulgé qui retournoit d'Italye, et croy que c'est celluy là que vous attendiez. Il est en vous de fayre part à vos serviteurs des discours qu'il vous fit, si vous le jugés nécessayre. J'heu hier lettres du 16 de novembre à Marseille, par lesquelles l'on m'asseure que le sieur de la Vallette a receu de Monsieur de Savoye, cinq centz mil escuz pour sa récompense du marquisat de Saluce, et que cest argent est cause qu'il fait rudement la guerre en Provence, jusques à voulloir assiéger la ville d'Aix. Monseigneur escrit à Monsieur de Médavy pour fayre advancer sa compagnie. Je vous baise humblement les mains comme vostre très affectionné et fidel serviteur quelque vent qu'il vente.

Ce 10 décembre 1588.

X. J. X. F. J.

A Monsieur, Monsieur de Fairvaques, conte de Grancey.

---

[348]

LE PRÉSIDENT JEANNIN A M. DE FERVAQUES.

M. Berbisey l'a entretenu des conférences qu'ils ont eues ensemble. Le seigneur qu'il aime ne demande qu'à lui donner des témoignages de réciprocité. Il compte bientôt faire un voyage en cour, lui l'accompagnera et le fera souvenir de ce qui l'intéresse. Il regrette que l'accord d'Auxonne dont il s'occupait ne lui ait pas permis de l'aller voir ; il lui dénonce des projets d'un certain seigneur, qui fait de grandes pratiques dans son voisinage.

DIJON, 1588, 14 décembre.

ORIGINAL.
B. 462, n° 379.

Monsieur, j'ay entendu par Monsieur Berbisi les conférances qu'il a eu avec vous et l'affection qu'il vous plaist porter au seigneur qui vous ayme, honore et recognoit aussi vous estre tenu et obligé, je suis certain que vous en aurés tesmoiniage par tous les effetz qui dépendront de son pouvoir et sera très aise pour premières arres que celui qui est entré en traité avec vous le continue, s'il fait quelque voïage en cour comme il fera bientost si le roy ne s'aproche de Lyon ; je pense estre de la partie, de la le feray souvenir de ce que je scay que vous avez en affection je vous i rendray très humble service et en tout ce qu'il vous plaira jamais me commander, je n'eusse failli à vous aller veoir lorsque M. Berbisi i fut, sans un accord auquel je m'employay lors entre ceulx d'Auxonne qui estoient en très grande division; maintenant ilz en sont dehors pour le moins n'y reste il rien à mon advis qui les puisse porter à quelque mauvais dessein. J'ay apris jour certain qu'en la ville proche de vous un seigneur que cognoissés i fait de grandes pratiques et se fait fort de MM. de vos principaux amis, on m'a parlé fort avant de l'estroite amitié d'entr'eux et de quelques mauvais effets qu'on en craint, je ne pense toutefois que celui qui vous est serviteur, voulut faire chose que fut tant contre son honneur et debvoir, vous pouvez beaucoup pour détourner c'est orage s'il estoit préparé. Je vous suplie très humblement Monsieur de veiller et me commander ou je vous pourray rendre service, et je m'employray de ceste mesme affection que je vous baise très humblement les mains et prie Dieu,

   Monsieur

qu'il vous maintienne en bonne santé et prospérité.
 A Dijon le 14 décembre.

   Vostre très humble et très affectionné serviteur,

      P. JEANNIN.

A Monsieur, Monsieur le conte de Grancé.

[349]

ÉTIENNE BERNARD, DÉPUTÉ AUX ÉTATS-GÉNÉRAUX DE BLOIS, AUX MAIRE ET ÉCHEVINS DE DIJON.

Il ne peut les informer d'autres nouvelles que de celles qui les concernent. Il leur envoie l'avis qu'ils attendent et leur donnera d'autres nouvelles à son retour. Le roi de Navarre a pris Niort. Surveiller les menées des fauteurs d'hérésie.

BLOIS,
1589, 3 janvier.

ORIGINAL.
B. 461, n° 33.

Messieurs. La saison ne permect pas que je vous face part d'autres nouvelles que de celles qui vous regardent en particulier. Ayant faict mon debvoir de faire signer le résultat de l'arrest que je vous envoye. J'ay faict retarder le présent porteur six jours pour avoir le seau. La retardation ha esté causée sur ce que Monseigneur le Cardinal de Vendosme, accompagné de Monsieur le garde des sceaux, ha esté aux chambres pour plusieurs propositions de conséquence, entre autres pour nostre seurté et pour l'exécution de l'édict dernier. Je vous diray le reste quant j'auray le bonheur de vous revoir, qu'est le seul bien que je souhaitte, comme font tous les autres depputés estonnés des divers bruits de leurs provinces. Demain se présentent les caïers de nos plaintes, mais quant aux harangues, le jour n'en est encores donné (1) : Dieu veuille que la résolution s'en preigne telle que la misère du royaume le requiert. Le Roy de Navarre ha pris Nyort et parle on de Saint-Mesan (2), c'est pourquoi vous veillerés les actions de ceux que soubz un prétexte d'estre fort affectionnés au service

---

(1) Elles furent prononcées les 15 et 16 janvier.
(2) Saint-Maixent (Deux-Sèvres).

de Sa Majesté, avancent et favorisent les poursuittes et menées des hérétiques. Je ne vous renfraichys les offres du service que je vous doibz en général et en particulier, pour l'assurance que vous avez de me pouvoir commander, comme j'ay volonté de vous honorer et obéir d'aussy bon ceur que je vous baise les mains et prie Dieu, Messieurs, vous donner en toute santé et prospérité, longue vie.

De Bloys ce III janvier 1589.

Vostre serviteur,

BERNARD.

---

[350]

LE CONSEIL DES SEIZE AUX MAIRE, ÉCHEVINS ET HABITANTS DE DIJON.

On tient Dieu pour roi, et son image est peinte sur les enseignes colonnelles. Taxes volontaires et forcées établies dans Paris pour la solde des troupes qu'on lève de toute part. Enthousiasme des Parisiens. Le Parlement de Paris a consulté ceux de province sur l'opportunité d'une régence. La Sorbonne a déclaré le roi hérétique, et décidé qu'on pouvait lui dénier le serment de fidélité. Exhortations de demander l'assistance divine par le jeûne, l'aumône et les processions, et de se montrer aussi fermes et courageux que les Machabées.

| PARIS, 1589, 4 janvier. | ORIGINAL. B. 456, n° 94. |

C'est ce qui a esté resolu à faire la guerre et avoir recours à Dieu que nous tenons pour nostre Roy. De fait qu'il sera mis es enseignes collonnelles ung Jésus-Crist avec sa couronne et le rozeau, et tout ce qui se publiera sera dict : *Regnante Cristo*, et pour la devise : *Aut vinci aut mori*, qu'est ce que les bons chrestiens doibvent avoir maintenant en résolution.

Nous avons fait pardeça amas de deniers que chacun a

donné volontairement, et ceulx qui ne se sont seignez d'eulx mesmes, ont esté taxez au quadruple, et oultre ce chacun s'est taxé qui à deux, qui à trois, qui à six escuz par mois, oultre les dits fondz. Tellement qu'avons moyen de mectre vingt mil hommes aux champs. A Paris, j'entendz la ville seule sans comprendre l'environ, et sans toucher aux deniers par nous advancéz qui demeurent pour distribuer aux princes qui conduiront l'armée.

Il ne sort personne de ceste ville qui ne donne bonne caultion pour payer sa cotte par mois, et s'ilz sont obligez à retourner dans le temps qui leur est donné, je ne doubte que n'en faciez aultant et que n'amaciez argent le plus que pourrez. Et ne vous fault plus rien craindre.

Le tembour sonne par tout pour amasser gens, et trouvons, grâces à Dieu, beaucoup de bons hommes, bien affectionnez. Et oze dire que grâce à Dieu, tel estoit du party contraire, que ayant veu la perfidie et cruaulté advenus en ses princes, sont prestz pour mourir en soubstenant l'honneur de Dieu et de la religion catholique.

Je vous diray daventage qu'il n'y a que les officiers du feu Roy qui aujourdhuy crient vengeance et sont ceulx qui nous mectent le cœur au ventre.

Messieurs du Parlement, vendredy dernier firent assembler toutes les cours souveraines, et furent en corps à Nostre Dame faire dire une messe du Saint Esprit, pour le prier les vouloir assister de conseil es choses de si grandes importances, et à l'issue d'icelle advisèrent de plus rien faire expédier en son nom. Et ont envoyé aux quatre principales cours souveraines de ce royaume pour avoir leur advis sy l'on doibt créer ung tuteur ou ung viceroy, en absence de celluy que nous avions.

Veu que Messieurs de la Sorbonne l'ont déclaré hérétique et indigne de la couronne à cause de ce qu'il a fait cy devant, attendu que par la harengue qu'il a faicte à l'ouverture des Estatz, il a deschargé son peuple du serment et fidélité en cas qu'il ne feist chose qui empeschast la tenue desdits Estatz, et qu'il ne feist exécuté de point en point ce qui seroit conclud et arresté, ce que n'ayant fait nous ne luy debvons plus d'obligation.

Sy est il que puisque noz magistratz, tant spirituelz que temporelz sont de cest advis, nous ne pouvons moings faire que de les suivre, et comme eulx implorer l'aide en faveur de Dieu, par jeusnes, aulmônes, processions générales et aultres œuvres de pénitences. Nous y avons jà commancé, et ny a ung sy petit et sy particulier qui ne se retourne à Dieu. Aussy nous nous en appercepvons, d'aultant que journellement il se présente des personnes fort zellées et qui ne demandent qu'à nous ayder.

Je m'asseure de vous aultres, Messieurs, que ne demeurerez derrière quelques promesses que l'on puisse faire ne vous destournerez de la promesse qu'avez jurée et promise, tant à Dieu qu'aux hommes, joint que celluy que vous promectra, ne le vous peult tenir à cause de sa perfidie.

Je vous prie encourager le peuple et leur remonstrer que jamais les Macabées n'ont tant faict parler d'eulx à cause de la fermeté qu'ilz ont eue et monstrée à maintenir et soubstenir l'honneur de Dieu que nous acquerrons aujourdhuy, exposans noz vyes et moyens à la deffense d'une sy bonne, juste et sainte cause.

Dieu nous a preservé une Judée qui fera parler d'elle bien tost. Et de nostre part monstrons nous courageulx et gens sans crainte, et allons en toutes noz actions hardiz avec la revérance qu'avons en nostre grand Dieu, et asseurons nous qu'il prendra vengeance de ses ennemys et des nostres, nous convertissans à luy. Ce que je m'asseure que vous et nous ferons moyennant sa sainte grace.

De Paris ce quatrième jour de janvier 1589 (1).

(1) Bien que cette pièce ne soit pas signée, on peut en attribuer la rédaction au greffier Pierre Senault, qui remplit les fonctions de secrétaire du Conseil général de l'Union et des Seize.

[351]

Liste de proscription des habitants de Dijon, dressée par le duc de Mayenne.

1589, 16 janvier.

ORIGINAL.
B. 460, n° 116.

Rolle des noms et surnoms de ceulx qu'il fault emprisonner et de ceux qu'il convient expulser hors la ville (1).

L'avocat Odebert (2) sera emprisonné ;
L'avocat Richart (3) sera emprisonné ;
L'avocat Humbert (4) sera emprisonné ;
Le controolleur de Recologne (5) sera emprisonné ;
Pierre Villemin (6) sera emprisonné ;
Claude Le Villain sera chassé hors la ville ;
Jehan Francollin sera chassé ;
Les deux Robelins seront emprisonnés ;

(1) Le 9 janvier 1589, le duc de Mayenne, ayant mandé la Chambre de ville au Logis-du-Roi, lui réitéra la promesse de ne point introduire de garnisons ; mais il exhorta les magistrats à ne rien négliger pour maintenir la tranquillité dans la ville, notamment en arrêtant les menées des brouillons et des « turbateurs. » Revenus à l'Hôtel-de-Ville, Picard, secrétaire du duc, leur remit sept feuillets de papier, contenant la liste des suspects de chaque paroisse, avec invitation d'y statuer. C'est de ce travail que sortit cette liste de proscription. Archives de la ville. B. 226, fol. 140.

(2) Jean Odebert, avocat, qui était absent, se garda bien de rentrer en ville ; il tint la campagne et devint le lieutenant du président de Vaugrenant, aussitôt que celui-ci, ne pouvant plus servir le roi sur les fleurs de lis, quitta le mortier pour le morion et sa plume pour une épée.

(3) Jean Richard, avocat érudit et poète bourguignon, comme son père J. Richard.

(4) Il suivit l'exemple d'Odebert.

(5) Bénigne de Roqueleyne, dit Gobin, contrôleur du grenier à sel. Il fut élu maire de Dijon en juin 1597, et mourut le 2 octobre suivant, revêtu de cette charge.

(6) Sergent royal.

Hugues Maire l'esné sera chassé ;
André Rollet sera chassé ;
Bergier sera chassé ;
Apvrillet sera emprisonné ;
L'avocat Fornier sera emprisonné ;
Jehan Borrée derrier Sainct Jehan sera emprisonné ;
Chisseret son voisin sera emprisonné ;
Pottier huissier sera chassé ;
Jehan Chisseret sera chassé ;
Henry de Montsanglat chassé ;
Benigne Chisseret emprisonné ;
Benigne Perruchot emprisonné ;
Gougenot sera chassé ;
L'avocat Virot sera chassé ;
L'avocat Brocart sera emprisonné ;
Laurent Gros sera mis hors la ville ;
Maximilien Desplanche (1) sera chassé.

Nous ordonnons aux eschevins, capitaines, lieutenants et enseignes des paroisses de la ville de Dijon mettre à éxécution le présent estat et mesmoire et nous en certiffier.

Fait le seizieme janvier 1589.

CHARLES DE LORRAINE.

(1) Imprimeur-libraire.

[352]

Ordre du duc de Mayenne aux habitants de Dijon, sans exception, de rester constamment sous les armes.

DIJON,
1589, 28 janvier.

COPIE DU TEMPS.
B. 461, n° 36.

Le duc de Mayenne, pair et grand chambellan de France, gouverneur et lieutenant général pour le Roy en Bourgogne.

Parce qu'il est besoing, expediant et nécéssayre que chacun des habitans et aultres personnes demeurant dans la ville de Dijon, demeurent arméz pour la conservation, tant de leurs propres personnes, de tous les gens de bien, que pour le repos d'icelle ville en général. A ceste cause, nous ordonnons à tous les sieurs ecclésiastiques d'icelle ville de se tenir et demeurer armés dans leurs maisons, pour en cas de nécessité s'assembler soubz leurs chiefz pour obéyr et faire ce qu'il leur sera commandé par Monsieur de Farvasque que nous avons laissé pour gouverner et commander dans la ditte ville de Dijon pendant nostre absence, selon et ainsi que les occasions requerront. De quoy faire nous leur avons donné pouvoir par la présente, signée de nostre main et faict mettre nostre scel.

A Dijon le XXVIII° jour de janvier 1589.

Signé : CHARLES DE LORAINNE.

Et plus bas : PICCART.

[353]

MONTMOYEN, GOUVERNEUR DE BEAUNE, A M. DE FERVAQUES,
COMMANDANT EN BOURGOGNE POUR LE DUC DE MAYENNE.

Informé que le comte de Chabot-Charny a reçu commandement de la cour pour sommer les villes de Bourgogne, il le prie de lui faire connaître quelle réponse il devra faire si cette sommation lui est signifiée.

BEAUNE,
1589, 30 janvier.

ORIGINAL.
B. 462, n° 175.

Monsieur,

Je ne vous ay point écrit depuis mon départ d'auprez de vous, pour ce qu'il ne s'en est présenté aucun suget et pour cette heure n'en ay pas encore beaucoup, sinon que l'autre jour l'on m'advertit que M. Le Grand (1), avoit reccu pacquet et commandement pour faire sommer toutes les places de Bourgongne. Et sur cela j'ay estimé qu'il estoit besoin de scavoir de vous la responce que vous treuverez bon que nous ayons à faire et la faire savoir à tous les autres, affin que nous soyons tous conformes en noz responces; vous me la manderez s'il vous plait, affin que je ne sois point surpriz, vous suppliant encor me faire cet honneur de m'aymer comme vostre serviteur et me faire part de voz nouvelles. Toutes choses sont en bon estat en cette place et en cette ville, Dieu mercy, je fais tousjours travailler céans et fere mettre cette semaine céans les munitions que Monseigneur a ordonné y estre mises.

(1) Éléonor Chabot, comte de Charny, grand écuyer de France, lieutenant général en Bourgogne.

Monsieur,

Je prie le Créateur vous donner en parfaitte santé très heureuse et longue vie.

A Beaune ce XXXᵉ janvier 1589.

Vostre très humble et plus affectionné serviteur,

MONTMOYEN (1).

A Monsieur, Monsieur de Fervaques, lieutenant général pour le Roy au gouvernement de Bourgongne.

---

[354]

LE MÊME AU MÊME.

Doit-il permettre aux officiers du bailliage de publier les lettres du roi, enregistrées par ceux de Dijon.

BEAUNE,　　　　　　　　　　　　　　　ORIGINAL.
1589, 31 janvier.　　　　　　　　　　　　B. 462, n° 176.

Monsieur.

Hier les officiers du Roy de cette ville m'apportèrent des lettres de déclaration du Roy qui ont estées publiées à Dijon, pour scavoir si je treuverois bon quelles fussent icy publiées, à cet effet je vous ay despesché ce laquais avec ce mot par lequel vous me manderez s'il vous plait ce que j'auré à faire,

---

(1) Edme Regnier, baron de Montmoyen, fils de Claude Regnier, président à la Chambre des comptes de Dijon. Mayenne lui confia le gouvernement de Beaune, lorsqu'il s'empara de cette place en 1585, et Montmoyen parvint à la lui conserver jusqu'au mois de février 1595, que les Beaunois, soulevés contre lui, ouvrirent leurs portes au maréchal de Biron.

car puisque il a esté publié à Dijon, je tiens que ce n'a esté que par vostre consantement et que vous l'avez permis, de ma part je feré tout ainsy que vous l'ordonnerez, vous suppliant encor quant telles choses adviendront, de me advertir au plus tost et me commander ce qu'il vous plaira que je fasse, désirant en toutes occurrances vous témoigner l'affection que j'ay de vous faire très humble service et vous baisant bien humblement les mains, je prieré le Créateur,

Monsieur,

vous donner en santé très heureuse et longue vie.

A Beaune ce dernier jour de janvier 1589.

Vostre très humble et très affectionné serviteur,

MONTMOYEN.

A Monsieur, Monsieur de Fervaques, conte de Grancey, lieutenant général au gouvernement de Bourgongne.

[355]

LARTUSIE, COMMANDANT DE LA CITADELLE DE CHALON,
A M. DE FERVAQUES.

Même demande que celle de Montmoyen. — Le maréchal d'Aumont est vers le Mâconnais. Les députés du Chalonnais aux États sont revenus.

CITADELLE DE CHALON,   ORIGINAL.
1589, 31 janvier.   B. 462, n° 177.

Monsieur. Pour ce que je esté adverty qu'il y quelques ungs quy sont arrivez en ce pays quy ont apporté quelques lettres pour faire faire des sommations à toutes les villes et places fortes de se gouvernement icy pour leur demander pour quy ilz tenoient et s'ilz ne recongnoissent pas le Roy pour leur vray seigneur et pour ce que sela se pourroit adresser à moy des premiers, je vous en ay bien voulu adverty affin qu'il vous plaise de m'adverty de vostre intention et en attendant se qu'il vous playra de m'en mander si sela m'avenoit, je suis délibéré si vous le treuvez bon de leur respondre que je tiens ceste place icy pour le service du Roy soubz l'authorité et commandement de Monseigneur Du Mayne, nostre lieutenant général pour Sa Majesté en se pays de Bourgongne. Mandez moy si vous le treuvez bon ainsy ou bien comme je le doibtz faire sous vostre mandemant est arrivé plustost qu'ilz me facent la sommation. Nous avons icy quelque bruit que Monseigneur le maréchal d'Aumont (1) estoit vers le Maconnoys, je depesche ung de mes laquetz vers Monseigneur de Cluny pour en savoyre des nouvelles; si j'en apprendz quelque chose, je me faudrez de vous en adverty, les depputez de ceste ville qui estions à Bloys (2) arrivèrent au soir tout tart; par leurs langaiges généreux, ilz ne disent que belles parolles; je ne scay s'ilz ont rien dans le corps au contrayre, car ilz ne sont guères bonnes gens, qu'est tout ce que je vous puice escripre en priant le créateur, Monsieur, que vous doint ce que vostre cœur désire.

A la sitadelle de Chalon ce dernier janvier 1589.

Vostre très affectionné à vous faire service,

LARTUSYE (3).

---

(1) Jean d'Aumont, comte de Château-Roux, marquis de Nolay, baron d'Estrabonne, chevalier des ordres du roi, fut nommé maréchal de France en 1579. Il mourut à Rennes le 19 août 1595, âgé de 73 ans.
(2) De Thésut, conseiller au bailliage, et Clerguet, bailli de l'évêché.
(3) Antoine de Guillermy, seigneur de Lartusie en Béarn, Bellevesvre, Saint-Georges, Renam et Cretia, commandait la citadelle de Chalon depuis une quinzaine de jours. Mayenne qui, à son retour de Lyon, s'en était emparé par surprise, d'autres disent par connivence avec le baron de Lux, l'ancien gouverneur, lui en avait confié la garde.

[356]

LE PRÉSIDENT JEANNIN A FERVAQUES.

Le Roi a été obligé de quitter Orléans, qui s'est rendu au duc de Mayenne, de même que Jargeau; Toulouse a suivi Paris. Recommandation de surveiller Tavannes et Vaugrenant, qui ont promis de soulever la Bourgogne.

MONTARGIS,
1589, 31 janvier.

ORGINAL,
B. 462, n° 178.

Monsieur, je vous ay dit par M. Prudent qui partit hier et adverti du départ de Monseigneur le duc de Mayenne pour aller faire lever le siège d'Orléans, présentement nous avons des nouvelles qu'ilz ne l'ont attendu. Ceux d'Orléans sont dans leur citadelle, ceux du Roy ont quitté le faubourg et se sont retiré. En passant, Gergeau s'est rendu à mondit seigneur, Tholouse à fait comme Paris; l'homme qui en porte les nouvelles à Paris pour s'unir avec eux, vient d'arriver icy. Nous avons sceu pour certain que Messieurs les présidents Fremyot (1) et de Vaugrenant (2), ont promis de faire un remuement de la ville de Dijon et une surprise au chasteau, je vous suplie très humblement que vous y donniez ordre s'il

---

(1) Bénigne Fremyot, président au Parlement de Dijon, était à Dijon le chef du parti royaliste. Il avait quitté sa compagnie, dont la majorité était dévouée aux Lorrains, pour se rendre près du roi et recevoir ses commandement.

(2) Baillet de Vaugrenant, président aux requêtes du Palais, n'avait, lui, quitté la ville qu'après une tentative infructueuse de soulèvement ou de surprise; il s'était aussi rendu près du roi, mais dans l'intention de le servir autant de l'épée que de la plume, ce que nous le verrons bientôt effectuer.

vous plait et en advertissiez Monsieur de Franchese, auquel j'escris un petit mot.

A Montargis ce dernier jour de janvier.

Je suis vostre très humble et très affectionné serviteur,
J. (Jeannin.) (1)

A Monsieur,
Monsieur de Fervaques, lieutenant général au gouvernement de Bourgongne.

[357]

DE CHASTENAY SAINT-VINCENT A FERVAQUES.

Prière de gourmander les habitants sur leur négligence pour le service de la garde. Le capitaine Paradin lui donnera des détails sur leurs déportements. Crainte de trouble, il a refusé aux députés aux États de rendre compte de leur mission, etc.

CHALON,
1589, 1er février.

ORIGINAL.
B. 462, n° 362.

Monsieur,

Depuis le départ de Monseigneur du Maine de ce païs, il ne c'est passé par deça chose qui meritast vous avertir, toutefois la crainte que j'ay qu'atendant à vous donner quelque avis d'importance, je ne faille en ce qui est de mon debvoir, j'ay pensé vous représenter l'estat de ceste ville ou mondit seigneur m'a laissé pour y commander et reconnois l'humeur de plusieurs habitans fort disposés à leur propre conservation

---

(1) Pierre Jeannin, né à Autun en 1540, était en 1572 avocat et conseil de la province. C'est en cette qualité qu'appelé par Chabot-Charny lors de la réception des ordres du roi, pour le massacre des protestants à Dijon, Jeannin s'opposa à leur exécution. Nommé bientôt gouverneur de la Chancellerie de Bourgogne, puis conseiller au Parlement et président en 1580, Jeannin embrassa avec ardeur le parti de la Ligue, et devint le plus capable et le plus dévoué des conseillers du duc de Mayenne. Après la réduction de la Bourgogne, Henri IV, qui connaissait ses rares talents, l'attacha à son gouvernement. Les négociations du traité de Vervins, et la reconnaissance des Provinces-Unies par l'Espagne furent en grande partie son ouvrage. Il mourut à Paris le 31 octobre 1622.

et ne rien émouvoir, mais par ce qu'ilz ne sont sy vigylans que je désirerois aller eux mesmes en personne à leur guarde, ny se sont sy affectionnés que je vouldrois, sy vous trouvez bon leur en écripre ung mot avec un peu d'aigreur et à moy de vous donner avis de ceux qui vouldroient altérer et troubler l'unyon de cette patrie, j'estime que cella servira de beaucoup à les remettre en leur debvoir et les y retenir. Monsieur le capitaine Paradin vous va trouvé, lequel j'ay tousjours recongneu fort afectionné au service de Monseigneur du Maine, il vous fera entendre particulièrement le déportement des habitans de la ville de Mascon et la particullière afection qu'il a de vous faire service. Hier au soir arivèrent les députés du Tiers Etat de cette ville, qui estoient à Bloys qui m'ont asseuré n'avoir aulcune charge d'émouvoir le repos d'icelle, ilz estoient en volonté de faire quel que assemblée pour randre compte de leur charge, laquelle je leur ayt interdit, n'aiant trouvé bon leur donner aulcune audience, vous supliant en escripre aux maires et eschevins, afin d'éviter qui ne puisse aporter aucung trouble, j'atendray sur le tout voz commandements, comme celui qui éternellement veult demeurer

Vostre très humble à vous faire service,

DE CHATENAY St VINCENT (1).

---

[358]

LE MÊME AU MÊME.

Propositions faites par Chastenay Saint-Vincent à Fervaques pour contenir la ville de Chalon au pouvoir du duc de Mayenne.

1589, 6 février.

MINUTE.
B. 457, n° 64.

Pour conserver ceste ville en l'obéissance de Monseigneur, la quelle autrement est perdue et incommodera fort la cita-

---

(1) Joachim de Chastenay, baron de Saint-Vincent.

delle qui n'est qu'ung terrain du costé de la ville de la longueur d'environ cinq cens pas, et contre laquelle les maistres de la dite ville se pourroient bariguer à la faveur de vieilles murailles d'icelle et fortifications de terres enciennes.

Faut en premier lieu arester cinq ou six politiques les plus remuans, comme Julien, Perreau, Sibille, Clairguet (1), le conseiller de Taizeu (2), Jehan Janthial, et les faire conduire à Dijon par quelque ungs du cappitaine Joannès, lequel entrera en la ville de Chalon par le commandement de M. de Fervasque pour faire ladite capture et empescher que les habitans ne viennent aux mains et pour n'émouvoir aulcune chose en la dite ville. Monsieur de Lartuzie fera entrer les dites troupes par la citadelle, sy Monsieur de Fervasques le trouve bon, desquelles troupes demeureront par une compagnie et cent hommes dans la ville jusque à ce que le sieur de Sainct Vincent, capitaine d'icelle, ait levé pareil nombre pour la seureté d'icelle.

Pour l'entretainement desquelz cent soldatz sera envoyée commysion, adressant au bailly de Châlon ou son lieutenant de faire deportement de la somme de . . . . . . pour ung moys et non plus et sans tirer à conséquance.

Sera expédié commission au sieur de Saint-Vincent, capitaine de la ville de Chalon, pour lever cent hommes et les mettre en garnison dans la ville de Chalon.

Est expédient de laisser les troupes des sieurs Johannès, Réal et Merignault en garnyson es ville au lon la rivière de Sôme, comme Verdun et aultres.

(1) Bailli de l'évêché de Chalon, député du tiers état aux États de 1588.
(2) Conseiller au bailliage, collègue de Clerguet aux États.

[359]

LE PRÉSIDENT JEANNIN AU MÊME.

Mayenne a été reçu avec allégresse à Orléans ; le Roi a quitté Blois pour Amboise ; le duc de Nemours s'est sauvé ; la ville de Blois s'est livrée ; Toulouse fait cause commune avec Paris ; Tavannes, Fremyot et Vaugrenant sont partis pour soulever la Bourgogne.

MONTARGIS,
1589, 2 février.

ORIGINAL.
B. 462, n° 182.

Monseigneur le duc de Mayenne est dans Orléans ; ceux qui estoient devant ont levé le siège et se sont retirés avec fraïeur, lui a esté receu avec alégresse et témoignage de beaucoup de joie en la ville. Le Roy au mesme instant qu'il a esté adverti de la venue de Monseigneur, est sorti de bon matin avant jour de Bloys, et s'en est allé par eau à Amboise, ou il a fait mener tous les prisonniers (1) fors M. de Nemours qui s'est sauvé, ceux de Blois incontinent après le départ du Roy ont envoïé à mon dit seigneur lui offrir les clefs de leur ville. Tous les amis et serviteurs se jettent de toutes parts aux champs et se saisissent des places. Thoulouse s'est saisi de ceux dont il avoit soupçon et ont envoïé à ceux de Paris pour se joindre à leur union. Il n'y a point de doubte que Messieurs de Tavanes et président Fremyot et de Vaugrenant sont allés en Bourgogne pour y remuer ; qu'ils ont lettres au Parlement et à plusieurs particuliers à cest effet. Vous y veil-

(1) Le cardinal de Bourbon, la duchesse douairière de Nemours, mère des Guise, le prince de Joinville, fils aîné du duc de Guise, le duc d'Elbeuf, d'Espinac, archevêque de Lyon, Péricard, secrétaire du duc de Guise, La Chapelle Marteau, le président de Neuilly, Campans, députés de Paris, et Leroi, député d'Amiens.

lerez s'il vous plait. Vous aurez bientost, je m'assure, nouvelles de Monseigneur.

De Montargis ce II° jour de febvrier.

Tenez moi s'il vous plait pour votre très humble et très affectionné serviteur,

P. JEANNIN.

Monseigneur a mandé son bagage depuis deux heures. Nous aurons donc de ses nouvelles à ce soir. Je suis demeuré en ce lieu pour quelque affaire d'importance.

A Monsieur, Monsieur de Fervaques, lieutenant général au gouvernement de Bourgogne.

---

[360]

LE DUC DE MAYENNE AU MÊME.

Il se rend à Paris; il reçoit de partout d'excellentes nouvelles. Toulouse lui a envoyé une députation. Bordeaux a contraint Matignon à se renfermer au château Trompette. Prière de l'informer de ce qui se passe et avis de se méfier de Vitry, dont les démarches sont suspectes.

ORLÉANS,
1589, 2 février.

AUTOGRAPHE.
B. 462, n° 183.

Je m'en vays veoir Messieurs de Paris qui m'attendent en très bonne dévotion. Vous ne scauriés croire l'affection qu'ils continuent; j'espère que nous ferons tous ensemble quelque chose de bon. J'ay laissé en ceste ville si bon ordre qu'avecq l'aide de Dieu il ny fault rien craindre. Ce coup de la levée de ce siège a merveilleusement asseuré toutes les villes de nostre party. Ceux de Thoulouse tiennent leur premier président prisonnier et m'ont envoyé deux députez pour s'unyr avec nous. A Bourdeaulx, le maréchal de Matignon a esté contrainct de se retirer dans le chasteau Trompette. J'espère que toutes choses passeront bien Dieu aidant. Vous aurés à toutes heures de mes nouvelles comme je vous prie me faire scavoir des vostres et de contenir tousjours l'affection et bonne volonté de noz amys, car c'est ce que conservera le repos en la province avecq vostre prudence. Je suis tout à vous, à Dieu lequel je prie vous avoir en sa sainte garde.

D'Orléans le IIe jour de fevrier.

Vostre entièrement affectionné et parfait amy,

CHARLES DE LORRAINE.

J'ay sceu pour certain que Vittrey (1) est allé à la court, vostre beaufilz la trouvé par les chemins fort estonné. Cela m'est fort suspect et pour ce prenés vous garde de luy et nous y fiez que rien à propos ; je me loue infiniment de vostre beaufilz (2), à qui je ressans avoir beaucoup d'obligation.

A Monsieur de Fervacques.

---

(1) Louis de l'Hôpital, marquis de Vitry, ancien gentilhomme de François, duc d'Anjou. Il était alors gouverneur de Dourdan, qu'il remit à Henri IV lors de son avénement, ne voulant pas servir un roi hérétique, et se rangea du côté de Mayenne, qui lui confia la défense de Meaux.

(2) Vraisemblablement M. de la Ferté, mari de Jeanne de Hautemer, fille cadette de Fervaques.

[361]

MADAME DE FERVAQUES A SON MARI.

Elle fait bonne garde. Avis que ceux de Chaumont se disposent à attaquer leurs sujets de Chateauvilain. Nouvelles de Paris et de Verneuil. Les ouvriers ont déserté ses forges, et ses levrettes ont mis bas.

GRANCEY,
1589, 2 février.

ORIGINAL.
B. 462, n° 45.

Monsieur. Avecques l'aÿde de Dieu nous ferons très bonne garde en l'absence de M. le Gruier (1), et le suplie vous maintenir en bonne senté et prospérité. Je suis bien ayse de avoir heu cest honneur d'entendre de vos nouvelles et de celles qu'il vous a plu me despartir. Sans la crainte de vous importuner j'envoirois bien plus souvent scavoir ce que vous faictes et voulois envoyer aujourdhuy, mais puis que ce porteur est venu, j'attendray ung jour ou deux. Je heu hier des nouvelles devers Chasteauvillain et a apris que ceulx qui sont contraires à l'Union tienent en campagne. Je ne scay si c'est vers la Champagne ou en ces cartiers là; seullement ceux de Chaumont pour haine particullier veullent faire la guerre à Chasteauvilain, bien que M. du Maine les ayent pris en sa protection, et disent que si son apsence est cause de ne rendre sa protection assez forte, qui se mestront en la vostre. Il sont là bien travaillez, car ils ont chascun jour à leurs portes tant tost de ceux de l'Union, tant tost de ceux qui leur sont contraires. Vous scavez tropt mieux que moy, mais c'est pour vous faire scavoir ce que nous pouvons vous dire, ya qui ne peut pas estre grant choses, car nous ne bouchons du chasteau et ne

(1) Officier qui avait l'administration des vastes forêts du comté de Grancey.

voyons personne ; que Monseigneur du Maine a faict partir de Paris douze canons pour mener à Estampes où se dresse son armée. L'on dit que ceux qui sont contraires à l'Union ont repris le Mans. L'on m'a dit aussi que Verneuil (1) s'est mis de l'Union, dont je suis fort ayse. Nous avons heu ung peu d'allarmes ces jours, car l'on disoit que l'on voulloit ravager toutes vos terres. Dieu nous conservera s'il luy plaict et nous fasse la grâce de le bien servir. Je ne menque poinct d'affection ny de soing avecque, en tout ce que je pence pour le mieux en vos affaires et toutes celles du monde, ne sucede pas comme l'ont se les proposeroit bien ; mais il faut faire en tout la guerre à l'œil et le mieulx que l'on poura dans ses festes. Si ont me tient promesse, je dois estre resollue de voz affaires de Madame de la Messe. Croiés que je fais tout ce que je puis. Je vous dirois vollontiers ung cruel desplaisir qui m'est avenu, permettés moy de vous le dire, de vos martelleurs après que j'avois fait reffaire roue, chaufferye tout à neuf l'estants plain jusques à regorger, ces meschants se sont desrobés et sont allés ayant emporté dix ou douze escuz d'avence et sont allés vers Mon-Belliard. A la forge (2) on travaille gras (à Dieus). Cella m'a merveilleusement incommodé contre ceste feste ; il n'y a remede, puis que ce sont des accidens sans faulte ; il fauldra par bonne vigillence (met que j'en aye recouvert d'autres), reparer ce dommage, ce que je feray si Dieu plaict. Je feray toujours travailler les affineryes ; mais je ne scaurois avoir de martelleurs qu'après ses festes. Vostre levresse a fait douze levrons, dont il y a deux morts, sont dix qui luy restent qui est trop, mais nous ne pouvons trouver de mâtines. Il y en a de blanc, de blanc et gris, de touts semblables aux levriers, et une seule levresse qui ressemble à la mère, qui sera pour moy s'il vous plaict. Tous vos jeunes

(1) Verneuil était commandé par M. de Médavy, gendre de Fervaques.
(2) Forge de Marey-sur-Tille.

chiens se portent bien. Ceux de Bataille seront petis, car elle en a trop ; nous fairons trouver des mâtines qui en pourroit faire trouver, et hors les chiens de Bataille, tous sont noirs. La Trenelle je suis bien marrye, que je ne puis trouver des levresses pour eux.

Vous baissent très humblement les mains ; priant Dieu, Monsieur, vous donner très longue et heureuse vie.

De Grancey ce jour Nostre-Dame.

Votre très humble et obéissante femme,

RENÉE DE MARCONNAY (1).

A Monsieur, Monsieur de Fervaques, comte de Grancey.

---

[362]

MONTMOYEN A M. DE FERVAQUES.

Une troupe de cavaliers qu'on suppose aux ordres de M. de Bissy a passé à une lieue de Beaune. Comme il est à craindre qu'il ne s'empare de Verdun, il l'en avertit, ainsi que les capitaines de Chalon et de Seurre.

BEAUNE,
1589, 3 février.

ORIGINAL.
B. 462, n° 184.

Monsieur,

Hier au soir il arriva une compagnie de gens de pied ou il n'y a pas plus de cinquante ou soixante hommes en un village à une lieue d'icy qui ne voulurent jamais nommer leur

---

(1) Renée L'Evêque, fille de François, sieur de Marconnay, et de Françoise Gillier, mariée en 1558 ; elle mourut vers 1598. Anselme, VII, 395. C'était une femme d'un caractère énergique qui, en maintes circonstances, fit preuve de courage et de résolution. V. le journal de Pepin et de Breunot.

chef, ce qui me mit en doubt et ay tant fait que j'ay descouvert que c'est une levée que fait M. de Bissy (1), neveur de M. de Chalon, mesmement qu'il les a mandez toute la nuit pour aller se getter dans Verdun, qui est une petite ville proche de sa maison de Braigny qui n'est pas beaucoup forte, mais elle se peut bien fortifier et si est sur la rivière de Sone. J'ai estimé qu'il estoit expédient de vous en donner adviz de bonne heure affin de prévenir les desseins de ceux qui voudront brouiller cette province, et encore que je ne sois pas en tout bien asseuré du fait, si est-ce en en ayant receu adviz je n'ay voulu faillir de le vous donner, attendant que j'en puisse apprendre plus de vérité pour vous en mander plus certaines nouvelles. Je viens d'envoyer à Chalon et à Seurre en advertir M. de Lartusye, lui envoyant voz lettres et le cappitaine Guillerme, car ilz sont sur la rivière et leur importe plus qu'aux autres. Il y a beaucoup de trouppes sur les champs et en y a qui sont ennemys qui se fourrent parmy les nostres ; si vous me le commandez je feré courir suz à ceux qui ne voudront déclarer qui ilz sont, d'où ilz viennent et où ilz vont, sur ce je vous vois baiser très humblement les mains et prieré Dieu,

Monsieur,

De vous donner en santé très heureuse et longue vie.

A Beaune ce 3ᵉ de février 1589.

Vostre très humble et plus affectionné serviteur,

MONTMOYEN.

A Monsieur

Monsieur de Fervaques, conte de Grancey, lieutenant-général au gouvernant de Bourgongne.

---

(1) Héliodore de Thiard, né en 1558, parut au début des guerres de la Ligue pencher du côté du duc de Mayenne ; mais bientôt encouragé par l'exemple du comte de Tavannes, il arbora franchement l'étendard de Henri IV, s'empara de Verdun dont il fit sa place, y soutint un siége mémorable par le courage de ses défenseurs et l'héroïsme de Margue-

[363]

LE DUC DE MAYENNE AUX MAIRE ET ÉCHEVINS DE DIJON.

Il leur mande ses succès à Orléans, à Blois, les attribue à la protection de Dieu, et leur recommande l'union dans l'intérêt de la conservation de la ville.

ORLÉANS,
1589, 3 février.

ORIGINAL.
B. 460, n° 118.

Messieurs. Je m'estois achemyné en résolution de secourir les gens de bien de ceste ville qui estoient assiegez, mais j'ai trouvé à mon arrivée que les ennemis en estant advertis avoient habandonné le siége et se sont retirez avec tant de désordre que la plus part de leurs forces se sont perdues. Rien que leur propre conscience ne les a portez à cest effroy pour congnoistre qu'il ne leur peult bien succéder de combattre contre une si juste et sainte cause. Ayant esté aussy advertis que le Roy en même temps s'estoit retiré avec les prisonniers à Amboise, fort peu accompagné. Tous ces bons succès, viennent du Dieu seul, qui a voulu souffrir que ce malheureux acte soit arrivé pour le salut du reste des gens de bien et bons catholiques de ce royaume que l'on eust infailliblement ruynez s'il n'y eust pourveu comme nous voyons qu'il faict. Je n'ai voulu demeurer plus longtemps sans vous donner cest advis pour l'asseurance que j'ai qu'il vous apportera de la consolation et du contentement, vous priant, Messieurs de demeurer toujours bien ensemble pour vostre conservation qui m'est aussi chère

rite de Busseuil, femme d'Héliodore. Ce brave capitaine mourut en 1593 des blessures qu'il reçut dans une escarmouche sous les murs de Beaune. V. *Notice biographique* sur Héliodore de Thiard et Marguerite de Busseuil, par M. Abel Jeandet, de Verdun, insérée dans la *Revue bourguignonne*, 6-17 juin 1854.

que la myenne propre, et continuer l'affection que vous avez de tout temps tesmoignée à la manutention de la cause de Dieu et nostre religion catholique. Priant Dieu Messieurs qu'il vous aye en sa sainte garde.

D'Orléans ce 3ᵉ jour de février 1589.

Vostre plus affectionné et asseuré amy,

CHARLES DE LORRAINE.

A Messieurs les maire et eschevins de la ville de Dijon (1).

---

[364]

LE DUC DE MAYENNE A FERVAQUES.

Informé des projets de Tavannes et de Vaugrenant sur la ville de Dijon, il lui enjoint de ne rien négliger pour comprimer tout mouvement, et de ne s'arrêter devant aucune considération.

1589, 3 février.

ORIGINAL.
B. 456, n° 100.

Je scay très certainement que Chambelin et Vaugrenant sont depeschés vers monsieur Le Grand et vers le parlement pour faire un grand remuement par delà. Monsieur de Tavanes y est desjà à mesme effect, le Roy promet et asseure par escript M. Le Grand de le faire gouverneur en chef et M. de Tavanes lieutenant général. Vaugrenant promet que tout le parlement se remuera et en son particulier de faire trouver trante mille escus. Le premier effort se doit faire à Dijon et se doit on saisir de la tour Saint-Nicolas, tuer le maire, M. Fyot (2) et

---

(1) Le vicomte mayeur en donna lecture à la Chambre de ville assemblée le 7 du même mois. Reg. des délib. B. 226, p. 157.
(2) Jean Fyot l'aîné, conseiller au Parlement, et l'un des plus ardents promoteurs de la Ligue en Bourgogne. Il mourut le 21 mars 1599.

quelques ungs de nos amis. Quant à vous, monsieur de la Ferté (1) votre gendre à promis de vous faire pratiquer et s'il ne peut par lettres, de vous envoyer votre fille à cest effect; que s'ilz n'en peuvent venir à bout par ceste voye de vous faire tuer comme les autres. J'ay trop d'asseurance en vostre vertu et intégrité pour rien croire de vous. Je vous supplie doncq de toute mon affection pourveoir de bonne heure à ce mal, faire saisir la tour de Saint-Nicollas et tous ceux du parlement qui sont mal affectionnés. N'usés plus qu'il vous plait d'aucung respect, autrement vous recevrés du mal et n'en faites doubte, y donnant ordre il ne fault rien craindre car nos affaires sont à souhait par deça grâce à Dieu et si j'espère deans ung mois avec des forces assés pour mettre la peur en l'âme de nos ennemis si elle n'y est desjà. (2) Advertissés s'il vous plait ceux qui commandent aux places; par tout faites mettre des gens davantage à Seurre et s'il en est de besoing à Dijon et partout ailleur. Vous pouvez obliger celluy qui se fye du tout en vous et qui toute sa vie vous honorera comme son père vous aurés bien tost si en avez besoing et si je manderay incontinent ce qui est par delà.

D'Orléans ce 3ᵉ jour de février.

Signature coupée.

(1) Claude d'Estampes, seigneur de la Ferté Imbault, marié le 8 mai 1579 à Jeanne de Hautemer, fille de Fervaques.

(2) Fervaques n'osa point se porter à ces extrémités.

[365]

MONTMOYEN, GOUVERNEUR DE BEAUNE, A M. DE FERVAQUES.

Il a été avisé des projets de remuement en Bourgogne. Demande des nouvelles d'Orléans et des instructions sur ce qu'il doit répondre aux officiers du bailliage touchant les lettres du Roi. Plaintes sur les pillards qui ravagent les environs; nécessité d'y mettre fin. Levée de troupes par M. de Rochebaron. Les démarches de M. de Bussy sont surveillées.

BEAUNE,
1589, 4 février.

ORIGINAL.
B. 402, n° 1.

Monsieur,

Aujourd'hui Prudent, secrétaire de Monseigneur est passé vers moy qui m'a dit qu'il vous envoyoit des lettres de mondit seigneur, par lesquelles il vous mandoit de nous advertir de prendre garde à quelques uns qui sont depputez pour venir brouiller en cette province et que vous m'advertiriez bien tost de tout ce qui en seroit en cela et toute autre chose je feré tout ce qu'il vous plaira me commander. A ce qu'il dit, deans trois jours nous aurons nouvelles de ce qui se sera fait à Orléans, si vous en recevez, je vous supplie nous faire cet honneur de nous en faire part. Je vous écriviz dernièrement touchant la publication des lettres du Roy; j'ay dit à ses officiers de cette ville ce qu'il vous a pleu m'en écrire; ilz font instance pour leur descharge et disent qu'ils ont l'ordre du Lieutenant au bailliage de Dijon, qui leur ordonne la publication et m'ont prié de vous advertir de cela comme je fais, vous suppliant me mander amplement vostre volonté sur cela, affin que je la leur fasse entendre. Au surplus, Monsieur, je ne veux oublier vous faire scavoir qu'il y a fort longtemps que nous sômes environnés de trouppes de gens de pied de tous costez de cette ville qui ravagent et pillent le plus indiscrètement du monde et sont icy à l'entour il y a plus de quinze jours de fasson qu'ilz ont tout perdu et ruyné icy à l'entour et en ay tous les jours infinies plaintes à quoy jusques icy j'ay pourveu au mieux que j'ay peu faisant randre partout ce qu'il se prenoit. Mais ils séjournent trop par deça et n'y a point d'ordre de tant demeurer en un lieu. A cette occasion je viens tout à cette heure d'estre prié de Messieurs de cette ville et vous en écrire et supplier leur faire tirer pays n'estant pas bien raisonnable qu'ils portent la foulle si longtemps, si vous me le commandés je leur ferai bien scavoir de par vous qu'ils ayent à tirer pays sur peine de faire sonner le tocsaint et le vous dit pour autant que je suis adverty pour chose très certaine qu'il y a gens entremeslez parmy les nostres qui sont du party contraire et que vous verrez dans peut de temps des effets de ceux qui veulent mettre le trouble et la confusion dans la province. L'on m'a adverty ce soir qu'il est arrivé à Mascon des lettres du Roy par lesquelles il leur mande de ne point obéyr au duc de Mayehne et celui qui m'a dit cela m'a aussi dit que M. de Rochebaron (1), levoit des trouppes qui estoient desjà en pays.

Monsieur en écrivant cettes, j'ay receu les vôtres par lesquelles me mandez que je mette gens aux champs pour empescher le dessein de Verdun et que à cet effet vous en écrivez à M. de l'Artusie. A cette occasion j'envoie haster la crûe que j'ay faitte pour ma garnison et l'envoyeroi de ce coté là et cependant je n'ay pas laissé d'envoyer advertir ceux de Verdun auxquels j'envoyerai demain vos lettres et croy qu'ils ne recevront personne et davantage j'ay d'hommes les gens qui verront le viconte de Bissey en sa maison et s'enquesteront bien et à propos de tout ce qu'il fera pour m'en advertir en temps

---

(1) René de Rochebaron, chevalier des Ordres du roi, comte de Berzé, baron de Joncy, etc., fut un des plus actifs défenseurs de la cause royale en Bourgogne. Il épousa, le 19 février 1592, Françoise, fille de Jean d'Aumont, maréchal de France, et de Louise d'Angennes, sa seconde femme, fut élu de la noblesse aux Etats de Bourgogne de 1599.

et lieu et selon les nouvelles que je recevrai de ce costé là, et ce qu'il vous plaira me mander je me mettrai aux champs et advertiray M. de l'Artusie d'en faire de mesme, mais il me semble qu'il seroit très bon écrire de mesme au cappitaine Guilerme à Seurre qui m'a ce jourd'hui mandé que le sieur de Bissey avoit passé le port à Seurre venant de Pagny; voilà tout ce que je sais pour cette heure. Je vous prye mander sinon que je prie Dieu, Monsieur, vous donner en parfaite santé, très heureuse et longue vie.

A Beaune, ce 4ᵉ de février 1589.

Vostre très humble et très obéissant serviteur,

MONTMOYEN.

Monsieur, je vous supplie m'envoyer un chiffre avec lequel je vous puisse écrire plus librement.

---

[366]

LARTUSIE A M. DE FERVAQUES.

Il a reçu ses instructions pour le cas de sommation. On lui envoie le lieutenant de Tapson dont on doute. Les menées de Bissy pour s'emparer de Verdun ont été déjouées; les habitants ont refusé de le recevoir.

CHALON, 1589, 4 février.   ORIGINAL. B. 462, n° 5.

Monsieur. Je receu ce jourd'hui deux de vos lettres, l'une par la voye de M. de Montmoyen et l'autre par la voye de M. de Saint-Vincent. Quant à ce que vous me commandez de la response si on nous faict somme je ne lairez de répondre se que vous me commandez. Quant au lieutenant de Tapson (1)

(1) Capitaine d'une troupe de gens de pied levés dans la province, il fut un instant compromis dans la conspiration La Verne.

ayant reçu vos lettres je ai faict entendre à son capitaine le doubte auquel j'estoyt sur son lieutenant, le priant de l'envoyer hors de céans pour quelque jours et m'ayant faict entendre quy le vouloit envoyer lever une creue, je prins ce subject pour l'envoyer vers vous luy faisant entendre d'aller prendre une attache de vous pour lever ladite creue et cependant vous le pourrez entretenyr de la depesche du jour à aultre jusqu'à ce que vous ayez esté plus amplement informé de ses actions. Il est adverty aujourd'hui par M. de Montmoyen comme il avait logé une compaignie là ou il y avait encore quarante ou cinquante hommes qu'avions logé près de sa ville qui célions le nom du cappitaine et qu'après avoyr mil peynes de savoyr que estoit. Il avoit seu qu'ilz estions soubz la charge de M. de Bissy et qu'ilz s'alions mettre dedans Verdun (1), dès l'heure mesme je fis monter à cheval ung de mes gens pour aller advertir au beau gallop ceux de Verdun à prendre les armes et prendre garde de ne recepvoir Bissy en aulcuns de ses gens, combien qu'il soit leur voisin sur peyne qu'ilz s'en repentiroient et que en attendant que vous fussiez adverty s'ilz avions besoing de forces je leur en envoyrois. Mon homme n'est encor de retour soudain qu'il sera de retour, je vous en advertiray de ce qu'il aura faict. Cependant je advertis une compaignie qu'est en Bresse qu'est sous la charge du cappitaine La Vollière de s'aprocher dudit Verdun et si les habitans ont affaire de lui, de se mettre dedans. S'il estoit vray que ledit sieur de Bissy se fust saisy dudict Verdun, il me semble qu'il seroit bon de se saisir de son oncle Monseigneur de Chalon que l'on dict qu'est arrivé à Dijon, pour luy faire rendre ladite place, car il à tout pouvoir sur son nepveu ; j'espère que demain matin j'aurez de certaines nouvelles que je vous en advertiray. Escripvez à Mascon, car je me doubte fort de ceste place ce

---

(1) Ville, laquelle, quelle soit petite, si elle est de grande conséquence, écrivait le lendemain à Fervaques M. de Chatenay Saint-Vincent, gouverneur de Chalon, en l'informant des mêmes faits.

qu'est tout ce que je vous puis escryre pour le présent en priant le créateur

Monsieur que vous doint ce que vous désirez.

De la citadelle de Chalon ce 4ᵉ febvrier 1589.

Vostre très affectionné à vous faire service,

LARTUSYE (1).

Depuis la présente escripte, ceux de Verdun me sont venuz trouver et me sont venuz dyre qu'ilz se conserveront contre tretous et que Bissy ny aultres n'entreront en leur ville qui ne soit par commandement de M. du Mayne, ou de vous, et si vous trouvez bon de leur faire quelques bonnes exortations cela les obligera tousjours de plus en plus.

[367]

LE MÊME AU MÊME.

Il le presse de mettre une garnison à Verdun et à Saint-Jean-de-Losne. Il doute fort qu'ainsi que les habitants de Verdun l'en ont assuré, Bissy soit allé trouver le duc de Mayenne.

CHALON, 1589, 6 février.

ORIGINAL, B. 462, n° 17.

Monsieur. Je viens de recepvoir présentement vostre lettre dabtée du quatrième de ce mois et pour ce que vous avez reçu de mes nouvelles sur le faict que vous m'escrivez par le lieutenant du cappitaine Tapeson, que je envoye vers vous et en l'estat qui sont les affayres à Verdun ainsi que m'a rapporté

(1) Le lendemain, M. de Chatenay Saint-Vincent manda les mêmes faits à Fervaques.

ung soldat que je y avoys envoyé et aussi les habitans m'estant venuz trouver sur l'advertissement que je leur avoys donné. Ils m'ont promis d'aller vers vous pour recepvoyr vos commandementz; comme je pense qu'ilz y sont desjà allez, il ne seroit que bon de leur maitre une garnison d'une compaignie. Aussi j'espère que les soldats que je fait lever pour mettre dedans ceste cytadelle soubz ma charge comme Monseigneur du Mayne m'a commandé seront prests d'icy dans sept ou huit jours et à mesme temps que mes forces arriveront, monseigneur du Mayne se veult servir de ses compaignies icy et à mesme temps qu'ils sortirions, si vous en mectiez une à Verdun et deux à Saint-Jehan-de-Losne, se seroit une grande seureté pour le pays et s'il advenoit quelque chose en par une place de ce gouvernement, vous vous pourriez servir desdites compaignies pour servir là ou il auroit de besoing et de rechief. Soudain avoir receu votre lettre je envoyrai encore ung des miens à Verdun pour savoyr comme tout y passe. Quand ceux de Verdun vinrent parler à moy, ilz me dirent que Bissy n'estoit point aux environs de leur ville et que s'en estoit allé trouver monseigneur du Mayne chose que je ne croys pas. Je doubte fort Mascon, si vous leur escriviez souvent ce ne seroit que bon. Suyvant les advertissements que nous aurons du costé de Verdun et d'ailleurs et tout ce que je y pourray mectre ordre je le feray detyrer des forces de ceste cytadelle je n'en puis guère tyrer pour estre la cytadelle d'une si grande garde comme elle est et les compaignies n'estant complectes; touteffoys pour une promptitude nous feront ce qui nous sera possible il n'y a aultre chose de par deça digne de vous estre escript en priant le Créateur

Monsieur que vous doint ce que vous désirez.

De la citadelle de Chalon ce 6ᵉ febvrier 1589.

Vostre très affectionné à vous servir,

LARTUSYE.

[368]

PONTUS DE THIARD, ÉVÊQUE DE CHALON, A FERVAQUES.

Il s'émerveille du bruit qui court qu'il n'est point en sûreté, et que Bissy, son neveu, tente une entreprise sur Verdun. Bissy est parti remplir une mission auprès du duc de Mayenne.

BRAGNY,
1589, 7 février.

ORIGINAL.
B. 462, n° 18.

Monsieur. Je me suys esmerveillé depuys deus jours d'un bruyt qui me passe d'heure à autre par les oreilles; qui sonne que je ne suys céans en seureté : et que Monsieur de Bissy mon neveur à une entreprinse sur Verdun. Quant à ma seureté je n'en puys entrer en déffiance, me resentant homme de bien, non factieux, mais aultant désireux du repos de ceste province que de mon propre salut. Quant à ce que l'on dit de mon neveur, la vérité est qu'il partist samedy dernier de céans pour aller trouver M. le duc de Maïenne, avec les mémoires de la charge que j'avois du roi, pour dire à mondit seigneur de Maïenne comme je le vous ay fait entendre : je vous prie bien humblement de croyre que je tiendray fermement ce que je vous ay dit; aussi vous supliay-je de ne croire de moy autre chose que ce qu'il faut d'un homme véritable, et que se bruyt n'est qu'un vent de mensonges. J'ajouste encore une humble prière qu'il vous plaise d'avoir l'œil au soulagement du peuple qui souffre de pitoyables dommages par les troupes espanchées ; et pour moy particulièrement j'atens de vous autant de suport que vous voudriez faire à un vostre plus affectionné serviteur qui vous baise les mains très humblement priant Dieu

Monsieur qu'il vous conserve une très longue et plus heureuse vie.

De Bragny ce VII février 1589.

Vostre plus affectionné à vous faire très humble service,

PONTUS DE TYARD.

E. DE CHALON (1).

Monsieur. Vous aurés sceu par M. Tabourolt que l'avertissement que l'on vous avoit fait est nul. Je vous suplie encore de favoriser noz povres voisins de Verdun dont je vous demeureray obligé pour m'acquiter par ce que je pourray jamais en vous servant très humblement (2).

---

[369]

LA MARÉCHALE DE TAVANNES A FERVAQUES.

Violents reproches sur ses projets de faire la guerre à son fils, M. de Tavannes, et à porter la désolation dans une famille dont il a reçu plaisirs et amitié.

DIJON, 1589, 10 février.

ORIGINAL.
B. 462, n° 27.

Monsieur mon cousin. J'ai tousjours extimé que l'amitié estoit plus forte entre les parens que les estrangers et que ceulx des parens qui ont receu plaisir ne l'oublient jamais et

---

(1) Imprimé page 219 de l'ouvrage intitulé : *Pontus de Tyard, seigneur de Bissy, depuis évêque de Châlon*, par M. Abel Jeandet, médecin à Verdun. Ouvrage couronné par l'Académie de Mâcon.

(2) Pontus de Thiard, né en 1521, au château de Bissy-sur-Fley, au diocèse de Chalon, l'un des poètes de la pléiade française, fut reçu, en 1552, chanoine de Vincent de Mâcon, aumônier du roi Henri III, qui en 1578 le nomma évêque de Chalon. Pontus resta constamment fidèle à ce prince,

cherchent moyens de s'en revancher. Je dis ceci pour vous, non point pour user de reproches, mais pour vous remémorer quelles choses se sont passées et vous faire ressouvenir si vous avez jamais receu plaisir de fut monsieur le Maréchal et si je me suis despuis essayée et emploiée à vous en faire de les particularizer il ne serviroit de rien parce que vous le savez et n'en veulx aultre tesmoin que vous. J'ai donques occasion de me plaindre à vous de vous mesme des choses qui se passent. Pourquoi cherchés vous à faire desplaisir à la maison de qui vous avez receus tous plaisirs et amitié si vous dites que c'est le debvoir de vostre charge. N'avez-vous pas de quoi employer les troupes aillieurs. Mon filz de Tavanes veult aller treuver le roy au Bourbonnois et n'aprochera point Dijon. Vous allez donner beaucop de contantement à voz ennemiz qui s'esjouiront et de nostre mal et du vostre. Monsieur le Grand, Monsieur de Brion et Senecey se baignent et ont aultant de contantement qu'ilz en pourroient désirer de veoir vos aprestz, vos menasses et la guerre que vous allez faire à ceulx ausquels je dis que vous êtes tenu ; et debvriez plus tost secourir que d'offenser. Quelles choses se passeront doresnavant entre les estrangers, puisque les parens s'offensent ainsi l'un l'autre. Je scais que ces troubles ne peuvent durer et les princes s'accorderont, mais les seigneurs qui auront estez offensez ne pourront demeurer sans revanche quelque chose qui advienne.

Vous m'avez escripts ces jours passez pour un mariage de l'une de mes petites filles (1) et je recongnois que cela ne vient que de l'inimitié que vous pourtez à la maison de l'autre parti. Je ne serai pas preste d'y entendre, je chercheray doresnavant l'amitié de vos ennemis, car de parens et amis de

---

et quand sa ville épiscopale eut embrassé le parti de la Ligue, Pontus se retira au château de Bragny. En 1594, il se démit de son évêché en faveur de Cyrus de Thiard, son neveu, et mourut à Bragny le 23 septembre 1605, âgé de 84 ans.

(1) Probablement Léonore, fille de Guillaume, qui épousa en 1590 Joachim de Dinteville.

nostre maison que vous debvez estre, vous vous rendez et premier et plus eschauffé à nous faire la guerre. Je prie à Dieu qu'il vous change vos dessains. Et qu'il conserve et maintienne mon filz.

FRANÇOISE DE LA BAUME (1).

[370]

LARTUSIE AU MÊME.

Le lieutenant général de Mâcon a introduit dans cette ville son neveu, qui est un officier commissionné du Roy; néanmoins il est douteux que les habitants lui permettent d'exécuter ce qu'il projette. En écrire au commandant et aux magistrats. M. de Bissy va rejoindre le duc de Mayenne. Martinenque, général du duc de Savoie, s'avance dans la même direction. Son maître attend, pour quitter Turin, le renfort promis par le duc de Ferrare. Les habitants de Verdun n'ont point voulu recevoir ses soldats. Bon effet produit par la nouvelle de la prise d'Orléans. Arrestation du maréchal de Retz.

CHALON,
1589, 11 février.

ORIGINAL.
B. 462, n° 36.

Monsieur. Je receu vostre lettre dabtée du 6° febvrier je ne faudrez à toutes les trouppes qu'ilz s'aprocheront de les advertyr de ce que vous me commandez comme je fis desjà hier au jeune Bayard, lequel me dict qu'il avoit apprins en ses quartiers du Lyonnois comme monseigneur le lieutenant-général de Mascon avoit commandement du Roy de mectre le jeune Des Preys son nepveu qui avoit levé une compaignie par com-

___

(1) Françoise, fille de Jean de la Baume, comte de Montrevel, et de Françoise de Vienne, sa seconde femme, épousa, le 16 décembre 1546, Gaspard de Saulx, sieur de Tavannes, maréchal de France, dont elle eut cinq enfants, dont deux, Guillaume de Saulx, comte de Tavannes, qui fut l'objet de cette lettre, et Jean, vicomte de Tavannes. Elle mourut vers 1608. Anselme, VII, 254.

mandement du Roy qui le vouloit mectre dans Mascon pour estre son nepveu, disant qu'il s'en prévaudroit en ce qu'il pourroit pour le service du roy. Le frère aisné dudit Despreys est lieutenant d'une compaignie des gardes de la porte du roy et l'autre est avecques nous qu'est lieutenant dudit Bayard, je me doubte que Bayard n'ay tyrré cela de son frère qu'est son lieutenant, je me doubte fort de cette ville là, mais je ne vois pas que les habitans luy permettent pour ce qu'il voudroit faire son particulier de ce qu'il pourroit avoyr promis à la Cour, et si vous lui en escrivez un mot, que vous avez entendu dire cela, et en escryre aussi une lettre à Monsieur de Marbey (1) et une aultre aux mayres et eschevins, vous lui pourriez rompre son entreprise si poinct il en a. Monsieur de Bussy (2) frère du baron d'Urfey marche et s'en va trouver Monseigneur du Mayne et dict-on qu'il a bien quatre ou cinq centz hommes de pied ; il est passe icy un gentilhomme qui m'a dict que Martinenque général des gens de monseigneur de Savoye, parti de Saint-Rambert pour s'en venir coucher avecques ses trouppes à Saint-Trivier et aux environs ayant six mil hommes de pied et quatre centz chevaux et qu'il s'en venoit à grandes traictes pour aller treuver Monseigneur du Mayne et m'a dict que monseigneur de Savoye estoit prest à partyr de Thurin pour s'en venyr à Chambéry, mais qu'il attendoit quatre centz bons chevaux que monseigneur de Ferrare luy envoyoit pour se joindre aux siens pour s'en aller trouver Monseigneur du Mayne et qu'il avoit trouvé un courrier sur le Monsignia qui luy avait dict que le roy avait fait prendre prisonnier l'ambassadeur de Savoye et que à son arrivée qu'il feroit à Thurin, il croyoit que son maistre feroit

---

(1) Commandant de la ville et du château de Mâcon.
(2) Christophe d'Urfé, sieur de Bussy, comte de Châtillon et de Pont-de-Veyle, frère de Jacques dit Paillard, marquis d'Urfé et de Baugé. Il mourut le 1er octobre 1594. Comme il assiégeait en 1589 le château de Crecey, près Is-sur-Tille, le comte de Tavannes accourut au secours de la place et le contraignit de déloger au plus vite.

prendre prisonnier l'agent que le roy a là. J'avois envoyé deux soldats à Verdun pour assister les habitans de ce qu'ils pourrions avoyr à faire et aussi pour estre adverty des pratiques qu'ils pourront faire, ils ne les ont voulu recepvoyr et s'en sont revenuz. Vous avez bien à vous prendre garde de Saint-Jehan-dé-Losne, et de Verdun et de Mascon, quand à moy je feray tout ce qui me sera possible et vous advertiray de tout ce qui passera venant en ma congnoissance. Le secours d'Orléans est venu bien à propos, car ilz faisions comme de faux bruits en se cartiez icy. Il n'y a rien de nouveau de par deça digne de vous estre descript, en priant le créateur

Monsieur que vous doint ce que vous désirez.

En la citadelle de Chalon ce 11e febvrier 1589.

Vostre très affectionné à vous faire service,

LARTUSYE.

A Monsieur,

Monsieur de Fervaques, comte de Grancey, lieutenant général au gouvernement de Bourgogne.

L'on m'a escript aujourd'hui de Lyon que le maréchal de Retz a esté prins en venant à Lyon pour y commander, je ne scay si sera vray ou non.

[371]

LA COMTESSE DE TAVANNES A FERVAQUES.

Ne peut croire qu'il ait formé le projet de venir l'assiéger, et comme son mari n'est point à Courcelles, elle espère qu'il renoncera à un exploit qui ne pourra guère ajouter à sa réputation.

COURCELLES-LES-SEMUR, ORIGINAL.
1589, 11 février. n. 462, n°s 34 et 37.

Monsieur. Ayant sceu que persistiés en ceste vollonté de venir assiéger ma maison, ce que je ne puis croire pour vous tenir avoir tropt de courage et de valleur pour l'appliquer à chose de si peu qu'à la prise d'une femme et aussi que ne vouldriez commencer à tesmoigner l'envie qu'avez de servir Monsieur du Mayne, pour chose qui ne peult de beaulcoup augmenter vostre réputation, d'aultant que Monsieur de Tavanes n'y estans pas ce que de quoy je vous assure sur mon honneur, espérant que changerez de desseing me gardera vous faire plus longs discours.

J'attendray vostre responce et continueray en ce faisant de demeurer

Vostre plus humble et obéissante alliée,

CATHERINE CHABOT (1).

De Corcelles (2) ce 11e febvrier 1589.

(1) Elle était fille aînée de Léonor Chabot, comte de Charny, grand écuyer de France, et de Claude Gouffier, sa première femme; elle épousa Guillaume de Saulx, comte de Tavannes, le 18 octobre 1576. Anselme, VII, 264.
(2) Courcelles-les-Semur, Côte-d'Or.

[372]

MONTMOYEN AU MÊME.

Vaugrenant, qu'on a été sur le point de saisir, pratique des intelligences à Chalon; le marquis de Chaussin est chef de l'entreprise. Leur intention est de se rendre maîtres des châteaux pour tenir le plat pays et bloquer les villes.

BEAUNE,
1589, 12 février.

ORIGINAL.
B. 462, n° 39.

Monsieur,

Si j'eusse osé laisser ma place je vous fusse allé incontinent treuver pour vous dire de bouche l'adviz que j'ay heu de deux divers endroitz, lequel pour mieux vous éclaircir ce gentilhomme, mon parant, vous en déduyra au long ce qui en est il vous dira des nouvelles du président de Vaugrenan qu'il a chevalé et failly d'attrapper et suis adverty d'ailleurs qu'il fait des pratiques à Chalon de mesme dans la citadelle dont ils dient qu'ilz s'asseurent, j'en viens d'advertir M. de l'Artusie. Ilz dient qu'ils se doivent treuver cent cuirasses jeudy à Bellecroix (1) et qu'il se lève force trouppes sourdement, tant de pied que de cheval et que de tous doit estre chef monsieur le marquis de Chaussein (2), ce que je ne puis croire. Touteffois ilz l'asseurent pour chose vraye et qu'ilz se ventent saisir des chasteaux des gentilzhommes et y tenir bon tant qu'ilz pourront et de là faire la guerre aux villes et se randre maistres du plat pays. Et sur cela je vous dirai qu'il y a trois

---

(1) Ancienne commanderie de Saint-Jean-de-Jérusalem, située dans le voisinage de la route de Beaune à Chalon, à la sortie de Chagny.

(2) François de Lorraine, marquis de Chaussin, fils de Nicolas de Lorraine, duc de Mercœur, et de Jeanne de Savoie-Nemours. Il mourut sans alliance. Anselme, III, 794.

places en ces quartiers desquelles s'ilz se saisissoyent ilz feroient beaucoup de maux, qui sont Chasteauneuf (1), Moulinot (2), et la Rochepot, et voudrois de bon cueur que vous vous en fussiez asseuré. Ceux-là mesme m'ont dit que les entrepreneurs s'asseuroyent du tout de Verdun, j'estime que j'en apprendrai plus amples nouvelles, de quoy je ne faudrai tout aussi tost vous donner advis, remettant le surplus à la suffisance du gentilhomme présent porteur pour vous baiser bien humblement les mains, priant Dieu,

Monsieur vous donner en santé très heureuse et longue vie.

A Beaune ce 12 feuvrier 1589.

Vostre très humble et très affectionné serviteur,

MONTMOYEN.

---

[373]

LE MÊME AU MÊME.

Il insiste sur l'urgence de s'assurer de Verdun et de Saint-Jean-de-Losne.

BEAUNE,
1589, 13 février.

ORIGINAL.
B. 462, n° 4¹.

Monsieur,

Je suis très aise que soyez contant et bien édifié de ceux de Verdun, si est ce que je ne vous ai point donné les adviz sans suget et ne me puis persuader qu'ilz soyent telz qu'ilz vous asseurent qu'ilz seront, car je suis bien adverty et par quelques uns mesmes d'entre eux qu'ilz ont heu intention de brouiller

---

(1) Chateauneuf, au canton de Pouilly, Côte-d'Or.
(2) Molinot et la Roche-Pot, canton de Nolay, Côte-d'Or.

à la persuasion de leur voisin et que si il n'en fut point esté fait de bruit, ilz estoyent tous portez et persuadez au changement. Vous scaurez bien vous asseurer d'eux ; mais si vous treuviez bon de mettre un gentilhomme des vostres avec son train seulement dans leur ville et un autre à Saint-Jéhan-de-Losne et qui n'auroit autre soin que de juger de leurs actions et déportements et se treuver aux ouvertures et fermetures des portes, ce vous seroit, il me semble une belle asseurance et à eux peu de foulle et que je sais qu'ilz recevront volontiers et ceux là n'aurons pas seulement l'œil sur la ville mais aussi sur les gentilshommes voisins qui peuvent estre suspectz. Nous avons encor icy à l'entour force compagnies qui rodent et se faict bruit qu'il en vient encores, je vous supplie bien humblement leur envoyer quelqu'un avec commandement de tirer pays.

Monsieur je suis pressé par les officiers du Roy pour le fait de la publication des lettres qu'ilz ont receues, s'il ne vous plait m'en mander vostre volonté, je les envoyerai par devers vous.

Monsieur. Je prie le créateur vous donner en parfaite santé très heureuse et longue vie.

A Beaune ce 13 feuvrier 1589.

Vostre très humble et très affectionné serviteur,

MONTMOYEN.

Monsieur,

Monsieur de Fervaques, conte de Grancey, lieutenant général au gouvernement de Bourgogne.

[374]

CHATENAY SAINT-VINCENT AU MÊME.

Il le prie de faire en sorte d'empêcher l'armée du duc de Savoie de passer par le Chalonnais. Plaintes sur le mauvais esprit des officiers du bailliage, qui ne lui communiquent rien de ce qu'ils reçoivent du Roy. Nécessité de garder les portes pour intercepter tous les paquets, de retirer tous les bateaux des ports qui servent à passer des troupes inconnues, et d'obliger les gens de Tournus à exécuter les ordres du duc de Mayenne, qui défendent l'exportation des vins.

CHALON,
1589, 14 février.

ORIGINAL.
B. 462, n° 53.

Monsieur,

Nous avons journellement des avys que l'armée du duc de Scavoye s'avanche, dont j'estime que soyés assez averty et dient parmy eux qu'ilz s'acheminent par deça et atendz sur ce voz commandementz. S'il y avoit moyen d'empescher que la dite armée n'entrast en ce baliage, ce nous seroit ung grand bien. Je reconnois de jour à aultre qu'il y a icy de très mal afectionnés au service de monseigneur du Maine, mesme que les officiers du roy reçoivent come ilz receurent encore hier troys paquetz de Sa Majesté sans m'en communyquer aulcune chose ny aux mayre et echevins encore que j'ai sceu que lesdits paquetz ne soient d'importance, ains sont ceux qui leur ont étés envoyés de Dijon de fort vieille datte. Ilz ont faict publier certaine déclaration que le parlement à vérifiée, qui me faict estimer que si ce fut été chose qui eust peu troubler le repos, ilz n'en eussent moins faict. Pour empescher que lesditz mal affectionnés ne reçoivent paquetz ou personnages qui nous puissent brouiller, j'avois estimé estre très nécessaire que me donniez vingt ou vingt cinq soldatz pour tenir aux portes afin de ne laisser entrer personne, sans que j'en fusse averty et aux gardes de nuit à ce que rien ne se passe à mon insceu, M. le maire de cette ville lequel va à Dijon, vous pourra amplement discourir de ce qui est utile pour la conservation de cette ville. Suivant les défenses faictes par mondit seigneur de tirer du blé ors ce gouvernement j'avois, faict suyvre ung marchant qui avoit passé avec un bateau de blé à ung faulx port juques à Tornus, mais les echevins et habitans dudit lieu ont menacé celuy que j'avois envoyé apres de le tuer, tellement qu'il a été contraint s'en revenir sans rien faire. J'ay avertissement très assuré que ceulx dudit Tornus contreviennent tous les jours ausdites défenses. Je vous suplie leur en escripre et et y ordonner. Il passe et repasse de nuyt et de jour gens de cheval par six par douze à des portz icy aux environs, qui est à craindre que par ce moyen il ne se trafique quelque menée et sy trouvés bon, ordonner au maistre des ports qui est icy, de retirer tous les bateaux, comme ceux de Cuisery vous vont trouver à cest effect ; j'atendrai sur le tout voz commandements et prie Dieu,

Monsieur, vous conserver en toute prospérité très heureuse et longue vie.

A Chalon ce 14ᵉ feuvrier 1589.

Vostre très humble à vous faire service,

DE CHATENAY SAINT-VINCENT (1).

---

(1) Joachim de Chatenay, fils d'Antoine de Chatenay, chevalier de l'Ordre du roi, seigneur et baron de Saint-Vincent en Bresse, était en 1584 gentilhomme ordinaire de la Chambre du roi, commissaire des guerres en Bourgogne et capitaine des gardes du duc de Mayenne, qui lui confia le gouvernement de la ville de Chalon après qu'il en eut dépossédé le baron de Lux. Lors de la réduction de Chalon à l'obéissance royale, il fut remplacé par Antoine Du Bled, baron d'Uxelles et de Cormatin.

[375]

LE BARON DE SENNECEY A FERVAQUES.

S'excuse de ne s'être point présenté à lui lors de son passage à Dijon.

AUXONNE,
1589, 15 février.

ORIGINAL.
B. 462, °n 55.

Monsieur si j'eusse pansé vous pouvoir faire service lorsque je passay près de Dijon, ce n'eust esté sans vous y aller baiser les mains et m'y presanter, mais le peu de santé que j'avois lors et le désir de me randre an ceste place me serviront s'il vous plaist d'excuse et ne lerrés de faire estat de mon service an ce que m'an jugerés digne et capable et dont je vous supplie que ce soict avec aultant d'asseurance comme d'affection je supplieray Dieu vous donner

Monsieur en santé très longue vie, me recommandant humblement à voz bonnes graces.

A Auxonne ce 15ᵉ febvrier 1589.

Vostre plus humble à vous faire service,

DE BAUFFREMONT-SENECEY (1).

---

(1) Claude de Bauffremont, baron de Sennecey, né à Dijon en 1546, succéda en 1586 à Jean, vicomte de Tavannes, dans le commandement de la place d'Auxonne et représenta la noblesse du bailliage de Chalon aux États de 1588. Revenu en 1589 dans son gouvernement, il commanda en Bourgogne après la défection de Fervaques, se renferma ensuite dans une sorte de neutralité entre les deux partis, reconnut Henri IV après la reddition de Paris et remplaça le comte de Tavannes comme lieutenant général du duché. Il mourut en 1596.

[376]

J. DE MEDAVY A FERVAQUES.

Le duc de Mayenne a l'intention de le contenter en tout; il est accablé d'affaires. Il l'avise d'un envoi d'argent par l'entreprise du président Jeannin, qui le prie de lui mander tout ce qu'il saura des affaires du pays. Il le supplie de ne donner ombrage aux amis du duc, auquel on a essayé de persuader qu'il voulait se rendre maître du pays. M. de Montpensier est enfermé dans Alençon, où les Gautiers veulent l'assiéger. M. de Medavy est à Argentan.

1589, [février].

ORIGINAL.
B. 462, n° 63.

Monsieur,

Monseigneur du Maine vous envoye M. Prudent, lequel vous rendra content de beaucoup de choses requises pour conserver vostre gouvernement, et aussytost que ses forces seront assemblées il m'a dit qu'il m'envoyroit auprès de vous, affin que vous prinsiés plus de créance en moy qu'en beaucoup d'autres. C'est chose que j'ay tousjours désirée pour vous tesmoigner le service que je vous ay dédié. J'espère Monsieur que nous ferons bien la guerre et que monseigneur du Mayne a bien envye de vous contenter en toutes choses, mes il est à ce commencement icy accablé de tant de sortes d'affères qui ne scayt ausquelles entendre. M. de Champagne m'a envoyé icy six cens escus pour vous fère tenir, je les mettré ce jourd'huy entre les mains de M. le président Genpy [Jeannin], lequel m'a promys les vous fère tenir par lettre de banque. Nous partons tous ce jourd'hui pour aller en campagne, la suffisance de ce porteur me gardera de vous dire davantage de nouvelles passéez, je scais qu'il les vous fera plus particulièrement entendre que je ne les vous puiz escrire, je vous suplye seulement croyre que je suys vostre serviteur et que vous ne serez jamès servi d'un plus homme de bien que moy et qui affectionne tant vostre prospérité et contentement. On vous porte une lettre de banque pour douze mil escus, M. le président est fort vostre amy, il vous suplye Monsieur le gratiffier de luy escrire souvent et mesme tout ce qui luy touche en ce païs là, affin qu'il croye que vous l'aymés. Je vous suplye aussi Monsieur prendre en bonne part que je vous supplye très humblement vous donner à garde de donner aucun umbrage aux serviteurs que Monsieur a en ce pays là, parceque, sy n'estoit la ferme confiance qu'on a en vous, on feret croire à Monsieur que vous voulez vous rendre plus fort en ce pays là que luy, je ne scay d'où viennent ces artifices là. Mès croyez que tout cela ne peut rien et qu'on à fiance à vous autant qu'en homme du party qui qu'il soit. J'ai retiré vostre Italien lequel je vous menerè, il craint fort que sa fiancée ne se marye, mès je l'ay asseuré que ne le permetrés pas, il dit qu'il vous veut dresser des mylieurs chevaux que vous n'en eustes jamès. M. de Monpensyer (1) est dans Alençon, les huguenots de Normandie le vont trouver, les gautyers (2) le veulent assieuger. M. de Médavy (3) est dans Argenthon qui vous serait allé

---

(1) François de Bourbon, duc de Montpensier, gouverneur de Normandie, resta constamment fidèle à la cause royale. Il mourut en 1592.

(2) On appelait ainsi des paysans normands qui avaient pris les armes pour se soustraire aux violences des gens de guerre, et qui, ayant embrassé le parti de la Ligue, furent exterminés par le duc de Montpensier.

(3) Pierre Rouxel, baron de Médavy, comte de Grancey, fils de Jacques Rouxel, sieur de Médavy, et de Perrette Fouques de Manelot, naquit le 8 février 1562; il fut capitaine du château d'Argentan, puis mestre de camp d'infanterie et capitaine de gens d'armes. Ayant embrassé le parti de la Ligue, Mayenne le nomma, en 1588, maréchal de camp, bailli d'Alençon et gouverneur de Verneuil. En 1594 il reconnut Henri IV, qui le maintint dans ce gouvernement et y ajouta celui d'Argentan, le titre de bailli d'Évreux et d'Alençon, le collier de l'Ordre et la survivance de la lieutenance générale d'Évreux. En 1611, il fut nommé conseiller d'État et lieutenant général au gouvernement de Normandie. Il mourut le 31 décembre 1617. Sa femme, Charlotte de Hautemer, fille du maréchal de Fervaques, qu'il avait épousée le 22 mai 1588, lui donna dix-sept enfants. Anselme, VII, 571.

voyr sinon le chemin qui est dangereux ; je n'ay peu aller en Normandie, cela est occasion que nous aurons fort peu de gens de ce costé là.

Monsieur je vous suplye me tenir tousjours en vos bonnes graces et après vous avoyr très humblement besé les mains je demeureray

Vostre très humble et très obéissant serviteur,

J. DE MEDAVY (1).

---

[377]

JEANNE DE HAUTEMER, DAME DE LA FERTÉ, A M. DE FERVAQUES, SON PÈRE.

La misère des temps l'empêche de se rendre auprès de lui. Son frère lui rendra tous les services qu'il pourra. Le capitaine Bacouard lui rapportera ce qui se passe. On a retenu Vins qui portait des lettres. Mlle Musette l'assure de son obéissance.

1589, [février].

ORIGINAL.
b. 462, n° 371.

Monsieur,

Si mon désir avoit lieu je seroys au lieu de ceste lettre auprès de vous, mès la misère du temps m'empesche mon bonheur je croys que mon frère vous rendra tousjours tous les devoirs d'obéissance qu'il vous doit qui est le plus grand bien que je pence avoir au monde, vous saurés par le capiteine Bacouar comme tout se passe, conseliant ces négocieurs qui ont aussy bien faict leur affaires à Paris comme à Bloys, je

(1) Jacques Rouxel, seigneur de Médavy, père du précédent, lieutenant général au gouvernement d'Alençon, mourut en 1607. Anselme, VII, 571.

croy qu'il ont la barbe trop jeune pour vous tromper aussy qui s'en excuse fort, mes cy esse qu'an passant à Gien je vis le sieur de Sainte-Fere, qui estoit averty de tout et de faict on a retains Vins qui portoit des lestres, vostre prudence et vigillance ce saura bien garder, c'est pourquoy je ne m'en donne plus l'allarme. Le capitaine Bacouard vous va trouver avec beaucoup d'affection de vous fere service et vous jure M. que je n'ay jamès veu personne qui est plus de vollonté de vous estre agréable. Je luy veut bien du bien pour avoir recongneu qu'il vous aymoit, comme il doit, Mademoiselle Musette me prye de vous assurer de son obéissance et dit que puisque vous estes du party quelle prye à ceste heure Dieu pour leur prospérité, ce que je fées de toute mon affection et qu'il me face la grâce de me conserver en vos bonnes grâces que je désire conserver par le sacrifice de ma vye.

Adieu Monsieur...

Je suis

Vostre très humble et obéissante fille et humble servante,

J. DE HAUTEMER (1).

A Monsieur, monsieur de Farvaques.

---

(1) Jeanne de Hautemer, troisième fille de Guillaume de Fervaques et de Renée L'Evêque, avait épousé, le 8 mai 1579, Claude d'Estampes, sieur de la Ferté Imbault, après la mort duquel elle se remaria avec François de Canonville, sieur de Raffetot. Anselme, VII, 395.

[378]

LE DUC DE MAYENNE A FERVAQUES.

Il a l'espoir de ravoir bientôt ses prisonniers. Prière de bien veiller au repos de la Bourgogne.

PARIS, 1589, 18 février.

AUTOGRAPHE.
B. 462, n° 64.

Monsieur de Fervacque,

Monsieur le président Jeanyn vous fect une bien ample dépêche pour vous donner advi de l'estat de nos affaires, je n'y puis rien adjouster sinon une bonne nouvelle qui nous arriva hier au soir qui nous donne espérance de ravoir bientost noz prisonnier Dieu aidant. Je vous supplie prandre bien garde à tout et conserver nostre Bourgogne au repos qui luy est nécessaire, je ne feray point de cérémonye avec vous que j'aime et honore de toute mon affection.

A Dieu que je prie vous avoir en sa saincte garde.

X...

A Paris le 18 feuvrier.
A Monsieur de Fervacques.

[379]

LARTUSIE A FERVAQUES.

Il lui dénonce une entreprise de Vaugrenant pour surprendre sa citadelle, et les levées de deux ou trois seigneurs du pays qui doivent rejoindre les troupes d'Alphonse Ornano.

CITADELLE DE CHALON,
1589, 18 février.

ORIGINAL.
B. 462, n° 67.

Monsieur au soyr à heure de troys heures après mydy, vingt ung hommes en nostre fauxbourg, lequel envoya un païsant jusqu'en ceste sytadelle, faignant de vouloir parler à un hoste, pour tascher de faire aller parler ung soldart de la compaignie du cappitaine Johannès (1) à ung sien amy qui lui vouloit parler au fauxbourg ce qu'il fist. Estant au faultbourg il trouva un fort honneste homme qui ne congnoist point lequel soudain que ledit soldart fut vers luy il luy tinst ses propres langaiges : Compagnon vous serez le bien venu, vous ne me congnoissez point et sy est ce que vous n'avez point un meillieur amy au monde que moy et j'espère le vous faire congnoistre et cependant parlons de boyre et il envoya chercher du muscat pour faire boyre le dit soldart et en attendant le muscat qu'il vint, il luy commenca à dyre : Compagnon que se faict en vostre sitadelle, se faict-il bonne garde ; l'autre luy respondit ouy ; il lui demanda combien de sentinelles ilz faysions, il lui respondit que dix huit et de rondes, il y en a

---

(1) Capitaine d'une troupe envoyée en garnison à Chalon par le conseil de la sainte Union. En 1591, Johannès nommé gouverneur de Nuits ayant refusé d'ouvrir ses portes au duc de Nemours, celui-ci s'introduisit par surprise dans la ville et fît pendre Johannès comme coupable de trahison.

tousjours deux sur la muraille, alors il lui dict que s'il voulut gaigner quatre mille escus pour estre touté sa vie, qui la lui feroit gaigner et que estant de la façon qu'il estoit, il estoit misérable et qu'il se pourroit mectre à son aise; qu'il taschast de gaigner ung caporal et un soldart de son escouade, affin de leur pouvoyr donner deux sentinelles ung soyr et cepandant qu'il luy bailleroit cent escus que lui monstra. Ledit soldart se trouva estonné de ses langaiges là et comme mal advisé, il luy dictz que cela ne se pouvoit faire car il se faisoit trop bonne garde, mais il le debvoit tenyr en espérance en attendant qu'il m'eust adverty pour le pouvoyr faire prendre là, où je ny pere point espérance que je me l'aye encore. Et après l'avoyr persuadé par plusieurs foys il vit qu'il ne le pourroit corrompre, ils luy dictz : Compaignon ne parlez jamais de ceci à personne. Sur cela, le soldart s'en vint et le veut dyre à son lieutenant et son lieutenant le me amena à moy que fus d'advis qu'il s'en retournisse en ladite hostellerie le trouver pour luy faire entendre qu'il avoit pensé à ce qu'il luy avoit dict, pourveuz qui le voulsist oyr secret, qu'il entendroit à ce qui luy avoit dict, affin de l'empigeonner pour le pouvoir envoyer prendre et pour savoyr qu'est de ladite menée et pour après le faire pendre sur les remparts de ceste sitadelle; mais alors que ledit soldart retourna à la dite ostellerie, il trouva qu'il estoit party mais l'osthesse luy dictz qu'il debvoit rentrer dans un jour ou deux. Je né point voulu faire prendre l'hoste ni l'hostesse encore en attendant pour voir si je pourreay attrapper ledit suborneur pour prendre langue qu'est de la menée, il luy dict que c'estoit Vaugrenant et que il le congnoissoit bien et que ce n'estoit pour aultre chose que pour voyr tenyr les parlementz de Dijon dans ceste sitadelle, mais à ce que je m'appercoys à son dyre, ilz font courir le bruit de Vaugrenant et que se ne soit deux ou troys aultres seigneurs de ce pays; mais si je le puis atirer je le feray bien chanter. Sependant il m'est venu ung aultre advertissement qu'il y a deux ou troys seigneurs de ce pays qui font lever des gens secretement, affin que s'ilz ne peuvent faire quelque chose par entreprinse, de dresser une armée en ce pays dont Arfonse Corse se doibt venyr joindre avec eux avec six compaignies de quevallerie et deux mil arquebusiers et troys mil suisses. J'espère avec l'ayde de Dieu, avec vostre prudence et sagesse qu'ilz ne nous feront pas grand mal de ce costé là, le principal est de se garder des traistres qu'est tout ce que passe jusques à ce jourd'huy de par dessa. Je vous supplie me tenyr en vos bonnes grâces et du nombre de vos serviteurs en priant le créateur

Monsieur que vous doint ce que vous désirez.

De la sitadelle de Chalon ce 18ᵉ de febvrier 1589.

Vostre très affectionné à vous faire service,

LARTUSYE.

---

[380]

PETIT, SEIGNEUR DE VILLENEUVE, A FERVAQUES.

Le baron de Vitteaux est à la poursuite de M. de la Boutière, guidon de Tavannes. Mᵐᵉ de Tavannes a une garnison de 120 arquebusiers à Corcelles. Tintry fait des levées. Vaugrenant est près de M. de Charny, qui donne des commissions royales pour des levées de troupes. Le capitaine La Forge a quitté le baron de Vitteaux pour piller.

VILLENEUVE (ESSEY), 1589, 19 février.

ORIGINAL. B. 462, nᵒ 71.

Monseigneur,

Monsieur le baron de Viteaulx (1) estant ce jourdhuy vingt-huitième feuvrier passés par ses quartiers d'Arnay-le-Duc,

(1) Antoine du Prat, baron de Formeries, de Thiern et de Vitteaux, fils de François du Prat et d'Anne Seguier, leva un régiment pour sou-

j'ay despeschés incontinent ce porteur pour vous advertir suyvant le commandement qui vous pleust me faire à mon départ de Dijon, lequel m'a prié de vous mander qui s'en va entre Beaulne et Chalon pour voir sy pourroit attrapper ung nommé M. de la Bouthyère (1), guidon au service de M. de Tavanes, lequel est en sa maison avec deux cents arquebusiers pour le service dudit sieur de Tavanes. Le sieur Baron est bien marry de la fuite du sieur que savés, ayant grand désir de faire paroistre le service qu'il a vouhé au prince. Madame de Tavanes (2) est à Corcelles avec quelques vingt ou six vingt arquebusiers ausquels elle fait grande chère, et leur donne 4 écus par mois à chacun. Je suis après à descouvrir ung gentilhomme de ces quartiers qui s'appelle Tintry lequel est après de faire une compaignie pour ledit sieur de Tavanes. Incontinent que je l'auray descouvert je ne faudray à vous advertir. L'on m'a adverty que Vaulgrenant est auprès de M. le Grand. Le bruit court tousjours que M. le Grand a donné les douze commissions et qu'elles se levent en Nivernais. Je l'ai apris de rechef d'un nommé M. d'Oigny de ces quartiers si je puis aprendre chose digne de vous advertir je ne seray paresseux comme estans vostre très humble serviteur. J'ai prins la hardiesse de vous advertir par cestes d'un nommé le capitaine La Forge lequel estoit joint avec M. le

---

tenir la cause de la Ligue dont il fut, jusqu'à la fin, un des plus fermes appuis en Bourgogne. Ses troupes qui, d'après un manuscrit du temps, comptaient 120 maîtres à cheval, 200 argolets et 1,800 hommes de pied, avec du canon, prirent part à presque tous les engagements arrivés en Bourgogne et y commirent tant de maux que deux siècles après le souvenir en était encore vivant dans nos campagnes. Antoine du Prat épousa Chrétienne Sayve, fille de Claude, sieur de Montculot, président à la Chambre des comptes de Dijon.

(1) Charles de la Boutière, écuyer, seigneur de Chassagne, était, en 1573, homme d'armes de la compagnie du maréchal de Tavannes. Durant les guerres de la Ligue, il devint le guidon et le lieutenant de Guillaume de Tavannes et seconda toutes ses opérations militaires en Bourgogne. Il épousa Catherine de Ferrières, veuve de Nicolas de Rouvray, sieur de Sienne.

(2) Femme de Guillaume, comte de Tavannes.

baron de Viteaux, lequel lui a tourné le dos et s'en allé devers Dijon, pour la peine qu'il a eu du baron qui le vouloit faire chastier, pour avoir vollé et pillé un de mes villages et pour n'avoir faict compte des lettres de faveurs qu'il vous a pleu me donner et m'a emmené trois juments qui sont à mes rentiers. Je vous supplieray s'il va par delà luy vouloir commander les rendre. Ce faisant m'obligerez de plus en plus à vous rendre perpétuel service. Faisant fin à ceste espérance en brief avoir raison de la volerie qui m'est esté faite.

Priant Dieu Monseigneur vous donner en santé heureuse et longue vie.

En vostre maison à Villeneufve le 19e fevrier 1589.

Vostre très humble et très affectionné serviteur,

PETIT (1).

---

[381]

MARGUERITE CHABOT, DUCHESSE D'ELBEUF, A FERVAQUES.

Remerciments des espérances qu'il lui donne touchant la délivrance de son mari. M. de Charny déplore les ravages des troupes de M. de Tavannes, qu'il ne peut empêcher. Lui-même se plaint de ceux commis par le baron de Vitteaux dans son comté de Charny.

PAGNY
1589, 20 février.

ORIGINAL.
B. 462, n° 79.

Monsieur de Farvaques. Il n'y a chose qui m'apporte tant de consolation que l'espérance d'un prompt eslargissement

---

(1) Étienne Petit, sieur de Ruffey et de Pouilly, contrôleur provincial d'artillerie. Il avait acquis cette terre le 18 octobre 1588 sur Guillaume Millière seigneur d'Aiserey. Etienne Petit, comme le témoigne cette lettre, fut un des plus fougueux partisans de la Ligue à Dijon. Après l'entrée de Henri IV, son nom figure le premier sur la liste de ceux qu'on devait bannir, mais qui, après quelques jours de prison, furent tous rendus à la liberté. (V. Mém. de Breunot.)

de Monsieur mon mary (1). Ainsin m'avez-vous fait un extrême plaisir de m'en mander votre opinion et les bonnes nouvelles qui vous y servent de fondement, Dieu veuille que je puisse bientost recevoir l'effect que j'en attens avec tant de dévotion (2). Je vous mercie tandis bien affectionnement le bien que vous m'en avez fait et vous suplie de continuer quelquefois cette peine, quand il vous viendra de ce costé que vous jugerrez me pouvoir apporter pareil allégement qui me sera une grande obligation, dont la revanche me sera tousjours fort agréable. J'ai parlé à Monsieur mon père des ravages que vous m'escrivez que font en ce pays les troupes de mon frère de Tavanes (3), c'est chose ou il a si peu de pouvoir et de congnoissance, que tout ce qu'il y peult faire, est de plaindre le mal d'une telle entreprise, qui luy est aussy incongneue que suspecte; vous le pouvez juger par les actions passées et le peu d'intelligence qu'il a eu avec luy. A présent en a il moins d'occasion que jamais, n'ayant volontés qui ne bandent au repos, il se plaint fort des exactions estranges, que les troupes du baron de Vitteaux ont faictez en son comté de Charny. Ce traitement là est fort indigne et je vous suplie d'y pourveoir s'il vous plaist, comme je prie le créateur vous donner

Monsieur de Farvaques, en santé bonne et longue vie.

Vostre entièrement très affectionné meilleur amy,

MARGUERITE CHABOT (4).

A Pagny le 20ᵉ février 1589.

A Monsieur, monsieur de Farvaques.

(1) Charles de Lorraine, duc d'Elbeuf, arrêté lors du massacre des Guise.
(2) Son mari ne recouvra la liberté qu'en 1591.
(3) Guillaume, mari de Catherine, sa sœur aînée.
(4) Fille aînée d'Éléonor Chabot, comte de Charny, grand écuyer de France, et de Françoise de Rye, sa seconde femme. Mariée à Charles de Lorraine, duc d'Elbeuf, elle mourut à Paris le 29 septembre 1652, âgée de 87 ans.

[382]

MONTMOYEN AU MÊME.

Annonce la prise du château de Dracy, où on comptait surprendre M. de Tintry. Tintry et Vaugrenant se sont réunis à M. de Rochebaron; on ignore leurs desseins.

BEAUNE,
1589, 20 février.

ORIGINAL.
B. 402, n° 74.

Monsieur,

Le cappitaine Marnay (1) envoya au soir par devers moy pour m'advertir que luy et le cappitaine Ratilly (2) ayant estez advertiz que le sieur de Tintry (3) estoit arrivé en un chasteau prez de Couche nommé Drassy (4) appartenant à un huguenot (5) avec quelque opinion qu'ilz avoyent que le président de Vaugrenant y fust, ilz firent jouer le pétard à la porte dudit Drassy ou il fit exequntion (6) et emporta la porte et le pontleviz et entrant dedans treuvèrent grande résistance de soldatz qui y estoyent en garnison et se battirent si bien qu'il y en a trois ou quatre de mortz et quelques blessés d'un costé et

(1) Capitaine ligueur en Bourgogne. Il battit en 1590 un parti du comte de Tavannes, près de Couches. (V. Journal de Breunot.)
(2) Edme de Palleray, sieur de Ratilly, capitaine ligueur.
(3) Gaspard, seigneur de Tintry, Masse, Morteuil, Lichey, Viécourt, Épertully, Gergy; marié à Anne de Saint-Léger. Antoinette, leur fille unique, épousa Bernard de Montessus, baron de Rully. Tintry fut un des plus dévoués partisans de Tavannes et de la cause royale en Bourgogne.
(4) Dracy-sous-Couches, canton de Couches, arrondissement d'Autun (Saône-et-Loire).
(5) Lazare Armet, bourgeois de Couches, qui l'avait acquis par décret sur Robert de Lugny, écuyer.
(6) Explosion.

d'autre. La maison prise et quelques soldatz qui sont restez prisonniers qui leur ont dit que ledit Tintry estoit party de là une heure devant que le pétard jouat, et s'en estoit allé treuver le président de Vaugrenant à Couche, et la nuit mesme estoyent partiz ensemble pour s'en aller à Joncy (1) treuver M. de Rochebaron, où se fait une grande assemblée de partisans et croy qu'il soit vray, car hier M. de Saint-Vincent, m'écrivit que M. de Rochebaron faisoit de grandz préparatifz en sa maison et y attendoit fort grande compagnie. Je crois que la ilz prendront résolution de leurs desseins ; cependant la prise du chasteau de Drassy les tiendra en cervel, car c'est une fort bonne maison à la veüe du chasteau de Couche où se font la pluspart de leurs assemblées. Ceux qui l'ont priz sont encore dedans et vous prient leur mander ce qu'ils auront à faire. Je serois bien d'aviz qu'ilz se tinssent dedans, jusques à ce que l'on entende quelle fin auront pris ces assemblées et ce que pourront faire tant d'entrepreneurs qui courent, car ilz sont en lieu où ils peuvent surprendre tel qui pourroit descouvrir beaucoup de choses. Vous leur écrirez s'il vous plait vostre volonté et me l'envoyant par ce porteur je leur feré tenir. Vous baisant très humblement les mains.

Je prie le créateur, Monsieur, vous donner en santé, très heureuse et longue vie.

A Beaune ce 20 février 1589.

Vostre très humble et très affectionné serviteur,

MONTMOYEN.

A Monsieur, monsieur de Fervaques, conte de Grancey, lieutenant général au gouvernement de Bourgogne.

(1) Commune du canton de La Guiche, arrondissement de Charolles (Saône-et-Loire).

[383]

LE MAIRE ET LES ÉCHEVINS DE LANGRES A FERVAQUES.

Le commandant de Gien ayant arrêté le député qu'ils avaient envoyé aux Etats, sous prétexte qu'ils retenaient des prisonniers de Dijon, ils le prient d'écrire à ce capitaine qu'il rende un homme auquel il ne devait point toucher, autrement on les poussera à faire ce qu'ils n'ont point commencé.

1589, 22 février.   B. 456, n° 108.

Monsieur,

Nous sommes infiniment marry du tort que nous ont fait MM. de Gyan (1) d'avoir arresté et pris prisonnier celluy que nous avions envoyé aux Estats, soubz l'ombre et prétexte qu'ilz dient que nous avons retenu des prisonniers de Dijon et Troyes, chose controuvée et faulse; car nostre intention n'a point esté et n'est point d'offenser nos voisins, ains seullement nous conserver et maintenyr en l'obéyssance du roy au plus grand repos et tranquilité qu'il nous sera possible. A ceste occasion nous vous avons fait ceste que vous servirons de humbles prières et d'escripre à ses MM. de Gyan et mesmement au capitaine qui y commande, pour les assurer que nous ne tenons aucung prisonnier de Dijon et que la commerce est libre entre eulx et nous et que celuy qu'ils ont prisonnier estant nostre député aux Estatz et celuy auquel l'on ne doibt toucher et que c'est nous donner occasion de faire aultant à noz voisins et nous poulser à ce que n'avons encore commencé et que n'avons envie de faire.

Celuy qui est prisonnier arresté nous a mandé qu'il est besoing d'avoir attestation de vous pour l'effect que dessus

(1) Loiret.

laquelle nous vous supplions humblement nous envoyer par ce porteur qu'envoyant exprès et en aultre chose qu'il vous plaira nous commander, nous vous obéirons d'aussi bonne affection que après vous avoir très humblement baizé les mains nous supplions le Créateur vous donner

Monsieur en toute santé longue et heureuse vye.

A Langres ce 22 febvrier 1589.

Voz très affectionnés serviteurs et voisins,
    Le mayre et eschevins de la ville de Langres.

J. ROUSSAT.

Celluy qui commande à Gyan s'apelle le sieur de Saint-Pere qui demande de vous un certifficat en parchemin signé de vous et scellé de vos armes pour estre authentiques lequel nous vous supplions bien humblement nous envoyer par ce porteur.

A Monsieur, monsieur de Fairvaque, conte de Grancey, à Dijon.

---

[384]

MONTMOYEN AU MÊME.

Le maire de Beaune va lui représenter la misère de la ville et du plat pays, qui est si ruiné que le paysan abandonne tout. Vaugrenant est à Mâcon, mais ses projets ont été dissipés.

BEAUNE,
1589, 22 février.

ORIGINAL.
B. 462, n° 80.

Monsieur,

Vous entendrez par M. le Maire de cette ville présent porteur l'estat de cette ville et la pitié du plat pays si ruiné qu'il n'est plus possible de subsister; que le païsant n'abandonne tout, à quoy vous saurez bien mettre l'ordre qui y sera nécessaire. Pour ce qui despant de ma charge tout y est bien Dieu mercy je ne vous écris rien du président de Vaugrenant qui est à Mascon, pour ce que M. Lartusie m'écrit qu'il le vous mande. Une partie de leurs desseins sont dissipez au moins en ce climat et prandrai garde qu'il ne se puisse rien redresser que je n'en sois adverty de quoy il ne faudré vous donner adviz. Vous suppliant me tenir tousjours en vos bonnes graces et me départir de vos nouvelles, si en recevez. Je vous vois baiser très humblement les mains priant Dieu, Monsieur, vous donner en parfaite santé très heureuse et longue vie.

A Beaune ce 22ᵉ de février 1589.

Vostre très humble et très affectionné serviteur,

MONTMOYEN.

A Monsieur, monsieur de Fervaques, conte de Grancey, lieutenant général au gouvernement de Bourgogne.

---

[385]

LARTUSIE AU MÊME.

Il l'entretient des pratiques de Vaugrenant pour surprendre sa citadelle, et de l'espoir qu'il conserve de s'en emparer.

CITADELLE DE CHALON.
1589, 23 février.

ORIGINAL.
B. 462, n° 84.

Monsieur. Je vous ai escript deux jours ci, de l'entreprinse que Vaugrenant mène avec ung soldart de ceste sytadelle; je je vous ay adverty tout au long de la menée qu'il fait et hier il renvoya celluy qui mène la mesnée avec le soldartz lequel, luy debvoit bailler cent escus surs, mais il ne lui en bailla que cinq et troys qui lui en avoit baillez à l'autre voyage comme je vous ai escript, luy promettant que dans vendredy il luy baillera son argent et il lui monstra l'argent qu'il avoit tout prest pour luy bailler; mais qu'il voulloit aller parler à ung cappitaine qu'estoit au Mouton et qu'il falloit qu'il parlast avec ce cappitaine là. Il laissa ledit soldart à l'hostellerie lui disant qu'il l'attendisse, il s'en alla à la ville et estant de retour il luy dictz qu'il eusse patience jusqu'à vendredy qui luy apporteroit son argent et que sependant il fist bonne chère avec ses compagnons des cinq escus qui luy laissoit et luy bailla un billet que l'on dict qu'il est escript de la main de Vaulgerant et signé de luy, dont je vous en envoye une coppie. Les douze soldartz que j'avoys envoyé avec un cappitaine à Mascon pour le prendre, ilz ne sont encor de retour, je ne scay s'ilz feront quelque chose. Si vous trouvez bon d'envoyer quelque honneste homme à Mascon pour rassurer ceux qui pourrions bransler audit Macon sur les pratiques dudit Vaugrenant, car il y a desjà troys ou quatre jours qu'il est là et il pourroit de beaucoup service. Je fais mener ceste mée double affin de faire une fricassée de ce qui viendra à l'exécution, si le soldart leur peult les y faire venir, je vous supplie m'en envoyer vos opinions; il pressent fort le soldart d'aprester ses affayres, luy faisant entendre qu'ils sont tous prestz, lui disant que la lune s'advance fort et aussi qu'ilz ont entendu dyre que la garnison se changeoit à la fin de ce moys. Vendredy l'on verra ce qu'ilz feront, je ne faudrez de vous en advertyr et n'ayant aultre chose de plus à vous estre escript, je prieray le créateur, Monsieur, que vous doint ce que vous désirez.

A la sitadelle de Chalon ce 23 febvrier 1589.

Vostre très affectionné à vous servir,

LARTUSYE.

A Monsieur, monsieur de Farvaques, chevalier de l'ordre du Roy, cappitaine de cinquante hommes d'armes et commandant en Bourgogne.

[386]

M. DE VERGY, GOUVERNEUR DE FRANCHE-COMTÉ,
A M. DE FERVAQUES.

Plaintes sur les gens de guerre qui traversent les frontières de son gouvernement, s'y logent et commettent des insolences. Il l'avertit qu'il vient d'en écrire au duc de Mayenne.

GRAY,
1589, 24 février.

ORIGINAL.
B. 462, n° 85.

Monsieur. Je receuz l'aultre jour estant à Dolle voz lettres par le sieur de Nancé. C'est pour le désir que j'ay faire service au personnage que scavez, luy accorday-je volontiers ce qu'il demandoit ; mais s'il n'est doresnavant baillé aultre ordre aux trouppes de gens de guerre qui passent et vont et viennent, discourans les frontières de mon gouvernement et s'émancipent d'y loger, je seray contrainct renvoyer ceste mienne affection. Les dites trouppes et mesme ung nommé le capitaine La Roche a usé de langage à ung de mes gens que j'avois envoyé vers luy en quoy je suis assurée trouverez s'estre beaucoup oblié et comme j'escriptz à Monseigneur le duc du Mayne, ma délibération est de luy bien faire entendre les déportementz de ses trouppes, que je suis sceur il trouvera fort mauvais, car il congnoistra bien que telz déportements ne peuvent que mal finir. Je vous prie pour éviter plus grand mal y pourveoir, cependant et à ce qu'ilz ne rentrent aussi en ce païs qu'ils dient vouloir faire. Et sur cet espoir finirez la présente par mes plus affectueuses recommandations à vostre bonne grace. Priant Dieu vous donner

Monsieur en santé heureuse et longue vie.

De Gray ce 24ᵉ de febvrier 1589.

Comme je me suis trouvé avoir affaire de celluy de mes ditz

gens que je pensois vous envoïer pour vous rapporter les susdits propoz, je les luy ay faict rédiger par escript pour les vous envoïer par ung aultre.

Entièrement à vous faire service,

F. DE VERGY (1).

---

[387]

LARTUSIE AU MÊME.

Les gens de Mâcon ont caché Vaugrenant, qui y a fait de grandes menées. Il est nécessaire d'y envoyer quelqu'un de sûr, s'il met à exécution ses projets sur la citadelle; il se propose d'en faire une boucherie.

CITADELLE DE CHALON,   ORIGINAL.
1589, 25 février.   B. 462, n° 89.

Monsieur. Pour ce que je vous ay escript tout au long par mes dernières lettres ceste icy ne me servira pour aultre chose que pour vous dyre que les gens que j'avoys envoyé à Mascon pour prendre Vaugrenant n'ont rien faict, pour ce que ceux de Mascon l'ont recellé et croye qu'ils veullent marcher des deux costez. Le président Vaugrenant y a faict de grandes menées, il seroit très nécessaires que vous congnoissiez quelqu'un pour rassurer ce qu'il pourroit avoyr esbranlé. Comme je vous avoyt desjà escript par mes aultres lettres, il est fort après à venyr à l'exécution pour entreprinse qu'il mène séans, j'espère que s'ilz y viennent que j'en feray une belle boucherie. Je vous tiendray tous jours adverty de ce qui passera et n'ayant

---

(1) François de Vergy, comte de Champlitte, baron de Fouvent, d'Autrey, etc., chevalier de l'ordre de la Toison-d'Or, gouverneur de Franche-Comté pour le roi d'Espagne, fils de Guillaume de Vergy et de Marie de Bourgogne. (Duchesne, *Hist. de la maison de Vergy*, p. 343.)

aultre chose digne de vous estre escript. Je prierai le créateur Monsieur qu'il vous doint ce que vous désirez.

De la sytadelle de Chalon ce 25ᵉ febvrier 1589.

Vostre très affectionné à vous faire service,

LARTUSYE.

---

[388]

LE BARON DE SENNECEY A FERVAQUES.

Il trouve fort étrange le droit qu'il s'arroge de convoquer les habitants d'Auxonne à une assemblée à Dijon, et lui rappelle que personne, sauf le duc de Mayenne et le comte de Charny, n'a le pouvoir de lui rien commander. Cependant, comme il s'agit de soulager le peuple, si les villes du gouvernement veulent se réunir à Auxonne, il est prêt à les accueillir.

AUXONNE, 1589, 26 février.

ORIGINAL. B. 456, n° 111.

Monsieur. J'ay vheu une lettre qu'avés escriptes aus officiers maire et eschevins de ceste ville, par laquelle leur ordonné se treuver dans le siesme du mois prochain à Dijon, et parce que je me suis chargé de la responce, je vous diray qu'il n'an feront rien, et que je n'ai treuvé moins estrange que nouveau ce commandement, ne sachant en quelle callité vous l'entreprenez, n'ayant creu ny ne croiray que aucun aye puissance de commander ni ordonner à eulx ny en ceste place an l'absance de Monseigneur le duc de Mayenne et de M. le conte de Cherny, que moy, aussi croije que avés seullement voulu faire cest essay pour recongnoistre sy je savois mon mestier, je m'en vas sy vieulx que je ne veux aprandre davantage. Toutefois puisque c'est ainsi que dictes par ces lettres pour le bien et soullagement du peuple et du païs quy en a très grand besoing ; si les aultres villes de ce gouvernement se veullent asambler an ceste sy d'Ausonne pour y aviser; non seullement les officiers maires et eschevins sy treuveront, mais je y assisteray aussi pour y servir de tout mon pouvoir et de ma vie ayant tousjours esté désireux du bien de la patrie, ainsi que fait le créateur lequel je supplieray vous donner

Monsieur an santé, très longue vie me recommandant humblement à voz bonnes graces.

A Auxonne ce 26 febvrier.

Vostre humble et affectionné à vous servir,

DE BAUFFREMONT-SENECEY.

A Monsieur, monsieur de Fervasque.

---

[389]

MAYENNE A FERVAQUES.

Invitation de faire au duc de Nemours la même réception qu'à lui-même.

ROUEN,
1589, 26 février.

AUTOGRAPHE.
B. 462, n° 92.

Monsieur de Fervaiques. M. de Nemours s'en va pour quelque affaire qui importe infiniment(1), il passera par la Bourgogne. Je vous supplie s'il estoit contrainct de passer par Dijon, le recevoir comme vous feriez moi mesme, et l'assister en tout ce qu'il aura besoing de vous; car c'est aujourd'huy la personne du monde qui m'est la plus chère. Je vous ay

(1) Jacques de Savoie, duc de Nemours, frère utérin de Mayenne, venait de s'échapper des mains de Henri III qui le détenait prisonnier depuis la mort des Guise; il s'en retournait dans le Lyonnais pour lever des troupes et marcher contre les deux rois.

escrit bien particulièrement depuis deux jours qui me gardera de vous en dire autre chose, sinon prier Nostre Seigneur qu'il vous donne

Monsieur de Fervaiques, heureuse et longue vie.

De Rouen le 26e jour de fevrier.

Vostre entièrement affectionné et parfait amy,

CHARLES DE LORRAINE.

A Monsieur de Fervaiques.

---

[390]

LA DUCHESSE D'ELBEUF A FERVAQUES.

Est-il vrai que Du Guat, chargé de la garde des prisonniers, les ait mis à rançon et se soit déclaré pour la Ligue ?

PAGNY,
1589, 26 février.

ORIGINAL.
B. 46?, n° 100.

Monsieur de Farvaques. On m'a tout présentement donné un advis qui m'apporte beaucoup de consolation en ma calamité, c'est que le Gast (1) qui avoit charge des princes prisonniers au chasteau d'Amboise les a mis en liberté moyennant cent mil escus, et que luy mesme s'est déclaré pour la Ligue avec sa place (2), vous jugerez assez quel désir je doibtz

(1) Du Guast, capitaine aux gardes. C'est lui qui fit massacrer le cardinal de Guise à coups de hallebardes. Le roi lui confia la garde des autres prisonniers avec le commandement du château d'Amboise.

(2) C'était un faux bruit: le roi, ainsi que Du Guast, voulant tirer parti de ses prisonniers, lui racheta les princes au prix de 30,000 écus, mais il lui permit de mettre à rançon l'archevêque de Rouen, La Chapelle, Marteau et les autres. Le duc d'Elbeuf ne recouvra sa liberté qu'en 1591.

justement avoir, que la chose en passe de cette sorte, et la crainte qui me combat d'y voir advenir le contraire et c'est pourquoy je vous ay depesché ce laquais, pour vous prier bien bien fort affectueusement de me mander par luy quelles nouvelles vous en pouvez avoir, car je m'asseure que vous en aurez eu. S'il y a quelque certitude en cet advenir, vous me soulageriez en cela de beaucoup, et vous en aurez aussy du gré et de l'obligation dont la revanche me sera tousjours fort agréable. Me recommandant bien affectueusement à vostre bonne grace, je prie Dieu, vous donner M. de Farvaques, en santé, bonne et longue vie.

De Pagny le 26ᵉ de fevrier 1589.

Vostre entièrement très affectionnée, meilleure amie à vous obéir,

MARGUERITE CHABOT.

A Monsieur de Farvaques, à Dijon.

---

[391]

PONTUS DE THIARD, ÉVÊQUE DE CHALON, A FERVAQUES.

Se disculpe des mauvais desseins qu'on lui prête ; il ne s'occupe que de ses livres et du repos public, et lui demande une sauvegarde pour lui et sa maison de Bragny.

CHALON,
1589, 27 février.

ORIGINAL.
B. 462, n° 104.

Monsieur. Je ne scay quel malicieux esprit continue à me charger de calomnies, comme si j'aymois la sédition, combien que je n'aye rien tant en horreur que les troubles et divisions qui ne servent d'autre chose que de nous esloigner de la grâce et service de Dieu, lequel je prie très dévotement me donner de la patience suffisante et me délivrer du mal et des mauvaiz. Ce qui m'offense est que l'on m'avertict de plusieurs partz que je ne suis en seureté, qu'il y a dessein pour me prendre ; que vous m'avez en mauvaise opinion, et que l'on m'a du tout effacé de la bonne volonté, laquelle M. le duc du Maine me portoit. Quant à luy je luy ay fait autant de service que j'ay peu selon la déclaration qu'il m'avoit donnée de son intention. Quant à vous je suis prest de me justifier quant il vous plaira, que je n'ay rien entreprins ny fait contre ce que je vous diz à Digeon : Vous supliant de croire que mon esprit n'est tendu à autre intention que du repoz publique et du mien avec mes livres, et que j'acompliray ce que je vous ay promis. Il vous plaira de ne prendre mauvaise oppinion de moy sans m'ouir en ma deffense, chose que j'espère si seurement de vostre part, que j'ose vous suplier bien humblement de me favoriser de vostre autorité, et me donner une sauvegarde pour ma personne et pour la maison et village de Bragny où je fais mon ordinaire demeure ; affin que sous le faulx avis de la calomnie l'innocence de moy et des miens ne soit offencée à tort, car telles fautes ne sont jamais suffisament récompensées par un regret. Si vous m'honorez de ceste gracieuseté, je vous en devray une très estroite obligation de laquelle vous me trouverez très humble recongnoissant, quant quelque mien humble service vous sera agréable : je vous en suplie donc encore un coup très humblement comme vous ayant baisé les mains, je suplie Dieu

Monsieur qu'il vous conserve une très longue et très heureuse vie.

De Chalon ce XXVII° febvrier 1589.

Vostre plus obéissant et humble serviteur,

PONTUS DE TYARD.

E. DE CHALON.

Monsieur, j'ay receu lettres de mon neveu de Bissy du 13 de

ce mois, de Paris, où il m'avertit que la volonté de M. du Maine est que je demeure cheux moy sans rien innover ny entreprendre contre luy, ça toujours esté mon intention. Je ne vous envoye la lettre pour ce qu'elle a été veue aux portes de Digeon.

Imprimé dans l'Étude sur Pontus de Tyard, par M. Abel Jeandet de Verdun.

[392]

LES MAGISTRATS DE MACON A FERVAQUES.

Ils lui rendent compte des démarches faites par Vaugrenaut pour les déterminer à embrasser la cause royale.

MACON,
1589, 28 février.

ORIGINAL.
b. 462, n° 109.

Monseigneur. Comme nous estions sur le point de vous advertir de la négociation faicte par le sieur président de Vaulgrenan en ceste ville, nous avons receu celle qu'il vous a pleu nous escripre par le cappitaine Deschières, par laquelle pour avoir veu l'advis qui vous en a esté donné non tel à correction qu'il c'est passé c'est pour le vous faire entendre au vray. Ledit président de Vaulgrenant estant arrivé en ceste ville le dimanche 19 du présent mois présenta à MM. les officiers du Roy de ceste dite ville, certaine commission portant créance, obtenue en la chancellerie du Roy qui parloit d'assembler la noblesse et la ville du pays de Masconnois en ceste dite ville pour leur faire entendre la volonté du roy comme il disoit, où nous fusmes appellés et ayant ouys la dite commission, nous luy fismes résponse que nous ne pouvions permectre que cette assemblée se fist en ceste dite ville, sans le consentement de tous les habitans, lesquelz estans convoqués en nostre maison commune réservant de ne luy accorder ladite convocation, laquelle à l'instant luy fust par nous donné. Ce néanltmoins comme il tachat d'assembler ceux des villes seullement qui eussent peu estre six bourgeois au plus, survint ung messagier qui luy apporta ung petit billet que nous luy laissames présenter et sur lequel il fist response par un aultre billet que nous avons osté audit messagier, les dits deux billets remplis de propos fort ambigutz comme pourrez voir par la copie d'icelle que nous vous envoyons; lesquels veus par nous, nous fusmes le trouver en son logis, où lui fust enjoint de se retirer de la ville; ce qu'il fit du soir mesme et n'avoit aulcun train que deux valletz. C'est tout ce qu'il a peu faire en ceste ville, vous asseurant Monseigneur, que si de premier abord nous eussions congnue qu'il pu troubler le repos de ceste ville, il n'y fust entré même. Comme nostre coustume à tousjours esté d'escouter parler tous ceulx qui viennent à nous, nous l'avons bien voulu escouter sçachant bien que luy ny aultre ne nous pourront esbranler ny empescher de recevoir vos commandements de mon dit seigneur le duc de Mayenne. C'est pourquoy Monseigneur nous vous prions nous excuser si nous ne vous en avons plustost adverti et vous supplions de croire que par tous moyens nous tacherons à effectuer noz promesses envers Monseigneur le duc de Mayenne et vostre seigneurie d'aussy bon cueur qu'après vous avoir bien humblement baisé les mains, nous prions Dieu

Monseigneur vous donner en santé longue et heureuse vie.

De Mascon le penultième febvrier 1589.

Voz très humbles et obéissans serviteurs,

Les eschevins de la ville de Mascon.
Par ordonnance,

VALLIER.

[393]

CHATENAY SAINT-VINCENT AU MÊME.

S'il désire que le bailliage de Chalon abandonne le parti du duc de Mayenne, il n'a qu'à laisser le baron de Vitteaux continuer ses déportements. Ses troupes traitent les habitants comme des ennemis ; elles ont pris Cuisery, Villefranche, et n'ont même pas ménagé les terres de lui, serviteur de Mayenne.

CHALON,
1589, 28 février.

ORIGINAL.
B. 468, n° 117.

Monsieur,

Comme je n'ay rien tant en affection que le service de monseigneur du Mayne, j'ay pensé vous escripre que si désiriés autant que craignés que s'il perde toute la créance qu'il a en ce bailliage et qu'il engendre une inimitié irréconciliable au cueur des habitans des villes et plat païs, il y fault laisser le baron de Viteaux avec ses troupes qui ne nous traicte pas comme serviteurs de mondit seigneur, mais comme les plus cruels ennemis que pourrions avoir. Vous cognoistrés partie de leur insolences tant par le rapport que vous en fera le sieur controlleur Mahault que par la coppie d'une lettre qui m'a esté envoyée. Ils ont surpris Cuisery où ils sont encores, qui est une ville ou les trouppes ne logent point et en autres de mes terres sans avoir esgard que je suis serviteur de mondit seigneur et vous asseure Monsieur qu'il est très nécessaire que envoyés ung gentilhomme le trouver pour lui donner département et faire avancer, autrement j'estime qu'ils ne partirons de ce païs que tout ne soit achevé, nous veillerons soigneusement à notre conservation à ce que mondit seigneur du Maine et vous, ayez occasion de vous contanter de nous. J'espère que monsieur le maire de ceste ville vous ira trouver dedans deux ou trois jours, lequel vous fera plus particulièrement entendre tout ce qui se passe par delà. Priant Dieu, Monsieur, vous maintenir en parfaite santé très heureuse et longue vie.

De Chalon ce XXVIIIe febvrier 1589.

Vostre très humble à vous faire service,

DE CHATENAY-St-VINCENT.

---

[394]

LARTUSIE AU MÊME.

Se disculpe des entretiens qu'il a eus avec M. de Crissey, son beau-frère, et qui lui ont été dénoncés. Il lui rend compte des projets d'escalade qui devaient être tentés sur sa forteresse, et de ses préparatifs pour faire sauter les assaillants.

CITADELLE DE CHALON,
1589, 29 février.

ORIGINAL.
B. 462, n° 111.

Monsieur. Je receuz hier deux de voz lettres et par l'une me commandez que je vous face aller M. Parise vers vous comme je fais, lequel m'a promis de se en aller, demain matin vous pouvant assurer que si vous ne rudoyez ung petit, vous ne tyrerez guères de fruict de luy que de belles parolles; car s'il eust voulu faire diligence, il auroit levé tous ses deniers, mais depuis qu'il sera devers vous, vous le pourrez contraindre. Quand à l'autre lettres que vous m'escripvez de M. de Crissey mon beau frère, vous m'avez faict beaucoup de bien de m'advertyr de l'assemblée qu'il faict en sa maison et qu'il doibt tenyr aultre party que celuy de monseigneur du Maine, et particulièrement s'il a conférance avec M. de Tavanes, lequel ne tasche à ce que l'on dit que à nous troubler. Sy M. de Crisey, s'oublie de tant de prendre se party là, se sera luy mesme quy s'en repentyra le premier. Quand à ce que vous m'escripvez qu'il m'est venu voyr, il est vrai, mais estant icy luy demandant quel bon vent l'avoit amené icy, il me dict que c'estoit pour me dire qu'il estoit sur le point de faire l'amour et se marier au conté de Bourgogne et aussi pour faire achepter quelque vin en ceste ville pour faire sa provision et le faire monter jusques à Saint-Jehan-de-Laune par eau et voyla les deux subjetz qu'il me dict qui l'avoit esmeu à venyr icy. Quand aux soldartz que vous me mandez qu'il m'a donnez, il ne m'en a donné pas ung. Et touteffois ne scachant qu'il tint aultre party que celuy de Monseigneur pour l'avoyr suyvy à la Ligue et au voyage des Raistres, si vous ne m'eussiez adverty de ce que vous m'avez escript, il m'eusse peu tromper; car ilz m'eust donné des soldartz, j'en eusse prins de luy comme me fiant à lui que pour rien du monde il ne m'eust voulu tromper et pour ce que je croys assurément qu'il tenoit nostre party; Et quand je luy demandai pourquoy il n'estoit allé avecq Monseigneur, il me dictz qu'alors que Monseigneur party, il n'avoit point d'argent, mais qu'il estoit après à en l'assember pour l'aller trouver. Mais à ceste heure estant adverty, de vous je me prendray bien garde qu'il ne me trompa pas, car je n'y m'y fieray pas et ayant veu vostre lettre je vous ferez entendre aux cappitaines qui sont icy, la substance d'icelle, affin qu'ilz se prinssent garde de me prendre par un soldart venant de sa part et de ces quartierz là. Ils m'ont faict entendre que vous le leur aviez aussy escript; mais des soldarts je n'en ay pas ung venant de sa main ny moings je n'en veux, je n'en ay qu'un qu'est de mes gendres longtemps a et tous les aultres sont estrangers, la pluspart de Picardie ou Normandie ou du Dauphiné, qu'il y a longtemps qu'ilz sont à moy et les trouppes que je lèverai pour mectre séans suyvant le commandement de Monseigneur du Mayne, je les ay faict lever vers nos cartiez vers le Forestz ou vers le Charoloys ou vers le Beaujolloys, sauf le cappitaine Mouledier que Monseigneur du Mayne m'a envoyé avec soixante et dix arquebusiers qu'il m'amène, combien que Monseigneur m'escripvoyt qu'il m'envoyoit cent arquebusiers avec le cappitaine Mouledier. Mais quand il a esté icy, il m'a dict qu'il n'y avoit que soixante et dix. Et pour ce que toute ma trouppe que je levai ou selles que le cappitaine Mouledier m'amène, ilz se sont approchés aux envyrons de ceste ville en attendant que ses compaignies ayant commandement de monseigneur du Mayne ou de vous de sortir pour faire places aux miennes suyvant l'intention de mondit seigneur ; il a fallu que je leur aye faict tenir les champs à mon grand regret, depuis le dixième de ce moys qu'ilz estoient approchez de ceste ville, pour ce que ses compaignies qui sont icy avions prins pour leur payement ilz n'avoient moyen de se pouvoir nourryr séans, ayant prins ceux qui sont icy leur paye; s'il vous plaist de donner ce qu'il vous plaist qu'il en soit faict, car c'est ung grand regret de voyr qu'il faille que les miens mangent le peuple à l'entour de ceste ville. Monseigneur à présent je vous advertiray comme dimanche à heure de onze heures de matin, il fut envoyé de la part du président Vaugrenant cent escus au soldart que mène l'entreprinse séant pour luy faire donner deux sentynelles comme plusieurs fois je vous en ay adverty et promettant audit soldartz que après l'entreprinse faicte de luy donner deux mil escus et toute la despouille de mon logis et mes chevaux et que la nuit du dimanche au soyr venant au lundi matin à heure de minuit jusques à troys heures, ilz se trouverions cent curassiers pour donner l'escalade au lieu là où le soldart l'avoit monstré à ung païsant qui venoit parler à luy ordynayrement qu'est celuy qui luy a apporté l'argent. Soudain qu'il eust l'argent, il vint advertyr son lieutenant qu'estoit le capitaine Johannès qu'il avoit receu les cent escus ilz le me amenoient car nous luy avions permis de prendre l'argent qu'ilz luy baillerions même qu'il nous advertist fydellement de ce qu'il feroit avec eux et que outre les deniers quy luy donnerions se luy feroit donner cent escus par monseigneur du Mayne et les ayant assignez à venyr dimanche à mynuit et pour ce que nous avons monstré ung lieu audit soldartz pour donner l'escalade dans une casemathe laquelle il n'y avoit aulcune sortye que par un passaige ung à ung et là où dans ladite casemathe je y avois faict une fougade de deux caques de poudre là où s'estoit délibéré de laisser entrer une trentayne et puis après faire mectre le feu à ma fougade et les rosty et sept ou huit grosses pièces que j'avois fait braquer avec une vingtayne d'arquebuses à croc droit au pied là où ilz debvions mectre leurs échelles; mais le diable a voulu qu'ilz ne viennent pas et nous qui estions tous en armes à l'entour de ladite casemathe bien secrètement, sauf les gardes que j'avoys ordonné à l'entour de ladite cytadelle, je vous assure que s'ilz y feussent venuz, il ne s'en fust pas sauvé ung. Une femme vint dyre le lendemain au soldart que les hommes qu'il savoit n'estions pas venues ceste nuit là pour ce qu'ilz ne s'estoient pas tous assemblés, mais que soudain qu'ilz serions assemblés, ilz les advertirions et que sependant il fust secret, nous verrons ce qu'ilz veulent faire encore, car ilz lui ont descouvert que les Chamillis sont de l'entreprinse et les Carretz de ceste ville et trois ou quatre aultres de ceste ville; mais nous n'avons voulu faire aulcun semblant de rien que plustost nous n'ayons veu sy nous pourrions les attraper, ilz ont prins quelques doubtes pour ce que la ville demeure en armes secrètement toute la nuit pour ce que j'avoys adverty Monseigneur de Saint-Vincent qu'il debvoit estre surprins ceste nuit là, qu'il se print garde. Ce poltron de Vaugrenant mène tout cecy qu'est tout ce qui passe de par dessa jusques à présent et priant le Créateur,

Monsieur, que vous doint ce que vous désirez.

De la cytadelle de Chalon, ce dernier jour de febvrier 1589.

Vostre très affectionné à vous servir,

LARTUSYE.

A Monsieur, Monsieur de Farvaques, chevalier de l'ordre du Roy, cappitaine de cinquante hommes d'armes, et commandant en Bourgogne.

[395]

CHATENAY SAINT-VINCENT A FERVAQUES.

Il réitère ses plaintes sur les excès commis par les trouppes du baron de Vitteaux. Le peuple est mangé des garnisons et de la citadelle, et s'il n'y met ordre, il est à craindre que tout ne se perde.

CHALON,
1589, 3 mars.

ORIGINAL.
B. 462, n° 123.

Monsieur. Ceux de ce balliage sont quasi désespérés des actes exécrables commis par les trouppes du baron de Viteaux et les recrues qui sont encores à nos portes, que ce présent porteur vous dira tellement que si le balliage n'en est vuidé en brief, je crains que tout ne se perde et que le premier qui se voudra dire ennemy de ses voleurs n'attire après soy ce peuple et Monseigneur perde tout son crédit qui luy viendroit à extrême desplaisirs, attendu mesmement qu'à son départ de ceste ville, il bailla volontairement commandement à touttes les trouppes qui s'achemineroient pour son service de n'aprocher ceste ville de deux lieues à la ronde. Le peuple est mangé des garnisons de la cytadelle. Il a contribué deux mil cinq cents escus pour les munitions d'icelle; il est imposé pour les bois et charrois nécessaires au remontage de l'artillerie de ladite cytadelle et des fortifications de la ville et meurtry, viollé et entieremeut pillé par ses ennemys de Dieu et du bien de mondit seigneur, tellement qu'ayant contenu jusque icy, ceux qui viennent aux plaintes je n'y puis plus rien de sorte que si ne faittes vuider en diligence, tous courent aux armes et perdent avec les biens la volonté de servir mon dit seigneur. Il n'est plus question de cultiver les terres, car il n'y à plus chevaux, jumens ny bœufs par tout ce balliage et jusques aux maisons des gentilshommes. C'est à vous monsieur qui avez charge de conserver ceste province à mon dit seigneur d'y donner ordre et croyez que les desseins qui s'exécuteront par telles gens ne peuvent réussir. M. le Maire présent porteur auquel je me reffie entièrement vous dira plusieurs particularités concernant le bien de ceste ville et du païs (1), dont je vous supplie très humblement la croire je prie Dieu

Monsieur vous maintenir en parfaite santé très heureuse et longue vie.

De Chalon ce IIIe de mars 1589.

Vostre très humble à vous faire service,

DE CHATENAY St VINCENT.

---

[396]

LE BARON DE LUX A FERVAQUES.

La captivité de son oncle l'archevêque de Lyon, l'a obligé de se renfermer dans sa maison, et de persévérer dans cette ligne de conduite. Néanmoins il lui promet de ne rien entreprendre contre l'autorité du duc de Mayenne.

ORIGINAL.
B. 456, n° 78.

1589, mars.

Monsieur. Jez receu saille qu'il vous a pleu m'escrire, part laquelle vous me faicte savoir que vous voudryés aittre assurez du lyeu où je veus alez. Croyés, je vous supplye que depuis que je ne vous est veu, je n'est changez de résolution, mays la captivitez de Mons. de Lyon, de laquelle l'on m'avoit mena-

---

(1) Cette fois Fervaques s'exécuta ; il rappela le régiment de Vitteaux pour grossir les troupes qu'il rassemblait contre le comte de Tavannes.

sez m'a jusque à saitte heure faict tenir le céjour de ma mayson. Mays à saitte heure que les chose ce passe come les avés entendue, je suis délibérez de suyvre saitte mayme résolution, en laquelle j'estois quand je party d'enprais de vous, et vous supplye n'en faire neulle doutte, quar cy j'avois changez d'aviz, je le vous dirois aussy librement come je fais la volontez que j'ey et cy je n'estois fort homme de bien et très religieux en ce que je promay j'usse deja faict paroitre cy me maittay à couvert que j'ay moyen de nuyre à ceus à qui je ne voudrois aittre serviteur. Mais pour fin de saitte croyés c'il vous plait et l'asurez où il vous plaira que jamais je n'antreprandrez chose qui déplaise à ceus à qui j'ey promis le contraire et aymerois myeus la mort, vous donnan ma parole que d'y manquer, ne voulan qu'il y aye neul de vos parans et serviteurs qui vous serve de meilleur volonté que moy.

DE MALAIN LUX (1).

A Monsieur, monsieur de Farvasque.

(1) Edme de Malain, baron de Lux, gouverneur de Chalon, fils de Joachim de Malain, chevalier de l'ordre du roi, et de Marguerite, fille de Pierre d'Épinac, lieutenant général en Bourgogne, était le propre neveu de Pierre d'Épinac, archevêque de Lyon, arrêté lors du massacre des Guise. Henri III n'ayant pu saisir le duc de Mayenne, averti à temps de l'événement, lui avait dépêché le baron de Lux pour le déterminer à oublier cette catastrophe et à continuer à le servir. Cette négociation n'aboutit point, et, bien que le baron penchât fort pour la Ligue, la crainte de nuire à son oncle l'empêcha de se déclarer et lui créa ainsi, entre deux partis aussi extrêmes qu'absolus, une situation équivoque qui se trahit par cette lettre. Son oncle ayant été mis en liberté, le baron de Lux se déclara ligueur et servit le duc de Mayenne avec autant d'ardeur qu'il en mit à le combattre quand, après les États de 1593, jugeant la Sainte-Union aux abois, il fit volte-face. M. de Sennecey étant mort, il le remplaça comme lieutenant général et fut tué en duel par le chevalier de Guise (1612).

[397]

LES OFFICIERS DE LA VILLE DE TOURNUS AU MÊME.

Ils lui envoient un exprès pour recevoir ses commandements. Les ravages de la gendarmerie sont tels qu'ils désespèrent de s'en relever, et sans leur vigilance ils eussent couru la même fortune que leurs voisins.

TOURNUS, ORIGINAL.
1589, 3 mars. B. 462, n° 124.

Monseigneur, satisfaisant aux vostres, nous avons expédié le porteur exprès pour aller recepvoir voz commandemens, affin que nostre obéissance par cy après vous tesmoigne combien ilz nous sont agréables et aussy pour vous faire entendre que doiz le despart de monseigneur le duc de Mayenne, les ravages et incursions de la gendarmerie nous ont accablez de telle sorte que presque nous désespérons en pouvoir jamais relever et croyons sans doubte que n'eust esté la vigilance qu'avons apporté à la conservation de nostre ville aydés des soldats que nous tenons et stipendions à nos frais, joinct les réparations qu'avons faictes de tout par le commandement de Monseigneur, qu'estions en péril, courir mesme fortune que nos propres voisins que sans doubte luy eust torné à grand contre cœur pour avoir tousjours porté à nous aultres de Tournuz. Je ne scay quelle particulière bienveillance, non tant pour nostre mérite toutesfois pour avoir recongneu doiz longtemps nostre affection encline à honorer et suyvre ces commandements qui encores de présent ny a tout jamais ne peult estre esbranlée par mutation quelconque et sur ceste asseurance nous prions Dieu

Monseigneur vous avoir en ses grâces et nous estre maintenuz en vostres.

De Tournus ce III° mars 1589.

Voz très humbles et très affectionnez serviteurs,
Les officiers de Tournuz.
Par ordonnance,

GERBAUD.

---

[398]

LES ÉCHEVINS DE MACON AU MÊME.

Les officiers du bailliage et les élus ayant prétendu qu'on ne pouvait envoyer des délégués à l'assemblée qu'il a convoquée à Dijon, qu'autant que la commission leur serait présentée, ils n'ont pas cru devoir passer outre ; ils lui peignent la triste situation de cette ville, prise et reprise quatre fois durant les troubles, écrasée d'impôts et de dettes, et ravagée par la gendarmerie.

MACON,
1589, 4 mars.

ORIGINAL.
B. 462, n° 125.

Monseigneur. Pour response à celles qu'il vous a pleu d'escripre particulièrement aux officiers du Roy, maire et eschevins de ceste ville de Mascon pour envoyer à Dijon quelcuns d'entre nous, affin d'ung despartement pour l'entretennement de la gendarmerie qui est en ceste province, lesditz eschevins n'ont heu aultre response des ditz officiers du Roy de ce bailliage que ce n'est à eulx de vaquer à tel affaire concernant despartement des subsides et imposition, ains aux esleuz du Roy de ce dit lieu. Lesquelz esleuz apprès ont repondu auzditz eschevins qu'une telle adresse debvoit estre faicte aux desputés des estatz de ce pays et conté de Masconnois et qu'apprès par bonne commission de sa majesté, ilz feroient tel mespart qu'il appartiendroit, et pour le regard de nos eschevins nous vous prions Monseigneur d'entendre à ce qu'il n'y a ville plus affligée en ce gouvernement que ceste ville de Mascon, plat pays et banlieue d'icelle, la dite ville ayant esté prinse et reprinse par quatre fois avec sac et pilliage par les troubles de ce royaulme, ce qui n'est admis aux aultres villes de ce dit gouvernement, et est encore présentement ladite ville contraincte d'imposer quatre tailles, l'une appelée le taillon pour l'entretennement de la gendarmerie, l'aultre pour l'extinction du subside sur les vins, la troisième pour la taille des clochers, la quatrième pour remboursement des deniers advancés cy devant pour la dite ville par le recepveur du Roy d'icelle, lesquelles impositions montant grandes sommes de deniers, il convient d'envoyer bientost à la recepte générale à Dijon; oultre tout cela les habitans de ladite ville puis ung mois ont achepté à crédit en la ville de Lyon à mil escuz de pouldres, attendu que la dite ville en estoit entièrement dégarnie; davantage ils entretiennent des soldatz par eulx prins volontairement aux environs de ladite ville; ilz font réparer les murailles et portes d'icelle et ont emprunté pour ce regard deniers attendu que leurs deniers communs et d'octroy ne peulvent monter à cinq cens livres qu'il appert en la chambre des comptes audit Dijon, ne pouvant suffire à la diesme auxdites réparations, et combien qu'il y ast deniers destinés en Bourgogne pour les fortifications des villes de frontière et de conséquence comme est ledit Mascon; toutesfois ceulx de Dijon ne nous en ont uns ques voulu eslargir un seul denier; d'ailleurs les troppes du cappitaine La Tour (1), La Vollent et plusieurs autres se sont dressés en ledit pays de Masconnois lequel a souffert aussy par longs jours tant la descente en Dauphiné de ladite gendarmerie que retour d'icelle, tellement que ceulx dudit banlieue et plat pays dudit Masconnois abandon-

---

(1) C'est probablement le même qui, en 1494, fut la cause d'une provocation en duel adressée par le baron de Vitteaux à M. de la Sablonnière et que M. le prince de Mayenne eut beaucoup de peine à empêcher. (V. Journal de Breunot, II285.)

nent leur labeur et le dit plat pays entièrement. Présentement encores sont deux compagnies résidant près nostre dite ville et faisant beaucoup de maulx, Monsieur, toutes ces choses qui sont véritables seront s'il vous plaist par vous considérer pour descharger entièrement la dite ville de Mascon pouvre et dénuée de tous moyens, de toutes oppressions de gendarmerie, impositions et despartements pour le regard d'icelle, vous asseurant que de tout notre pouvoir, rien ne sera innové en la dite ville comme par cy devant; nous vous avons escript, nous vous eussions envoyé l'ung de nous ung aultre bourgeois de ladite ville, n'eust esté la crainte que l'on a de M. Desbarres, recepveur général ausdit Dijon, lequel indifféremment faict emprisonner le premier de nostre dite ville qu'il estime solvable pour la taille due par ceulx de nostre ville qui peult trouver audit Dijon, tellement qu'aulcuns de ceste dite ville ne veullent eulx hazarder d'y aller et d'avoir esté contrainct vous envoyer ce porteur homme de pied pour satisfaire à voz commandements et vous porter response des vostres. Laquelle responce il vous plaira prendre de bonne part et croire que nous persévérerons à nos debvoirs pour le service du Roy soubz l'autorité de Monseigneur le duc de Mayenne, d'aussy bonne volonté et affection que après vous avoir bien humblement baisé les mains, nous prions Dieu

Monseigneur

Vous donner en santé longue et heureuse vie.

De Mascon ce IVe de mars 1589 (1).

Vos très humbles et affectionnés serviteurs,

Les eschevins de la ville de Mascon.

Par ordonnance,

VALLIER.

A Monseigneur,

Monseigneur de Farvaques, commandant en Bourgogne an l'absence de Monseigneur le duc de Mayenne à Dijon.

(1) Le 11 mars, à une nouvelle injonction de Fervaques d'envoyer des

[399]

LARTUSIE A M. DE FERVAQUES.

Le duc de Mayenne le pressant de lui envoyer ses compagnies, il le prie de les faire passer en revue. Il a saisi l'intermédiaire des gens qui machinaient la surprise de sa forteresse; cet individu lui a désigné trois personnages de la ville, lesquels ont pris à fuite, et qu'il poursuit. Quant au prisonnier, il va le mettre à la torture et le faire pendre.

CITADELLE DE CHALON, ORIGINAL.
1589, 4 mars. B. 402, n° 126.

Monsieur. A ce jourdhuy quatriesme de ce mois est arrivé le procureur général de ceste ville de devers Monseigneur du Mayne, lequel m'a apporté une lettre de mondit seigneur me commandant de mectre mes soldartz séans pour la garde de ceste cytadelle et que ses compaignies icy l'aillent treuver comme aussi, il le leur a escript, qu'est cause que ses cappitaines ayant veu la délibération de Monseigneur me pressent de faire entrer mes soldartz pour s'en aller comme je les feray entrer demain, qu'est cause que je vous supplieray de faire venyr Berthault (1) pour leur faire faire monstre, car ilz n'ont pas ung liard en entrant dans ceste cytadelle et lui commander qu'il puisse estre icy pour lundy, affin de ne donner aulcun mescontentement aux soldartz qui entrent pour l'incomodyté qu'il y a de loger, pour ny avoyr aulcuns meubles; que pour le moins ilz puissent avoir de l'argent pour manger, car aultrement se voyant incomodés de toutes choses à leur arrivée et sans argent, sela pourroit estre cause qu'ilz se débanderions, plu-

députés à Dijon, ils répondirent qu'ils avaient « assez de charges sur les bras » pour en ajouter de nouvelles, et qu'en définitive ils dépendaient non du Parlement de Dijon, mais de celui de Paris.

(1) Trésorier des guerres.

sieurs ayant de l'argent l'on les contraindra de servyr et aussi pour leur faire prester le serment à leur arrivée. Je vous advertiray aussi comme hier estant adverty que nos ennemis avions seu le desjeuner que je leur avoyt appresté le jour de leur exécution et estant adverty que celuy qui praticquoit alloyt et venoit et portoit l'argent aux soldartz, je scay qu'il estoit à une lieue d'icy et qu'il debvoit partyr ce matin pour s'en aller en l'Auxoys et plus ne revenir icy craignant d'estre prins, je envoie six de mes gardes le prendre là où l'on m'avoit adverty qu'il estoit et le me amenarent et soudain qu'ilz le m'eurent amenés, l'ayant mené en ma chambre il me confessa le tout, ormis qu'il n'en vousist accuser que troys de ceste ville, lesquelz sont desjà sortis hors de la ville et sont allés à treize lieues d'icy Je y ay envoyé ceste nuit dix arquebusiers avec un sergent pour tascher de les prendre, m'ayant ung homme promis de me les faire faire prendre moyennant cinquante escus que je lui ay remis; je les attends à heure de midy pour voir s'ilz le me amèneront et sependant se matin je m'en voys faire donner la torture à celuy que je tiens desjà, pour lui faire dyre qui est de l'entreprinse et après disner le voyr faire pendre comme je feroy des aultres troys, s'ilz les me amènent, car se sont les troys qui praticquions avec Vaugrenant et qui apportions l'argent icy; qu'est tout ce que passe et par deça jusque aujourdhuy en priant Dieu

Monsieur que vous doint ce que vous désirez.

De la cytadelle de Chalon ce IV⁰ de mars 1589.

Vostre très affectionné à vous faire service,

LARTUSYE.

[400]

LE PRÉSIDENT FREMYOT A FERVAQUES.

Son frère lui a fait part de la résolution prise par ses ennemis de lui envoyer la tête de son fils s'il n'abandonne la cause du Roi. Il s'esbayt qu'on veuille user d'un tel moyen pour le faire trahir son devoir Il lui déclare donc qu'il préfère voir mourir son fils pour la chose publique, plutôt que de rien faire contre son honneur.

FLAVIGNY,　　　　　　　　　　　　ORIGINAL.
1589, 5 mars.　　　　　　　　　　　B. 462, n° 132.

Monsieur,

Je me sens infinyment obligé à vous et à tous messieurs de la ville de la courtoisie que m'avez faicte de permettre à mon frère venir icy pour me veoir. Non seulement pour le contantement que j'ay receu, nous consolant mutuelement en nos misères publicques et privées, mays aussy parceque par là j'ay reconnu la bonne opinion qui vous reste encor de moy; qu'en mon âme j'ay toujours beaucoup de scintile, de la charité qu'ung homme de bien doyt avoyr envers sa patrie et ses concitoïens et pleust à Dieu que ma vye fust sacrifié pour le public et que tout allast bien. Je voudrois bien que j'eusse peu me laisser aller aux larmes et persuasions de mondict frère qui m'ont touché bien avant au cueur quant j'ay seu les fâcheries et rudes traittements que lui et mon fils ont receu a mon occasion et dont les miens sont encore menacés, mays mon honneur et mon devoir m'empeschent de plier soubz toutes ces choses, et vous suplie humblement monsieur considérer quelles ont esté mes actions passées que j'ay donné par escript à mon frère et s'il sy treuve un seul mensonge, je veulx mourir et lors je m'assure que tant s'en fault que je puisse estre blasmé, ou repris, que au contraire ceux qui voudront juger sans passion me louerons et de l'affection que j'ay heue au repos de toute la province et de la patience que j'ay heue contre tant de menaces et mauvais desseins que l'on a faict contre moy. Il est vrai que me voiant réduit à la nécessité de demourer en ceste province, puisque le Roy me l'avoit commandé (et aussy qu'avoy-je faict pour en être banny) et n'ayant autre bruit à mes oreilles que des charges données à celuy cy et celuy là pour me faire mourir, enfin ne pouvant plus languir; je me résolus de cercher une habitation plus seure qu'une méchante maison champestre, et à ces fins mardy dernier me retiray en ceste ville, ou s'il se treuve que auparavant j'eusse faict pratique avec un seul des habitans je veulx mourir. Depuis M. de Thavanes comme lieutenant général pour le Roy en ce pays y est entré et à confirmé tous les habitans en la bonne volonté qu'ils avoient tous de demourer perpétuellement en l'obéissance du Roy. Si c'est un crime d'estre serviteur du Roy et de se retirer en une ville qui est sous l'obéissance de Sa Majesté, j'ay failly; Si c'est crime encor à un homme de bien que l'on court à force et auquel l'on veult injustement sur faulses impressions et par colère faire perdre la vye se retirer et cercher un couvert pour la défense de vye, je suis coulpable. Mays Monsieur vous estes trop sage pour imputer à crime toutes ces choses et quant j'auroys failly en cela je m'esbasy pourquoy l'on en veut gecter la vengeance sur mon filz et sur mes frères et sœurs et proches parens qui sont innocens et desquelz je n'avois heu aucunes nouvelles depuis deux moys entiers et maintenant mon frère m'aporte cette funeste menace, que l'on m'envoiera la teste de mon filz dedans un sac et que l'on fera à tous mes parents toutes les rudesses que l'on pourra. Je scay bien Monsieur qu'en un cueur si généreux que le vostre, une si cruelle et barbare résolution ne peut entrer; mays que cela provient des furieux conseils de mes ennemys qui voudroient bien assouvir leur passion desmesurée aux despens de cette belle et grande réputation que vous avez acquise par tant d'actes héroiques qu'avez faictz et charges honorables desquelles vous vous estes toujours sagement et dignement acquitté, qui me fait espérer que vous Monsieur ne tomberés jamais en conseil si horrible et esloigné de tout humanité. Mays quant vostre vertu et bon naturel seroient surmontés par la violence ou fureur de mes ennemys je ne suis point tant aliéné d'humanité et depourveu du sentyment de l'affection paternelle que je ne portasse à regret un tel spectacle. Si diray-je librement que j'estimerois mon filz très heureux de mourir si jeusne et en la première fleur de son eage pour la chose publicque, et innocent comme il est, avoir un sépulchre si honorable et par les destins ou malheur plutost que par la faulte de son père, anticiper le cours de sa vye et éviter le sentiment des calamités qui sont aprestées sur ce misérable Estat. Je vous suplie donc Monsieur tempérer ces mauvais conseils que l'on vous donne du sel de vostre prudence et croyre que ny les tormens que l on pourroit me donner, ny ceux que l'on fera à mon filz que je sentiray plus que les miens ne me pourroient esbransler à faire chose contre mon honneur et le devoir d'un homme de bien. J'aime mieux mourir tost aïant la réputation entière que vivre longuement sans réputation. Et si sans blasmer je pouvois ce que mon frère m'a dict, je my fusse rendu aisement, ce que je vous suplie très humblement prendre de bonne part et croyre qu'il n'y a personne en ce monde qui désire plus que moy le bien et le repos de la patrie et que quant j'y pourray estre utile je m'y emploieray de bien bonne volonté de laquelle après vous avoir humblement salué je prieray Dieu

Monsieur vous conserver en santé heureuse et longue vye.

A Flavigny ce dimanche V⁰ de mars 1589.

Vostre très humble et obéissant serviteur,

FREMYOT.

A Monsieur
Monsieur de Farvacque, chevalier de l'ordre du Roy, cap-

pitaine de cinquante hommes d'armes de ses ordonnances conte de Grancey, seigneur et baron de Selongey, Farvacque Crescey, Marey, etc , à Dijon.

Imprimé dans : 1º *le Parlement de Bourgogne*, par M. de La Cuisine; président honoraire à la Cour de Dijon, 2e édition, II, 150 ; 2º l'*Histoire de sainte Chantal*, par M l'abbé Bougaud, I, 495.

---

[401]

X. A FERVAQUES.

Le duc de Mayenne a été proclamé régent; il s'est assuré Rouen et toute la Normandie Roissieux est dans Orléans ; e roi de Pologne s'est retiré à Tours; Verneuil a pris le parti de l'Union ; Nemeurs est à Lyon. Tout marche à souhait.

PARIS
1589, 6 mars.

ORIGINAL.
n. 462, nº 846.

Monsieur,

Encor que je aye despesché un lacques depuys cinq ou six jours je n'ay point voulu perdre l'occasion du sieur de la Huardière sans vous escrire comme Monseigneur du Mayne fut avant hyer déclaré régent en France; il a fait un voyage en Normandie auquel il n'a pas perdu temps, car s'il est asseuré de tout ce qui est sur la rivyère depuis Paris jusque à Rouen à layssé M de Pierecourt, commendant dans Rouen et Laconde en titre de sergent-major aynsy que Rossieu est dans Orléans. Le Roy de Poulongne comme on dit icy) est allé à Tours, auquel lieu il n'est trop asseuré pour ce qu'il y a les deux partis de Tours qui ont s gne la Ligue ou l'Union ; mais faute d'un homme d'entreprise et de résolution, on ne s'en est pas asseuré aynsy que des aultres viles, Renty fet bien l'eschaufé en Normendie, mes s'il faut y que vous rayés vostre baylliage et vostre gouvernement. Verneil s'est déclaré. Quant on parle icy du roy on ne parle que d'Henry de Valoys. Par les rues on crie la vie de Henry de Valoys. Melun s'est rendu, Monseigneur de Nemours est à Lyon. Monsieur tout va à souhait, je vous suply Monsieur de mander souvent de vos nouvelles à Monseigneur du Mayne, il n'est arivé que de ce soir, je n'ay point encor eu moyen de parler à luy ny à M. le président Jeny (Jeannin) pour aprendre des nouvelles particulières. S'il vous plaist Monsieur vous-je gratifierés le plus que vous pourez Monsieur je désire plus que chose du monde estre auprès de vous, mes s'il vous plaist Monsieur vous me demanderés à Monseigneur du Mayne.

Je suis vostre serviteur très humble,

X...

A Monsieur,
Monsieur de Fervaques, gouverneur de Bourgongne.

---

[402]

LES ÉCHEVINS DE LYON A FERVAQUES.

Prière d'autoriser la traite des blés de son gouvernement pour l'approvisionnement de leur ville.

LYON,
1589, 7 mars.

ORIGINAL.
B. 464, n° 147.

Monsieur. Puisqu'il à pleu à Dieu que nous ayons prins cette bonne et saincte résolution d'entrer en l'Union des princes catholiques et bonnes villes du Royaulme comme nous avons faict entendre par aultres nostres, nous vous prions continuant la bonne volonté que Monseigneur le duc de

Mayenne nous a toujours porté vouloir librement laisser venir les grains qui seront chargez rière vostre gouvernement pour ceste ville, ce sera tousjours accroytre l'obligation que nous avons à monseigneur de Mayenne et à vous pour vour servir en ce que l'occasion se présentera et d'aussy bon cueur que nous vous présentons noz affectionnées recommandations à voz bonnes grâces. Priant le Créateur vous donner,

Monsieur en bonne santé, très heureuse et longue vye.

A Lyon le V.IIe mars 1589.

Nous vous envoyons la déclaration que nous avons faict à l'occasion de la prinse des armes et les articles de l'Union que nous avons juré; vous en ferez part s'il vous plaist à vos bons amys.

Voz bien affectionnés serviteurs,

Les conseillers et eschevins de la ville de Lyon.

SONTHONOIS.

---

[403]

CHATENAY-SAINT-VINCENT A FERVAQUES.

Depuis l'entreprise sur la citadelle de Chalon, il a voulu faire jurer l'Union aux habitants, mais comme il a trouvé peu de bon vouloir, il le prie de lui donner des instructions.

CHALON, 1589, 8 mars.

ORIGINAL.
B. 462, n° 149.

Monsieur. J'estime qu'avez sceu bien au long par Monsieur de Lartusie et mes précédentes, l'entreprise qui estoit faitte tant sur la cytadelle que sur ceste ville et le remède que l'on y avoit préparé. C'est pourquoy je ne vous en atedieray davantage, sinon que l'on poursuit de plus en plus à descouvrir ceux qui sont de la faction ou j'ay estimé pouvoir estre comprins quelques ungs de ceste ville, ce qui m'auroit occasionné inviter les habitans de s'unir les ungs avec les autres pour la conservation de ceste place pour Monseigneur du Mayne, en quoy j'ay trouvé beaucoup de contrariétés pour la forme. Aulcungs disantz que ne leur en avez rien escript et d'autant qu'il est très expédient qu'ils jurent l'Union génerallé avec les princes catholiques et les autres villes unies avec eux et le tout soubs l'obéissance de mondit seigneur du Mayne. Je vous supplie m'envoyer ce qui a esté faict à Dijon et leur en escrire, car par ce moyen je cognoistray qui sont ceux qui demeureront affectionnés à mon dit seigneur pour puis après vous en donner advis, afin d'y ordonner comme trouverés estre nécessaire ce qu'attendant je prieray Dieu

Monsieur, vous maintenir en santé très heureuse et longue vye.

A Chalon ce VIII⁰ de mars 1589.

Vostre très humble à vous faire service,

F. CHASTENAY-St-VINCENT.

---

[404]

JACQUES LA VERNE, MAIRE DE DIJON.

Il le félicite de la victoire qu'il a remportée à Is-sur-Tille sur Tavannes.

DIJON,
1589, 9 mars.

ORIGINAL.
B. 462, n° 150.

Monsieur. Si tost que le capitaine Parizot (1) est arrivé nous avons rendu actions de grâces à Dieu de l'heureuse victoire

(1) Il apportait les lettres par lesquelles Fervaques mandait qu'ayant rencontré près d'Is-sur-Tille M. de Tavannes et sa compagnie, ils s'é-

qu'il vous a donné sur ses ennemys, demain dès le matin nous en ferons chanter le Te Deum. Ce commencement est heureux, la fin en sera de mesme, aydant Dieu qui vous assistera en ceste cause sienne vous avez ouvert la porte de l'audience de Flavigny (1 . J'ay depesché aussytost un messager aux compagnies selon vostre commandement, il marchera toute la nuict et par mesme moyen j'ay prins asseurance des présentz pourteurs pour aller la part où vous ètes, affin de médicamenter les vostres qui ont esté blessés. Je feray scavoir les nouvelles à Monseigneur le duc de Mayenne et luy envoiray la copie de voz lettres cela lui aportera aultant de contentement que chose de laquelle il puisse avoir advis. Vous excuserés s'il vous plaist si la ville ne vous rescript, cela provient de ce que vostre lettre a esté receue à la nuict de laquelle la communication sera faicte demain de grand matin. Les nouvelles en ont jà estés publiées par le tréseau (2) des cloches de noz églises, par le capitaine Parizot. La ville fera ce qui est de son debvoir et vous envoirons des lances selon son mémoire qui sera sa part ou vous ayant baisé les mains je prieray Dieu

Monsieur, qu'il vous donne accomplissement de voz désirs.

De Dijon ce VIIIe mars.

Monsieur Berbisey vous baise humblement les mains comme faict aussy Monsieur de Franchesse, sont infiniment joyeux de ce bon succès.

Vostre humble serviteur,

J. LA VERNE (3).

---

taient battus, « mais que Dieu luy avait fait la grâce qu'il a heu la victoire ayant taillé en pièces la dite compagnie qui estoient cuirassés pour le moings la pluspart, une autre partie prisonniers et le peu qui restait mis en fuite entre lesquels est le dit sieur de Tavannes. ». (Reg. des délib. B 222, fol. 163.)

(1) Allusion à l'espérance qu'avaient les Ligueurs de voir le Parlement royaliste chassé de Flavigny, où il venait de s'installer.

(2) Carillon.

(3) Jacques La Verne, avocat au Parlement, seigneur d'Athée, élu vicomte mayeur en 1566, 1587, 1589, 1590, était avec Etienne Bernard et

[405]

S. A FERVAQUES.

Le Parlement de Paris, d'où dépend le Mâconnais, n'a point encore envoyé l'arrêt pour l'Union, et es habitants ne veulent pas le recevoir des mains des Lyonnais ; il le presse de l'envoyer par M. de Chauffailles afin de maintenir les bons habitants et de déterminer es autres. Vaugrenant qui est toujours aux environs leur a adressé des déclarations du roi, dont le conseil secret a arrêté la publication.

MACON,
1589, 9 mars.

ORIGINAL.
B. 462, n° 156.

Monsieur. Au temps que nous périclitons touttes choses commencent à se conduire avecques telle prudence que je crois quelles se réduiront si bien que la finalle résolution se se terminera au contentement de Monseigneur qui debvra considérer que si Rome n'a esté fabriquée et construitte du premier jour, que aussy en ung coup il est bien difficile de composer toutte teste d'hommes différentes soubz ung mesme chapperon, il y fault du temps et de l'artifice qui ne se vouldront précipiter à tenter la fortune par une violente et hazardeuse sédition ou bien souvent ceux que commancent courent le malheur. Ceux qui sont serviteurs de Monseigneur et des plus zellés dont le nombre excede la Dieu grâce sans comparaison les aultres, n'ont pas peu faict d'entretenir jusques à

Guillaume Roybier, aussi avocats, l'un des plus ardents promoteurs de la Ligue à Dijon. Sa violence égalait le fanatisme de son opinion. En 1590, ayant fait exécuter pour ainsi dire sans forme de procès l'avocat du roi Chautepinot, qui l'avait injurié en public, son influence baissa rapidement, bien qu'il fût parvenu à se faire encore élire en 1591 et 1593 ; méprisé par son parti, en horreur à l'autre, il crut obtenir sa grâce en nouant des intelligences avec les royalistes pour leur ouvrir les portes de la ville ; manqua l'affaire par son irresolution, et périt sur l'échafaud le 29 octobre 1594.

icy les habitans à ne rien commettre, contraire à la promesse que le conseil et premier eschevin feisent de la part d'iceux à Son Excellence qui parfairoient l'œuvre sans tumulte. Si nous avions eu en nostre puissance l'arrest de prestation de serment de l'Unyon, donné par la cour de parlement de Paris du ressort de laquelle nous sommes, que Monseigneur par lettre qu'il m'a escripte du vingtroisième du passé, m'a escript que la dite cour nous envoyeroit, que tous les gens de bien attendent en grande dévotion et lesquels ayant assentu que ceux de Lyon se veullent entremettre nous la mander, avecques lesquelz ilz ne veullent avoir aulcune intelligence au préjudice de ce qui est du gouvernement duquel nous sommes; ont esté d'advis que pour lever touttes difficultés qui en pourroient naistre, qu'il seroit bien à propos que vous comme lieutenant général de Son Excellence prévinssiés ceux de la dite ville de Lyon et nous l'envoyassiez par gentilhomme de créance comme M. de Chauffailles ou aultre de sa qualité capable d'aller et parler qui nous la faist jurer et signer particulièrement et généralement. A tous je remectz cela à vostre prudente discretion qui suis en armes que sy entre cy et le temps que vous y pourvoirés médiation de la part de la dite cour, nous recepvons de la part de la dite cour du parlement de Paris que vous n'aurés aulcune peynne et en aurés bien peu si par ung messager particulier avecque suffisante instruction, vous mandés au dit sieur de Chofailles ce qu'il aura à faire qui scay qu'il n'y à rien de plus odieux à ceux de Dijon que les Masconnois. C'est pourquoy je vous dis que si vous approuvés que l'on doibve faire la dite dépesche, il est expédient quelle soit de vous et que gracieusement vous recepviez les députés que ceste ville vous pourra dépescher pour ne les alterer et divertir du party auquel nous les faisons incliner de jour en jour. Lesquelz la dite prestation du serment faicte indubitablement sans conjurer et eux faire tirer l'oreille après icelle s'accommoderont de vous en faire comme les aultres villes de ce gouvernement, qui este grandement traversée par le sieur de Vauxgrenant qui continue quoy qu'il soit hors de ceste dite ville à nous tousjours brouiller, ayant dès deux jours ença envoyé ung paquet du Roy, auquel estoient contenues les déclarations au désavantage de Monseigneur et des Villes Unyes, telles que vous les avez peu veoir, que l'on a résolu ne publier au conseil estroict de ceste dite ville ny en aultre endroit. Ce porteur, Monsieur, est de ma viele congnoissance, lequel comme il le m'a asseuré va à Paris, je vous supplie luy bailler ung passeport et me faire response si vous jugez quil en soit besoing par l'adresse de Mr de Larthusie qui attendant le retour du Mr Prudent deans dimanche prochain et remettant à ce dit porteur, vous instruira de ce qui se passe en Daulphyné, supplie le créateur

Monsieur vous donner en santé, très heureuse et très longue vye.

De Mascon ce IXe de mars 1589.

Vostre très humble et très obéissant serviteur,

⁂

Croire que ce peuple se maniant par la douceur que on en faict et que l'on veult et que la déclaration de Lyon n'est de petite importance pour l'advantage et continuation des affaires et prospérités desquelles ce bon Dieu les benist. La force est nous, mais nous n'en vollons venir là pour estre l'expédient amiable plus chrétien et convenable et approuvé des gens d'honneur, mesme de monsieur Barjot nostre lieutenant général qui ne gaste rien. Joinct que je serais mal propre comme je vous le confessois ingénuement s'il falloit procéder par la violence, estant comme je suis amateur du repos de ma patrie et bien de mes citoiens.

[406]

LA VERNE, MAIRE DE DIJON.

Il lui annonce la prise du baron d'Aubonne, venu à Chenôve avec une troupe pour sonder les fossés et préparer une surprise de la ville.

DIJON,
1589, 10 mars.

ORIGINAL.
B. 462, n° 87.

Monsieur. Nous avons esté à la guerre avec proffit, car ayant heu advertissement que quelques hommes curassés s'estoient gettés nuitamment en une maison assez bonne à Chenosve proche de demie lieu d'icy, je priay Monsieur Michiel avec des habitantz de les aller investir le jour d'hier, ce qu'ilz firent et eurent encores quelques soldatz du chasteau. De cinq qu'ilz estoient nous en tenons troys prisonniers, l'un desquels est le baron D'Aubonne (1) et court l'on les autres à bride abatue. Ilz debvoient ceste nuist sonder noz fossés, boulevars et murailles comme aussi du chasteau. Il fault que nous tirions d'eux les desseins de ceux qui cherchent la ruine de ceste province, qui s'arment comme vous voyez des huguenotz ; J'ay parlé ce jourdhuy à Mr de Bussy qui est prest de vous aller trouver et fera bon joindre à luy les soldatz qu'avoist faict venir le lieutenant de Talant. Mandez luy s'il vous plaist le rendez vous et la part où il vous trouvera ; J'ay envoyé aux troupes des capitaines qui estoient dedans la citadelle de Chalon pour marcher incessament à vous, le messagier n'est pas

---

(1) D'après ce que le maire déclara à la Chambre de ville, le baron d'Aubonne, l'Espagnol et le capitaine Saint-Mathieu, tous trois « inventeurs de pétards et saucisses, » avaient été mandés de Genève par le président de Vaugrenant pour recomaitre les dehors de la ville et les lieux les plus propices pour faciliter une surprise. (Reg. des délib. B 226, fol. 163.)

de retour ; Je feray satisfaire à voz lettres; hier j'avoye envoyé des lances à Is-sur Tille, l'on les a ramené pour n'y avoir trouvé personne, dont j'ay esté marry. Si vous avancés diligemment à Flavigny, l'on ma dict que vous emporterez la place. Vous baisant les mains après avoir prié Dieu

Monsieur qu'il vous conserve en santé et vous donne de parachever ce que vous avez bien commencé.

De Dijon ce 10 mars.

J'ay heu cejourd'huy advertissement que la nuist passée sont passés quarante cuirasses à Ahuy proche ceste ville d'une lieue, qui cherchoient des soldatz Le bagage du Sr Viteaux est tousjours à Fontaine dèz le jour que vous partirés d'icy ce sont nos subjects qu'ils ont emmené. S'il vous plaît vous leur ordonnerez de vuider et aller ailleurs.

Vostre humble serviteur,

J. LA VERNE.

---

[407]

FRANCHESSE, CAPITAINE DU CHATEAU DE DIJON, AU MÊME.

Il lui annonce la capture de M. d'Aubonne et le presse d'aller assiéger Flavigny, l'occasion est des plus favorables.

DIJON,
1589, 12 mars.

ORIGINAL.
B. 462, n° 337.

Monsieur

Je croy que M^r le maire vous aura desja adverty comme nous tenons le baron d'Aubonne prisonnyer, que nous avons pris à une maison proche de ceste ville où il estoit venu avec deulx aultres qui se sont sauvés. L'ung nommé St Mathieu (1)

---

(1) Ce capitaine, cité dans le journal de Breunot, fut un des plus actifs auxiliaires du comte de Tavannes.

et l'aultre L'Espagnollet qui estoient venus pour reconnoistre ceste ville et le chasteau et voir s'il y auroit moïen de y planter le pétart ou mettre des saulcises ou escaller ou aultrement. Je n'ay pas encore peu savoir sy leur entreprise estoit preste à exécuter, je crois que non à cest heure que avés défaict leurs troupes, car ilz n'ont point d'aultres forces prestes et croy que sy alliés présentement à Flavigny qui les incomoderiés grandement pour n'estre la plasse en estat de défanse, si Mʳ de Tavanes s'y enferme et tous les aultres, car tous les présidentz et conseillers qui sont hors de ceste ville y sont. Ce seroit une belle prise et de laquelle il réusiroit ung grand bien. J'estime que sy Mʳ de Tavanes estoit renfermé que peu de gens yroient à son secours; ceulx de Champagne sont fort empeschés, car Mʳ de Saint Pol (1) s'est servy de sainc cens lances de celles que le prince de Parme envoie à Monseigneur du Maine avec lesquelles il donne bien de l'affaire à Mʳ de Tainteville (2). Vous nous manderés s'il vous plaist de vos nouvelles et commandementz, lesquelz atandant, je prieray Dieu

Monsieur, qu'il vous ait en santé heureuse et longue vie
De Dijon au chasteau le XIIᵉ mars 1589.

Vostre bien humble serviteur,

FRANCHESSE (3).

---

(1) Gouverneur de Champagne pour le duc de Mayenne.
(2) Joachim de Jaucourt, baron de Dinteville, mourut en 1607, lieutenant général au gouvernement de Champagne et Brie.
(3) Franchesse était un capitaine italien attaché au duc de Mayenne; celui-ci s'étant saisi en 1585 du château de Dijon, dont le commandement appartenait au comte de Tavannes, lui avait confié la garde de cette forteresse, qu'il ne rendit à Henri IV qu'après un siège en règle.

[408]

MAYENNE AU MÊME.

M. de Tavannes ayant surpris Flavigny, il lui enjoint de tout tenter pour le lui reprendre. Après ce premier effort, il lui enverra des troupes pour nettoyer la province.

PARIS,
1589, 13 mars.

AUTOGRAPHE.
B. 462, n° 195.

Mr de Fervacques. J'ay sceu comme Mr de Tavanes s'est emparé de Flavigny, je veoy bien qu'au lieu que je désiroye vivre doulcement avecq luy, je seray contrainct de me déclarer ouvertement son ennemy comme je feray infailliblement et feray tout ce qui me sera possible pour le luy faire paroistre. En effet, je vous supplie faire tout ce que vous pourrez pour ravoir ceste place et n'y rien espargner, vous avés des forces dans le païs desquelles vous vous pourrés servir pour cest effect. Après ce premier effort que nous allons faire, je vous en pourray envoyer d'autres plus grandes pour nettoyer la province. Au reste le Sr de Chanlecy présent porteur m'a prié de le remettre en sa place (1), c'est chose qu'on ne luy peult aucunement réffuser, je vous en supplie et qu'il n'y ait aucune difficulté. Je serai en doubte je vous supplie des promesses que je vous ay faictes pour les places et croyez que je garde trop réligieusement ma parolle et vous ayme et estyme

(1) Jean de Boyer, seigneur de Chanlecy, était alors capitaine du château de Talant, qu'il céda plus tard au vicomte de Tavannes.

trop pour y mancquer. Je prie Nostre Seigneur, après mes plus affectionnés recommandations, qu'il vous donne,

Mr de Fervacques, heureuse et longue vie.

De Paris ce XIII mars 1589.

Vostre entièrement affectionné et parfait amy,

CHARLES DE LORRAINE.

Vous croirés ledit Sr de Chanlecys, de ce qu'il vous dira de ma part.

A Monsieur de Fervacques.

---

[409]

MONTMOYEN A M. DE FERVAQUES.

Il lui demande ses ordres au sujet du sergent Lisle, arrêté par Lartusie à son retour d'Avignon. Il a reçu avis d'une trahison qui se brasse autour de lui et se tient sur ses gardes.

BEAUNE,
1589, 14 mars.

ORIGINAL.
B. 462, n° 201.

Monsieur

Je receuz hyer des lettres de Mr de L'Artusye qui me prie vous faire scavoir qu'il a attrappé le sergent Lisle qui est à Mr de Gié, qui dit qu'il vient d'Avignon. C'est celuy que vous me commandates il y à quelque temps, de faire attrapper passant par icy; mais j'en fuz trop tard adverty et comme j'en avois donné adviz à Mr de L'Artusye, il s'en est donné garde à son retour et l'a fait prendre. Il vous prie luy mander qu'il vous plaise qu'il en fasse et sur quoy vous voulez qu'il soit interrogé. J'estime qu'il ne fait pas telz voïages et en tant de diligence sans subjet. Au surplus Monsieur je suis en une extrême peine sur les adviz que j'ay receuz d'une trahison qui se brasse sur moi par les miens mesmes, que je ne puis bonnement croire et néantmoins à cette occasion je suis résolu à ne sortir de ma place ayant, mis tel ordre à ma garde soit de jour ou de nuit qu'il faudroit que mes soldatz fussent traistres tous ensemble pour me pouvoir jouer un mauvais tour. Je vous supplie très humblement Monsieur et vous conjure par l'honneur qu'il vous plaist me faire de m'aimer, qu'il vous plaise m'éclaircir de ce qui en peut estre venu à vostre connoissance, affin que je donne tel ordre à la seureté de cette place qu'il sera de besoin. Pour la fin je vous supplierés nous vouloir faire part de voz bonnes nouvelles, espérant que Dieu vous en donnera le succèz comme vous les avez heureusement commancées au rencontre d'Isurtille vous baisant très humblement les mains je prieré Dieu

Monsieur
Vous donner une parfaite santé très heureuse et longue vie. A Beaune ce xiv° de mars 1589.

Vostre très humble et très affectionné serviteur.

MONTMOYEN.

---

[410]

M. DE VILLIERES AU MÊME.

Mayenne, de retour de Normandie, rassemble son armée à Etampes. Le roi est à Tours et celui de Navarre dans le voisinage. Le Châtre est dans son gouvernement ; il estime qu'il lui reprendra bientôt Flavigny.

ORLÉANS,	ORIGINAL.
1589, 14 mars.	b. 462, n° 205.

Monsieur. Le rangt que vous tenés oultre voz mérites et le servisse que je vous ai voué m'oblige vous faire ceste, par laquelle je vous diray que Monseigneur du Maine est de retour de Normandie à Paris, assemble toute son armée à Estampes la doit faire acheminer deans huit jours en deça. Le Roy est à Tours, ayant laissé bonne garnison à Boygency, quelque peu au chasteau de Bloys. Le Roy de Navarre est venu à sept lieux de Tours. L'on ne sait point encor, comme chascun fera ses affaires deans peu de temps nous verrons cy ce joindront. Nos affaires sont en très bons termes Dieu mercy. Le sieur de La Chattre acomode son gouvernement, attendant la venue du duc. Mr de Saguoum avec les chevaux légers en la Beausse. N'eust esté la prise de Flavigny, vostre gouvernement ce portoit bien, mais j'estime qu'en brief par vostre prudence il y sera pourvu, car l'assiette mérite que l'on ne donne àleyne à ceux qui sont du dans. Je suis très marry que ne vous y puis faire servisse, Monseigneur du Maine m'ayant laissé yci quant il partit pour attendre sa venue ; Je vous suplie Monseigneur faire estat de moy comme de

Vostre humble et affectionné serviteur,

PIERRE.

(Au dos de la lettre on lit : M. DE VILLIERES.)

A Orléans ce 14 de mars.

A Monsieur

Monsieur de Fervacques, lieutenant général pour Monseigneur du Maine en Bourgongne.

[411]

LES MAGISTRATS DE SEMUR A FERVAQUES.

Ils lui protestent de leur fidélité envers l'Union, lui demandent de les venir trouver et l'assurent que M. de Tavannes ne les ébranlera pas.

SEMUR, 1589, 15 mars.

ORIGINAL.
B. 462, n° 207.

Monsieur. Hier au soir noz receumes les vostres sur l'heure de minuit par Monsieur d'Alise. A la lecture desquelles avons congneu le zelle et affection qu'aviez à nostre conservation dont noz vous sommes merveilleusement obligés. Pour faire responce noz vous assurons que ne debvez entrer en aucung soupson ou douter de noz, estant résolus jusque à la perte de nos vyes entretenir les promesses qu'avons faites à Monseigneur le duc de Maïene, lesquelles aussy noz vous prions garder de vostre part comme avés faict jusques icy et croïons que fairés par si après à celle fin que noz bonnes volontés envers le dit seigneur de Maïene ne reçoivent altération. Noz vous prions instamment ne point venir en ce lieu et croire que Mr de Tavanes ne noz esbranlera et fairons en sorte que luy ny autre ne se pourra prévaloir de nous et emploierons tout ce que Dieu nous a donné avec noz forces pour nous y opposer et conserver l'Union en laquelle nous a laissé le dict seigneur de Maïene; Et soubz ceste assurance nous vous baisons très humblement les mains et prions Dieu

Monsieur vous maintenir en sa sainte garde.

De Semeur le xv mars 1589.

Voz très humbles et obéissants serviteurs, les Maire et Eschevins de la ville de Semeur.

Par ordonnance des sieurs Blanot et Larchault.

C. BLANOT.

[412]

NOIROT, COMMANDANT A CHATILLON, AU MÊME.

Plaintes sur les courses de la garnison de Rochefort et sur la prise de Gomméville. Les communications sont interrompues, la ville est fort divisée et le nombre des mécontents augmente.

CHATILLON, ORIGINAL.
1589, 18 mars. B. 462, n° 209.

Monsieur. Ce pourteur a esté conseillé s'en retourner à Dijon avec bonne compagnie qui estoit par deça, craignant que ne fut descouvert à cause du séjour qu'il à faict en ce lieu aussy qu'il dict estre congneu partout, difficillement pourroit il eschapper à cause du chasteau de Rochefort (1), que ceulx qui sont dedans font des sorties et tiennent tous les chemins. Ilz ont pris ung gentilhomme à St Germain (2) qui s'appelle le chevalier..... qui l'ont mené à Flavigny et plusieurs autres qui sont estés vollés. Nous sommes en grande peyne d'estre sy proche d'eulx, personne n'ose sortir pour aller à ses affaires. D'aultres costés le baron de Fontette (3) a surprins Gomméville (4) près Mussy, nous sommes quasy investy de tout costé. Ceste ville est fort divisée par le moyen de trois ou quatre qu'ilz ont bien agrandis le nombre de leurs semblables et s'y on n'y tenoit la main de près, je croys qu'il nous eust déja faict un très mauvais partys, pour en avoir congneu de

(1) Rochefort-sur-Brevon, canton d'Aignay (Côte-d'Or).
(2) Saint-Germain-le-Rocheux, même canton.
(3) Philibert de Fontette, écuyer, seigneur en partie du lieu, marié le 21 février 1588 avec Anne-Marie de Cussigny.
(4) Ce village dépendait avant 1789 de la province de Champagne et de l'élection de Tonnerre, aujourd'hui du canton et de l'arrondissement de Châtillon.

leur mauvaise volonté et entreprinse qu'ils l'ont voullu faire. Le pourteur vous dira le reste. Sependant je prie Dieu, Monsieur, qui vous conserve en très longue et très heureuse vye.

De Chastillon ce XVIIIe mars 1589.

Vostre très humble et très obéissant serviteur,

NOIROT (1).

---

[413]

DROUAS DE LA PLANTE, CAPITAINE DE VITTEAUX, AU MÊME.

Les troupes de Tavannes ont délogé des villages d'autour Vitteaux, elles marchent dans la direction de Semur; il leur a fait donner la chasse. Prière d'en avertir les habitants de cette ville.

VITTEAUX,
1589, 19 mars.

ORIGINAL.
B. 462, n° 376.

Monsieur,

Je vous envoye ce soldat qui estoit prisonnier aux troupes de Monsieur de Tavanes. Ils sont délogés des villages d'icy près et sont partis des deux heures devant le jour et vont à Semeur. Si les habitans sont quelque peult découragés ils ne leurs feront rien, car leurs infanteries ne vault rien, je crains fort qui ne se logent dans leurs faubours, ils n'ont pas dormy à leurs aisse, je leurs ay faict donner deux alarmes et par le raport des paysans, il avoyt grand peure. Monsieur vous aviserés à envoyer quelque uns vers ces Messieurs de Semeur

---

(1) Commandant la ville et le château de Châtillon pour le duc de Mayenne. En 1593, le baron de Thenissey, aussi ligueur, s'empara de la place par surprise et l'eu déposséda.

pour les assurer. Vous savez que c'est que une comme paysialiste. Ils ont quelque cause à leurs quevallerie; j'envoys à Semeur pour en savoyr nouvelles, lesquelles je vous manderés sy mérite que en soyés averty. En ceste bonne volonté, je vous baise en toute humilité les mains, priant Dieu,

Monsieur, qui vous doint très heureuse et longue vie.
De Viteaux se 19 de mars 1589.

Vostre très humble et très fidelle serviteur,

LAPLANTE (1).

---

[414]

MADAME DE FERVAQUES A SON MARI.

Le baron de Lanques s'est emparé du château de Nogent-le-Roi; il a des intelligences à Langres et sa troupe grossit tous les jours. On a intercepté les lettres adressées par le roi à ceux de Langres, de même que celles qu'elle attendait de Paris. Les deux rois sont réunis. Nouvelles des mouvements de Normandie. Affaire de Mmes de la Motte et de Pradines; lettre de son gendre La Ferté; fortune des d'Aumale.

GRANCEY, 1589, 19 mars.

ORIGINAL, B. 462, n° 291.

Monsieur, hier soir c'est-à-dire cette nuit Monsieur de Rimocourt m'a envoyé maistre Zacarye avecque parolles de créance pour vous advertir que suyvent un billet que vous voirés que le baron de Lanque (2) a intelligencé le chasteau de Nogen-le-Roy. La nécessité me contrainct de vous escripre en créance sont en tout. Le baron de Lanque doibt entrer dans

---

(1) Guillaume Drouas de la Plante, natif de Dreux, fut un des lieutenants les plus actifs du baron de Vitteaux, qui lui avait confié la garde de cette ville et le fit comprendre dans la capitulation qu'il signa avec le roi Henri IV.

(2) Antoine de Choiseul, baron de Lanques, partisan dévoué de la cause royaliste dans le Langrois et le Bassigny.

se chasteau auxjourd'hui ou demain, voilla comment advertissement est bien fait, car si l'ordre n'y est mis, il est bien mal aysé de luy mettre. Ledit baron de Lanque a aussi intelligence dans Langres, il y a cinq jours qu'il n'avoit pas cinquante chevaux et il en a à ceste heure plus de trois cens, car il y en arrive sans cesse du costé de Montbelliard ; c'est ce qui se dit et que ceux de Chaumont ont pris ung messager du Roy habillé en gueux qui portoit des lettres à Langres, par lesquelles Sa Majesté les admonestoit de luy estre tousjours fidelles et qu'il seroit bientost à eux. L'on dit le roy et le roy de Navarres joings à Loges et le sujet. Le roy de Navarres estoit à Chatellerault à se qu'à raporté le jeune Husmadière qui venoit en dilligence de Paris, mès ceulx du roy l'ont aresté à trois lieux de Mussy et prins ses lettres et retenu celle que le baron de Médavy m'escripvoit ; je ne scay pour quoy car je ne pence pas qu'il y puist avoir chose qui méritast le retenir. Il en ont aussi retenu celle que Madame de Monpensier m'escripvoit. Ils tiennent trois villages fermés joignant Mussy. L'ont dit que s'est Monsieur de Saultores. Je pence que ce sont trois villages qui sont à Monsieur d'Entragues. La fourchère vient de Normendye qui estoit allé à Rouen trouver Monsieur du Maine bien qu'il allast en dilligence, il fust jusque cheux luy là où il séjourna deux jours pour l'accouchement de sa femme et envoïa de vers monsieur de Champagne scavoir si nous voulloit rien mander ; qui ne lui fist aultre response sinon que si le voulloit encore attendre six jours qui s'entreviendroit quand et luy, dont je suis en grand paine ; car s'il se met en chemain, il ne fauldra jamais d'estre destrousé. Si j'eusse heu un laquiez dilligent, j'eusse renvoyé devers luy mender qu'il ne hazardast pas ce qui vous aporte, bien que je lui ayt escript qu'il ne le fist venir que par lettre de change, j'en suis touteffois en vue merveilleusement painé. Monsieur le conte de Challigny (1) est gouverneur dans

(1) Frère de Louise de Lorraine Vaudemont, femme de Henri III.

Rouen et Monsieur de Pierrecourt son lieutenant et Monsieur de la Conde, sergent major, ils ont mis Monsieur de Carouge dehors, qui s'est retiré en ses maisons, quiconques faict indignité, il faut qui l'en réseyvent. Celles dont il avoit heussé à M. de Moullin-Chapel est vengée. M. de Lonchamps est dens Lizieuz et dans Courlonne qui a ung peu mal mené M. de Lizieuz et se fortiffye et othorisé de vous. Caens tient pour le roy et Allenson. Il est party de Normandye cinq cens chevaux que l'ont dit qui seront des bons de toute l'armée, trouver le conte de Soisons à scavoir de nostre congnoissences avecq belles trouppes, Messieurs de Bovilliers, du Breuil, Coullombieres, Bellefontaines, Fontaine, Grongny, des Champs, Chassegnay, Sourdeval du Radier, Bellefontaine, le fils, les Vieux points, Morinier et beaucoup de noz congnoissence sauf Perly qui n'estoit poinct encore dellogé, si est si croïable qui ne veult pas demeurer, puisqu'il a reffusé mille escuz de son cheval. Voilla donc ce que je scay, sinon que Madame de la Motte m'envoya hier soir force recommandation pour le recepveur qui estoit à Marey et qu'elle se tient fort obligée vous de avoir cautionné son frère. Je vous supplie, donnés vous le loisir me mender comme tout cella est passé et ce que vous avez résolu par le conte de ses parolles, c'est qu'elle vous apropriera de ce qu'elle a sellon que j'ay proposé. Elle s'en va à Dijon, gardés donc bien de changer les conditions, car vous y parviendrez, c'est chose certaine si Dieu plaist ; mais le bon Dieu nous envoye toutes sortes de ressées. Je vous envoye aussy des lettres de M. de la Ferté ; il veulle vous faire croire que vous debvez estre obligés de corps et biens s'il en fait en la devise qu'ils ont commencée encore ne scay-je s'ils viendront, parce que le roy se feroit fort s'il avoit de l'argent, mès tous ceux de son armée n'ont pas ung sout, il en attend d'Engleterre. Il n'y en a point qui ayent si heureusement faict leurs affaires que M. et Mme d'Aumalle qui parmy ses misères se sont aquittés de trois cens mille escuz. S'il vous plaist Monsieur ne retenez point ce porteur et me le renvoïés en dilligence car je suis pressée de quelque commoditté qu'il fault qu'il aporte, Madame De Pradines envoya hier séans pour retirer des papiers qui sont dans ung coffre qui est en votre chambre, parce qu'elle a révoqué la donnation qu'elle vous a faictes et ne sachant si ses papiers vous importerois, je luy mandé que je n'oserois permettre qu'il fust rien ouvert en vostre chambre que par vostre commandement et qu'elle envoyast vers vous. Elle vous a mis en procès et par ses révocations elle mestra les vostre à l'avenir et cependant elle jouyst de vostre bien et de surplus vous en faictes quinze cens livres de rente, car l'on m'a assuré qu'elle a revoqué et faict auparavant profession.

Vous baissent très humblement les mains.
Bonjour Monsieur.
Escript le 19 mars.

RENÉE DE MARCONNAY.

A Monsieur,
Monsieur de Farvaques, conte de Grancey.

---

[415]

NOIROT A FERVAQUES.

Annonce la prise des châteaux de Montliot, de Maisey, une tentative sur celu de Crépan et les courses de la garnison de Rochefort.

CHATILLON,
1589, 20 mars.

ORIGINAL.
B. 462, n° 212.

Monsieur. Je n'ay voullu faillir vous advertir que ce jourd'huy matin Courcelles-les-Rangs(1) où il y a ung bon chasteau qui appartient à M. le président Jacob a esté prins par ceux de la compagnie M. le baron de St-Remy, au nombre desquelz est un nommé M. Degand, de ceste ville, beau frère du

(1) Aujourd'hui commune du canton de Châtillon.

procureur du roy de ce dit lieu; ces jours passés ils ont aussy prins Gommeville tout proche les portes de Mussy. Je croy que vous estes assez adverty du chasteau de Rochefort, et que ceulx qui sont dedans prindrent jeudy dernier un chevalier piedmontois nommé Toutefaire, beau-frère desdits Degand et procureur du roy qui s'est aussy puis naguères emparé du chasteau de Maisey (1). Tellement que nous sommes au péril d'estre investiz par ceux qui font les dictes surprinses qu'ils continueront des autres lieux fermés de proche de ceste ville, comme Saincte-Colombe (2), Cérilly (3), Ampilly, Aisey-le-Duc, Villiers, Vanvey (4) et plusieurs autres semblables, à quoy je ne puis pourvoir pour estre d'ailleurs assez empesché de faire conserver ceste dicte ville et veiller contre ceux qui ont une mauvaise volonté. Il y a encore proche de demie lieuz de ceste ville ung chasteau qui s'appelle Crespans (5) sur lequel il y a entreprinse. C'est une bonne place, s'il estoit prins nous serions environnés de tous costés tellement que l'on ne pourroit sortir de ce lieu sans danger. Il me semble soubz vostre meilleur advis qu'il seroit besoing de mettre quelque garnison es dits bourgs fermés ou bien faire desmolir les dictes murailles pour empescher les retraictes. S'il vous plaist Monsieur vous y pourvoirez, sur ce je prierai Dieu,

Monsieur, vous conserver en parfaite santé très heureuse et longue vye.

A Chastillon le xx mars 1589.

Vostre très humble et très obéissant serviteur,

NOIROT.

Monsieur, monsieur le comte de Grancey, lieutenant au gouvernement de Bourgongne à Dijon.

(1) Ancienne châtellenie ducale, même canton.
(2) Canton de Châtillon (Côte-d'Or).
(3) Canton de Laignes (Côte d'Or).
(4) Ces quatre communes sont du canton de Châtillon.
(5) Dépend de la commune de Prusly, même canton.

[416]

LES ÉCHEVINS DE SAINT-JEAN-DE-LOSNE.

Ayant juré fidélité à M. de Mayenne sous la promesse de ne recevoir aucune garnison, ils refusent celle qu'il veut leur envoyer.

SAINT-JEAN-DE-LOSNE,
1589, 20 mars.

ORIGINAL.
B. 462, n° 215.

Monsieur. Nous avons receue voz lettres du dix-neufiesme du présent contenant le commandement que nous faites par icelle recepvoir deux gentilhommes y mentionnés avec trente soldatz pour quelques jours; mais comme Monseigneur le duc de Moyaienne à son départ nouz promist ne nous donner aucunes garnisons, soubz la promesse et serment de fidélité que luy avons faict de garder la ville comme nous vous avons faict le semblable; nous vous prions bien humblement nous voulloir excuser si nous n'avons satisfait à vos dites lettres, car nous vous jurons et promettons de si bien garder et conserver la dicte ville soubz l'obéissance de mondit seigneur le duc de Moyaienne, que nous mourrons tous plutost que personne entre en nostre dite ville qui puisse apporter intérest au pays que s'il survenoit ou que apprissions quelque chose contraire nous vous advertirons tout aussitost. Et attendant sur ce voz commandements, nous prions Dieu qui vous donne

Monsieur en très bonne santé et longue, en vous baisant très humblement les mains.

En la ville de Saint-Jehan-de-Lones, le vingtiesme de mars 1589.

Voz tous et affectionnés serviteurs,

Les eschevins de Saint-Jehan-de-Lone.

Par ordonnance,

TASSINOT.

A Monsieur,

Monsieur de Fervasque, commandant en pays et duché de Bourgongne en absence de Monseigneur le duc de Moyaienne.

[417]

MONTMOYEN AU MÊME.

La misère est si grande aux environs de la ville et les désordres de la gendarmerie tels, qu'il le prie de faire retirer le régiment du baron de Vitteaux, qui perd tout.

BEAUNE,
1589, 23 mars.

ORIGINAL.
B. 162, n° 223.

Monsieur,

Ce jourd'huy Messieurs de cette ville me sont venuz treuver pour me prier vous écrire et faire entendre que ce pauvre climat ne peut plus soustenir le faix de la gendarmerie qui est si ordinaire aux environs de cette ville, que toutes les terres sont presque demeurées sans labourer en cette saison et les désordres si grandz par tout qu'il n'y a espèce de mal qui ne se commette. Encores à l'heure que je vous écris nous avons sur les bras le régiment de Monsieur le baron de Viteaux qui pert tout, combien que Monseigneur de Mayenne à tousjours mis peine à conserver par lui mesme et par ses commandements par écrit, les environs de cette ville au moins d'une lieue à la ronde et pour ce Monsieur nous vous prions tous ensemble envoyer un commandement pour les faire esloigner et déffence de s'approcher à une lieu près de cette ville pour le moins et nous prierons tous Dieu pour vostre prospérité et qui vous doint

Monsieur

En parfaite santé très heureuse et longue vie.
A Beaune ce XXII mars 1589.

Vostre très humble et très affectionné serviteur,

MONTMOYEN.

A Monsieur,

Monsieur de Fervaques, conte de Grancey, lieutenant général au gouvernement de Bourgongne.

---

[418]

X. A FERVAQUES.

Il faut essayer de se rendre les maîtres en Bourgogne. Le duc de Mayenne assemble ses forces de manière à pouvoir envahir le Berri ou la Touraine. Il ne doute pas d'avoir les deux rois à combattre. Il n'a point été possible d'arrêter la marche d'Ornano. On attend des lances flamandes. Bois-Dauphin, La Châtre et autres s'avancent avec leurs troupes. On craint en Normandie une descente des Anglais. Toute la Bretagne est soumise au duc de Mercœur.

PARIS,	ORIGINAL.
1589, 22 mars.	B. 462, n° 224.

Monsieur ne pensez pas s'il vous plait que pour estre hors du pays, nous en ayons perdu la souvenance ni le désir de vous rendre service. Nous avions estimé jusque ici que pour se rendre le plus fort en la campagne et de l'armée, il fallait mettre toutes les forces là, et se tenir sur la défensive aux provinces et que cela contraindroit le roy d'appeller aussi tost à son secours et par ce moyen que vous auriez moins d'affaires ; mais puisqu'en Bourgogne ceux qui sont noz ennemis essayent tant d'y brouiller, il faut essayer de se rendre le maître. Ainsi que ce porteur estoit prest de partir, Monsieur Prudent (1) est arrivé, mais nous ne l'avons peu retenir pour vous faire réponse, d'autant que sa dépêche estoit trop pressée. Vous aurez au premier jour sur tout une dépêche bien ample, cependant vous serez adverti que jusque à ceste heure, Monseigneur ne s'est peu mettre en la campagne, pour ce que ses forces n'estoient assemblées, maintenant qu'elles s'aprochent au moins pour estre plus fort que noz ennemis. Il part pour s'en aller en l'armée qui se dresse près d'Orléans entre les deux chemins de Tourraine et de Berri, pour ce que nous sommes encore incertains de la résolution que le roi prendra. Aucuns dient qu'il veult venir en Berri de là en Nivernais puis en Champagne. S'il est ainsi nostre armée le rencontrera en teste, sinon elle aproschera du costé de Tours pour le rencontrer la part qu'il tiendra. Nous ne doublons pas qu'il ne faille combattre ensemble lui et le roy de Navarre, non que je pense qu'ilz se doibvent joindre sinon pour quelque importante occasion, mais pour ce qu'ilz ont mesme but qui est de nous ruiner. Alphonse Corse (2) avec les seigneurs du Dauphiné passe par l'Auvergne et par La Marche pour le joindre. On se fut volontiers mis entre deux, s'il y eust eu moyen mais; il est desjà trop advancé et encore qu'on l'ayt veu de loin, les troupes n'ont estés prestes assés tost. Il y a quatre cens bonnes lances flamandes qui doibvent arriver déans deux jours icy et aussy ceux du costé de la Picardie qui tirent droit à Estampes, M. de Boidaufin (3), M. de la Chastre (4), M. le conte de

---

(1) Secrétaire de Mayenne.
(2) Alphonse Ornano
(3) Urbain de Laval, seigneur de Bois-Dauphin, député aux Etats généraux de Blois, avait été arrêté après le massacre des Guise ; relâché, il avait soulevé aussitôt le Maine contre Henri III. Mayenne paya son dévouement du titre de maréchal de France, qui lui fut confirmé par Henri IV lors de sa soumission. Il mourut en 1629.
(4) Claude de la Châtre, seigneur et baron de Maison-Port, embrassa

Brissac (1), M. de Faynes, M. le conte de Saint-Aignan s'aprochent aussi avec leurs troupes et tout cela sera ensemble au rendez vous déans neuf ou dix jours. Les trouppes de Normandie ne bougent encore, sur le bruit qu'on fait de quelque descente d'Anglois; noz reitres seront prestz à marcher deans la fin de May. Nous envoions advancer la levée de noz Suisses, tout se prépare au feu et au sang. Monsieur de Mercur (2) a heureusement conduit la Bretagne. Il ne lui restoit plus que Renne qui est aujourd'huy entre ses mains. Dieu veuille bientost changer nos maleurs et nous donner du repos. On pourvoira incontinent au secours que demandés et quant à ce qui concerne vostre particulier, vous serés content et satisfait n'en faites doubte, puisqu'il est nécessaire pour la seureté et conservation de la province d'i entretenir des forces. Il vault mieux en prendre la solde sur le païs mesme et envoyer par de là commission à cest effet et moiennant cela, soulager de l'incommodité et dommages des gens de guerre ; vous avés Monsieur très bien commencé qui nous fait espérer aussi de la continuation du succès nous en réservons les particularités pour i donner ordre à celui qui suivra deans deux ou trois jours ce porteur. Cependant je vous suplie très humblement de croire que je vous suis vostre très humble et très dévoué serviteur.

De Paris ce xxiie de mars.

J... (P. Jeannin.)

le parti de la Ligue, fit révolter le Berry contre le roi Henri III, fut créé maréchal par le duc de Mayenne, reconnut Henri IV, qui lui confirma ce titre, commanda en 1610 l'armée que le roi Louis XIII envoya dans le comté de Juliers, et mourut en 1614. (Anselme, VII, 364.)

(1) Charles de Cossé, comte de Brissac, commandait à Paris lors des Barricades; député aux États généraux de Blois, il fut arrêté après le meurtre des Guise. Il venait d'être relâché.

(2) Lisez Mercœur.

[419]

LE DUC DE MAYENNE A FERVAQUES.

Il le félicite du gain du combat d'Is-sur-Tille, et lui promet de le faire participer à sa fortune. La duchesse de Nemours sa mère a écrit à son fils touchant Seurre.

PARIS,
1589, 22 mars.

AUTOGRAPHE.
B. 462, n° 227.

Il n'y a que quatre jours que je vous ay écrit bien particulièrement par le sieur de Chancely qui vous aura dict l'estat de nos affaires. J'ay sceu du depuis comme vous avés rudement traicté nos ennemis de Bourgongne j'en suis aussy aise que de choses qui m'eust sceu arriver, car cela contiendra le reste. Et doresnavant ils regarderont deux fois avant que de faire mal. Je ne vous puis dire l'obligation que je ressans vous avoir de ce bel effect et du bon ordre que vous donnés en ceste province là, croiés que si j'ay jamais bonne fortune je désire que vous y participiés comme l'un de mes plus asseurés amys; J'ay fait faire aujourd'huy une depesche par Madame ma mère à M. de Nemours, afin de luy faire trouver bon que Seurre (1) soit remys entre les mains de vostre gendre, croïés qu'il n'y aura point de faulte, car je ne manqueray à ce que je vous ay promis. J'espere estre en campagne dans quatre ou cinq jours, et m'en aller droit où seront noz ennemys; Dieu nous fera la grâce de faire quelque chose de bon. Je prie Nostre Seigneur qu'il vous ayt en sa saincte et digne garde.

De Paris le 22 mars.

Vostre entièrement affectionné et parfait amy,

CHARLES DE LORRAINE.

A Monsieur de Fervacques.

(1) Il était seigneur de cette ville.

[420]

LES MAGISTRATS DE CHALON AU MÊME.

Ils le préviennent que si les troupes du baron de Vitteaux reparaissent dans le bailliage, tout le pays prendra les armes contre elles.

CHALON
1589, 22 mars.

ORIGINAL.
B. 462, n° 230.

Monsieur,

Ayant advis que le baron de Viteaux, retournoit en ce bailliage, nous vous avons despesché ce porteur exprès pour vous dire que ne pensons avoyr plus grand ennemy que luy a raison des cruautés et hostilités qu'il a exercées en ce dict bailliage, qui nous occasionne, puisque désirés nous conserver à Monseigneur le duc de Mayenne, vous suplier très humblement destourner les troppes dudict baron de Viteaux et sy reconnoissés que ce pays ne se puisse conserver qu'avec des forces, y employer des gens qui ayent l'honneur de Dieu et le soulagement du peuple en plus grande recommandation, affin que leurs desseins prospèrent au contentement de mondit seigneur; vous asseurant qu'au seul bruit que le baron de Viteaux arrive, tout ce peuple prend les armes pour se vanger s'ilz peuvent des injures qu'ils ont receus, ce que ne pouvans empescher, nous avons jugé estre expédient vous en donner advis, très asseurés qui donnerés ordre. Nous suplions le Créateur, Monsieur, qu'il vous donne en santé longue et heureuse vie. De Chalon ce 22 mars 1589.

Vos très humbles et obéissants serviteurs,

Les mayre et eschevins de la ville de Chalon,

PETIT, PARISE, LANGUET, L. JORDAIN (1).

(1) Chatenay Saint-Vincent, commandant la ville, écrivit le même jour à Fervaques pour appuyer cette réclamation. (B 462, n. 230.)

[421]

XX (LE DUC DE MAYENNE) AU MÊME.

Lettre de créance pour le porteur et protestations de dévoûment et d'affection.

1589, mars.

AUTOGRAPHE.
B. 462, n° 237.

Cest honneste homme vous dira les discours qu'avons eu ensemble, auquel j'ay parlé librement pour l'assurance que m'en avés donnée et celle qu'ay prins de son mérite. Je vous supplie vous assurer que je suys tout à vous et que je n'espergneray chose quy despande de moy pour le vous tesmoigner. Il vous dira les nouvelles que j'ay eues encores ce soir du Doffiné, soudain que j'en auray d'ayllieurs vous les saurés. Je m'en vais pour deux jours, adieu, cest honneste homme est trop suffisant pour vous en dire davantage.

XX...

(CHARLES DE LORRAINE.)

Pour le faict de Langres cest honneste homme vous dira ce qu'en ay sceu.

[422]

LES ÉCHEVINS DE MACON A FERVAQUES.

Rendent compte du mouvement qui a eu lieu dans leur ville à la suite du meurtre du capitaine La Porte.

MACON, 1589, 23 mars.

ORIGINAL.
B. 462, n° 238.

Monseigneur. Nous ferions tort à nous mesmes si nous ne vous donnions advis de l'estat auquel nous sommes, qui n'est aultre pour le présent (grâces à Dieu) que celuy auquel Monseigneur le duc de Mayenne nous a laizé et auquel nous poursuivons nous conserver nonobstant quelque rumeur et deffiance advenue pour l'arrivée de Monsieur d'Allencourt en ceste ville, y receu avec de vingt à vingt cinq chevaulx, seulement pour éviter à contrevenir au commandement de mon dit seigneur le duc de Mayenne, qu'est de ne recepvoir personne de quelque estat qu'il soit qui nous peust donner la loy, laquelle deffiance a esté cause de quelque remuement, lequel avec l'arrivée de Monsieur Chandon, conseiller d'estat en ceste ville le XVIII du présent mois et le passage de Monseigneur de Nemours nous a occasionné quelque division : S'estant eslevés quelques personnages de ceste ville (disoient-ilz) pour leur conservation, dont l'ung nommé le cappitaine de la Porte, voullant prandre quelque argument de commander, ayant esté hommes d'armes de la compaignie de Monseigneur le duc de Mercure, enffant de ceste dicte ville, y marié et tenant feu et lieu, fit sortir aulcunes des garnisons de Bresse de ceste ville y estant entrées pour achepter quelques accoustrement du consentement du sieur de Marbre, cappitaine (1). Lequel sieur de

(1) Commandant la place.

Marbre en voullant reprendre ledit de la Porte par honnestes remonstrances fust tellement poursuivy de propos audacieux dudit de la Porte qu'il fust contrainct à luy dire qu'il n'entreprinst rien sur sa charge, aultrement il l'en feroit reppentir. Ce que ne voullant prendre à gré le dit de la Porte s'essayant de mectre la main à ung pistollet qu'il portoit derrière son doz, fust atteint d'un coup de pistollet qui luy fut tiré par ung de la suite dudit sieur de Marbre dont il demeura sur le champ mort, sans que par la grâce de Dieu aulcung aultre soit esté offencé ny receu aulcun desplaisir. Ce qu'ayant mis en allarme toute la ville, a esté cause que Messieurs de l'église se sont barricadés en leur cloistre et n'ont voulu poser les armes jusques à ce qu'il y eust hue ung renouvellement de serment d'union desjà presté entre les habitans, qu'est de vivre en l'obéissance du roy, soubz le commandement du prince, et gouverneur de ceste province catholique, lequel estant renouvellé et le dit sieur sieur Chaudon, retiré de ceste ville ont esté remises toutes choses en le prestant estat et par Monseigneur que vous pourriez avoir receu quelques advertissements plus désavantageux à nostre repos que les choses susdites pour nous acquiter de nostre devoir, nous vous avons bien voulu envoyer ceste par homme exprès pour vous faire entendre la vérité, afîn que ses faulx rapport ne vous donnent argument de soupçoner la fidelité qu'a esté promise à Monseigneur le duc de Mayenne qui luy sera gardé d'aultant d'affection que nous désirons d'estre conservés en nostre repos qui dépend de la bonne volonté de mondit seigneur le duc et de vos bonnes grâces, ausquelles nous désirons estre tenus pour recommandés en priant Dieu

Monseigneur vous donner en santé longue et heureuse vie. De Mascon ce XXIII mars 1589.

Voz très humbles et très affectionnés serviteurs,
Les Eschevins de Mascon.

Par ordonnance,

VALLIER.

[423]

LES MAGISTRATS DE TOURNUS AU MÊME.

Ils ont exécuté ses ordres en ce qui concerne les « dénoncés, » qui protestent de leurs bons sentiments. Eux le désirent, afin de rester unis.

TOURNUS,
1589, 24 mars.

ORIGINAL.
B. 462, n° 240.

Monseigneur. Exécutant voz commandemens, nous avons mis en lieu sûr les denoncez par les vostres, qui promectent avec beaucoup d'asseurance s'en justifier, de telle sorte qu'ilz vous imprimeront à la fin une aultre opinion d'eulx que celles que par leurs ayneux et malveillans comme ilz disent vous ont faict concevoir, ce qui torneroit à beaucoup de contentement à nous tous, afin que recongnassiez non la plus saine et meilleure part de nous afectionnés à la religion catholique et bien uniz ensemble, mais aussy toute la généralité et quant aultrement sera, ilz nous recongnoistront par vostre commandement aultant sévères à la punition comme auparavant ilz nous auroit treuvé facile à les aymer, Dieu leur fait la grace qu'ilz ne soient treuvez ingratz des bons conseilz dont nous avez assistez doiz le départ de Monseigneur du Mayne, affin qu'eulx et nous en puissions longtemps ressentir le fruict qu'à présent nous goutons et attendant qu'ayons moïens efectuer par très humble service, ce que tousjours vous avons voué nous suplierons Dieu attendant amplement commandement sur ce fait

Monseigneur vous donner ses grâces et à nous l'usuffruit des vostres.

A Tournus ce XXIV mars 1589.

Par voz très humbles et affectionnez serviteurs,
Les Maire et Eschevins de la ville de Tournus.

Par ordonnance,
GERBAUD.

[424]

Circulaire de M. de Fervaques pour rassembler des forces contre les hérétiques, qui se sont rendus maîtres de Flavigny.

DIJON,
1589, 24 mars.

ORIGINAL.
B. 462, n° 241.

Monsieur. C'est maintenant que ceulx qui ont du zèle à la religion catholique et bien de la patrie qui nous tient tous obligez doibvent estre invitez à la deffense publique, laquelle est offensée journellement par les hérétiques, lesquels se sont renduz les maistres à Flavigny, et ont espérés de se rendre maistres de plusieurs places en Bourgongne s'ilz n'en sont empeschez, il y va en cela de bien ou ruine de tous ceulx qui habitent en la province de touttes qualitez. Je scay que vous faictes estat de l'honneur de Dieu et du bien de toutte la patrie, de l'honneur et de la vertu, vous pouvez beaucoup pour tous cela ; c'est le plus grand honneur que nous tous puissions acquérir, si vous pouvez doncques nous honorer et prester la main forte à ung si sainct et salutaire ouvrage. J'en faict mesme prière à tous, Messieurs de la Noblesse et nous convenons à ce but, je m'asseure que en brief nous mettrons fin par deça à ses malheurs qui ruinent les ecclésiastiques, gentilshommes, villes et plat pays et que j'auray bientost de voz nouvelles, je me recommande humblement à voz bonnes grâces en priant Dieu

Monsieur, qu'il vous conserve en santé.

A Dijon ce XXIVe de mars 1589.

Vostre plus humble à vous servir,

FARVAQUES.

[425]

LES ÉCHEVINS DE SAINT-JEAN-DE-LOSNE A M. DE FERVAQUES.

Leur intention est de vivre en bonne intelligence avec ceux de Dijon et d'obéir à ses commandements. Ils lui enverront donc le serment d'Union vers Pâques, et feront sortir de leur ville ceux qui assistaient Tavannes au combat d'Is-sur-Tille.

SAINT-JEAN-DE-LOSNE,   ORIGINAL.
1589, ..., mars.   B. 462, n° 247.

Monsieur. Nous avons receu voz lettres par noz députés pour ausquelles faire response nous vous supplions humblement de croire que tousjours nostre intention a esté de vivre en une bonne et saincte union avec Messieurs de Dijon, et d'obéir à noz supérieurs, mesme de vous rendre service quant vous nous enverrez de voz vertueux commandements, soubz ceste considérations et les raisons déduictes aux lettres qu'avons escriptes aus dicts sieurs de Dijon, lesquelles nous scavons bien que verrez, si que [nous garde de vous répéter le contenu en icelle], nous vous supplions de ne pas trouver mauvais, sy nous n'avons peu si promptement, comme vous avez chargé noz députez, vous envoyer le serment de nous et de noz habitans sur les articles d'Union qui vous a pleu nous envoyer. Vous promectant de satisfaire à nostre debvoir suivant que l'avons escript à mes dits sieurs de Dijon deans ces festes de Pasques. Pour le regard des parolles de crédence qu'avez tenue à noz députez concernant le commandement que vous nous faictes touchant ceux de ceste ville qui se sont trouvez avec M. de Tavanes à la charge d'Issurtille nous vous asseurons suivant vostre dict commandement qu'ils sortiront de la ville deans demain. En cest endroit, Monsieur, nous vous baiserons humblement les mains en priant N. S. vous tenir en sa saincte garde.

A Saint-Jehan-de-Losne, le.... jour de mars 1589.

Voz bien humbles et obéissants serviteurs,

Les maire et eschevins de Saint-Jehan-de-Losne.

Par ordonnance,

TASSINOT.

---

[426]

X. AU MÊME.

Félicitations sur le combat d'Is-sur-Tille, qui a fermé la bouche à ses détracteurs. Recommandation de communiquer le plus possible avec le président Jeannin, qui l'a en grande estime et le fera pourvoir d'un bénéfice du parti contraire s'il en trouve à sa convenance. Nouvelles des promotions aux hauts grades dans l'armée. Les Rouennais le désiraient comme gouverneur. Lavardin s'est rallié. Les deux rois ne sont point encore réunis.

1589, 24 mars. B. 462, n° 248.

Monsieur. Je loue Dieu des bonnes nouvelles qui sont venues de Bourgongne et de la belle charge que vous avés fette sy heureusement, plus pour ce que cela à du tout fermé la bouche à des gens qui ne vous veulent beaucoup de bien, lesquelz n'avouent jamès les mauvèses offices qu'ilz font à de plus gens de bien qu'eux aynsy que j'ay dit à Monseigneur du Mayne, lequel a autant de créance à vous qu'à homme de son party : aynsy que M. le président Gennin, l'asseure tous les jours et moy aussy que vous ne recognoissés au monde que lui, Monsieur, je vous suplye escrire à mon dit sieur le président, car je vous asseure que luy estes obligé de la bonne volonté qu'il a vers vous. Monseigneur du Mayne et le conseil pourvoyent maintenant aux choses qu'avoyt accoustumé le roy et sy vous descouvrés quelque chose en ce païs là, soyt abeye qui soyt du party contrayre, soyt estat ou quelque chose il vous en fera pourvoyr. M. le marquis de Canillac (1) est mareschal de camp, lequel est fort de voz amys aynsy qu'il me l'a dit, le chevalier d'Aumalle (2) est coronal de l'infanterie, le comte de Chaligny à une compagnie de chevaux légers ; le marquis de Vilars (3), et le marquis de Pienne (4) chascun une aultre. Rosne (5) est encor entré mareschal de camp, Monseigneur de Nemours, coronal de la cavallerie légère. Il a dit à ung de mes amys qu'il me voulet donner sa lieutenance coronale. Coupigny à celle de gens de pied du chevalier. On lui a promis la capitennerie de Verneuil, le baron de Tessé (6) a pris Donfront, M. de Médavy est à Argenthon pour le roy se dit-il. J'espère que vous varés bientost vostre baylliage, mès il faut attendre qu'il soyt pris, que je croy qui sera bientost lorsqu'il sera temps d'en parler. Je ne l'oublieray pas, il solicite icy pour Seurre. Je croy que vous serey bientost content de ce costé là ; Messieurs de Rouen vous desiroient beaucoup plus que M. de la Myslerée (Meilleraye) et ay ouy dire à Monseigneur du Mayne, que si vous eussiés esté avec luy, il vous y eut layssé gouverneur, encor que vous soyés bien la. Chanvalon est icy, Moleon, il y en a en Champagne qui ont voulu venir icy, mès on a découvert qu'ils avoyent promis de trahir Monseigneur du Mayne, de façon que je croy qu'on ne se fira pas à eux à Troyes. Esclavoles Chamoys s'en va gouverneur de Troyes, il se marye à Fouchant à ceste Pasques, il est

(1) De Montboissier-Canillac.
(2) Claude de Lorraine, abbé du Bec, chevalier de Malte, fils de Claude de Lorraine, duc d'Aumale. Il fut tué le 23 janvier 1591, à l'attaque de Saint-Denis-lès-Paris.
(3) Amiral de France, gouverneur de Rouen.
(4) Florimond de Hallwin, marquis de Pienne, gouverneur de la Fère.
(5) Gouverneur de Chalon.
(6) N. de la Ferrière.

vostre serviteur, à ce qu'il m'a dit. Laverdin (1) entre dans ce party, on luy baylle comme je croy une armée en Pouetou, le roy de Navarre ne se joint point encor avec le roy. Pour vos abeyes la dépesche en est faite à Rome, mès on a arresté toutes les affères de France, j'en ay fetes écrire Monseigneur Armene au pape et aurons les lettres à Paris dans un mois. Monsieur je vous suply m'excuser, si je vous escrits ceste lettre sy brouyllée, c'est la haste de ce messager, je vous suply croyre que je suys vostre serviteur plust à Dieu, Monsieur, estre auprès de vous mès vous ne me demandez pas.

Je vous bese très humblement les mains.

A Paris ce XXIV mars 1589.

X...

---

[427]

LARTUSIE A FERVAQUES.

Avis des mouvements de Tavannes dans le Chalonnais, et de ceux de Mâcon. Plaintes contre les avocats de Chalon, qui retardent le procès des prisonniers pour l'entreprise sur la citadelle. Se méfier de Saint-Jean-de-Losne et de Verdun.

CITADELLE DE CHALON.
1589, 24 mars.

ORIGINAL.
B. 462, n° 251.

Monsieur A ce jourd'huy, il nous est venu advertissement, comme un capitaine crée de Monsieur de Tavanes estoit arrivé avec cent harquebusiers à Saint-Ligier, à quatre lieux d'icy, du costé de la montaigne, faisantz bruitz qu'ils vouloyent prendre le chasteau pour s'y fortiffier, je me doubte qu'ilz ont quel-

---

(1) Jean de Beaumanoir, marquis de **Lavardin**. Il était alors gouverneur du Poitou, puis du Maine ; Henri IV le nomma maréchal en 1595. Il mourut en 1614.

que entreprise en quelque lieu, de par deça, car le bruit est aussy que Monsieur de Tavanes est près de là, avec tout ce qu'il a, toutefois je y ay envoyé des gens pour le recognoistre et en scavoir la vérité. Soudain que j'en auray plus amples nouvelles, je ne faudray vous en advertir ; le bruit est venu en ceste ville comme ceulx de Mascon s'eistoyent battus, mais je n'ay encores sceu comme tout a esté faict, toutesfoys l'on dict qu'ilz sont délibérez, se conserver soubz l'obéissance de Monseigneur du Mayne. Le procès des prisonniers qui sont céans pour le faict de l'entreprise il est faict en parfaict, mais les advocatz de ceste ville ne le veullent juger, pour ce qu'ilz se disent parentz du président Vaugrenant qu'est l'autheur de la dicte entreprise. s'il vous plaisoit d'en escripre un mot à Messieurs de ceste ville, que vous vous esbéissez qu'ilz ne font justice, et qu'ils font leurs procédures sy longues, et qu'ilz ayent à despêcher lesditz procèz que vous avez entendu qu'il est prest à juger, qu'ilz ne faillent à le juger, et qu'ilz en facent justice. Sy vous trouviez bon que le régiment de Monsieur de Viteaulx, s'aprochast près dudit Saint-Ligier, il me semble qu'il ne seroit que bon sy le bruit continue qu'il soyt là ; je crains fort Sainct-Jehan-de-Lausne et Verdun, qu'est tout ce qui se passe de par delà jusques à ce jourdhuy, en priant le Créateur,

Monsieur, qu'il vous doint ce que vostre cœur désire.

De la cytadelle de Chalon ce XXIVe de mars 1589.

Vostre très affectionné à vous servir,

LARTUSYE.

[428]

X. [LE DUC DE MAYENNE] AU MÊME.

Invitation de se tenir sur la défensive en augmentant les garnisons si cela est nécessaire. Il rappelle le régiment de Vitteaux. Chanlecy, capitaine de Talant, est mécontent du renvoi de son lieutenant. Il entre en campagne dans onze jours. Saint-Paul, qui commande en Champagne, a ordre de l'assister. Ne point prendre d'ombrage des forces du duc de Savoie, mais bien garder les places. Annonce l'envoi de fonds et donne des nouvelles des succès de la Ligue en Normandie.

1589, mars.

ORIGINAL.
r. 462, n° 155.

J'ay veu ce que vous m'avez escript touchant les affaires de Bourgongne. Je cognois bien que pour empescher plus seurement que les broullons ny remuent, il seroit besoing de mettre des forces au païs, que le régiment de M. le baron de Viteau y pourroit servir et avec ce qu'il seroit nécessaire y avoir de la cavallerye; mais il nous suffit pour maintenant que vous soïez sur la déffensive et que veillez soigneusement comme avez desjà bien commencé à la conservation des placé, et s'il est de besoing en quelqu'une vous accroistre des garnisons, je le laisse à vostre discretion et prudance et feray pourveoir aussitost au fond pour les payer comme à celles que sont desjà establies, pour le regard desquelles vous jugerez ce qu'il fault pour la lieutenance et entretennement des soldartz et en userez comme trouverez pour le meilleur et fauldra croistre l'estat d'autant. Je croignois bien que si l'on pouvoit mettre des garnisons à Verdhun et à Saint-Jsan-de-Losne que cela tiendroit mieux ces places en seurthé, mais le payement en seroit difficile. Afin que le régiment de Monsieur le baron de Viteau ne porte plus de dommage au païs, je suis d'advis qu'il s'achemine le plus tost qu'il pourra et serré pour venir plus seurement. Je luy en escript un mot, vous lui en parlerez aussi s'il vous plaist. Quant à la garnison de Talland, j'estime que n'en avez rien faict que n'ayez jugé nécessaire et à propos, mais Channecy est icy, que il est cappitaine, lequel s'est plainct à moy de ce que son lieutenant en a été mis hors. Quant il y vouldra retourner estant nostre serviteur, comme il est c'est chose que je ne luy pourrois refuser. J'espère que déans douze jours au plus tard nous nous mettrons en la campagne et que nous en aurons assez de forces pour contraincdre le roy de mettre tout ce qu'il a en divers endroictz de son royaume en ung. S'il le faict vous serez garenty des entreprinses de vos voisins, sinon vous serez secourru et assisté et vous enverray incontinent les forces que demandez. J'escript aussi à St-Pol, qui est en Champagne et doibt maintenant avoir près de trois cens lances qu'il pregne intelligence avec vous, afin qu'à ung besoing vous vous puissiez ayder l'ung l'autre. Ne prenez aucung ombrage des forces de Monsieur le duc de Savoye, car je tiens qu'il est de noz amys et que comme prince catholique il veut assister de ce qu'il pourra la cause de la religion. Toutteffois je suis d'advis que faciez prendre garde à voz places pour les bien conserver contre qui que ce soit. Vous aurez deans dix ou douze jours au plus tart six mil escuz pour le payement des garnisons du mois de mars. Cependant je vous envoye une commission pour faire prendre et tenir tous les deniers du païs pour amploïer à ce que jugerez estre nécessaire pour la conservation de la province, le nom sera en blanc, vous la ferez remplir de tel qu'il vous plaira. Oultre ce le grand Maître des eaux et forests de Bourgongne doibt partyr d'icy deans deux jours qui s'en va par delà en Bourgogne et Champagne pour vendre des bois jusques à la somme de neuf ou dix mil escuz, qui se pourront payer à ce qu'il m'a dict dans deux mois, lesquelz demeureront aussi en fond pour vous en servir avec les deniers du pays et les six mil escuz que je vous envoie, s'il fault adjouster quelque nombre d'hommes à Nuys, faictes le comme aussi à Vergy, on j'en avois ordonné vingt. Vous me mandez qu'à Seurre on a omis en l'estat d'emploïer les lieutenant et enseigne du cappitaine Guillerme, vous aurez tout pouvoir d'y ordonner comme à tout ce qui appartient à la seurthé et conservation de la province. C'est une chose dont je me repose entièrement sur vous. Je partz demain pour m'en aller en Normandie en ayant esté requis plusieurs fois par le pays, je ne veuz demeurer seullement que deux jours à Rouan et m'en retourner aussi tost en l'armée que je fais assembler près d'Estampes. Dieu a donné si bon commencement à mes affaires que j'espère qu'elles auront bon succez. Je m'obliois de vous dire que nous sommes adverty, il y a desjà quelque temps, que les régiments de la Garde et Berangueville viennent et entendons de porveoir à leur passage par aultre endroict que par la Bourgongne. Vous aurez souvent de mes nouvelles, j'escrips à ceux de Mascon et à quelques particuliers de leur ville de ne recepvoir aucunes garnisons ny personne pour leur commander de la part du Roy et que s'ilz en ont besoing ilz recourrons à vous.

(Ce qui suit est écrit de la main de Mayenne.) Je vouldrois que fussiés pour quatre ou cinq jours saulté ou je suis. Nous avons bonne assurance de Can. Il ne reste que Diepe dont j'espère que viendrons à bout. Vous jugés de combien la Normandie importe et je ne vous feray plus long discours, sinon que nous sommes comme assurés de retirer noz prisonniers. C'est un miracle de veoir l'acheminement de nos affaires, donc vous saurés plusieurs particulières nouvelles par Prudent, lequel je vous dresseray demain. Vous savez comme je vous ayme et la fiansse qu'ay en vous, que j'aime comme moy-mesmes.

X...

[429]

LES COMMANDANT ET ÉCHEVINS DE CHALON AU MÊME.

Annoncent l'arrivée du capitaine Mochet à Saint-Léger et demandent des ordres pour faire marcher contre lui.

CHALON,
1589, 24 mars.

ORIGINAL,
B. 462, n° 256.

Monsieur,

Nous avons heu ce matin advis qu'un nommé Mouchet (1) surnommé le cappitaine La Beluze du Mont Sainct-Vincent est à Sainct-Ligier près Couches avec cent ou six vingt arquebusiers, vous scavés que le dessein de la surprise de ceste citadelle a esté dressé au dit lieu de Couches, qui nous fait craindre qu'ilz ne brassent quelque chose de nouveau; c'est pourquoy nous vous suplions très humblement faire acheminer quelques forces pour les rompre ou autrement y ordonner comme le connoistres plus expédiens pour le repos de ce païs. Nous avons en ces quartiers les trouppes du sieur de Champfrecaut (2), du capitaine Joannès et autres, mais ilz ne feront rien sans vostre très exprès commandement. Monsieur le baron de Sennecey a couché la nuit passée en ceste ville, dont

(1) C'était Claude Mochet, avocat au Parlement, qui, suivant l'exemple du président de Vaugrenant, avait quitté la robe pour ceindre l'épée. La Beluze et Azu, fiefs situés dans le voisinage du mont Saint-Vincent, lui appartenaient. Mochet devint le lieutenant de Vaugrenant, commandant du fort de Losne, et ne rentra au Palais qu'après le triomphe de Henri IV. Mochet fut député du bailliage de Dijon aux Etats généraux de 1614. Il mourut en cette ville en 1640, et fut l'aïeul maternel de Bossuet.
(2) Chamfourcaut, commandant à Louhans.

il sort ce matin. Attendans vos commandements nous suplions le Créateur,

Monsieur, qu'il vous donne en santé longue et heureuse vie.

De Chalon ce XXIV de mars 1589.

Vos très humbles et obéissans à vous servir,

Les capitaine, mayre et eschevins de Chalons.

DE CHATENAY-ST-VINCENT, PARISE, C. LANGUET, GALOYS.

---

[430]

M. DE LENONCOURT, S^r DE LOCHES, BAILLI DE BAR-SUR-SEINE, AU MÊME.

Il a pacifié une émeute causée par l'inimitié de deux maisons et dont on devait profiter pour tenter une surprise ; la garde a été redoublée et des précautions ont été prises contre toute tentative.

BAR-SUR-SEINE, 1589, 24 mars.

ORIGINAL.
B. 462, n° 261 et 262.

Monsieur,

Je n'ay voullu failler vous envoyer ce pourteur pour vous advertir de quelque petite esmotion qui a esté ces jours passez en la ville de Bar-sur-Seine par le moyen de quelques inimitiez qui estoyent entre deux des principalles maisons de la dicte ville, de façon que, comme bailly de la dicte ville, j'en fus adverty et aussy soubdain je m'y suis acheminé et y ay donné tel ordre que Monseigneur et vous Monsieur je m'asseure en aurés contentement. Moy mesme je vous fusse aller trouver pour le tout vous faire entendre, n'estoit ung advertissement qu'un gentilhomme fidel serviteur de mon dit seigneur, nous a faict d'une entreprise que l'on debvoit exécuter ceste sepmaine sur la dicte ville, je me doubte que ce ne soyent ces trouppes qui sont en ces petites bicoques d'icy alentour, mais s'ils n'ont aultres forces, ilz perdront peine. Craignant qu'ilz n'eussent quelques intelligences en la ville, j'ay faict faire une recherche par toutes les maisons et principallement en maisons que l'on soupçonnoit et ay commandé aux maire et eschevins de redoubler les gardes tant de jour que nuit, ce qu'ilz ont faict. Les dicts maire et eschevins avec tous les principaulx me ont promis de demeurer à jamais très humbles et fidelz serviteurs de Monseigneur, et m'ont prié d'en asseurer mon dit seigneur et vous. Je ne fauldray, Monsieur, de tout ce qui se présentera en ces quartiers et qui méritera vous en donne advis de vous envoyer expressément ung homme. Vous supplyant de croire en ce que j'auray moyen pour vostre particulier vous faire service, je m'y employeray d'aussy bon cœur, que bien humblement je vous baise les mains, supplye Dieu,

Monsieur, vous donner en santé longue et heureuse vie.

Ce xxve de mars.

Vostre bien humble à vous faire servisse,

DE LENONCOURT LOCHES (1).

Memoyre

Premièrement que pour quelques particuliers en inimitiez qui estoyent entre les deux principalles maisons du lieu de Bar-sur-Seine il y avoit grand commancement d'esmotion et mesme que soubz ce prétexte se debvoit faire une entremise, j'ay Dieu mercy donné sitost ordre que toutes ces partialitez sont estanctes, les deux maisons remises en amitié et toute

---

(1) Claude de Lenoncourt, seigneur de Loches, de la Marche, d'Is-sur-Tille, gentilhomme de la Chambre du roi, bailli de Bar-sur-Seine, embrassa avec chaleur le parti de la Ligue et ne l'abandonna qu'après la reddition de Paris. Il mourut vers 1605.

la dicte ville fort disposée au service de Monseigneur, du depuis suis esté adverty par ung gentilhomme dijonnois fort zélé au service de monseigneur, nommé le sieur de Saincte-Rose qu'il y avoit une entreprise sur la dicte ville, laquelle debvoit estre exécutée ceste sepmaine de faiçon que j'ay faict faire une recherche par toutes les maisons pour veoir s'il y avoit quelques gens ou armes recellées en icelle, l'on n'a trouvé que quelque quarante ou cinquante vignerons qui ne sont du lieu, lesquelz gaignoyent leur vie à besoingner aux vignes; toutesfois pour en oster tous soupeçons, j'ay dict aux maire et eschevins que l'on leur fist commandement de partyr de la ditte ville. Ilz ont aussy redoublé leurs gardes nous avons des trouppes en ces quartiers qui nous font une infinie de peynes et ne taschent qu'à surprandre quelques places et voller le pauvre peuple avant qu'ilz se fortifiassent dadvantage et je crois ung faict d'y mettre ordre, il y a quelques particuliers dudict Bar-sur-Seine sur lesquels on aura l'œuil, attendu si peu de fidélité qui l'accompaigne pour nostre religion catholique et romaine.

[431]

JANNY AU MÊME.

Demande du secours contre MM. de Cypierre, de Ragny et ceux de Flavigny, qui menacent de venir attaquer Semur et brûler ses faubourgs.

SEMUR,
1589, 26 mars.

ORIGINAL.
B. 462, n° 268.

Monsieur. Je vous advertis que Monsieur de Sipierre (1) est résoluz de entrer dedans le dongeon et chasteaux de Semeur,

(1) Humbert de Marcilly, seigneur de Cypierre, de la Motte-Ternant, bailli de Semur, maréchal de camp et chevalier des ordres du roi, fut,

nous avons envoyé par trois ou quatre fois vers luy et à Monsieur de Raigny (1) qui est en sa maison du Pieron (2) de nous laisser en paix, mais il n'en veult rien faire. Ceulx de Flavigny sont en délibération de voir brusler noz faubourgs ; si n'y remédiés, je crains que nous n'ayons beaucoup de maux vous supplyant bien humblement de nous ayder à conserver et de destourner leurs mauvais dessains. Je remetz le tout à vostre prudence, d'aussy bonne volonté que je vous baise bien humblement les mains, je prie Dieu,

Monseigneur vous maintenir en ses saintes grâces, prospérité, santé heureuse et longue vie.

A Semeur ce xxvie de Mars.

Vostre très humble et affectionné serviteur,

JANNY.

A Monseigneur,

Monseigneur de Fervaques, chevalier de l'ordre du Roy, cappittaine de cinquante hommes d'armes de ses ordonnances et lieutenant au gouvernement de Bourgongne, comte de Grancey.

---

avec le comte de Tavannes, un des plus fermes soutiens de la cause royale en Bourgogne. Marié à Alphonsine de Gondy, fille de Charles frère du maréchal de Retz. Il mourut en 1597.

(1) François de la Magdeleine, marquis de Ragny, né le 23 août 1543, cousin du président dont il fut le digne émule, lui succéda au bailliage d'Auxois, fût ensuite gouverneur du Nivernais, maréchal de camp et chevalier des ordres du roi. Il mourut vers 1626.

(2) Commune de Blanot (Côte-d'Or.)

[432]

LES MAGISTRATS DE SAINT-JEAN-DE-LOSNE A CEUX DE DIJON.

Ils promettent de jurer l'Union aux alentours de Pâques, c'est-à-dire quand les gens de guerre ne vexeront plus les paysans et que la plupart des habitants plus tranquilles pourront délibérer doucement sur les articles.

SAINT-JEAN-DE-LOSNE,   ORIGINAL.
1589, 23 mars.   B. 461, n° 44.

Messieurs,

Nous receumes hyer voz lettres avec un extrait des articles de l'Union qu'avez jurée. Pour à quoy satisfaire selon que noz deputez estoient chargez d'en rendre prompte responce, nous vous supplions de nous donner temps jusques à ces festes de Pasques pour parler à noz habitans, tant en particulier qu'en général, affin que sans bruict, altercas ny remuement, le peuple estant en bon estat et dévotion et exhorté daventage à bien faire, pour raison de la saincte solemnité et de la digne réception du précieux corps de Dieu, chascun puisse estre zélé et affectionné daventage pour jurer une saincte union à l'honneur de Dieu, de sa saincte église catholique, apostolique et romaine et manutancion de l'estat. Il y a trois jours que noz villages sont excessivement vexés et tormentez de gens de guerre qui y sont logez, dont nous sommes tellement contristez pour la compassion et pitié qu'avons de voir les pauvres villageois au désespoir, qu'il ne nous est pas possible pour le présent, par une conférance publique ou particulière, satisfaire à vostre mandement, vous asseurant qu'employrons tout ce qui sera de nostre debvoir incontinent et au plus tost que les dictz gens de guerre seront retirez et qu'une bonne partie de noz habitans troublez pour les dégatz que font les ditz gens de guerre en leurs maisons, aux champs seront rassis et à repos de faire entendre à tous les dictz habitans, doulcement et sans bruict suivant que l'avés fait le contenu en articles de la dicte union et exorterons ung chascun tant en général qu'en particulier d'apporter à la conférance qui s'en fera une bonne et sincère volonté pour vous envoyer la résolution, laquelle nous n'espérons estre aultre que vous devez extimer de nous à quoy nous satisferons deans ces festes de Pasques prochain, Dieu aidant. Lequel nous prions,

Messieurs vous donner ses grâces et à nous les vostres.

De Sainct Jehan-de Loône, ce XXVI° jour de mars 1589.

Vos serviables frères, voisins et amys,

Les eschevins de Sainct Jehan de Loone.

A Messieurs,

Messieurs les maire et eschevins de la ville de Dijon, à Dijon.

---

[433]

MONTMOYEN A FERVAQUES.

Tavannes doit attaquer Nuits. Un politique lui a dénoncé le projet de ceux de Flavigny de surprendre les villes au moyen des intelligences qu'ils y ont conservées et comme on l'a essayé à Mâcon. Nécessité de s'assurer de ces personnes.

BEAUNE,
1589, 27 mars.

ORIGINAL.
B. 462, n° 282.

Monsieur,

Je fuz hier au soir adverty par un gentilhomme, mon parant et mon bon amy, que Monsieur de Tavanes qui est sur les champs doit attaquer Nuyt la nuit prochaine dont j'ay adverty le sieur du Vergier cette nuit passée. Touteffois j'estime à ce que d'autres m'ont dit, qu'il veut tascher de surprendre quelque trouppe écartée de celles de Monsieur le baron de Viteaux, dont je l'ay adverty, car ses gens ne font aucune garde, tesmoin le cappitaine Moreau, qui a esté fait prisonnier avec tous les siens sans frapper un seul coup. Je fus hier adverty par un *Politiq* que les présidents de Flavigny ont fait faire sous mains des rolles par leurs partisantz de toutes les villes de vostre gouvernement, ausquelz sont escritz tous ceux qui sont de leur party et desquelz ilz peuvent faire estat et que pour cette occasion Monsieur de Tavanes s'est mis en champs pour branqueter les villez et se présanter pour y entrer ou par surprise ou autrement, se fiant à la promesse que ses partisans luy ont faitte de se mettre en armes avec les aultres quant il se donnera alarmes et alors trouver moyen de l'introduire. Vous aurez sceu le dessein de ceux de Mascon, j'estime qu'ilz sont de mesme par tout et pour ce j'estime qu'il seroit comme nécessaire de se saisir de telles gens ou pour le moins s'asseurer d'eux et en les désarmant et leur faire commandement de ne sortir de leurs logis, quant il y aura rumeur. J'attendray sur cela vostre commandement et cependant j'ay écrit à Chalon et Mascon, ce que j'en ay appriz, affin qu'ilz en soyent advertiz.

Monsieur,

Je prie le créateur vous donner en santé très heureuse et longue vie.

A Beaune ce xxviie de mars 1589.

Vostre très humble et affectionné serviteur,

MONTMOYEN.

A Monsieur

Monsieur de Fervaques, conte de Grancey, lieutenant général au gouvernement de Bourgongne.

[434]

FRANÇOIS DE VERGY, GOUVERNEUR DE FRANCHE-COMTÉ,
AU MÊME.

Nouvelles plaintes sur les ravages commis par ses troupes sur les frontières de son gouvernement.

GRAY,
1589, 28 mars.

ORIGINAL.
B. 462, n° 283.

Monsieur,

Vous scavez les instances que je vous ay faict ces jours passés de vouloir faire contenir voz trouppes en sorte qu'elles ne s'émancipassent d'entrer en ce païs comme jà les aucunes avoient faict, avec tous mauvais déportementz, et la response que sur ce m'auriez faict et mesme de non les y souffrir nullement. Seroit depuis advenu qu'estant le cappitaine La Borde, logé au villaige de Poyan (1), rière ces pays à une petite demye lieue de ma maison d'Aultrey, n'aïant aucun de mes gens pour aborder à luy, pour le requérir de se retirer et adverty qu'ilz pilloient et brancastoient les villaiges. Je pourveu de les en faire desplacer hier matin, et pour ce faire fuz contrainctz y envoïer gens à l'arrivée des quelz ilz s'entrebatirent si avant qu'il en y eust des blessés d'un costé et d'aultre et mesme des leurs les dits capitaines, qui sur ce, demanderent de capituler à quoy ils furent volontairement receus et moïennant la restitution de tout ce qu'ilz avoient branscaté comme de chevaux, meubles et argent, sans leur donner aultre empeschement l'on les laissa courtoisement en aller sur ce mesme qu'ils s'advouhoient à Monsieur le duc du Mayne. Est il main-

(1) Haute-Saône.

tenant que j'entendz que tant eulx qu'aultres desdites trouppes desseigneroient de courir sus es dits païs et y faire du pis qu'ilz pourroient, je crois que tel desseing soit de vostre insceu. Aussy saurez vous bien considérer de quelle conséquence il seroit, qui me fait espérer que y pourvoierez et de quoy je vous prie et cestes n'estant à aultre fin l'acheveray par mes bien affectueuses recommandations à vostre bonne grâce priant Dieu vous donner,

Monsieur, en santé heureuse et longue vie.

A Gray ce xxvjIIe de mars 1589.

L'entièrement à vous faire sercice,

F. DE VERGY (1).

---

[435]

DROUAS DE LA PLANTE AU MÊME.

Dénonce les mouvements de Tavannes dans l'Auxois. Il menace Semur.

VITTEAUX,
1589, 28 mars.

ORIGINAL.
B. 462, n° 284.

Monsieur,

Monsieur de Tavanes est logé avec quelque cent ou six vingt chevaux à Sainct-Thibault (2) qui est à une lieu de Viteaux et tient vingt vilages, il a quelques deux ou trois cens arquebusiers. Je croy qui va à Semeur; Monsieur de Sipierre le doit demain joindre, j'ay envoyé des hommes pour scavoir ou

---

(1) Le lendemain il adressait au même une nouvelle plainte sur le pillage des villages de Percey-Le-Grand et de la Romagne, et l'invitait à y mettre un ou deux de ses soldats dans ces villages, dont la présence les préserverait mieux que ses sauvegardes.

(2) Canton de Vitteaux.

il veullent tirer. Ils sont entrés dans le château de Sainct-Bury (1) et y sont logé une compagnie. Ceux de Semeur ont très grand peyne, je n'ay rien aprins aultres choses qui soit digne de vous, sy on m'apporte avertissement qui mérite vous adverty, je n'y faudré de vous envoyer et d'aussy bonne volonté que je vous baise en toute humilité les mains, priant le Créateur,

Monsieur,
Qui vous doint très heureuse et longue vie.
De Viteaux se xxviiie de mars 1589.

Vostre très humble et très fidelle serviteur,

LA PLANTE.

[436]

LES MAGISTRATS DE CHALON A CEUX DE DIJON.

Les habitants, consultés pour jurer les articles de l'Union, ont différé par deux raisons, dont la principale est qu'une pareille détermination ne peut être prise qu'en assemblée d'Etats, de même que la fourniture des étapes et la translation du Parlement à Flavigny ; c'est pourquoi ils les invitent à en provoquer la convocation.

CHALON, 1589, 30 mars.

ORIGINAL.
B. 461, n° 45.

Messieurs,

Nous avons représenté aux habitans de ceste cité les articles de l'Union qu'avés jurés, les exortans à faire le semblable, ce qu'ilz ont différé pour deux raisons. L'une parce que naguères sur ce que l'on extimoit qu'aulcungs des habi-

---

(1) Saint-Beury, même canton.

tans transpassent au desseing contre la citadelle, se promirent une mutuelle conservation. L'aultre parce que la plus part des articles que nous avés envoyés sont articles d'estat, qui doibvent être résolus en assemblée des estats de ce pays. Nous vous avions desjà donné pareil advis pour y résouldre sur la contribution que demandoit Monsieur de Fervasques, pour faire estappes à l'armée qu'il désiroit mener à Flavigny. Comme aussy pour adviser sur la translation que l'ont vouloit faire du parlement de Dijon audict Flavigny et de plusieurs autres affaires occurrentes. Puis que le remède des provinces affligées se treuve tousjours en l'assemblée de leurs estats, nous vous supplions faire avec messieurs les Esleus de ce pays ou aultrement que lesditsestat soyent convoqués, cela peult estre faict deans quinze jours. Nous envoyons depputé avec charge expresse pour consentir avec le gros à tout ce qui sera résolu, soit serment, soit pour toute autre chose. Car nous avons estimé raisonnable que ce qui regarde le général soit conclut avec le général. Vous suppliant n'interpréter ceste surcéance à maulvaise volonté, car nous sommes et désirons demeurer,

Vos bien humbles et affectionnés frères et amys à vous servir,

Les maire et eschevins de Chalon.

Par ordonnance,

BOURRET.

A Chalon le 30 mars 1589.

Pour le soudain despart de ce porteur, nous ne vous envoyons l'extrait de vos articles, ce sera pour la première commodité.

A Messieurs, messieurs les vicomte mayeur et eschevins de la ville de Dijon.

[437]

DÉPÊCHE DE BAILLET DE VAUGRENANT, PRÉSIDENT AU
PARLEMENT, ADRESSÉE AU ROI HENRI III.

Il n'a pas cru devoir l'informer plus tôt de ce qui s'est passé en Bourgogne, crainte de la jalousie de MM. de Tavannes et Fremyot. Ils lui ont dit l'avoir instruit de l'affaire de Mâcon. Tavannes et Cypierre se sont emparés de Semur, espérant en faire autant d'Avallon et de Saulieu ; mais, pour faire cesser les divisions, il est nécessaire qu'il envoie un grand seigneur pour commander en chef.

FLAVIGNY,
1589, 31 mars.

COPIE DU TEMPS.
B. 462, n° 297.

Sire,

J'ay receu les deux lectres qu'il a pleu à vostre Majesté me escripre par les sieurs Lhuber et Tintry et n'eusse tant demeuré à vous adverty des nouvelles de ce pays, pour la crainte que j'ay heue que les sieurs de Tavannes et président Frémiot n'en prinssent quelque jalosie, encoures que mon advis est tousjours esté que Vostre Majesté debvoyt estre advertye de tous succès bons et mauvais. Estant empesché en aultres endroicts de la Bourgongne pour vostre service, j'ay prié lesdits sieurs d'advertyr vostre Majesté de ce qui estoyt passé à Mascon pour vostre service, ilz m'ont dict l'avoir faict. Depuis, les affaires se sont passez de telle façon que mecredy vingt-neufiesme de ce moys, Messieurs de Tavannes et Cypierre, avec leurs forces qu'ilz ont en ce pays, qui sont de cent gentilhommes et plus est cinq cens arquebusiers s'estans présentez en bataille devant Semeur, ilz y sont entrez de façon que la dicte ville est entièrement à vostre obéissance. Nous despeschons ce jourdhuy à Saulieu et à Avalon où nous tenons asseuré que le semblable se fera, pour ce que nous troppes sont prestz d'eulx sans qu'ilz ayent asseurance de secours et tiens que à présent voz serviteurs se peulvent dire maistres de la compaigne ou peut s'en fault.

Vostre Majesté me pardonnera s'il lui plaist, sy comme vostre très humble serviteur, je lui donne advis que l'armée de ce pays ne peult subsister longtemps ny faire grand chose, s'il ne plaist à Vostre Majesté y envoyer quelque grand seigneur ou prince avec tout commandement. Aussy tost qu'il y sera toute la noblesse ou la plus grande partye courra à luy, toute division et jalosie cessera et pourra se faire une puissante armée pour travailler ceulx de Lion, les retraictes sont bonnes, Ostung s'est déclaré pour vostre service. Sur tout la diligence est requise, ce qui est bon aujourdhuy ne sera bon demain. Au surplus Vostre Majesté voira s'il lui plaist le pourteur.

A Flavigny ce dernier mars.

Vostre très humble subject et serviteur,
BAILLET.

Monsieur. J'ay receu vos lectres par le sieur de Tintry, Je vous supplie croire que je n'ay besoing d'esguillon pour le service du roi, auquel je suis serviteur de telle façon que quant bien il me commanderoyt me départyr de son service, je ne le pourroyt faire. Le pourteur vous dira particulièrement l'estat de vostre province, car je l'envoye exprès par delà surtout je vous supplie bien humblement le despescher incontinent, un jour impourtant ung mois. Sy le Roy faict ce bien d'envoyer un prince ou seigneur pour nous assister, il est nécessaire que ce soyt au premier jour. De forces il en trouvera icy assez avec bonnes retraictes et ostera les jalosies des sieurs de Tavannes et de Cipierre. Sur ce, après vous avoir bien humblement baisé les mains, je prie Dieu,

Monsieur, vous maintenir en santé longue et heureuse vye.

De Flavigny ce dernier mars.

Vostre serviteur,
BAILLET DE VAULGRENAN.

[438]

LE DUC DE MAYENNE A FERVAQUES.

Accédant aux réclamations des Parisiens, il a décidé que les deniers qu'il avait destinés à la solde des garnisons seront employés au paiement des arrérages des rentes sur l'Hôtel de ville de Paris.

PARIS,
1589, 31 mars.

ORIGINAL.
B. 462, n° 299.

Monsieur de Fervasque,

J'avois dernièrement fait estat des deniers des décymes dues par les diocèses de mon gouvernement et ordonné que tout ce qui en estoit receu, que ce qui en seroit deu à l'advenir, seroit employé au paiement des garnisons et autres despenses que bien scavés. Touteffois ayant depuis entendu que les dits deniers estoient et sont destinés au paiement des arréraiges, des rentes deues à une infinité de pauvres personnes de seste ville et autres, lesquelz n'ont pour le présent, presque aucun moïen de vivre, ayant aussi esgard à la requeste qui même este faicte par Messieurs de l'hostel de ceste dite ville pour ne point toucher auxdits deniers, ains permets estre reçuz et employez comme dict est au paiement desdictes rentes, désirant en ce les maintenir pour la bonne voloncté et affection qu'ilz me portent, j'ai advisé vous en escrire la présente et vous prier comme je faictz ne toucher ny permettre qu'il soit aucunement touché aux ditz deniers. Ains donnez toute assistance et asseurance que bien jugerez, tant au commis du sieur de Castille, receveur général du clergé de France, que aux receveurs desdits deniers, en sorte qu'ils puisse faire leur debvoir en leurs charges librement et paisiblement à l'advenir, joyr d'icelle comme au passé, mesme ou vous aurez pris ou avancé aulcuns des dictz deniers les rendre ou faire rendre et restituer par l'effect que dessus. Et sur l'espérance que ne passerez oultre, ne vous ferez plus longue lettre si non pour me recommander à vos grâces, et prier Dieu,

Monsieur de Fervasques vous donner en santé très longue et heureuse vie.

De Paris ce dernier jour de mars 1589.

Vostre antièrement plus affectionné et parfait amy,

CHARLES DE LORRAINE.

Monsieur de Fervaques, commandant en mon absence en la ville de Dijon.

---

[439]

TAVANNES AUX MAGISTRATS DE SEMUR.

Sommation de ne plus recevoir les ennemis du roi et de recevoir un gentilhomme pour les commander.

COURCELLES, 1589, 1er avril.

COPIE DU TEMPS. B. 460, n° 119.

Messieurs,

Les sieurs Audebert (1) et de Bourbilly le père (2), vous vont treuver de ma part pour le service du roy et bien de vostre ville. Je vous escript ce mot afin que vous n'aïez à

(1) Jean Odebert. Voir n. 350.
(2) Guy de Rabutin, baron de Chantal, seigneur de Bourbilly, chevalier des ordres du roi, beau-père de Françoise de Chantal.

croire et que je leur ay donné charge de vous faire entendre et ne recepvoir plus les ennemys du Roy comme avez faict, aultrement je serois contraint vous envoyer garnison. Vous adviserez de faire le serment qu'ilz vous dirons, ensemble recepvoir un gentilhomme pour vous commander. Vos actions tesmoigneront la fidélité qu'avez à Sa Majesté qui se scaura bien faire obéir en ceste province, vous acquittant de vostre debvoir, je n'espargneray tout ce qui despend de moy pour ce qui nous pourra aporter contentement. En ceste volonté je me recommande affectionnement à vos bonnes graces, priant Dieu,

Messieurs, vous donner en santé heureuse et longue vie. De Courcelles (1) le premier d'apvril 1589.

Je séjourne avec mes troupes, attendant vostre réponse.

Vostre bien affectionné amy,

TAVANNES.

---

[440]

BAILLET DE VAUGRENANT AU ROI HENRI III.

Nouvelle de la prise de Semur par Cypierre. Craintes que Tavannes ne garde pour lui la plus grande partie de l'argent qu'il a reçu pour la solde des troupes Mémoire des avances qu'il a faites dans l'intérêt de la caisse royale. Prière d'ordonner au sieur de Goudras de réunir ses forces aux leurs.

1589, commencement d'avril.

COPIE DU TEMPS.
B. 487, n° 6.

(Copie de mémoire trouvé es mains de l'espion.)

Le mercredy vingt neuf mars, monsieur de Cypierre a réuni la ville et chasteau fort de Semeur.

(1) Courcelles-les-Semur.

Le lendemain ledit seigneur de Cypierre s'asseura du maire et trois aultres des plus séditieux et fit désarmer ceulx desquelz il se doubtoit.

Le sieur de Tavanes a receu par le sieur de Tintry pouvoir de disposer des finances du roy, il n'est pas homme qui puisse négocier cela seul, car oultre ce qu'il est avare, il a des gens de peu, ausquelz il a de la créance et est à craindre que l'argent du roy soit mal despensé.

Ce n'est pas lui qui a faict les avances tant s'en fault comme j'ay esté contrainct lui prester cinq cens escus pour distribuer à ses gens de pied, cinq cens escus au baron de Chantal pour lever son régiment et oultre distribuer plus de quinze cens escus de quoy je ne scaurois faire aparoir, tant pour faire lever des gens de pied, entreprinse de la cytadelle de Chalon, exprimer aux gentilhommes pour ne vous estre mal contens et inciter les aultres, faire venir et entretenir les ingénieux et petartiers ; desquelz deniers, il n'est pas raisonnable que je soys contrainct en faire aparoir ny que je attende l'ordonnance du sieur de Tavanes, je ne me veulx pas enrichir des deniers du roy, je veulx employer ma vye et bien pour son service.

Signé : BAILLET VAUGRENANT.

S'il plaist au roy, il escripra au sieur de Goudras, lequel doibt arriver icy deans peu de jours et joindre ses forces aux nostres qu'il ne retire ses forces sans son exprès commandement, j'ay assurance qu'il amenera trois cens harquebusiers et vingt cinq salades pour les amener.

Je luy ay donné quatre cens escus.

Signé : BAILLET.

[441]

LE VICOMTE DE TAVANNES (1) A FERVAQUES.

Obligé de rejoindre en toute hâte le duc de Mayenne, il ne peut remédier qu'à ce qui se rencontrerait sur son passage. Invitation de s'assurer de Verdun, de Seurre et de Saint-Jean-de-Losne.

1589, 1er avril.

ORIGINAL.
B. 462, n° 141.

Monsieur mon cousin. J'ay esté employé de monseigneur du Mayenne pour luy mener une bonne troupe de mes amis je m'an veultz acquitter. Je n'ay aucun commandement en Bourgongne moins d'i faire la guerre, tout ce que l'on me comande c'et de m'atter comme verrés et par lettres que j'ay receus d'allé à Paris et quant j'oroes désir d'i allé, le randés vous de demain où il fault que je joegne monsieur d'Esttroys m'an empescheroet. Il ne me manque noullement de bonne voullonté, et si je voyois que les contraires pense attanter quelque chose seur une bonne ville, je ne faudrois d'i allé, mais il en a peult d'aparance, il ne sont pas grans nombre et espère que saurés bien remédié à tout. Envoyez garnison à Verdun et à Seure plus forte

---

(1) Jean de Saulx, vicomte de Tavannes, frère cadet de Guillaume comte de Tavannes, fut aussi ardent ligueur que celui-ci était dévoué royaliste. Nommé gouverneur d'Auxonne en 1585, les habitants, qu'il voulait contraindre à embrasser le parti des Lorrains, l'évincèrent de sa place. En 1592, Mayenne le nomma son lieutenant général en Bourgogne, en opposition avec son frère qui exerçait la même charge au nom du Roi, et lui conféra en même temps le titre de maréchal général des camps et armées catholiques. Après la réduction de la Bourgogne sous l'obéissance de Henri IV, ce prince lui accorda un brevet de retenue de la dignité de maréchal de France, et l'autorisa à en porter le titre et les armes. Il testa en 1629. On ignore la date précise de sa mort.

il en doit avoir à St-Jhan de Lone de long temps. Si je connoissois que Monseigneur du Menne eut agréable que je m'anployasse icy le ferois et n'y espargnerois ny la vie ni les moyens que je puisse avoer àsces suffisant pour y faire de bon service. Je me recommande humblement à vos bonnes graces, priant Dieu,

Monsieur mon cousin, vous donne heureuse et longue vye.

Ce 1er avril.

Votre bien obéissant cousin à vous faire service,

Le vicomte DE TAVANES.

Je vous suplie prandre la peine de me dezpartty des nouvelles de Monsieur, et de ce que veuille faire les troupes.

A Monsieur mon cousin, monsieur de Farvasque.

---

[442]

CHATENAY SAINT-VINCENT AU MÊME.

Les deux tiers des principaux habitants de Chalon étant des politiques, il réclame des renforts pour les maintenir et empêcher les entreprises qu'on lui dénonce tous les jours.

CHALON,
1589, 3 avril.

ORIGINAL.
D. 462, n° 315.

Monsieur,

Nous avons tous les jours avys qu'il se faict des entreprinzes contre ceste ville et qu'il y a plusieurs habitans d'icelle entreprinze, desquelz nous ne pourront aizement assurer parce que les deux tiers et des principaulz de la dite ville sont politiques, tellement qu'il est expédient que soyons assistez d'hommes tant pour cest efect que pour tenir le lieu de ceux qui doibvent faire les guardes en ceste dite ville dont le circuit est très grand, afin que les afaires se passent doucement et avec seureté, Monsieur de Chamtepinot et moy avons dressé les mémoires et la dépesche encloze dans ce paquet, lequel vous verrés s'il vous plaist pour le faire expédier si le trouvés bon. Monsieur Réal (1), vous fera entendre plus particulièrement les afaires et l'estat de ceste ville, lequel je vous suplie très humblement croire et atendant voz commandementz, je prieray Dieu, Monsieur,

Vous conserver en toute prospérité très heureuse et longue vie.

A Chalon ce IIIe d'avril 1589.

Vostre très humble et plus obéissant à vous faire service,

DE CHATENAY DE St-VINCENT.

---

[443]

LARTUSIE A FERVAQUES.

Les avocats de Chalon refusant leur concours pour le jugement des prisonniers, il faut en faire venir de Beaune. La ville est en fort mauvais termes pour M. de Mayenne. Sur la menace qu'il a faite aux échevins de faire entrer une garnison s'ils ne juraient par l'Union, ils ont promis de s'exécuter. Tavannes et ses adhérents font des courses autour de Nolay. Est-il vrai que le comte de Soissons soit entré à Flavigny.

CHALON,	ORIGINAL.
1589, 4 avril.	B. 462.

Monsieur,

Je vous ay adverty par cy-devant, comme je ne pouvois treuver conseillier en ceste ville que voussisse juger les pri-

---

(1) Réal de la Motte, général des monnaies en Bourgogne.

sonniers qui sont séans. Je vous envoye les récusations que tous les advocatz ont faictz (ceulx de ceste ville) pour ne se treuver au jugement, de sorte qu'il y a jà dix-huict jours que le procès est instruict et prest à juger. S'il vous plaist d'ordonner aux advocatz de Beaune qu'ilz ayent à assister au dict jugement pour estres les plus proches de ce bailliage, lesquelz s'estions promis d'y venir, pourveu qu'ilz feussent appelez, car ilz disent que, suivant l'ordonnance, ilz ne le peuvent faire aultrement. Ceulx de ceste ville se contentent qu'ilz y viennent, mais, cependant, ayant requis ceulx de ceste ville de faire un procès-verbal pour les y appeller, mais je n'en scaurais jouir, car ils sont bien aises que eulx ny les aultres ne le jugent, en laisser les choses tousjours imbigues. Il n'y en scauroyt avoir que trois en ceste ville pour y assister, tellement qu'il en faudroyt quatre étrangers. S'il vous plaist d'y ordonner afin d'y estre pourveu, ainsy que cognoistrés estre nécessaire. Je vous advertiray aussi comme ceulx de ceste ville n'ont voulu faire l'Union suivant ce qu'à esté faict à Dijon, de sorte que je vois ceste ville en un fort mauvais terme pour le repos de ce gouvernement et service de Monseigneur de Mayenne ; de sorte que je fus contrainct hier de dire aux eschevins, et quelques habitans qui m'estions venu treuver, que si ilz ne se resolvions promptement de se unir ensemble pour le repos de ceste province et l'union de leur ville, que je vous en advertirois, affin de leurs donner cinq ou six cens hommes en garnison dans leur ville qu'étiont desjà isi près de leur ville et que je n'attendois d'heure à aultre que vostre commandement, et que soudain que je l'auroys, ils ne se prendriont garde que les cinq ou six centz hommes serions dans leur ville, et que je les y ferois entrer par la cytadelle, et ayant entendu cella, ilz se sont délibérez d'envoyer vers vous, pour prandre la résolution de ce qu'ilz ont affaire ; mais je me doubte que tout cella n'est que longueur qu'ilz mectent et croient qu'ils ne feront rien, sy ce n'est par force, vous asseurant que ceste ville est en un fort mauvais estat. Nous avons heu nouvelles à ce soir comme Monsieur de Tavannes et Monsieur de Rochebaron sont arrivés avec leurs forces à Couches et aux environs de Nollay et, dict-on que c'est pour deffaire le capitaine Joannês et Tapson et les aultres qui sont avec eulx. Je les en ai advertis soudainement qu'ilz prinsent garde à eulx. M. de Tavanes et ses forces robent trop à l'entour de ceste ville, que je me doubt qu'il y ait quelque entreprinses en quelque lieu. Ilz ont fait courir le bruict par icy que M. de Soissons estoit arrivé à Flavigny avec cent chevaulx. S'il vous plaist me faire certain de cella s'il est vray. Il ne passe aultre chose de par deçà digne de vous estre escript. En vous suppliant de me tenir tousjours en vostre bonne grace et du nombre de vos serviteurs, en priant le Créateur,

Monsieur qu'il vous doint accomplissement de voz désirs.

De la cytadelle de Chalon, ce quatriesme d'avril 1589.

Vostre très affectionné à vous servir,

LARTUSYE.

A Monsieur,

Monsieur de Fervasques, chevalier de l'ordre du Roy, capitaine de cinquante hommes d'armes, commandant en Bourgongne.

A Dijon.

[444]

BAILLY, CAPITAINE DE VERGY, A FERVAQUES.

Il insiste pour l'évacuation et la démolition du couvent de Saint-Vivant de Vergy, où l'ennemi peut se loger. Il construit deux éperons, et pour les payer il a perçu les décimes du chapitre Saint-Denis. Avis du passage des troupes de M. de Tavannes.

VERGY,
1589, 7 avril.

ORIGINAL.
B. 462, n° 329.

Monseigneur

Je receuz hyer la lettre que vous a pleust m'escrire et j'ay envoyé celle que escriviez à l'admodiateur de St-Vivant, lequel à ce que j'ay aprins n'a pas délibéré de rien déplacer, cela m'est de très grande importance. M. Michel vous pourra dire que la maison ne vault rien et ne peut empescher l'ennemy de la gaigner et d'y demeurer encores que ladite maison ne soit pas à plus de deux cents pas du chasteau. Il doit aller par là à vous; il espère avec l'ayde de M. le président Jehannin de ne rien desplacer. Je suis deschargé vous ayant fait entendre l'importance et l'incomodité que cela peult apporter et la commodité qu'en peut recevoir l'ennemy. Vous en ordonnerez ce qu'il vous plaira. Au surplus j'ay envoyé ung mémoyre à M. Michel (1), de beaucoup de petites choses qui me sont très nécessaires, il vous plaira les ordonner, on ne peult faire beaucoup avec rien, ny se deffendre sans armes j'en ay quelque quantité, mais je n'en ai pas suffizamment. Je fais faire deux esperons qui m'estoient fort nécessaires, revestus de pierres

---

(1) Bourgeois de Dijon, ligueur déterminé, qui mourut vicomte mayeur de Dijon le 9 janvier 1590.

de taille et d'orvaille. J'ay tous les jours dix sept ou dix huit massons et ouvriers depuis deux mois et deux grandes breiches que je faict racoustrer, je y ay employé tous les moyens que j'ay trouvé. J'ay prins cent escus que Messieurs du chapitre de Vergy avoient pour leurs désimes; il viendra ung sergent dymanche qui est d'Ostung, pour les recepvoir. Si c'estoit voste plaisir, Monseigneur, de mander audict sergent que l'on doit recevoir, que m'avez ordonné de prandre ladite somme pour employer à la fortification et réparation de céans et qu'il n'en faict aultre estat ou bien qu'il vous plaise m'en envoyer d'autres, car je suis du tout demeuré sy je m'ayde des dictz cent escuz et qu'ainsi me soit s'il vous plaist envoyer visiter ce que je fais faire, je ne le saurois rendre parfait pour cinq cens escuz; et estoit chose très nécessaire. Au surplus l'on attand encore aujourd'huy ou demain en ce vaulx des trouppes de M. de Tavanes, lesquelz viennent du costé de l'Auxois et preignent le mesme chemin des premiers à ce qu'ilz dyent (1). Au surplus Monseigneur je vous supplie très humblement faire estat de mon service, l'effect vous fera paroistre ma volonté estant heureux de voz commandements et en ceste volonté je vous baise très humblement les mains et prye Dieu,

Monseigneur, que vous doint en très bonne santé ce que désirez en toute prospérité.

De Vergy ce VII avril 1589.

Vostre très humble et très obéissant serviteur,

BAILLY (2).

(1) Le 4 avril il avait signalé à Fervaques le passage sous Vergy de huit compagnies de gens de pied et de 200 chevaux de M. de Tavannes qui tiraient droit à Nuits se dirigeant sur Seine. (B 462, n. 316.)

(2) Bailly, capitaine du château de Vergy pour le duc de Mayenne, vendit en 1591 sa place au comte de Tavannes pour 6,000 écus. Celui-ci

[445]

MONTMOYEN A FERVAQUES.

Il y a longtemps qu'il a prévu la perte de Saint-Jean-de-Losne ; il en attend autant de Verdun. Quant à ce qui le concerne, il a mis bon ordre aux entreprises tramées sur sa forteresse, et occupé le château de Corberon.

BEAUNE,
1589, 8 avril.

ORIGINAL.
B. 456, n° 122.

Monsieur,

J'ay veu ce que m'avez écrit estans bien marry de la perte de Saint Jehan de Losne qui est arrivé par grand faute (1). Il y a longtemps que j'avois préveu cela et vous en avois adverty assez souvent. Je n'attens que semblables nouvelles de Verdun, et autres places sur la Sone, ce qui mettra le pays en confusion, c'est pourquoy il est besoin d'y pourveoir d'autant qu'il y a plus de péril et y devez entendre plus tost qu'en autres lieux, car Dieu mercy nous avons de quoy en cette place et en cette ville pour nous maintenir contre de plus grandes forces que celles quilz pourroyent mettre ensemble de longtemps et quant aux entreprises qui si sont pratiquées, je vous diré que par la grâce de Dieu depuis deux jours elles sont estées descouvertes et en suis du tout éclaircy et ay donné si bon ordre à mes affaires que je puis dormir seurement. Au surplus, monsieur,

lui en laissa le commandement, mais deux ans plus tard, ayant voulu la livrer au président de Vaugrenant, ennemi de Tavannes, la mèche fut éventée et Bailly obligé de s'enfuir à Saint-Jean-de-Losne, d'où il fut encore chassé par Vaugrenant pour avoir, de concert avec MM. de Chamilly et Vauzey, tenté de lui enlever cette place.

(1) Le comte de Tavannes l'avait surprise quatre jours avant et s'y était établi.

je vous ay écrit que j'avois mis de mes soldatz à Corberon (1), comme ilz y sont encores, mais puisque nous avons de nouveaux voisins, il les faudra ranforcer et y en mettre jusques à vinz ou vins cinq; mais il les faut payer s'il vous plait, vous y ordonnez et pouvez ordonner aux admodiateurs de payer mes soldats sur le revenu de la terre, autrement ilz ny pourront plus demeurer; s'il vous plait m'écrire vostre volonté sur ce fait Monsieur Duverger (2) me fera tenir voz lettres je m'en vois advertir monsieur de L'Artusie selon que mandez, vous baisant très humblement les mains, je prieré Dieu,

Monsieur,

Vous donner en santé très heureuse et longue vie.

A Beaune ce VIII avril 1589.

Vostre très humble et très affectionné serviteur,

MONTMOYEN.

A Monsieur,

Monsieur de Fervaques, conte de Grancey, lieutenant général au gouvernement de Bourgogne.

---

(1) Village situé à peu près à égale distance entre Beaune et Seurre.
(2) Gouverneur de Nuits.

[446]

LES ÉCHEVINS DE NUITS A FERVAQUES.

L'ennemi a passé le Muzin et s'étend d'Argilly à la Berchère ; on s'attend à le voir aux portes de la ville.

NUITS,
1589, 9 avril.

ORIGINAL.
B. 462, n° 335.

Monseigneur,

L'ennemy a passé l'eau et est de deçà les boys d'Argilly et ce sont logés à Argilly, Gerlan, Balon, Antheley (1) selon que nous avons heu avertissement par les païsans qui se sont sauvez en nostre ville et par Jasques Moisset, habitant de nostre dite ville, lequel conduisoit quelques hommes, arquebuziers à pied qui ont esté deffaiz et ne se pouvoit sauver. Il les à bien reconneuz. Dequoy nous n'avons voulu faire faulte de vous advertir ; il y en y a aussi de logés à Engencort (2) et à la Bercheres (3). Nous les atendons demain à noz portes, cependant nous prierons Dieu,

Monseigneur qui vous maintyenne en sa saincte grace.
De Nuits ce IXe avril 1589.

Vos obéissans serviteurz,

Les eschevins de la ville de Nuitz.

(1) Antilly, hameau d'Argilly.
(2) Agencourt.
(3) La Berchère, commune de Boncourt.

[447]

MONTMOYEN AU MÊME.

Les habitants de Verdun ayant promis à M. de Bissy de le recevoir et se fortifiant déjà, il est nécessaire de s'y porter en force pour les investir et les empêcher de se fortifier.

1589, avril.

ORIGINAL.
B. 462, n° 334.

Monsieur,

Je viens tout à cette heure d'avoir adviz que ceux de Verdun ont promis à Monsieur de Bissy de tenir bon et croy qu'ilz ont jà introduit quelques gens dans leur ville et de fait ilz ramparent et se fortifient. C'est pour vous dire qu'il est maintenant question d'y procéder à force ouverte, car encores que nous eussions déffait la trouppe du sieur de Bissy, nous ne lairrons d'avoir affaire à ceux de Verdun. Le meilleur est de ne leur donner loisir de se fortifier, il y a forces trouppes icy à l'entour qui tirent de vostre côté, s'il vous plaist les faire rebrousser du costé de Verdun, ce sera autant avancé et je vais despescher à celles qui sont derrière pour les faire tirer de ce costé là, j'ay adverty M. de Lartusie et luy ay envoyé voz lettres, incontinant que j'aurai sa response, je mettré aux champs de mes gens que j'ay avec moy et ay envoyé haster ceux qui me viennent, estans très marry des plaintes qu'avez heues de celuy qui les conduit et vous asseure qu'il m'en respondra et luy ferai comparer sa folie. Je luy avois assez commandé le contraire. J'estime qu'ilz seront icy demain, je vais encore advertyr M. de Lartusye de cette nouvelle, mais il ne panse pas qu'il puisse mettre beaucoup de gens aux champs, car les compagnies qui estoyent dans la cytadelle sont sortis et sont aux champs quoy que ce soit il est besoin d'investir Verdun et les empescher de se fortifier, vous y donnerez s'il vous plaist tel ordre que bon vous semblera,

Monsieur,

Je prie le Créateur vous donner en santé très heureuse et longue vie.

A Beaune ce dimanche au soir.

Vostre très humble et très affectionné serviteur,

MONTMOYEN.

A Monsieur,

Monsieur de Fervaques, conte de Grancey, lieutenant général au gouvernement de Bourgongne.

---

[448]

LE DUC DE MAYENNE A FERVAQUES.

Il est en peine des brouillons de Bourgogne et le conjure d'y mettre ordre. Le duc de Nemours a ordre en traversant le pays de l'aider à nettoyer cette vermine.

PARIS,
1589, 9 avril.

AUTOGRAPHE.
B. 462, n° 396.

J'envoye ce porteur que vous congnoissez à Lyon pour le subject qu'il vous dira, je désire autant ou plus que vous mesme que vous congnoissiez par effect la vérité de mes promesses ausquelles je ne manque jamais que par impossibilité. Je suis en peine de nos brouillons de Bourgogne. Touteffois l'asseurance que j'ay que vous y scaurés donner bon ordre m'oste de la craincte que j'auroys sans cela, qu'ilz pensent mal faire, je vous supplie au nom de Dieu y donner le remède nécessaire. J'ay fait que du costé de Lorraine, il vous viendra cent lances pour vous servir, j'ay aussy supplié Monsieur de Nemours s'en venant à l'armée de passer en Bourgongne, affin que son passage avecque vostre assistance, peust dissipper les desseings de nos ennemys. Quoy que ce soyt je vous supplie ny rien oublier faire nettoyer le païs de ceste vermyne. Je me remets à ce que vous dira plus particulièrement le dit porteur et le sieur de Messey que j'ay prié vous veoir de ma part, croiés je vous supplie que je suis autant à vous qu'à personne et que sy j'ay jamais bonne fortune vous y participperés tout ainsy que vous le scauriez désirer.

Je vous envoye vostre pouvoir et la commission que désires. De Paris le ix avril.

Vostre antièrement affectionné et parfait amy,

CHARLES DE LORRAINE.

---

[449]

MADAME DE FERVAQUES A SON MARI.

Elle lui promet de l'avertir de tout ce qui surviendra. S'il n'a pas reçu de gibier, c'est qu'on le disait devant Saint-Jean-de-Losne. Récit des bruits qui circulent dans les environs et en Champagne, dans le Maine et la Normandie.

GRANCEY, 1589, 10 avril.

ORIGINAL, B. 462, n° 342.

Monsieur,

J'ay reçeu ce qui vous a plu m'envoyer selon par le Febvre ce que j'aprendray je vous en donneray avis. Vous ne pourez veoir si tost M. Sagnier, comme vous pourriez espérer, car il n'estoit pas en ce lieu, je l'ay envoyé quérir ceste nuit. L'on vous heust envoyé du gibier qui estoit prest pour ceste effect, quand nous fusmes avertis que vous estiés sorty de Dijon ou l'on disoit que vous estiés allé assiéger Sainct Jehan de Laune. Vos gens puisque vous n'en prenez la poine de mender chose quelque onques on ne peut pas deviner. Croiés que l'on ne mange poinct vos chappons à ma table, en vérité ceulx qui sont bien accoustumés séans du reste du caresme prenant je les reserre, mès tout ce qui vient du village vous est envoyé, je ne m'amuserois pas à vous représenter se discours en ceste lettre sens occasion, mès pour changer nouvelles encore que je crois que vous le sachiez mieux, du moins ne fault ty pas prendre asseurance sur ce que j'escripz, car je parle sellon le bruit, je pence que M. le baron de Langue ne s'ira point joindre avecque M. de Tavanes qui est à l'heure que j'escripz et M. de Vanes et M. de Fontaite logé à Bricon, village de M. de Bricont qui est avecque vous et s'en vont à ce que je pence treuver M. de Lusambourg qui monte à cheval dens trois ou quatre jours, qui commandera en Champagne en attendant que M. de Nevers soit en ceste armée, et qui avec les aultres sera composée de Messieurs de Fontenelle, Saultour qui a pris Escorvy, Sainct Falle, Prallin, et Ternay. Voilla comment tous ceux-la ne recepvront pas commandement de M. de la Ferté, comme dit Berger. L'on dit d'aultres nouvelles dont je serois personnellement marrye si elle estoit véritables comme a dit Duc qui est arrivé de Tours despuis trois jours, mès il peut mentir, qui est que le roy a faict trancher la teste à M. du Bois Dauphin et à cinq ou six des principaulx du Mans ; qu'il a emporté par force n'ayant poinct voullu capitullé avec M. du Bois Dauphin, chascun doit prendre garde à soy et se bien unir et se bien tenir sur ses gardes. Le premier président de Rouen est dans le Avre, l'on dit que le cappitaine du Avre a pris de ceux de Rouen des vessaux qui leur appartenoient qui venoient dessus la mer pour plus de deux cens mille escuz à son particulier comme confiscqués, dont il a pris don du roy et sur sâ, l'on ne scait comme il se sera racommodez avecque sa Majesté, M. de Mompensier est à Allunson, si je scavois daventage, je vous en advertiray, c'est à dire de ce qui se dit, car je ne sais pas si le fault croire pour vérité. Vous baissent très humblement les mains, priant Dieu,

Monsieur vous donner très longue et heureuse vye.

De Grancé, ce x⁰ d'avril.

Vostre très humble femme,

RÉNÉE DE MARCONNAY.

A Monsieur,

Monsieur de Farvaques, conte de Grancé.

---

[450]

J. LAVERNE, MAIRE DE DIJON, AU MÊME.

Il le félicite des succès obtenus sur Tavanes. Le Conseil a décidé qu'on imposerait quelques deniers pour le paiement des troupes. Il le remercie d'être revenu sur le compte des habitants, qui sont tous enclins à le servir, nonobstant les artifices de ceux qui cherchent à semer la division.

DIJON, 1589, 12 avril.

ORIGINAL. B. 456, n° 126.

Monsieur. Nous recongnoissons icy combien vostre personne est utile et nécessaire au pays pour le garantir des mains de ceux qui en poursuivent la ruine. Les défaictes réitéréz du sieur de Tavannes en sont fidelz tesmoins et nous nourrissons en ceste opinion que Dieu vous fera la grâce de remettre tant Sainct Jehan de Losne que aultres places au mesme estat quelles vouloient estre. En mon particulier je m'en ressens infiniment obligé pour vous en rendre le service que je vous ay de longtemps voué. Le conseil a esté assemblé ce jourdhuy

Corresp., t. II.

où le département a esté faict et nous donnerons peine de faire quelques deniers dans peu de jours pour donner aux trouppes, affin de les retenir pour la seurté de la province laquelle se ressentira à jamais de votre grandeur, estant infiniment merry que l'on ayt voulu vous persuader quelque mauvaise affection des habitantz, lesquelz vous trouverez enclins à vous servir; vous supliant humblement de le croire et que si quelques uns mal advisés ont heu quelque inclination contraire, que cela proviendroit plutost de l'artifice de ceux qui nous sont ennemys, qui taschent par toutz moyens de trouver des inventions mauvaises pour engendrer de la division entre nous. J'ay faict veoir les vostres à Messieurs les Eschevins qui rendent toutz grâce à Dieu de l'heureux succès de vostre voïage comme je faict et avons prins résolution d'exhorter un chascun à son debvoir, affin que vous ne puissiés recepvoir mescontentement. Nous y tiendrons toutz la bonne main qui sera la part en vous ayant humblement baizé les mains, je prieray Dieu,

Monsieur que vous conservant en santé, il vous donne l'accomplissement de vos désirs.

De Dijon ce XII apvril.

Vostre plus humble serviteur,

J. LA VERNE.

A Monsieur le comte de Grancey.

[451]

LARTUSIE AU MÊME.

Il le conjure d'obliger les habitants à recevoir une garnison. Les Chamelis tramen une entreprise sur Louhans ; Tavanes se dirige de ce côté, au-devant de compagnies qui viennent de Genève. Invitation de rassembler des forces pour empêcher cette jonction.

CITADELLE DE CHALON. ORIGINAL.
1589, 12 avril. B. 462, n° 347.

Monsieur. Estant venu le conterolleur de par deça, pour faire nostre monstre, je n'ay voullu failler de vous escrire ce mot pour vous supplyer de me tenir tousjours en vostre bonne grâce et du nombre de voz serviteurs, en vous supliant de vouloir faire mettre une compagnie en garnison à Verdun, car je me doubte qu'il se perdra et qu'il fera comme Sainct-Jehan-de-Losne; que sy cela advenoit, ce seroit une mauvaise espine pour ceste place icy, je me suys tousjours doubté de Sainct-Jehan-de-Losne, et Verdun. Soudain que j'ay sceulx la prinse dudict Sainct-Jehan-de-Losne, j'ay envoyé vingt arquebusiers à Verdun pour assister les habitans, pour garder que les ennemys ne s'en saisissant, ilz ne les ont point voulu recevoir sans commandement de Monseigneur du Mayenne ou de vous, je me doubte fort que sy vous ny pourvoyez promptement que vous les perdrez. J'ay heu avertissement aussy pour quelques entreprises que ont les Chamelis à Louan, qu'est cause que M. de Tavanes s'est acheminé droict là, et aussy pour s'en aller au devant de quelques compagnies qu'ilz disent qu'ilz viennent de Genesve; s'ilz avoient Louan, ce seroit aussy une mauvaise chose, il vaudroit mieulx leurs mettre quelque garnison que de le perdre, vous avez le régiment de Conflay qui s'en vient de pardeça pour s'en aller trouver Monseigneur du Mayenne, sy vous trouviez bon de l'arrester avec les aultres forces de gens de pied qui sont en ce païs, je pense que vous les garderiez qu'ilz ne tiendront pas la campagne comme ilz font, car je crois que M. de Tavanes n'a pas quatre ou cinq cens hommes de pied que bons que mauvais, ou deux cents chevaulx, là ou la pluspart sont arquebusiers à cheval, j'ay envoyé des soldartz pour prendre les batteaux du long de la rivière du Dous pour les amener en ceste ville pour leur oster la commodité du passage, comme j'espère aussy de faire prandre les batteaux sur la Sosne, qu'est tout ce que je vous puis escripre pour le présent, en priant le Créateur,

Monsieur, qu'il vous doint ce que vostre cœur désire ;
De la cytadelle de Chalon, le XII avril 1589.

Vostre très affectionné à vous servir,

LARTUSYE.

---

[452]

MONTMOYEN A FERVAQUES.

M. de Chantal, son parent, ayant été blessé et pris dans le combat livré aux troupes de Tavanes, il le prie de le lui confier pour le soigner, et s'engage à le rendre, lors de sa guérison, à celui qui l'a fait prisonnier.

BEAUNE,
1589, 12 avril.

ORIGINAL.
B. 462, n° 348.

Monsieur,

Je viens d'estre averty que M. le baron de Chantal (1) mon cousin a esté pris et blessé à la charge que vous fîtes hier sur les trouppes de M. de Tavanes, pour ce qu'il ne peult faire

(1) Christophe II, baron de Chantal, qui épousa, le 29 décembre 1592, Françoise Fremyot, canonisée sous le nom de sainte Chantal.

qu'il ne soit très mal accomodé là ou il est, je vous supplie très humblement de permettre qu'il soit amené jusques icy, affin que je le puisse faire panser et traitter, vous promettant que s'il vous plaist me faire cest honneur de l'envoier, que si il peult eschapper, je le rendré entre les mains de celluy à qui il est pour estre son prisonnier de guerre. Comme il est très raisonnable et pour cest effect je vous oblige ma foy et mon honneur jusques à ce que je l'ay rendu à celluy qu'il est ou que vous me commanderés, je vous supplie encore une foys, Monsieur, me faire cest honneur de ne me point refuser de ce que je vous prie et il m'en demeurera une obligation perpétuelle à vous randre service et d'aussi bon cœur, que bien humblement je vous baise les mains, et prie Dieu,

Monsieur,

Vous donner en parfaite santé très heureuse et longue vye.

De Beaulne ce xii apvril 1589.

Vostre très humble et très affectionné serviteur,

MONTMOYEN.

A Monsieur,

Monsieur de Fervasque, comte de Grancey et lieutenant général au gouvernement de Bourgongne.

[453]

MONTMOYEN AU BARON DE CHANTAL.

Informé qu'il a été blessé au dernier combat, il écrit à M. de Fervaques de lui permettre de le faire transporter à Beaune pour y être pansé et soigné.

BEAUNE,
1589, 12 avril.

ORIGINAL.
B. 462, n° 349.

Monsieur mon cousin. Vostre homme me vient d'advertyr de l'infortune qui vous arriva hier pour les blessures que vous avez receues, estant bien aise au demeurant que j'auré ce bien de vous veoir, ce qui ne fuste pas arrivé sitost sans cest accident. J'escris à Monsieur de Fervasque, et le supplie de permettre, que vous soyez amené icy, ou je vous ferés panser et si bien traité qu'avec l'aide de Dieu, vous recouvrerés vostre santé, vous pouvez croire que icy ou ailleurs ou j'auray moyen de vous secourir, il ne vous manquera rien de tout ce que j'auré en ma puissance, et vous prie en faire estat dès à ceste heure, et sy à cause de voz blessures vous ne pouvez venir jusques icy, mandés moy s'il vous plaict, en quel estat vous estes, et ce qu'il vous fera besoing tant d'argent que de médesins et chirurgiens et croyés que vous serez secourruz, mais pour le plus expédient, vous debvés prandre courage de venir icy ; je vous baise bien humblement les mains, et prie Dieu,

Monsieur mon cousin,
Que vous doint en sainté longue et heureuse vye.
De Beaulne ce XII apvril 1589.

Vostre humble cousin, entier amy à vous faire service,

MONTMOYEN.

Monsieur mon cousin,
Monsieur le baron de Chantal.

[454]

M. DE RAGNY A FERVAQUES.

Les habitants de Montréal, terre domaniale sur laquelle il a hypothèque, étant venus le prier de les défendre contre les entreprises dont leur ville était l'objet, il y a consenti et dédommagé le capitaine du château. Il a également informé du fait le duc de Mayenne et le président Jeannin.

RAGNY,
1589, 16 avril.

ORIGINAL.
B. 462, n° 355.

Monsieur. Envoyant ce porteur à Dijon pour mes affaires, il me promets ceste faveur de vous, que luy baillerez paseport, pour son retour dont je vous supplie bien humblement et suis très aise que ceste occasion se soit offerte de vous pouvoir tousjours asseurer de mon service, et vous dire monsieur, comme depuis dix ou douze jours ceux de la ville de Montréal (1) me sont venus trouver avec le cappitaine dudict lieu pour m'advertir qu'ils scavoyent certainement que l'on faisoit infinies entreprises sur eux et qu'ils me prioyent de les assister pour leur aider à se conserver, d'autant que c'est une terre du domaine du Roy, que tenoit feu Madame d'Aubijoux, sur les biens de laquelle j'ay cinquante mil livres; je n'ay faict nulle difficulté à cause de ce subjet, craignant si quelqu'un se fust emparé de la place de n'en pouvoir jouir librement, celuy qui commandoit au chasteau m'en a faict résignation, moyennant une si honnête rescompense qu'il en a esté content. Je vous fay ce discours, Monsieur, pour vous faire entendre comme tout s'est passé, car il seroit marry, que l'on me feiste ce tort de penser que je fusse contrevenu à ce que j'ay promis à monseigneur du Mayñne, lequel scait à ceste heure

(1) Châtellenie royale, alors engagée.

comme tout s'est passé l'ayant escript à monsieur le président Jennin pour le luy faire entendre; sur ce, vous ayant baisé bien humblement les mains, je prieray Dieu,

Monsieur, vous donner en parfaicte santé très heureuse vie.

De Ragny ce xv avril 1589.

Vostre bien humble à vous faire service,

RAGNY.

---

[455]

S. AU MÊME.

L'arrivée de Chanlecy a produit le meilleur effet, et bien qu'on n'ait pas juré l'Union, on est décidé à obér au duc de Mayenne. M. de Tavanes s'avance sur le pays. Peut-être en se concertant avec le duc de Nemours, qui est à Lyon, pourrait-on le prendre entre deux feux. Le régiment de Confolens a quitté le pays. Prière de déchirer cette lettre aussitôt que lui ou Franchesse en auront pris connaissance.

MACON,
1589, 19 avril.

ORIGINAL.
B. 456, n° 118.

Monseigneur,

Le voyage de M. de Champlecy en ceste ville n'a pas esté inutil, car encore que nous n'ayons juré l'Unyon et que n'ayons rien faict que jurer et confirmer de nouveau l'observation des promesses qu'avons faictes à Monseigneur de Nemours. Ce néantmoings il a si bien pourveu à fortifier notre party, que ceulx qui vouldroient antreprandre au contraire se trouveroient trompés, estans les gens de bien résollus de conduire touttes choses par l'amable et par la doulceur et aussi s'ils descouvroient qu'il y en ayt de la trahison, de chastier si bien les traistres que les autres en prendront exemple. Sy ainsy est que M. de Tavanes, comme me l'escript M. de Lartusye s'avance en ces quartiers pour y exécuter une entreprinse. Il semble sauf correction que vous ne sauriés mieux faire que de le faire suivre le plus près que vous pourriez avec voz forces et mander à Monseigneur de Nemours que, à pareil temps, il mette aux champs celles qu'il peut faire sortir de Lyon pour prendre les brisées de ceste dite ville. Jugeant que si son Excellence et vous estes de bonne intelligence que vous le pourriés combattre advantageusement. Nous fairons tout ce qu'il nous sera possible pour garder de luy. Je recognois que je parle en clere, mais l'affection que j'ay au service de Monseigneur me provoque à cella. Quant à M. de Gonfolans (1) son régiment de cavallerye je n'en ay ouy aucunement parler, et ne croyé pas qu'il soyt en ce pays. Il n'y a que soixante chevaux venus sous la charge du capitaine Arnault que monseigneur de Nemours avait expédié de Lyon pour rencontrer la compagnie du bastard de Pistan, lequel va trouver Monsieur le visconte de Tavanes. Voilla ce que je vous puis dire et que vous avez loy absollue de me commander qui vous supplie rompre la présente icelle leue et que aultre que vous et Monsieur de Franchesse ne la voye,

Monseigneur, je supplie le Créateur, vous donner en santé très heureuse et très longue vye.

De Mascon ce ix avril.

Le vostre très humble et obéissant serviteur,

S...

A Monseigneur,

Monseigneur le comte de Fervaques, lieutenant général au gouvernement de Bourgongne en absence de monseigneur du Mayenne.

(1) Confolens (Antoine de Voisins, baron de).

[456]

LE BARON DE LUX AUX MAGISTRATS.

Il n'a point ordonné à ses soldats de commettre les hostilités dont ils se plaignent et leur fera rendre le dommage s'il y en a. Au surplus, son intention étant de demeurer ce qu'il a toujours été, c'est-à-dire homme de bien et sujet fidèle à son Roi, il méprise leurs menaces de venir lui prendre ses places. Ceux qui les gardent ne feront de mal qu'à ceux qui leur en voudront faire.

LUX,
1589, 22 avril.

ORIGINAL.
B. 461, n° 48.

Messieurs,

Arrivant ce soir céans, je treuvay ung double de la lettre que vous m'avez escripte, par laquelle vous vous plaignés de quelques soldatz que j'avois laissé céans pour conserver ma maison. Je ne leur avois ordonné de faire chose que ce que doibve de gens de bien et bons serviteurs du Roy (1). Je ne pense pas qu'ilz l'ayent faict aultrement, si tant est qu'ilz se soient saisis de ce que vous dictes, j'en feray faire raison. Je vous prieray tousjours de croire que le plus grand désir que j'ay sera d'estre tenu parmy ma patrye pour ce que je suis qui est homme de bien et d'honneur, mes effectz l'ont fait paroistre et le tesmoigneront à l'advenir avec la grâce de Dieu, laquelle avec mes amis me conservera du vent de vos menasses et furyes que je méprise autant comme je désire les bonnes grâces des bons patriottes aymant leur Dieu, leur Roy

---

(1) Ces soldats, en bons serviteurs du Roi, faisaient des courses dans la campagne, enlevaient les habitants et interceptaient les communications.

et parconséquent le repos du publiq. Je ne cedderai à gentilhomme de France pour avoir en affection ce qui appartient à mon debvoir qui sera de me garder et ruyner ceulx lesquelz vouldront entreprendre chose qui soit à mon préjudice. Souvenez-vovs, Messieurs, que quand je vous ay extimé bon serviteur du roy, personne de voz amis et voisins na heu plus de volonté de vous aymer et servir que moy, qui crois à la vérité que ce n'est pas la plus grande et sayne partye de vostre ville qui aye ceste pernitieuse affection, mais sont ceux qui sont entrés en leur pouvoir de magistrat par aparence sans effetz d'estre bons serviteurs du Roy. Les clefs que vous dictes avoir de ma maison sont enroillées et n'entrent point dans mes serrures, vous priant de n'user plus en mon endroict de vainnes parolles, croïant ce que dict le commung que tele menasse qui a grand peur, je me gareray de ce mal, estant bon serviteur du Roy qui ne me veux servir de mes maisons à faire la guerre et vous assure que eux que je y laisseré ne feront mal que à ceux qui leur en vouldront faire. Je prie Dieu,

Messieurs, vous donner santé bonne et longue vye.

Lux, ce xxII^e apvril 1589.

Vostre voisin et bon amy,

DE MALAIN LUX.

A Messieurs,

Messieurs les maire et eschevins de la ville de Dijon.

[457]

CHABOT-CHARNY AUX MAGISTRATS DE DIJON.

Il les remercie de leurs bons souvenirs et leur exprime ses regrets au sujet des divisions de la province. Il a été heureux d'apprendre que le remuement dont ils l'ont entretenu se soit passé sans violence.

PAGNY,
1589, 27 avril.

ORIGINAL.
B. 461, n° 49.

Messieurs,

J'ay beaucoup de contentement que vous continuez en la souvenance de mes actions passées et de la créance que vous prenez quelles ne tendront jamais qu'au repos publique. Mon inclination a tousjours esté et ne peult s'altérer par les effectz du temps. C'est ce qui augmente le plus le regret que j'ay de voir cette pauvre province pleine de tant de divisions et ruynes, et mon désir extrême de proffiter à la garnison quand jy pourray avec mon debvoir apporter quelque advancement, je feray avec beaucoup d'affection et de plaisir, et particulièrement envers vostre ville que j'ay tousjours fort aymée. Je suis fort aise que le remuement que vous m'escrivez y estre survenu sy soit passé sans viollence, car cette voye est souvent plus fructueuse et digne du nom de crestien que nous portons. Je suplie, sur ce, Nostre Seigneur vous conserver, Messieurs, en sa très saincte et digne garde.

De Pagny le xxvii° jour d'avril 1589.

Vostre entièrement plus afectionné meilleur amy,

CHARNY.

Messieurs les vicomte maieur et eschevins de la ville de Dijon.

[458]

LES PRÉVÔT DES MARCHANDS ET ÉCHEVINS DE PARIS
AUX MÊMES.

Envoi d'un extrait des dépêches de Mayenne qui annonçait ses succès, et adjuration de se soutenir et de rester constamment unis pour le triomphe de la cause.

Messieurs,

Nous receusmes hier advis de Monsieur le duc de Mayenne dont nous vous envoyons l'extrait tiré des lectres qu'il nous a escriptes, par lequel vous verrez ce que Dieu commence à faire pour nous et pour l'advancement de sa saincte cause (1), de laquelle ayans prins la défense soubz son auctorité nous en pourrons espérer toute bonne yssue, pourveu que nous nous en rendions dignes et que rien ne nous poulse que son sainct zèle et la vraie piété de catholiques, et d'aultant que ceste joie doibt estre commune à ceulx qui concurrent avec nous en mesmes intentions. Nous avons bien voulu vous en faire part comme nous ferons de tous les succès de ceste guerre, laquelle nous debvons aider et soustenir tant de noz prieres continues que de noz moiens sans lesquelz les armées ne peuvent longuement demourer ensemble Vous scavez trop mieulx considérer combien il nous importe que cela soit et que si nous manquions au secours et entretenement de noz forces desquelz dépendent la conservation de nostre saincte religion, nostre salut et noz vies, nous mancquerions à nos vies. Nous voulons espérer que riens ne demourera de vostre part aians

(1) C'était probablement l'annonce de la prise des faubourgs de Tours sur les troupes des deux rois qui venaient de se réunir.

recogneu l'affection et ardeur avec laquelle vous vous estes tousjours emploiez en la cause de Dieu et de son église. En cest endroict nous vous présenterons noz bien affectueuses recommandations, priant Dieu,

Messieurs, qu'il vous donne en bonne santé longue et heureuse vie.

A Paris, le xiiie may 1589.

Vos humbles et très affectionnés à vous faire service,

Les Prevost des marchands et Eschevins de la ville de Paris.

A Messieurs,

Messieurs de la ville de Dijon.

---

[459]

LE BARON DE VITTEAUX AUX MÊMES.

Son régiment a été rompu, mais si on lui en donne les moyens, il le reformera bientôt et plus nombreux. Il se serait rendu lui-même pour en conférer avec eux et le duc de Nemours, n'eussent été les menaces d'assassinat qui lui ont été rapportées.

1589, mai.

ORIGINAL.
D. 461, n° 5.

Messieurs,

Cela est tout notoire que mon régiment a esté rompu à faulte d'estre payé. Et si on me donne moyen de contenter mes capitaines et soldartz, je tascherez de les rassembler en plus grand nombre qu'il me sera possible, pour vous servir avec aultant de fidélité que j'ay faict par cy-devant. Je fusse allé à Dijon pour faire entendre à Monseigneur de Nemours et à vous la vérité du tout. N'eust esté que j'ay esté adverty qu'aucuns de vostre ville me sont sans occasion mal affectionnés de façon qu'ilz ont entreprins de m'asassiner. Les propos commungz du secrétaire Morey en donnent assez d'assurance ayant esté si insolent de se vanter en public qu'il avoit ung extresme regret de ce qu'il ne m'avait donné d'une arquebuzade par la teste, à la dernière fois que je suis sorty de Dijon, comme il avoit tenu à peu, ayant mis pour cest effect le feu sur le serpentin. Je mettray fin à ce discours pour vous dire encor ung coup que je ne vous puis si bien servir ny avec telles forces que je le désire, si on ne me donne moyen de contenter mes capitaines et soldatz. Si ne veulx-je pourtant perdre la bonne volonté que j'ai toujours heu de demeurer

Vostre bon voisin et fidelle amy pour vous servir,

VITEAUX.

A Messieurs, messieurs les viconte mayeur et eschevins de la ville de Dijon.

Reçues à la Chambre le 24 mai 1589.

---

[460]

CHANTEPINOT AUX MÊMES.

Rend compte de la reprise de Tournus par le duc de Nemours qui, avant de poursuivre sa marche, veut s'assurer de la contrée. Cuisery s'est soumis et Louhans a été sommé de se rendre.

TOURNUS, 1589, 16 juin.

ORIGINAL. D. 461, n° 56.

Messieurs,

La prise de la ville de Tornuz n'a aporté aucunement à la cause, non plus que celle d'Yz-sur-Thille, ce qu'est advenu au grand regret de Monseigneur, lequel nous avoit promis que mesnageroit cela de telle façon que la province en eust esté soulagée par le moyen des deniers que l'on en eust peu tirer en espargnant le sac. Mais la faulte vient de ceulx qui estoient en l'abbaye avec certains avantcoureux. Voyant que le comte de Crosilles (1) qui s'estoit emparé de la ville avoit pris la fuite sans attendre la venue de mondit seigneur, se sont mis au sac, où ils ont esté suiviz par l'arrivée des troupes, sans qu'il y ayt heu moyen d'y donner ordre. Le butin a esté grand et plus grand que je n'eusse pensé, principalement en vin, vous asseurant que je ne pense point qu'en Bourgogne il s'en boy de meilleurs. Et n'est de merveille si ceulx de Tornus ont faict les folz, car il y avoit subject à la ville de quoy eschauffer sa teste. Cela, à mon jugement, avoit donné occasion à ceulx de Sainct Jehan de Losne de venir icy pour la faulte qu'ilz avoyent à boire à souhait. Odebert (2) y a esté pris, lequel a receu en nous plus de courtoisie que nous n'espérerions de ses adhérans, si nous tombions en tel désastre. Et, à la vérité sans nous, il y avoit dangier que mondit seigneur ne luy fest ung mauvais tort. Nous ne bougeons encore d'icy; l'intention de mondit seigneur estans de réduire ce quartier qui est fort embroullé, car ceulx de Cuzery et Louhans se sont déclarés et croient que si l'abbaïe de Tornus eust esté prinse que sy feust fait du remuement à Chalon. Ceulx de Cusery ont envoyé les clefs à mondit seigneur. Nous avons escript à ceulx de Louhans pour les inviter à faire de mesme et autre à Monsieur Desbarres le père qui y est retiré. Et encore qu'il semble que Louhans difficilement puisse estre prins. Touteffoys estans certains que noz Suisses arriveront bientost, lesquelz ont jà passé Nycy, ilz pourront estre forcés. Ceulx qui estoient entrés

---

(1) Georges de Bauffremont, comte de Crusilles, ancien gouverneur de Mâcon, dépossédé par Mayenne, prit une part active à toutes les expéditions des royalistes contre les ligueurs. Il était frère du baron de Sennecey.

(2) L'avocat Odebert, lieutenant du président de Vaugrenant.

à Tornus se sont retirés à Crosilles i où l'on faict estat ce pendant de mener le canon. Nous sommes en paynes de certaines nouvelles qui courent que Ys-sur-Thille a esté recouvré par Monsieur de Brion. Nous vous prions de nous mander ce qui en est et de l'estat des affaires de pardelà, et envoyer incontinant le porteur, car s'il y avoit quelque dangier, nous ne fauldrions de solliciter mondit seigneur de vous secourir plustost que de faire nouvelle conqueste,

Nous espérons, Dieu aydant que toutes choses yront bien.

Messieurs, vous ayant présenté mes affectionnées recommandations, nous suplirons le Créateur vous maintenir en santé et longue vie.

De Tornus ce XVIe de juing 1589.

Vostre serviteur et à jamais à vous obéir,

CHANTEPINOT.

---

[461]

LE DUC DE MAYENNE AUX MÊMES.

Lettre de créance, touchant le fait de M. de Fervaques.

DANNEMARIE,
1589, 19 juin.

AUTOGRAPHE.
B. 461, n° 58.

Messieurs,

Envoyant ce porteur, l'un de mes secrétaires en Bourgogne, je l'ay chargé de vous dire quelques particularitez de ma part touchant le fait de M. de Fervaques (1). Je vous prieray donq

(1) Qui était toujours interné au château.

le vouloir croire comme moy mesme et continuer l'affection que vous m'avez toujours portée, vous asseurant que je m'en revancheray très volontiers en tout ce que m'employrez, et d'aussy bonne volonté que je prie Dieu,

Messieurs, vous donner très heureure et longue vie.

De Dannemarye le xix juing 1589.

Vostre entièrement affectionné et bon amy,

Charles de LORRAINE.

A Messieurs les Maire et Echevins de la ville de Dijon.

---

[462]

CATHERINE DE SILLY, MARQUISE DE MIREBEAU, A M. DAURADON.

Plaintes sur les cruautés commises par le duc de Nemours à la reprise des villes d'Is-sur-Tille et de Tournus. Annonce la prochaine arrivée du maréchal d'Aumont avec des forces considérables. Dijon sera assiégé prochainement. Elle le prie de ne point perdre de vue le mariage projeté. Elle préfère avoir pour bru une fille plutôt qu'une femme, surtout quand elle est de bonne maison et qu'il y a de grands biens.

FONTAINE-FRANÇAISE, 1589, 8 août.
COPIE.
B. 456, n° 130.

Monsieur Dauradon, ce n'est de ceste heure que je scays la bonne volonté que nous portés, je vous remercye affectueusement de la peyne qu'avés prinse d'envoyer scavoir de noz nouvelles qui sont que Monsieur et moy et noz enffans ce portent très bien, Dieu mercy, mais nous sommes tant tormantés de la guerre qu'il n'est possible de plus, car ceulx de Dijon, font du pis qu'ilz peuvent et preignent tout ce qu'ilz treuvent. Monsieur de Nemours a esté trois mois et vous assure que c'est le plus cruel que vous vites jamais. Il print Ysurtille et Tornu, là où il usa de plus de cruaulté que cy fust esté le Turc avec grandes insolances dedans les eglises. Les voila les bons catholicques qui font semblant d'estre. Monsieur le mareschal d'Aumont vient en ce pays avec tout plain de forces pour ranger le pays au Roy. Il y a desjà force de reistres et des lansquenets à Langres et toutes les forces de Bourgogne que Monsieur de Tavannes manie, mon filz (1) y est aussy, il pran force prisonniers. Vostre nepveu Maville est avec luy, si Dijon ne se range je croys que l'on l'ataquera. Dans ung moys l'on verra ce qui sera de tout cecy. Je laisseray ce propos fascheux pour revenir au mariage que vous scavez et pour mon regard je serois très aise que huissions une fille pour estre nostre belle fille (2) que d'avoir une femme et vous prie ne rompre encore ce coup, car j'estime tant la nourriture quelle a d'une siz honneste mère comme scavés quelle est. Touteffois cependant qu'este tout porté de ce costé là, s'il vous plaist scavoir sy l'on seroit le bien venu, du cousté de ceste veufve dont nous avez escript. Monsieur de Sauverat si le pouvez treuver est envoyé vers luy, je croy quil nous y pourroit y ayder. C'est une belle chose que d'avoir une femme de bon lieu avec les grandz biens que jaye sceu, qui sont de en ceste maison, suivant ce que me mandez. J'escript à madame de d'Estessac, s'il vous plaise vous direz à Mr de Bonnevast qui luy tiendra le langage quil fauldra pour cest effet, je ne luy escripré une lectre de croyance, j'ay bien envye vous revoir en ce pays, mais j'envoiray incontinant vous advertir quant il fera seur par les chemins ; car je serois sy merry queussiez quelque deplaisir à nostre occasion, nous avons tant de biens, il ne nous reste que de prier Dieu nous la donner et le supplier,

Monsieur Daraudon, vous donner heureuse et longue vye me recommandant affectueusement à vos bonnes grâces.

De Fontaine-Française ce xve aoust 1589.

(1) Jacques Chabot, qui fut depuis marquis de Mirebeau, et mourut lieutenant général au gouvernement de Bourgogne.
(2) Il s'agissait du mariage de Léonor Chabot, troisième fils du marquis, qui épousa Diane, fille de Cleriadus de Marmier, baron de Talmay, dont il n'eut point d'enfants.

Nous sommes sur le point de recouvrer le gouvernement de la ville où il y a des tailles, Gravier est allé à la Cour pour cest effest, je croys que n'en serez merry, soubscript.

Vostre affectionné et fidelle amye,

CATHERINE DE SILLY (1).

Superscripte à Monsieur, Monsieur Dauradon.

La susdite cospie à esté faicte et collationnée à l'original en papier par le notaire roïal soubsigné, le huitième jour d'aoust mil cinq cents quatre vingt et neuf, avant midi, à Dijon, à l'hostel du sieur vicomte maïeur dudit lieu aïant l'escripture et original estre recongnues et certifiées avoir esté escript de par la dame de Brion, par honorables hommes, Claude de Masque, d'icelluy Boisselier, bourgeois de Dijon.

A esté le dit original rendu.

BOISSELIER, CLAUDE DEMASQUE, J. HENELON, MONTAUBANG.

---

[463]

BEAUJEU A J. ROUSSAT, MAIRE DE LANGRES.

Il s'avance avec ses troupes pour surprendre la place; recommandation d'envoyer le mot d'ordre et de tenir ouverte la porte où l'ami du Biernois doit se tenir en garde. Les deux rois sont réunis.

1589, août.

COPIE DU TEMPS.
B. 463, n° 133.

Coppie des Lettres escriptes au mayeur Roussat, de Lengres.

Les tailleurs sont tous prestz, vous me fournirez la matière, Monsieur Roussat, en en suivant les parolles qu'avons eu par

---

(1) Catherine de Silly, deuxième femme de François Chabot, marquis de Mirebeau, était fille de Louis de Silly, seigneur de La Roche-Guyon, et d'Anne de Laval. (ANSELME, IV, 573.)

ensemble. Je me suis aproché avec les tailleurs pour coupper les habitz qu'avons resoult ensemble. Je vous prie m'envoyer le mot du serment qu'ont acoustumé d'avoir les gens de nostre mestier, tenez moy la porte ouverte ou l'amy du Byernois est en garde. Je me suis rendu ici au lieu que m'avez donné, tenez vous prest ou bien celluy que scavez, vous perdrez l'honneur et la repputation si vous ne vous acquitez de vostre promesse. Vous ferez ung bon service à ce pauvre exilé. L'homme à la cappe est à présent avec le banny. Ce qu'ilz vous ont promis est tout assuré. L'homme que vous l'apporte est à Genesve. Adieu. Nous ferons ung tel effort. Nous fusmes poulsez de la divinité. Faites serrer tous voz bons amys de paour de la chaleur.

Le caractère est tel.

V. A. B. X. BEAUGEU.

L'on remarquera quant je parle du Biernois, c'est l'hoste Joseph de la Fontaine de Lengres, facteur du dit Roussat.

Quant je parle de l'exilé, c'est du duc d'Espernon.

Quant je parle de l'homme à la Cappe, s'entend le Roy de Navarre

Et du banny s'entend le Roy de France.

[464]

BRION, MARQUIS DE MIREBEAU, AU MARÉCHAL D'AUMONT.

Se plaint de la tiédeur des royalistes à prendre les armes, des exigences des gens d'argent et de la façon dont le parlement de Flavigny distribue les subsides. Son neveu guerroie autour d'Arnay, lui, va faire tous ses efforts pour le seconder. La noblesse de Bourgogne mécontente de Tavanes, désire fort sa venue. Ce commandant fait des courses dans le Charollais, et les laisse à la gueule des ennemis qui ont déjà tenté le siége de ses places. La prise de Verdun par ceux-ci a produit un mauvais effet; pour en atténuer la portée, il conviendrait de faire des courses sur les gens de Dijon et d'empêcher leurs vendanges.

1589, 19 septembre.   B. 227, n° 134.

Monsieur mon frère. J'ay receu deux de vos lettres, la dernière en date du IV° septembre dernier, estant bien marry que je ne puis faire tout ce que je désirerois pour le service du Roy, car ceux qui faisoient contenance au commencement estre les plus eschauffez, se sont ceux que j'ay trouvez plus reffroidiz. Quant il a fallu marcher mesme Monsieur de Bissy, escuyer de l'escurie du Roy et enseigne de ma compagnie, qui m'a mandé que M. de Chalon, son oncle, avoit fait un serment pour luy, qu'il ne pouvoit rompre, mon guidon m'en a faict de mesme et mon lieutenant qui est Monsieur de Beaulvais, qui demeure en Berry, et auquel j'ay escript cinq ou six fois sans en avoir heu response, sinon que l'on m'a dict qu'il vous debvoit aller trouver pour venir en ce pays avec vous. Quant aux gens d'armes et archiers, je vous puis dire avec vérité, qu'il les fault achepter aujourd'huy et leur advancer deux cens escus ou cens escus pour le moings. Et sy encores l'on n'en peult recouvrir. Vostre nepveu (1) est à Arnay-le-Duc avec le plus d'hommes qu'il a pu recouvrer, ensemble ceux que je

(1) Jacques Chabot, son fils aîné.

luy ay donnez pour faire la guerre de ce costé là, vous pouvant bien asseurer que j'ay faict et faict encores une grande despense, sans que j'aye esté secouru de Messieurs du Parlement de Bourgogne, séant à Flavigny, qui distribuent les finances du roi comme il lui plaict, et croy que vous y trouverez peu de fonds, vous asseurant que je suis réduict à telle nécessité qu'il n'est pas possible de plus. Je ne laisseray pour cela de faire tout ce qui sera en ma puissance pour recouvrer le plus d'hommes que je pourray pour vous assister et faire congnoistre l'affection que j'ay d'employer ma vie et mes moyens au service du Roy, auquel, si vous escripvez, je vous suplie luy en porter ce tesmoignage de moy, comme aussy à Monsieur de Montpensier, espérant de le faire congnoistre par effect. Vous estes fort désiré en ce pays des bons serviteurs du Roy, aussy me semble-t-il que vous rendrez beaulcoup plus de service à Sa Majesté par decà en ung mois que le temps est commode pour assiéger quelques villes que ne ferez, en deux moys en l'ivert à l'ocasion des grandes eaux qui vous feroient perdre et des soldatz et d'honnestes hommes, joinct aussy que je vois que Monsieur de Tavanes mescontente fort la noblesse, partie de laquelle se retire en leurs maisons. Il est tousjours au Charolloys, où il ne faict pas grand cas, et à mon advis n'a pas volonté de vous joindre de paour d'estre commandé de vous. Il nous laisse ici à la gueule de nos ennemys, sans nous venir secourir, ayant esté contrainct pour éviter aux courses que faisoyent certains volleurs de Dijon, qui venoient bien souvent sur mes terres, d'où ilz ont emmené partye du bétail et chevaulx, de mettre des garnisons dans mes maisons. Lesquelles ilz ont faict contenance deux ou trois fois de vouloir venir assiéger, qui m'a causé une très grande despense. Je vous supplie doncques de vous vouloir advancer au plustost que pourrez pour venir pardessà, car vous ferez plus d'effect en quinze jours maintenant, que en ung mois d'ivert. Cependant je vous supplie faire tousjours estat de moy comme du frère que vous avez qui vous a vouhé plus de service. Et en ceste dévotion je vous baiseray bien humblement les mains, suppliant le Créateur vous donner,

Monsieur mon frère, en parfaite santé, heureuse et longue vie.

De Mirebeaul, ce XIXe de septembre 1589, soubscripte.

Vostre humble et obéissant frère à vous faire service,

BRION, superscripte.

A Monsieur mon frère,

Monsieur d'Aulmont, mareschal de France, là part où il sera.

Despuis la présente escripte, j'ay receu lettres de Monsieur d'Espeulle, qui m'a mandé, comme Verdun a esté prins et forcé de nos ennemys qui ont taillé en pièces ce qu'ilz y ont trouvé, n'ayant esté secouruz, encores que l'on en eust adverty M. de Tavanes cinq ou six fois, lequel n'estoit qu'à Flavigny, sans qu'il y soit voullu aller. Tellement que cela fait perdre cœur à beaulcoup de serviteurs du Roy, qui se retirent, et sy ne vous advancez bientost croyez que vous treuverez les choses beaulcoup plus difficiles que ne pensez. Quant vous ne debvriez venir seullement qu'avec quelque quatre cent chevaulx pour empescher Messieurs de Dijon de faire vendange, ce qui leur pourroit apporter telle crainte et frayeur que l'on les pourroit réduire à quelque condition et peult estre faire rendre. Mais je prévois que sy vous ne vous advancez tout est perdu en ce pays. Vous suppliant pour le désir que j'ay de veoir conserver les bons serviteurs du Roy, de vous avancer au plustost et vous ferez beaucoup plus que ne puisez, je vous envoie une copie des lettres que Messieurs du conseil estably à Dijon m'ont escripte, ensemble des arrêts qu'ils ont donné contre le Roy et ses bons serviteurs quy luy assistent, que j'ai pensé estre besoing à vous envoyer, pour estre chose donnée avec précipitation.

Cette dépêche, apportée à la Chambre de ville de Dijon, y souleva une tempête contre ce qu'on appela la trahison de M. de Brion. On manda A. Bourdier, contrôleur à la chancellerie, qui avait été son secrétaire. On lui représenta les lettres écrites par le marquis le 26 avril pour se disculper de toute participation à la prise d'Is-sur-Tille du 10 juillet, par lesquelles, en réponse à une réclamation d'un cheval pris par le capitaine La Fleur, aux ordres de son fils, il se plaint de l'enlèvement du cheval de son maréchal par un nommé Camus, de Pronge, réfugié dans leur ville, et enfin celle qui venait d'être interceptée. Bourdier les reconnut toutes trois pour avoir été sinon écrites tout au moins souscrites par le marquis.

---

[465]

LES PRÉVÔT DES MARCHANDS ET ÉCHEVINS DE PARIS
AUX MAGISTRATS DE DIJON.

Il est nécessaire dans l'intérêt de la cause que chacune des villes de l'Union ait un correspondant à Paris pour la tenir au courant de ce qui s'y passe et démentir ainsi les faux bruits semés par les ennemis. Prière d'en choisir un et de le faire connaître.

PARIS, 1589, 30 septembre.

ORIGINAL.
B. 464, n° 63.

Messieurs,

C'est à nostre grand regret qu'il se pratique parmy nous si peu de confiérence en noz affaires. Lesquelles nous avons tousjours d'en estimer n'estre que unes, et à ceste fin essayer de les gouverner par une fréquente et naturelle intelligence. A quoy, si de nostre part il y a eu quelque manquement, ce n'a point esté faulte de bonne volonté mais de seure et libre adresse. Aussy qu'il est mal aysé que de nous mesmes puissions satisfaire de toutes partz si les villes de nostre Union ne nous en donnent le moyen qui sera aysé, ayant chacune d'elle ung amy en celle cy qui prenne le soin de l'informer de ceulx qui vont et qui viennent, et par quelles voyes l'on peult faire tenir les lettres qui leur seront faictes. A ceste cause, Messieurs, nous vous prions y pourveoir de vostre costé et nous faire scavoir le nom et l'adresse de celluy à qui aurez donné ceste charge pour vostre quartier, recongnoissant que cela importe infiniment en ce temps cy auquel nos ennemis font par artifice courir une infinité de faulx bruictz pour destourner le courage des gens de bien. Qu'il est au contraire besoing de fortiffier avec espérance que Dieu continuera d'assister sa cause et ses bons serviteurs, ainsy qu'il a commencé par la délivrance d'un tyran et faveur que depuis telle mort il a donné à l'armée catholique dont nous vous envoyons le discours en espérance de vous en renvoyer bientost ung aultre de plus grand et meilleur succèz. La présente n'estant à autre fin, nous la finirons par nos très affectionnées recommandations à voz bonnes grâces, et prions Dieu qu'il vous donne,

Messieurs, en parfaicte santé heureuse et longue vye.

De Paris ce dernier jour de septembre 1589.

Vos humbles et très affectionnés à vous faire service,

Prévost des marchans et eschevins de la ville de Paris,

H. EVERARD (1).

---

(1) Ces lettres ayant été communiquées à la Chambre de ville le 17 octobre 1589, elle fit choix, pour son correspondant, du Recteur du collége des Jésuites de Paris.

[466]

CHARLES, DUC DE MAYENNE, AUX MAGISTRATS DE DIJON.

Il leur annonce l'envoi des troupes et des munitions dont il peut disposer, pour repousser les attaques dont il sont l'objet. Il les invite à prendre patience jusqu'à ce qu'il puisse marcher à leur secours.

GAILLEFONTAINE,
1589, 13 octobre.

COPIE DU TEMPS.
B. 227, n° 133.

Messieurs,

Je n'ay rien plus cher que votre bien, repos et conservation et ay ung extrême regret d'entendre que les ennemys continuent tous les jours à vous faire du mal, qui me fait cognoistre qu'il ne fault plus rien espérer d'eux qu'avec la force. J'ay bien voulu prier, inviter et conjurer ceux qui font profession d'estre catholiques pour se joindre, s'il m'eust esté possible à la cause de la religion, comme nous avons faict par tout, afin que rien ne nous peust estre imputé de la désunion de catoliques. J'envoye quelques provisions par delà, ensemble des forces oultre celles qui y sont, sy en avez besoing de tant pour empescher que nos ennemys n'ayent plus aulcung adventage sur nous et pour reprendre les places qu'ilz ont occupé. Je vous supplie que, de votre part, vous demeuriez tousjours fermes et constans en votre première affection, et que les afflictions qu'on est contrainct de souffrir pour l'établissement d'ung durable repos et conservation de notre religion, ne vous la facent point changer. Me promettant, qu'avec l'aide de Dieu, et la continuation de vos bonnes [mesures], je vous en délivreray bien tost. En ce désir, je me recommanderay bien affectueusement à vos bonnes grâces et prieray Dieu,

Messieurs, qu'il vous ayt en sa saincte et digne garde.

Du camp de Gaillefontaine le XIIIe octobre 1589 (1).

Votre entièrement affectionné et parfait amy,

CHARLES DE LORRAINE.

A Messieurs du conseil général de l'union des catholiques establiz à Dijon, vicomte mayeur et eschevins de la dite ville.

---

[467]

L'AVOYER ET LE CONSEIL DE LUCERNE AUX MÊMES.

Ils les remercient des nouvelles qu'ils leur ont transmises et déplorent les cruautés qui ont été commises. Ils les prient de leur continuer ces communications et d'avoir toujours en bonne recommandation ceux des leurs qui sont à leur service.

LUCERNE,
1589, 9 novembre.

ORIGINAL.
B. 461, n° 70.

Messieurs,

Nous avons receu voz lettres qu'il vous a pleu noz escrire pour participer advec nous des novelles qui courrent par delà, et bien qu'ilz ne sont pas mauvaises et plains de bon espoir de veoir bientost les choses réduictes par la bonté divine en quelque bon estat de paix et tranquillité pour tous bons catholiques.

---

(1) Trois jours avant Mayenne leur avait expédié son secrétaire pour les instruire des mouvements de son armée et les assurer qu'une de ses plus vives préoccupations était de rétablir la tranquillité dans la province.

Il nous a esté toutteffois un grand deplaisir d'ouyr la cruauté et très énorme impiété des ennemys de la nostre saincte religion catholique usé en voz quartiers par de là. Et sur tout cela nous remercions bien fort, de ceste vostre si diligente et à nous si aggréable communication et très bonne affection que congnoissions vous emporter à nostre endroict et pour cela vous estre beaucoup obligés. Vous pryant bien fort d'en persévérer vers nous en continuation de ceste bonne et aimable intelligence et amytié, vous y prometantz une mesme et confidente bonne correspondence et convenable revanche aux occasions de vous faire cognoistre tout cela n'estre que bien employé. Et parce que la qualité des temps présens et des affaires qui touchent si près vous et nous méritent et requirent que nous soyons bien souvent adverty des vrays novelles et succès de la France et de voz quartiers quels qu'ils soyent, nous pryons de recheff y faire bonne diligence et effort pour vous en advertir si souvent que vous en jugerés estre requis. Et cependant avoir tousjours en bonne recommandation les nostres qui sont en vostre service (1) avec noz bien aimés bourgeois leurs cappitaines. Chose qui seroit fort agréable à nous, qui sommes tout pretz et promptz, pouvons faire service honneur et plaisir, d'aussy bon cœur que pryons Dieu,

Messieurs, vous conserver en sa saincte et digne garde.

De Lucerne ce xixe jour de novembre 1589.

Voz bien affectionnés pour vous faire service,

L'advoyer et conseil de la ville de Lucerne,

A Messieurs,

Messieurs les viconte mayeur et eschevins de la ville de Dijon, noz honnorez seigneurs et grands amys.

---

(1) Dès le commencement des hostilités, la ville avait pris à sa solde une troupe de 100 Suisses commandés par un capitaine nommé Jost Knaben.

[468]

DE FRANCE AUX MAGISTRATS DE DIJON.

Rend compte de la réception faite à Lyon au cardinal-légat du pape. Si ce prélat se résout à passer par Dijon, il les en avertira aussitôt.

LYON,
1589, 22 novembre.

ORIGINAL.
B. 461, n° 71.

Messieurs,

Retournant de Vienne, j'ay receu par ce pourteur la vostre pour response à laquelle je vous diray que Messieurs de ceste ville si tost qu'ilz eurent entendu que Monsieur le Légat estoit arrivé à Chambéry, ilz députèrent d'eux, scavoir, Monsieur le procureur du Roy en la Seneschaulcée et ung de leurs principaulx habitantz pour le saluer au nom de la ville, le jour qu'il y deust arriver. Ilz luy firent préparer une chambre aux faulxbourgs où il mist pied à terre, changea d'habitz et fist prendre la croix qu'il faict pourter devant luy. Environ un quart de lieue allèrent au devant de luy, les capitaines de la ville tous à cheval, accompagnés ung chascun d'eulx d'une bonne troupe de leurs soldatz, bravement acoustrez et bien montés. Monsieur le marquis de Saint-Surlin les suyvist quelque peu après accompagné de la Noblesse qu'il avoit près de luy, puis messieurs de la justice, quatre de messieurs les eschevins, qui tous vindrent le saluer au logis où il estoit descendu, et l'accompagner jusques à l'entrée de la ville ou Messieurs les eschevins et corps de ville, assistés d'ung bon nombre de bourgeoys, se présentèrent avec ung poille sous lequel ilz le receurent. A la dicte entrée de ville y arrivèrent les mandiantz et quelques paroysses avec les croix. Toutes ces compagnies, arrivées reprindrent leur chemin vers l'evesché ou il vint descendre, marchantz les premiers avant luy, les capitaines de la ville, puis les courtisantz, après les gens d'église, puis mondit sieur le Marquis d'ung costé, messieurs de la ville d'ung aultre, Mondit sieur le Légat soubz ung poille pourté par quatre des eschevins. Et après luy, les evesques et aultres de sa suitte. Les rues par lesquelles il passa toutes tendues et bien parées, Messieurs de l'église de Saint-Jehan le receurent à l'entrée de leur église, revestus de leurs plus belles chapes et là mist pied à terre. C'est en somme Messieurs, toute la cérémonie que jy ay observé. Ilz ont faict fort bien meubler le logis ou ilz l'ont logé, tapisser, salle, chambres et garderobe. Il a les meubles, vous scaurez très bien pourveoir à tout ce petit mesnage, et pourrez adviser le loger en maison bourgeoyse, ou en celle du Roy, à cause d'estre proche de la Sainte-Chapelle, où il pourra venir descendre. Il est suyvy de quelques evesques et gentilshommes qu'on a logé en ceste ville en maisons bourgeoyses. Il a son fourrier qui ira devant pour pourveoir à toutes ces commoditez. Depuis deux heures j'ay esté parlé à luy, par les propos qu'il m'a tenus, j'ay compris qu'il faict desseing de prendre aultre chemin que celluy de la Bourgongne, toutesfoys il en remect l'entière résolution au retour d'ung courrier qu'il a dépesché à Monseigneur de Mayenne. A son arrivée en ceste ville, il a faict estat de pertir de ceste ville lundy ou mardy prochain ; s'il se résoult d'aller passer par Dijon, ce que je ne pense. Je ne fauldray, de Mascon vous en advertir par homme exprez. Cependant vous pourrez projecter où le pourrez loger et accommoder sa suitte et vous disposer à le recepvoir et à luy faire entendre l'éstat de la province. Je le suivray, Dieu aydant, par tout ou il ira jusques à Paris, qui est ce que je vous en puis escripre, vous priant d'adviser si j'aurai moyen de vous servir en aultre endroict, ce que je feray tousjours d'aussi bon cueur que je prie le créateur

Messieurs, vous donner en parfaite santé, longue et heureuse vie.

De Lyon, ce XXII° novembre 1589.

Vostre humble et affectionné à vous faire service,

DEFRANSE.

Ce pourteur a esté dévarisé. Je lui ai baillé ung escu pour faire ses despens. Je tiens que M. le Légat partera sans faillir lundi prochain, et prendra son chemin jusques à Chalon, et delà peult estre à Osthun. Je ne scay s'il yra par Dijon, vous ne laisserez de vous tenir prestz à le recepvoir. Et vous advertiray de ce que j'en scauray.

A Messieurs, messieurs les vicomte mayeur de la ville et commune de Dijon.

---

[469]

LE BARON DE LUX AUX MAGISTRATS DE DIJON.

La mort du Roi et la mise en liberté de son oncle l'archevêque de Lyon l'ayant rendu libre, il leur annonce sa résolution d'aider à maintenir la religion catholique en cette province sous le commandement du duc de Mayenne et de M. de Sennecey.

MALAIN,
1590, 20 janvier.

ORIGINAL.
B. 461, n° 74.

Messieurs,

Sa tousjour esté ma voulonté de ne me désunir du party des catholiques pour l'estre aultant que jeantilhomme de France ; mais du vivant du feu Roy je pensois en le servant satisfaire à tous les pointz de mon debvoir, et rachepter par ce moïen la liberté de Monsieur de Lyon ou pour le moins ne mestre point sa vie en doubte, qui m'a tousjour esté et est encore plus chiere et recommandable que la mienne propre. Mais maintenant que le roy est mort, seluy que je dois beaucoup honorer en liberté. Je me suis, par ces deux évènemans, résolu de m'unir à mon debvoir, qui est d'ayder à maintenir la religion catholique sous le commandement de Monseigneur le duc de Mayenne et de M. de Senecé (1) en ceste province, affin de satisfaire au contentemant de ma consciance et randre à ma patrie et à cest estat le debvoir et le service qu'en ce temps elle doit atendre de tous les jeans de bien. Je ne vous feray point de protestation par escrit ny par parolle de la fidélité que j'aporte de bien servir, entrant en ce party; mais bien mes effaictz en donneront tant d'assurance qu'un chascun m'en louera. Cella sera aisé à croire à ceulx qui auront connu mon naturel qui est ennemy de touste tromperie. J'ay deux bons respondans de ce que je dis, encore qu'il ne m'en faille point, qui sont Messieurs de Lyon et de Senecé, mes oncles, ausquelz particulièrement j'ay donné ma parolle. Et à vous tous, Messieurs, je jure et prometz de vivre et mourir avec vous pour maintenir nostre religion catholique, apostolique et romaine. Et le légitime successeur de ceste couronne sera catholique. En ceste affection, que je vous supplie croire m'estre inviolable, je fais prière à Dieu,

Messieurs, qu'il vous donne heureuse et longue vie.

Au chasteau de Malain ce xxe janvier 1590.

Vostre bien humble voysin à vous faire service,

DE MALAIN LUX.

(1) Le baron de Sennecey avait succédé à Fervaques dans le commandement de la province.

[470]

LE DUC DE MAYENNE AUX MÊMES.

Il marche avec toutes ses forces au-devant du Roi de Navarre qui s'avance pour lui faire lever le siége de Meulan.

CAMP DE MANTES,
1590, 10 février.

ORIGINAL.
B. 460, n° 120.

Messieurs,

Le désir que j'ay de voir une fin aux misères dont ce royaulme est affligé m'avoit universellement faict partir du siége de Meulan pour venir au-devant du Roy de Navarre qui, avec toute sa cavalerie et ung grand nombre d'arquebusiers à cheval s'estoit advancé à sept ou huit lieues de moy, pensant me faire quitter ledit siége, mais comme j'ay esté prest de luy d'une lieue et demy avec intention et résoluction de le combattre, j'ay entendu qu'il avoit quitté la rivière d'Eure sur le bord de laquelle il estoit logé et fortiffié et avoit faict une journée de neuf lieues pour sa retraicte, de façon que pour ce coup nous ne nous sommes pas veu de sy près que j'eusse bien désiré. Pourquoy ay ramené mes forces au devant ladite place de Meullan que espère prendre dans peu de jours avec l'ayde de Dieu et par là et la reprinse du Pont-de-Larche rendre libre toute la rivière de Seyne attendant, que les trouppes de cavalerie et infanterie qui m'arrivent de Flandre en bon nombre se joignent à moy pour apprès attaquer quelque chose de plus important ou donner une bataille à nos ennemis pour, en une journée, terminer tant de maulx que la France souffre. Voylà dequoy je vous ay voullu donner advis, affin qu'estant informés de l'estat de nos affaires vous demeurés plus fermes en la résolution et bon courage qu'avez eu jusques icy à vous maintenir et conserver et continuer voz bonnes affection, de quoy je vous prie aultant que je puis et de croyre qu'ayant en singullière recommandation le bien de votre province, je n'auray pas de ayse que je ne la voie délivrée et tranquille et vous en repos. J'ay sceu la mort de M. Michel (1) dont je porte un extrême regret et desplaisir scachant quelle étoit son affection, son debvoir et diligence au bien de ceste cause et à votre conservation pour l'amour qu'il portoit à la patrie et aux gens de bien. Me consolant beaucoup qu'il ayt esté pourveu si dignement en sa place que je ne puis que m'en louer et me reposer entièrement sur vous tous que je prie et conjure de continuer tousjours les effectz de voz bonnes volontés et à nostre seigneur vous donner,

Messieurs, heureuse et longue vye. .

Au camp de Mantes le dixiesme de febvrier 1590.

Votre entièrement affectionné et asseuré amy,

CHARLES DE LORRAINE.

A Messieurs les maire, eschevins, manans et habitans de la ville de Dijon.

---

(1) Pierre Michel, élu vicomte-mayeur à la Saint-Jean 1589, était mort dans l'exercice de ses fonctions le 9 janvier 1590 et la Chambre avait nommé comme *commis au magistrat de la ville* Jacques Laverne, antique mayeur.

[471]

LE MÊME AUX MÊMES.

Les circonstances de la guerre ne lui permettront de leur envoyer les forces dont ils ont besoin, que quand il aura reçu les troupes qui lui viennent des Flandres. En outre il invite le duc de Lorraine à venir à leur aide, aussitôt qu'il sera débarrassé des Reitres.

MAGNY,
1590, 27 février.

ORIGINAL.
B. 460, n° 121.

Messieurs,

J'ay beaucoup de regret de n'avoir eu moïen de vous envoier plust tost des forces comme je vous avois promis pour rompre l'effect des mauvaises volontez de nos ennemis, arrester le progrès qu'ilz font en voz quartiers et vous rendre le pays aussi libre et asseuré que je le vous désire, ce n'a esté faulte de bonne volonté, mais j'ay eu tant d'occasions de ne diminuer celles que j'avois près de moy pour les siéges que j'ay faictz jusques icy et l'espérance que j'avois de jour à autre de la bataille avec le Roy de Navarre toujours près de moy, lequel j'ay tasché plusieurs fois d'attirer au combat qu'il a fuy jusques à ceste heure que cela m'a gardé de vous en secourir. Il est vray qu'aïant deux mil chevaulx qui me viennent de Flandres qui seront dans deux jours en ceste armée, je vous pourray plus commodément envoyer quelque bonne trouppe. Outre la promesse que monsieur le duc de Lorraine m'avoit faicte de vous envoïer des siennes et m'asseure qu'il effectuera maintenant, luy aiant envoïé deux gentilhommes exprès pour l'y convier. Ce qu'il n'eust tant différé sans le besoing qu'il en avoit pour empescher les courses des Reistres qui estoient à Metz, dont il sera maintenant deschargé par ce qu'ilz s'en viennent trouver le roy de Navarre, comme je croy que feront ceulx de voz quartiers qui tiennent son party, desquels je scay avoir esté mandez. De façon que d'une façon ou d'autre infailliblement vous serez secouruz, estant un de mes plus grands désirs, et à quoy je ne manqueray aucunement. Cependant je vous prierai de continuer voz bonnes affections à l'advancement de notre religion catholique, et à vostre propre conservation, ne diminuant le courage que jusques icy vous avez eu à résister aux entreprises et artifices des ennemys, desquelz Dieu nous fera la grace puisque ce sont les siens, de nous donner quelque bonne victoire que pour cette raison je tiens toute certaine et aussy que nos affaires sont en très bonne estat, Dieu mercy. Quant à vostre bien et soulagement particulier, croïez qu'il me sera tousjours autant recommandé que pouvez désirer, et m'asseurant que n'en doubtez non plus que je fais de vos bonnes volontez envers moy. Je supplieray le Créateur, qu'il vous donne,

Messieurs en santé longue et heureuse vie.

Au camp de Magny le xxvij jour de febvrier 1590.

Votre bien affectionné et asseuré amy,

CHARLES DE LORRAINE.

Messieurs les maire et eschevins de la ville de Dijon.

[472]

LE MÊME AUX MÊMES.

Quel que soit son désir de les obliger, mille considérations le forcent à mettre en liberté M. de Fervaques. On doit le lui amener, mais auparavant il jurera à M. de Sennecey de n'exercer aucune vengeance de ce que lui est arrivé.

CAMP DE CHAUMONT,
1590, 27 février.

ORIGINAL.
p. 460, n° 122.

Messieurs,

Ce que vous avez mérité de ceste cause, acquis d'obligation sur moy par les effectz de voz bonnes affections me faict désirer votre repos, bien et conservation aultant que le mien propre, et pouvez croire que je y apporteray tousjours tout ce qui me sera possible, tant s'en fault que je fasse jamais chose contraire qui vienne de ma volonté. Je scay ce que vous avez pu craindre de la liberté de Monsieur de Fervaques à l'occasion de ce qui s'est passé entre vous et luy, aussi veulx-je éviter tout ce qui vous en pourroit advenir de desplaisir et touteffois le mettre en liberté pour beaucoup de considérations, m'asseurant que ne le trouverez maulvais, parce que ce sera monsieur de Tianges qui le prendra à sa charge pour me l'amener icy près de moy où je scauray bien mesnager son humeur et m'en servir de façon qu'il ne se souviendra plus des choses passées. Aussy que paravant que sortir il donnera sa foy et sa parolle à monsieur de Senecey de ne se ressentir jamais en façon quelque soit desdites choses, n'y faire rien qui puisse troubler ou altérer le bien et le reppos du pays et le votre particullier. Lequel m'est tellement recommandé que je ne souffriray jamais qu'y recepviez aulcun dommage dont je vous pourray garantir et espère que Dieu me donnera assez de moyen d'effectuer en cella ma bonne volonté. Aussi ay-je tant d'asseurance sur celle que me portés que en cecy ny aultre chose que congnoistrez de mon intention. Je me prometz vous ne vouldrez manquer d'y apporter ce qui sera en vous, qui me gardera vous en dire davantage. Priant Dieu, vous donner,

Messieurs, heureuse et longue vie.

Au camp à Chaulmont le 27 de febvrier 1590.

Votre plus affectionné et asseuré amy,

CHARLES DE LORRAINE.

A Messieurs les maire et eschevins de la ville de Dijon.

---

[473]

LE COMTE DE TAVANES AUX MÊMES.

Il les menace de représailles s'ils font mourir le capitaine Rougemont tombé entre leurs mains.

FLAVIGNY,
1590, 28 février.

ORIGINAL.
B. 460, n° 123.

Messieurs les maire et eschevins. Vous tenez prisonnier le sieur de Rougemont, de ce que l'on m'a faict entendre, le voulez faire mourir non pour aultre subjet que pour avoir rendu tesmoignage de la fidelité qu'il doit à Sa Majesté, si telle injustice s'exécute en son endroit soïez asseuré que je la feray pratiquer envers tous ceux que nous tenons des vostres ou en après tomberont en nos mains, si vous luy faictes bonne guerre je la feray faire aux vostres de mesme. Attendant l'effect de voz bonnes volonté pour user de revanche, je supplie le Créateur vous donner,

Messieurs les maire et eschevins bonne et longue vie.

De Flavigny ce dernier de febvrier 1590.

Votre très affectionné amy avec le servisse que je doibs au Roy,

TAVANES.

A Messieurs,

Messieurs les maire et eschevins de Dijon (1).

[474]

CARRELET, ÉCHEVIN DE DIJON, AUX MÊMES.

Annonce la défaite d'Ivry et les bruits qui circulent sur le Roi de Navarre.

PARIS, 1590, 17 mars.

ORIGINAL.
B. 461, n° 77.

Messieurs,

J'ay treuvé expédient vous envoyer ce pourteur exprès pour vous adverty des nouvelles de par deçà lesquelles ne sont telles que nous le désirerions bien. Ayant, Monseigneur, donné une

---

(1) La mairie de Dijon, qui savait Tavanes homme à tenir parole, se garda bien de passer outre. Il paraît même qu'à quelque temps de là, elle l'échangea contre d'autres prisonniers. Néanmoins, Rougemont témoigna sa reconnaissance aux Dijonnais en redoublant d'audace dans ses courses contre la ville. Le 6 avril, les magistrats écrivaient à Senuccey : « Rougemont ravage, pille et vole plus qu'il ne fait jamais ; aujourd'hui, il a pris dix-huit chevaux de labour. » En 1594, Rougemont, jusque là fervent royaliste, ayant tourné casaque, tomba entre les mains de Mme de Grancey, qui le fit conduire à Langres où il fut pendu. (V. Journaux de Pepin et de Breunot, conseillers au parlement.)

bataille mercredy dernier où il n'auroit plus à Dieu ne nous donner du meilleur, touteffois sy nous a il conservé tous les princes et poinct de noblesse de nostre cousté perdue. Pour cela il ne fault perdre couraige, ains augmenter nos voluntez pour continuer de conserver nostre religion. Nous espérons deans peu de jours que Monseigneur aura une plus fourte armée qu'il n'a heu encores pour résister aux efforts de ses ennemis. Quant aux particullaritez je n'en vous en puis encore escripre à la vérité, car l'on tient que le roi de Navarre a perdu de ses plus grands capitaines, mesme l'on le faisoit mort ou blessé. Monsieur le président (1) est party yer au soir à la nuit pour aller treuver Monseigneur et m'a faict atandre ainsy pour le parchevement de nos affaires. Au reste j'espère d'en pourter les expéditions que j'ay poursuivies pour nous de mon retour. Ce sera par la première commoditez qui se présentera. Cependant, Messieurs, je vous présente mes humbles recommandations et prieray Dieu,

Messieurs, qu'il vous tienne en sa santé et garde.

De Paris ce xviie mars 1590.

Vostre très affectionné à vous servir et confrère,

BERNARD CARRELET.

(1) Jeannin.

[475]

LE DUC DE MAYENNE AUX MÊMES.

Annonce la perte de la bataille d'Ivry qu'il espère bien réparer au plus tôt.

CAMP DE SAINT-DENIS.
1590, 19 mars.

ORIGINAL.
B. 461, n° 78.

Messieurs,

Je pensois vous depescher le sieur Carelet il y a huit ou dix jours (1), mais certaines occasions m'en dissuadoient. Il vous dira ce qui cest faict ces jours passés, et comme à ceste dernière rencontre nous n'avons pas heu du meilleur : touteffois le mal n'est si grand Dieu mercy que bientost je ne me voie assisté de plus grandes forces et suffisantes pour rendre ung nouveau combat à noz ennemis, où j'espère que Dieu nous assistera de ses grâces nous ayant à ce coup voulut faire parestre son courroux pour noz démérites. Vous aurez souvent de nos nouvelles. Et cependant veillez à vostre conservation comme avez faict le passé. Sur ce, je prie Dieu,
Messieurs, qu'il vous ayt en sa saincte et digne garde.

Du camp de St-Denis ce XIXᵉ mars 1590.

Votre entièrement affectionné et parfaict amy,

CHARLES DE LORRAINE.

A Messieurs les maire et eschevins de la ville de Dijon.

(1) Carrelet, échevin de la ville, lui avait été dépêché pour solliciter l'envoi des forces dont on avait besoin contre les entreprises des royalistes. Mayenne l'avait gardé auprès de lui, espérant le faire porteur de la nouvelle du succès qu'il espérait remporter sur le roi de Navarre. Ce fut le contraire qui arriva.

[476]

LE MÊME AUX MÊMES.

Sur le même sujet.

MEAUX,
1590, 21 mars.

ORIGINAL.
B. 460, n° 124.

Messieurs,

Sachant bien que nos ennemys qui ont accoustumé de publier toute chose fort à leur advantage, ne fauldront pas de faire sonner bien hault le gaing de ceste bataille, pensant par là intimider les bonnes villes catholiques et les faire séparer du party de leur Union, je vous veux bien asseurer que nostre perte n'est point si grande que nous n'espérions avec l'ayde de Dieu, dans fort peu de jours, nous remettre en estat d'en redonner une aultre beaucoup plus forte qu'auparavant. N'ayant perdu que très peu de cavalliers, et pour nostre infanterie qui s'estoit escartée. Nous commençons à la recueillir sy bien, que j'estime qu'il s'en trouvera peu à dire. Je considère bien qu'encor que le mal ne soit pas grand, touteffois, il ne peult qu'il n'apporte de la deffaveur aux affaires, par l'estonnement qu'en prendront ceux qui ne sont pas bien résoluz comme les gens de bien et bons catholiques le doyvent estre à la deffance de leur relligion, et bien que je ne veulle jamais doubter de l'affection et du zèle que vous avez tousjours faict paroistre à ceste sainte cause, ayant assez congneu les bons et grandz tesmoignages que vous en avez renduz. Je ne lairray de vous prier comme je faitz de tout mon cœur, de demeurer fermes en la résolution que vous avez faicte de n'habandonner jamais ceste sainte cause, et vous souvenir que notre querelle est sy juste que Dieu la soutiendra et favorisera tousjours et nous donnera à la fin le moyen de venir en dessus de nos entreprinses qui ne tendent qu'à la louange de son saint nom. Croyez messieurs que je suis plus résolu que jamais d'y mourir et n'y rien espargner, j'attendray de vos nouvelles et pryerai Notre Seigneur qu'il vous ait messieurs en sa très sainte et digne garde.

Au camp de Meaulx, le xxie de mars 1590 (1).

Votre entièrement affectionné et meilleur amy.

CHARLES DE LORRAINE

A messieurs, messieurs du Conseil général de l'Union establys à Dijon, maire et eschevins de la dite ville (2).

---

[477]

LE BARON DE SENNECYE, LIEUTENANT GÉNÉRAL EN BOURGOGNE, AUX MÊMES.

Il leur annonce la prise du château d'Argilly. Avec invitation de choisir entre sa garde ou son démantelement. Il se plaint du défaut d'argent et de munitions.

ARGILLY,
1590, 25 mars.

ORIGINAL.
B. 461, n° 80.

Messieurs,

Dieu nous a faict la grâce d'entrer au chasteau d'Argilly, qui n'estoit sy facile que beaucoup de genz l'ont jugé. Il y a plus d'en hault que d'effort qu'on eust peu faire, selon qu'il a esté bien recongneu par tous les gentilhommes et cappitaines

(1) Le 23, il leur envoya la même dépêche datée non plus de Meaux, mais de Soissons.
(2) Les magistrats en firent lecture le 7 avril à la Chambre de ville, mais ils se gardèrent bien de la publier.

de l'armée qui ne sont en petit nombre. Cependant j'ay mis dedans la place le sieur de Ruffey avec quarante harquebusiers pour la garde d'icelle. Sy vous jugez qu'il soit expédiant de la conserver ou de la desmolir, vous y pourveoirés d'aultant que la desmolition n'est sy aizée qu'il ne m'eust faillu faire ung grand séjour à cest œuvre, au détriment de quelque autre meilleur effeict et de l'armée J'aurois bien occasion de me doleoir du peu de secours que l'on me faict, tant aux munitions de vivres que au nerf de la guerre. Mais l'espérance que j'ay que y donnerez ordre pour l'advenir me causera ne vous en faire plus long discours, sy non que de rechef, je vous inviterai de pourveoir en dilligence à la sehurté ou desmolition d'Argilly, A ce que ou il en adviendroit faulte cy après, aulcun coulpe m'en puisse estre imputée. A tant je prie Dieu, après m'estre recommandé à voz bonnes grâces, vous donner

Messieurs, en prospérité heureuse et longue vye.

A Argilly, ce xxve mars 1590.

Vostre très affectionné à vous servir,

De BAUFFREMONT-SENECEY.

Messieurs, j'eusse faict démolir la place, mais il y faut du temps. Vous ordonnerez, comme il vous plaira et il y sera satisfaict.

A Messieurs, Messieurs les maire et eschevins de la ville de Dijon, à Dijon.

[478]

LE BARON DE SENNECEY AUX MÊMES.

Aussitôt qu'il aura, de concert avec M. de Saint-Sorlin, repoussé les ennemis audelà du Rhône, il reviendra sur ses pas pour assurer la tranquilité de la province.

LYON,
1590, 12 avril.

ORIGINAL.
B. 461, n° 83.

Messieurs,

Ses jours passez, je vous manday comme Monseigneur de Sainct-Surlin (1) voyant les ennemys aux portes de Lyon et... sans avoir moyen de l'affermir ny remédier s'il n'estoit diligemment secouru des forces de Bourgogne qui n'estoient qu'à deux journées de luy, et sur le semonce qu'il me fit de l'assister, je ne le peux escondhuyre, attendu l'estat auquel il retiennoit ses affaires et l'importance de la place (2), laquelle à faulte de secours, je laissois perdre moy voyant dont eut esté accusé pour n'avoir remédié au mal que dela se préparoit pour la Bourgogne où l'ennemy eust heu l'entrée libre, et comme desjà il commanceoit par les entreprises qu'il avoit fait sur les plus proches villes de nostre gouvernement que nous avons prévenu à propos comme vous avez peu scavoir. Pour à quoi

(1) Henri de Savoie, marquis de Saint-Sorlin, frère cadet du duc de Nemours auquel il succéda, mourut en 1632.
(2) D'après une lettre de Lavisey, commissaire du convoi fourni par la ville de Dijon, en date du 10 avril, M. de Sennecey, après avoir passé la revue de son armée à la Croix-Rousse, la cantonna dans les faubourgs de Vaise et de la Guillotière aux frais de la ville de Lyon. M. de Sennecey avait l'intention de se porter sur Crémieux, serré de près par Lesdiguières. (B. 461, n. 84.)

remédier entièrement, nous espérons de contraindre l'ennemy de passer le Rone pendant un séjour de huict ou dix jours que nous ferons par delà, et par mesme moyen, je menageray de faire mener du sel par delà ou incontinant, après je retorneray pour parachever nostre voïage et oster toutes les incommoditez que les villes reçoivent par les courses des chasteaux que les ennemys tiennent, où vous vous assurerez que je n'auray respect d'aulcung aultre que celluy que je doibtz au soulagement du public, moyenant l'ayde de Dieu, que je prie vous donner,

Messieurs, en santé longue et heureuse vie, saluant voz bonnes grâces de mes humbles recommandations.

A Lyon, ce XII avril 1590.

Vostre meilleur amy à vous servir,

SENECEY.

A Messieurs, Messieurs les viconte mayeur et eschevins de la ville de Dijon.

[479]

LE MÊME AUX MÊMES.

Il les laisse parfaitement libres de faire justice des conspirateurs comme ils l'entendront, surtout s'ils en ont le pouvoir du duc de Mayenne. Dans le cas contraire, ils attendront son retour.

LYON,
1590, 14 avril.

ORIGINAL.
B. 461, n° 85.

Messieurs,

Par les vostres du XIIe, j'ai veu comme depuis mon départ de Dijon, les ennemis ont commancé par leurs pratiques secrettes de tacher de faire des remmumens, pour raison desquelz vous auriez mis hors de la ville quelques ungs et pris prisonniers d'aultres, dont vous désirez faire justice et de tirer par mesmes voyes leurs complices, ce que vous estimez qui tournera en longueur, si c'est defferé aux appelations ordinaires et que par là il ne survienne de péril en la demeure, ou par les ungs, qu'ilz ne demandent que de se garder des meschantz, ou par les aultres qui penseroient, soubz prétexte de nostre absence exécuter leurs maulvais desseintz (1), dont je suis en peine et serois d'advantage, n'estoit que je m'asseure tant en vous que vous ne laisserez rien en arrière pour vostre sheurté, en laquelle, si vous jugez du péril et que pour l'évicter ou destourner entièrement, il seroit nécessaire de passer oultre à la punition de ceulx qui sont en voz prisons desquelz je n'ay receu le roole ny les noms, vous le pourrez faire selon la puissance que vous dictes en avoir de M. de Mayenne, au préjudice de laquelle je ne vouldrois rien ordonner. Sinon les gardant songneusement jusques à mon retour qui sera en brief. Vous congnoistrez que par la peine qui en sera retardée jusques alors, elle n'en sera pourtant diminuée et que j'en feray faire tel chastyment quy serviront d'exemple par ci-après à ceulx qui feront de pareil estouffe comme eux. Sur ce priant le Créateur qui vous doint,

Messieurs longue et heureuse vye, après m'estre recommandé à voz bonnes grâces.

De Lyon, ce xiv° apvril 1590.

Vostre très affectionné à vous obéir,

SENECEY.

A Messieurs, Messieurs les vicomte-mayeur et échevins de la ville de Dijon.

---

(1) Le 7 avril dans la nuit, le procureur-syndic faisant le guet sur le rempart, entendit un coup de sifflet lancé des fossés de la ville ; il y répondit de même façon, mais rien ne bougea ; or, comme le même

[480]

LAVISEY, ÉCHEVIN, AUX MÊMES.

Raconte l'escarmouche de Sainte-Colombe entre Sennecey et Lesdiguières soutenu des chefs royalistes. Prise d'Alphonse Ornano.

GIVORS,
1590, 20 avril.

ORIGINAL.
B. 461, n° 87.

Messieurs,

L'ermé sorti yer de Gilvols (1) pour aller à Vienne (2), mais à cause du mauvais temps l'artillerye ny peut arrivé. L'ecarmouche dura six heures devant Sainte-Colombe, faubourg dudit Vienne où fut blessé M. de Tienges en une cuisse et quelques soldats de tué et quelque ung de blessé à la retraite de la dite escarmouche, sortye de la ville, Maugeron, Allefonse, Les Didierre (3) et plusieurs autre chef pour penser mestre en route nostre infanterye, mais la prudence de Monsieur de Cenecey, ayant porveu au desus de la Mon-

---

soir, un habitant du faubourg Saint-Nicolas avait été poursuivi par des gens d'armes, la mairie ne douta point qu'il n'y eût eu une entreprise tentée sur la ville, au moyen d'intelligences avec des habitants mal intentionnés. Le syndic avait notamment vu Simon Grangier, apothicaire, sortir la nuit de chez son beau-frère; on savait qu'il s'y tenait des assemblées illicites; on parlait d'amas de feu grégeois et de grenades Bref, les têtes se montèrent; il fut décidé que Simon Belin, Simon Grangier et J. Hurtault seraient arrêtés, et Bénigne Thomas expulsé. On avertit M. de Sennecey de la mesure. De là la réponse qu'on vient de lire.
(1) Givors.
(2) Par sa lettre datée du 15, il leur avait exprimé ses craintes de voir l'armée franchir le Rhône et dépasser la Bourgogne; ses craintes se réalisèrent; M. de Sennecey poussa jusqu'aux environs de Vienne, par Oullins et Condrieux. Tous les ennemis se retiraient dans les places fortes.
(3) Lesdignières.

taigne et au bas du Ronne, des gens de chevaux pour sauver les gens de piez, léquel estoit au derrier desdits pieston lors qu'il les vindre charger à cause de l'asieste du lieu qui est forfacheuse pour la cavallerye. Avint qu'à ladite charge Allefonse, Des Corpses, l'enceigne de Mongeron et ung gentil homme fure prins prisonnier par Monsieur de la Bare et chassé le poste jusque à Vienne. Nous devons loué Dieu d'une telle prinse, mondit sieur de Cenecey m'a promis que deans quatre ou cinq jours nous retornerons en Borgongne et ameneront du scel(1) pour nostre ville, qui est à Belleville. L'ennemy est bien fort et vont bien à la guerre. Je ne faudré de continuer le rescoure tel que le désirés. Je vous ay escrypt de Beaujeu, de Lyon, je ne sais si avez receu mes lettres, c'est tout se qui cest passez en ceste ermée. Vous baizan humblement les mains, prien Dieu

Messieurs qui vous maintienne en santez heureuse et longue vie.

De Givor, le xx avril 1590.

Vostre humble serviteur à vous servir,

LAVIZEY.

A Messieurs, Messieurs les maire et eschevins de la ville de Dijon, à Dijon.

(1) Sel Marin.

[481]

LE MÊME AUX MÊMES.

Prise de Charlieu. On a trouvé peu de sel; M. de Sennecey va traverser la Saône à Tournus pour opérer dans la Bresse chalonnaise.

CHAROLLES,
1590, 10 mai.

ORIGINAL.
B. 461, n° 88.

Messieurs,

Je vous ay escript à toutes les occasions qui se sont présentées, sans avoir heu response quelquonque, Monsieur le Meyre m'a envoyé une lettre qui disoit que Messieurs m'écrivoit, mais elle me sont estée retenue. Charlieu est esté prin d'asau du secon jour qui fut assiégé. Nous font toute dilligence d'avoir du scel et en y a jà en si très quelque quantité, mais la dificulté est que nous n'avons point de arnais pour le conduyre, je ferés tout devoir d'en mener le plus que l'on pourra. L'ermée part demain pour aller à Cluny et delà à Tornu passer la Sonne pour aller drest du couster d'Ausonne pour passer au Conté et aux autres plasse qui sont à l'envyron de Dijon, mais je croy qui asiegeron deux chateau en Breyse en passant. Je ne faudrés, Monsieur de Cenecey estant arriver en ceste armée de m'en aler pour le peult d'ordre qu'il y a, car je suis las de veoir tant de meschanseté qui se commeste. Vous baizan humblement les mains, prien Dieu,

Messieurs qui vous garde de nos ennemis et de tout pour et vous maintenir en santé.

A Charolles, ce x may 1590.

Vostre fidelle serviteur à vous rendre hobeysant service,

LAVISEY.

[482]

LES MAGISTRATS D'AUXERRE A CEUX DE DIJON.

Envoi des dépêches saisies sur l'avocat Richard, émissaire du Roi de Navarre.

AUXERRE,
1590, 8 juin.

ORIGINAL.
B. 461, n° 89.

Messieurs,

Le jour d'hier Monsieur de Montalant aïant trouvé en campaigne sept ou huict hommes de Chalon tenans le party du roy de Navarre, s'est saisi de leurs personnes et les tient prisonniers, entre lesquels s'est trouvé M. Jean Baptiste Richard, advocat en Bourgongne, chargé de plusieurs missions du roy de Navarre, de Monsieur le maréchal d'Aumont et autres seigneurs présentés à Monsieur de Tavannes, à Monsieur le président Fremyot, au sieur de Larthuzie gouverneur de la ville citadelle de Chalon sur la Saulne, et de deux lettre patentes scellées du grand seel contenant provision au proffit dudit sieur de Larthusie du gouvernement de la ville et citadelle et d'une compaignie entretenue de cinquante hommes d'armes des ordonnances de France. Dont ensemble desdites missives vous envoyons coppie et verrez par icelles la négociation qui se traicte pour la perdition de la dite ville et citadelle. Il y a encores d'aultres missions addressentes au cappitaine La Barre et aultres capitaines, dont vous envoyons aussi des coppies, affin de prévoir aux maulvais dessaintz et entreprinses qui se brassent. Estant la place de grande conséquence et qui importe non seullement au païs et gouvernement de Bourgongne, mais à l'estat de toute la France, vous estes Messieurs, si advisez que pourrez pourveoir par vostre sagesse et prudence. Si nous y pouvons apporter meilleur remede nous le ferons, mais aïant eu advertissement de la prinse dudit Richard et reçeu les dictes vostres dudit sieur de Montalan qui nous les a envoyées, nous avons au mesme instant despesché ce porteur pour prévenir la mauvaise voulenté et intention de ceulx qui vouldront entreprendre sur ladite place, et n'estant la présente à aultre fin, nous saluons voz bonnes grâces de noz très humbles recommandations et priant Dieu, Messieurs vous avoir en sa saincte garde.

De l'hostel commung de la ville d'Aucerre, ce VIIIe juing 1590 (1).

Voz frères serviteurs et meilleurs amys les maire, gouverneur, eschevins et gens du conseil de la ville d'Aucerre.

COQUARD.

A Messieurs, Messieurs les maire, gouvernans et eschevins de la ville de Dijon.

---

(1) La réponse ne se fit point attendre; le 11, les magistrats les remercièrent « de leurs bons advis, et, considérant que Richard était un hérétique-né, qui avait heu le fouet à Genefve pour avoir adultéré avec la femme d'Henry Estienne, ils les priaient de le leur remettre, sinon de le faire mourir, pour servir d'exemple aux proditeurs, ou tout au moins de l'appliquer à la question, afin de révéler les entreprises tramées sur le pays. » Hâtons-nous d'ajouter qu'il n'en fut rien, et qu'après la réduction de la ville à l'autorité de Henri IV, Richard, élu échevin, put lui-même prendre connaissance sur le registre, de ce témoignage de haine du parti vaincu à son endroit.

[483]

LE DUC DE MAYENNE AUX MAGISTRATS.

Ses affaires ne sont pas en aussi mauvais état que les ennemis le proclament. Il rassemble ses forces; prière d'ajouter foi à ce que le conseiller Tixier leur transmettra de sa part.

CAMP DE VÉLY,
1590, 25 juin.

ORIGINAL.
B. 460, n° 62.

Messieurs,

Noz affaires ne sont point par la grâce de Dieu si déplorées comme je m'asseûre que noz ennemis le publieront à leur advantage, j'espère avec l'aide de sa divine bonté et l'assistance de nos amis les remectre dans peu de jours en meilleur estat que jamais. J'envoie le sieur Texier (1) pour convier tous ceux de voz quartierz à m'assister en ceste occasion (2). Je vous prie lui adjouster pareille foy qu'à moy-mesme sur ce qu'il vous dira de noz affaires, et continuer le mesme zèle et affection que vous avez jusques à cette heure tesmoignez à ceste sainte cause et à moy, vous asseurant que je ne veuz rien espargner qui soit en mon pouvoir pour vostre bien et contentement. Je prie Dieu,

Messieurs, qu'il vous ait en sa sainte et digne garde.

Au camp à Vely le 25ᵉ jour de juin 1590.

Votre entièrement affectionné amy,

CHARLES DE LORRAINE.

A Messieurs les maire et eschevins de la ville de Dijon.

(1) Philibert Tixier, seigneur d'Orme, reçu conseiller au parlement en 1582.
(2) Il rassemblait toutes ses forces pour contraindre le roi à lever le siége de Paris.

[484]

L'AVOYER DE LUCERNE AUX MÊMES.

Invitation pressante de payer l'arriéré de la solde due aux Suisses à leur solde, sans quoi les seigneurs supérieurs en ordonneront le rappel.

LUCERNE,
1590, 10 juillet.

ORIGINAL.
B. 461, n° 91.

Messieurs,

Je n'eusse pensé que n'eussiés donné meilleur ordre au paiement des cappitaines, lesquels vóus ont fidellement servi, le cappitaine Jost Knab se treuve icy en très grande peine et travail, car ses soldats sans aulcung délai ny retardement de lui veullent estre paiés, et si ne donnés bien tost ordre qu'ilz puissent estre paiés, je vous asseure qu'ils deviendront pauvres gens, et ainsi perdront tous leurs biens. Parquoy je vous prie bien humblement de leur aider affin qu'ilz puissent estre paiés. Car aultrement mes seigneurs, supérieurs de ceste ville prendront résolution de révoquer au païs les autres ceus que sont encores au dict service de la ville de Dijon. Vous scavez de quelle importance il nous est d'avoir gens de nostre nation, car ilz sont gens de bien et fidels auxquels on n'ose plus confier que à aulcune aultre nation.

Quand ilz sont paiés il ne font aulcun dommage à personne que soit, par tant si avés aulcung besoing de nos gens, je vous prie de procurer le paiement desdicts cappitaines, affin qu'ilz soient contentés de leur solde que leur est deue, pour vous pouvoir ung aultre fois faire si bon service qu'ilz ont desjà faict quand vous aurez faulte de cela, à quoi j'aiderai tousjours, car vous voyez que sans les gens de nostre nation, vous ne pouvez rien faire. Vous verrez aussi dans les lettres des dicts mes seigneurs supérieurs le mescontement qu'ils ont sur ceste affaire. Sur ce, vous suppliant encore une fois avoir les dictz cappitaines pour recommandés, et me recommandant à voz bonnes graces, je prie Dieu,

Messieurs, vous tenir en sa saincte grace.

De Lucerne ce x juillet 1590.

Vostre bien humble et affectionné serviteur,

LUDVIG FEIFFER RITTER (1).

---

[485]

MONTMOYEN ET LES MAGISTRATS DE BEAUNE AUX MÊMES.

Invitation de demander à M. de Sennecey l'autorisation d'assembler les bonnes villes pour conférer des moyens de faire cesser les désordres commis dans les campagnes aussi bien par les amis que par les ennemis, et qui, s'ils ne sont point arrêtés, amèneront la famine.

BEAUNE,
1590, 16 juillet.

ORIGINAL.
B. 461, n° 92.

Messieurs,

Entre aultres provinces de ce royaulme affligées, le désordre est venu si avant en la nostre que nous sommes incessamment tormentez par nos ennemys qui nous vollent en la campaigne, et persécutez par la licence et insolence du soldat de nostre party, qui ne peut estre retenu en son debvoir, de sorte qu'il en

(1) La mairie lui répondit aussitôt que si Jost Knab avait à se plaindre, elle aussi avait lieu d'être très mécontente de lui, qui avait quitté la ville sans prendre congé ni dire adieu ; qu'il n'ignorait pas que cette troupe était à la solde du duc de Nemours et de M. de Sennecey qui l'avait engagée, ce qui n'avait pas empêché les magistrats, pour obliger ce capitaine, de lui faire une avance de mille écus dont elle n'est point encore payée.

réussit par tout de misérables extortions, tant sur les pauvres laboureurs que sur toutes espèces de bestail qui sont si souvent rensonnez que le pauvre païsant n'ayant de quoi fournir est contrainct de quiter son labourage, en danger que ne pouvant plus semer nous tombions en extrême disette et famine généralle pour combler le surplus de nos infortunes si pour y remédier, nous ne conférons pas ensemble pour depputer pour prier Monsieur de Senecey, lieutenant général de ceste province, adviser à donner par quelques moyens relâche au pauvre peuple. Attendant que Dieu, par sa miséricorde mette fin à ce mal. De nostre part nous vous faisons cette ouverture de faire conférence pour ce qu'il se treuvera moïen unissant les villes et le plat pays soubz l'auctorité de Monsieur de Senecey et la conduite des gentilshommes qui pourront estre choisiz en chacun bailliage faire teste à nos ennemys, nous maintenir contre eux et remectre la commodité du commerce les ungs avec les aultres comme l'on avoit acoustumé. Ce qui sera trop plus honorable que de nous contenir entre les murailles et estre spéculateurs de nostre ruyne sans moien ny courage d'y pourveoir, sur quoy attendant de voz nouvelles.

Nous prierons Dieu,

Messieurs,

Vous conserver en ses sainctes et dignes gardes.

De Beaulne ce xvie de juillet 1590.

Voz serviteurs, voisins et bons amys

Les gouverneur, maire et eschevins de la ville de Beaulne.

MONTMOYEN.

Par ordonnance desdits sieurs maire et eschevins,

Chevignard.

[486]

LE BARON DE SENNECEY AUX MÊMES.

Le comte de Tavanes lui proposant une trêve, il les en informe, afin d'avoir leur avis avec invitation, si la trève leur agrée, de lui faire connaître les délégués qu'ils enverront à Auxonne pour la conclure. Invitation d'en conférer en assemblée générale.

AUXONNE   ORIGINAL.
1590, juillet.   p. 462, n° 93.

Messieurs,

Tout à ceste heure, Monsieur de Tavanes m'a averty qu'il a faict venir à Saint-Jehan-de-Losne Monsieur de Chevigny Frenoy afin d'adviser s'il y aura quelque moyen de parvenir à une trefve an ceste province, demandant un passeport pour venir icy. Je ne luy ay point voullu faire de responce sans vous an avoir premièrement averty, afin que, suivant ce que vous jugerez utile pour le bien du païs, je me gouverne. Si vous trouvés bon que l'on antre en quelque traicté, je demanderay audict sieur de Tavannes ung passeport pour ceux qu'il vous plaira envoyer icy si vous estes de ceste vollonté me mandant leurs noms je le vous envoyray. Je vous diray an passant que les villes et les peuples ne respirent que repos. Quant à celluy qui est allé an Lorraine aujourd'huy(1), Monsieur de Channete m'a mandé qu'il est passé jusques à Spa où est le duc de Parme, il me semble cela n'estre guiere à propos si ne luy aviés commandé. Je m'asseure que Monseigneur de Mayenne s'an offensera comme de raison. Tout le monde n'est pas capable de traiter avec ses gens là. Les mauvais estalleurs desprinssent quelque fois la marchandise. Attendant vostre résolution, je demeureray, Messieurs,

Vostre humble à vous servir,
SENECEY.

(1) Chanlecy.

Il me samble que ce ne seroit pas mal faict an ceste occasion de trefve d'an prandre l'avis de la chambre de ville asamblée au plus grand nombre que l'on pourra, de la court de parlement et des autres corps et colléges. Qui la refusera si elle se peust à raisonnables conditions, qu'il mette la main à la bourse tant pour l'entretenement des garnisons que pour les gens de guerre qui sont à la campagne, lesquels ors de la grase picorée où ils sont ne voudront ni marcher, ny se tenir ansamble sans cela pensés y, Messieurs et par vostre prudence pourvoyés à ce que jugerés nécessaire. La raison sera bien mauvaise si je n'an eschape (1).

---

[487]

LES MAGISTRATS DE NUITS AUX MÊMES.

Bien que les ennemis leur aient bien des fois proposé de rester en trêve, néanmoins ils n'ont jamais rien voulu conclure que de l'avis du gouverneur et d'eux en particulier.

NUITS,
1590, 27 juillet.

ORIGINAL.
B. 461, n° 95.

Messieurs,

Le subject de la vostre qui vous a pleu nous escripre est plus que considérable, parce que les erremens d'une société telle que nous l'avons jurée à Dieu nous oblige corps et âme à estre tellement unys que ce ne doibt estre entre les catholicques

---

(1) A la réception de cette dépêche, la mairie convoqua une assemblée générale des habitants, où assistèrent les députés des cours souveraines, le clergé et Franchesse, capitaine du château; on lut les lettres de Sennecey et des Beaunois; il fut conclu que la trêve étant une chose très désirable, M. de Sennecey serait prié d'inviter toutes les villes du pays à envoyer des députés à Dijon pour en conférer, et que cependant il y aurait suspension d'armes.

qu'une mesme affection, volunté et amytié. Mais l'exécution c'est vehue changée en beaucoup d'androis. A qui pour soy myeux se garantira. Et touteffois cela ne nous a néantmoings jamais tiré de l'obligation par nous faicte, cy joinct les foulles pertes et intérestz que les ennemys de Dieu, de nostre foy et religion nous ont faictz, qui nous a randu plus fermes et constans à nous employer à la tuition et deffence de leurs dessainctz et entreprinses, voire à demeurer tellement associés avec noz frères que nous ne voulons y espargner noz vyes et biens. Et combien que lesdictz ennemys nous ayent premiers que autres de la province pryé assez de foys de demeurer en trefve avec eux et qui ne nous feroient aucune hostilité. Touteffois nous vous prions de croire que nous ne ferons rien, soyt pour la cause commune ny pour vostre particulier, que par l'advis de Monsieur nostre gouverneur et capitaine et par le vostre soubz l'espérance qu'avons qu'aurés souvenance de nous en nostre nécessité. Nous faict prier Dieu,

Messieurs, qu'an toute prospérité y vous conserve par sa grâce.

A Nuyz ce xxviie juillet 1590.

Voz frères et obéissans serviteurs,
Les eschevins de Nuyz.

Par ordonnance,

NYOT.

[488]

LES MAGISTRATS DE BEAUNE AUX MÊMES.

Adhèrent au projet de trêve. La déclaration d'hostilité du baron de Bissy leur donne beaucoup d'inquiétude, à cause du sel dont il tient le passage barré.

BEAUNE,　　　　　　　　　　　　　ORIGINAL.
1590, 28 juillet.　　　　　　　　　B. 461, n° 94.

Messieurs,

Ayans receu voz lettres du dix-huictiesme de ce mois, nous en avons envoyé les coppies à Messieurs les gouverneurs, maires et eschevins d'Ostun et Châlon, lesquelz ont heu beaucoup de contantement. Ayans recongneu par icelles que noz intentions correspondent aux vostres et que Monseigneur de Senecey vous a adverty qu'on lui a faict nouvelles ouvertures de treves en ceste province. Et tous n'attendons que le mandement dudict seigneur pour envoyer noz depputés devers vous, ou la part qu'il advisera, espérantz qu'il nous fera avoir saufconduitz, en la dicte conférence. Si les moyens de treve ne se trouvent utiles, l'on pourra faire quelques ouvertures audict seigneur pour conserver la province et soulager le pauvre peuple lequel en ces quartiers entre en tel désespoir que nous pouvons dire qu'il n'est plus nostre ny de nostre cousté et en pourra advenir grand mal s'il n'est pourveu. Cependant ayant veu en nostre assemblée des plus notables habitans de ce lieu vos dites lettres dudict dix-huictiesme dudit mois et celles du vingt-quatriesme qui nous ont esté rendues par le messager de Chalon. Nous avons advisé estre expédient vous prier croire que nous n'avons jamais penssé de rien traicter à part. Nous avons trop de respect audict seigneur de Senecey pour faire telle entreprinse et sçavons que ne le debvons faire sans son auctorité et vous en advertir avec les autres villes de la province. Et pour ce que, despuis deux jours nous avons sceu au vraye la déclaration de Monsieur de Bissy qu'il entend servir au party contraire, nous vous prions tant faire pour le général que ceste affaire soit briefvement acheminée. Nous sommes sans sel sont plus de quatre mois et sans espérance d'en recouvrer, le passage qu'il tient nous estant barré. Vous pouvez juger sy adjoustantz au déffault susdict aultres infinies incommoditéz que ce temps et la maulvaise discipline des gens de guerre nous apportent. Nous n'avons occasion de presser qu'il y soit pourveu par quelque bon remede, duquel nous prions Dieu qu'il face bonne ouverture à sa gloire et au soulaigement du pauvre peuple et par mesme moyen,

Messieurs, qu'il vous conserve en très bonne santé.

A Beaulne le xxvii° juillet 1590.

Voz serviteurs, voisins et amys,
Les maire et eschevins de la ville de Beaune.
Par ordonnance,
CHEVIGNARD.

---

[489]

LE BARON DE SENNECEY AUX MÊMES.

M. de Chantepinot leur porte les articles de la trêve, afin de les enregistrer. Invitation de les maintenir.

AUXONNE, 15 0, 30 juillet.

ORIGINAL.
B. 461, n° 96.

Messieurs,

Vous avez assez recongneu que continuant les ostillitéz en ceste province qui se peuvent plustost nommer volleries que actes de guerre, la ruyne et désolation du peuple s'en en suivront, cela a esté cause que après vous avoir communicqué d'une suspension d'armes, enfin les articles en ont estés accordés entre Monsieur de Tavanes et moy ainsi que vous verrez par ce que Monsieur de Chantepinot vous porte. Il est fort bien instruict de tout ce qui pourroit aporter umbrage en ce qui y est couché, il vous en esclaircira. Restera, s'il vous plaist, les ayant enregistrés de m'en envoyer l'acte et de tout voz pouvoirs vous employer à les faire observer. J'espère que sy y tenez la main le peuple vous en donnera maintes bénédictions comme d'ung œuvre qui lui aportera le moyen de semer et faire sa vendange en quelque seurté et repos que je prie Dieu voulloir continuer et vous donner,

Messieurs, en santé longue et heureuse vye, saluant voz bonnes grâces de mes humbles recommandations.

Auxonne, ce xxx juillet 1590.

Vostre affectionné à vous servir,

SENECEY.

A Messieurs,

Messieurs les viconte mayeur et eschevins de la ville de Dijon.

---

[490]

LES MAGISTRATS DE CHATILLON AUX MÊMES.

Ils adhèrent à la trève conclue par le baron de Sennecey, mais ils leur demandent, avant de la publier, de leur faire connaître si les garnisons des places de Champagne avec lesquelles ils guerroient y sont comprises.

CHATILLON,
1590, 8 août.

ORIGINAL,
B. 461, n° 97.

Messieurs,

Depuis la réception des lettres qu'il vous a pleu nous escrire du xxiiiie du précédent, nous en avons receu d'aultres de Monsieur de Senecey du xxxᵉ du mesme mois faisant mention d'une trefve accordée entre lui et Monsieur de Tavanes pour trois mois soubz le bon plaisir de Monseigneur le duc de Mayenne, et selon les articles qu'il nous en a envoiez pour les faire registrer et publier. Mais ayans pensé à la teneur de vos dites lettres et à la conséquence desdits articles, nous avons advisé avec aulcungs des plus apparans de ceste ville que n'estans certains ny assurez que ladite tresve soit consentye ny accordée par Messieurs de la Court et de nous, l'exécution en seroit difficile spécialement en ces quartiers, à l'occasion des ennemis qui y sont et qui ont leur retraicte en plusieurs villes et places de la province de Champaigne qui nous feront incessament la guerre. C'est pourquoy ayans prins résolution de nous distraire, mais nous maintenir en union avec vous comme chef et capitale, ville de la province, de vous prier nous donner adviz par ce porteur que vous envoyons esprès sy nous ferons faire la publication desdits articles et icelles faire registrer, soubz telles déclarations et modifications que nous manderez, et jusques ad ce que nous ayons de vous nouvelles nous différerons le tout, attendant lesquelles, nous prions Dieu,

Messieurs, vous conserver en parfaicte santé très heureuse et longue vye.

Chastillon ce viiiᵉ aoust 1590.

Voz voisins et très affectionnez serviteurs et amys,

Les eschevins et maire de Chastillon,

Blin, Jacquinot, Poisenot, Fricaudot, Berthelemot, Ducrot et Pérard.

A Messieurs,

Messieurs les viconte mayeur et eschevins de la ville de Dijon à Dijon.

[491]

LES MAGISTRATS DE CHALON AUX MÊMES.

Prière de leur faire connaître de quelle façon ils entendent observer la trêve.

CHALON,	ORIGINAL.
1590, 8 août.	B. 461, n° 336.

Messieurs,

Nous avons receu de Monsieur de Senecey les articles de la tresve, lequel nous presse de les faire publier et luy en envoyer certification, tant de la publication que de l'enregistrement; mais ayant heu communication des lettres que Monsieur de Francesque a escripte sur ce subject à Monsieur de Saint-Vincent, nous avyons supercédé lesdictes publications, désirant estre instruictz qu'elle forme vous y aurez tenue pour nous y conformer et qu'en chose de telle conséquence nous demourions en l'union et intelligence en laquelle nous nous sommes entretenus jusques à présent, ayant tousjours ceste volonté d'y persévérer. Nous vous prierons doncques nous donner advis par homme exprès de la résolution qu'avez prinse en ceste affaire, affin que nous puissions faire response à mondit sieur de Senecey. Et sur ce, après vous avoir baisé bien humblement les mains, nous prierons Dieu,

Messieurs, qu'il vous conserve en heureuse santé et longue vye.

A Chalon ce VIII° aost 1590.

Vos bien affectionnez amys et serviteurs,

Les maire et eschevins de la ville de Chalon.
Par ordonnance desdits sieurs maire et eschevins,

DOPOYTE.

[492]

LE COMTE DE TAVANES AUX MÊMES.

Il leur envoie M. de Mussiot pour l'observation des articles de la trêve. Tous ceux qui voudront quitter la ville pourront le faire en toute sûreté. Il réclame le fils du président Fremyot.

SAINT-JEAN-DE-LOSNE,
1590, 29 août.

ORIGINAL.
B. 461, n° 100.

Messieurs les maire et eschevins,

Par ce qu'il est nécessaire pour le bien et soulagement de ceste province que la tresve soit observée de l'ung et l'autre party, je vous ay dépesché le sieur de Mussio, exprès pour vous prier vous y disposer, comme de mon costé je seray et y apporteray tous les bons offices qui me seront possibles et ce qui dependra de mon pouvoir. Promettant à ceux qui sont en vostre ville et ont vollonté d'en sortir que ce soit avec toute asseurance et liberté, avec leurs biens, suyvant les articles de la dicte tresve à la décharge de leurs caultions, entre aultre, je vous faitz ceste prière particulière pour le filz de Monsieur le président Fremyot, ensemble pour les prisonniers à leur rancon (1). Attendant, sur ce, vostre responce, je me recom-

(1) La mairie de Dijon, qui ne se souciait nullement de relâcher des prisonniers qui, pour la plupart, étaient des jeunes gens de la ville, usa de ce singulier prétexte pour éluder les articles de la trêve; elle répondit à Tavanes que les pères des prisonniers mandés avaient déclaré s'opposer à ce que leurs enfants servissent une autre cause que la sainte Union. Quant au fils du président Fremyot, comme c'était un enfant de famille, elle remettait à en délibérer jusqu'à ce que le père en eût fait la demande, et que les articles de la trêve fussent publiés et exécutés.

mande bien affectionnément à vos bonnes grâces, priant Dieu vous donner,

Messieurs les maire et eschevins bonne et longue vie.

A Saint Jean de Loosne ce xxix d'aoust 1590.

Je vous suplie vous souvenir du filz de Mʳ le président Fremiot, affin qu'il puisse aller treuver son père ailleurs, vous disposerez de moy.

Vostre entièrement bien affectionné amy,

TAVANES.

A Messieurs les maire, eschevins et syndiqs de la ville de Dijon.

---

[493]

LE DUC DE MAYENNE AUX MAIRE ET ÉCHEVINS DE CHALON.

Annonce la levée du siége de Paris par le roi de Navarre.

CAMP DE POMPONNE,
1590, 4 septembre.

COPIE DU TEMPS.
Collection de La Goutte.

Messieurs,

La constance que ceulx de Paris ont tesmoignée en leur extrême misère a esté une preuve de leur zèle à nostre religion catholique si agréable à Dieu, qu'enfin il a eu pitié d'eux et les a délivré. Ayants nos ennemis soudain qu'ils ont senty aprocher nostre armée levé le siége avec tant de haste qu'ils ont esté contraincts de laisser aux faubourgs une bonne quantité de vivres qui ont grandement servy à ceux de ladite ville. Le roy s'estant acheminé jusques à une lieue près d'icy a fait contenance de vouloir venir à un combat général ; mais comme il a veu nostre armée en bataille et nous très résolus de combattre est demeuré ferme sur une montagne qu'il a fait tellement retrancher et fortifier qu'il n'y a eu moyen de l'attaquer dans son fort. J'espère avant qu'il passe fort peu de jours de lui donner tant de subject de venir aux mains avec nous qu'il ne s'en pourra desdire, me promettant que Dieu nous fera la grâce à la confusion de nos ennemis de remectre les affaires de ceste saincte cause en meilleur estat que jamays. Je vous ai bien voullu donner c'est advis de la liberté de Paris, afin que vous participiez à l'aise et au contentement que tous les gens de bien en recoivent. En attendant que je vous puisse mander d'autres meilleures nouvelles, je prieray nostre Seigneur qu'il vous ayt,

Messieurs, en sa sainte et digne garde.

Au camp de Pomponne, le IVe septembre 1590.

Vostre entièrement affectionné amy,

CHARLES DE LORRAINE.

A Messieurs les mayre et eschevins de la ville de Chalon.

---

[494]

LE BARON DE SENNECEY AUX MAIRE ET ÉCHEVINS DE DIJON.

La prise de Gilly ne l'étonne pas, et elle ne fût pas arrivée si M. de Cîteaux y eût mis une meilleure garnison. Il va donc rassembler des troupes pour reprendre cette place.

AUXONNE,
1590, 5 septembre.

ORIGINAL.
B. 461, n° 102.

Messieurs,

Je ne crois pas que la tresve aye facilité la prise de Gilly (1), car c'est à faire à ceulx qui ne savent pas que c'est de la guerre

(1) Gilly, situé entre Dijon et Nuits, était une des possessions de

de se fier aux ennemis en quelque temps que ce soit et ne se doibt estandre la créance que l'on a en eulx que jusques aux termes de ne leur donner poinct moyen de faire mal. Il en fault doncq accuser ou la perfidie du laquais de Monsieur de Citeaulx ou son peu de suffisance et valleur qui estoit capitaine là dedans. Il n'a tenu à moy en plusieurs fois cest yvert l'ay proposé, que, attendu l'importance de la place, il estoit très nécessaire d'y pourveoir d'une personne capable et y mettre une bonne garnison qui eust tenu les chemins plus seurs qu'ilz n'estoient. Je ne peus oncques estre creu, car incontinent que j'en parlois Monsieur de Citeaulx exclamoit. Il n'en y pas un de ceulx du Conseil qui ne me serve bien de tesmoings en cella s'il leur plaist. C'est assez parlé du mal, il fault venir aux remèdes, j'escriptz à M. de Tianges (1) qui a des trouppes ensemble. Je crois qu'il ne refusera pas si monsieur de Tavanes n'en faict faire restitution, comme je lui en escript aussi d'employer ses dictes troupes à la réduction dudict Gilly. Sy j'avois compagnie entretenue ou autre chose au pays qui peu servir je l'y emploirois très volontiers, mais faulte de paiement j'ay esté contrainct de licencier celle de gens de pied que j'avois en ceste ville, demeurant à la mercy des ennemys qui journellement entrepreignent et sur ma vie et sur ma place, mon intérest y est tant ataché que je ne puis moings que d'en avoir soing. Au reste je suis bien d'adviz sy résolvez l'afaire dudit Gilly, que vous teniez tout prest deux bons canonz et deux couleuvrines avec, pour tirer cinq ou six cens coups, affin que M. de Tianges arrivant, je tienne le tout préparé pour s'employer sans sesjourner aux environs de vostre ville, ruy-

---

l'abbaye de Cîteaux qui y avait un château fortifié. Le capitaine La Planche, officier du comte de Tavanes, s'en empara le 3 septembre.

Voir, pour le siége de ce château, les Mémoires de Pepin et de Breunot, et l'histoire de Gilly, insérée t. I des Mémoires de la Commission des Antiquités.

(1) Léonard Damas, seigneur de Thianges. Dix jours après, il fit main-basse sur La Planche et l'amena prisonnier au château de Dijon.

nant les villages dont je plainct infiniment la misère, attendant voz résolutions, je prieray Dieu,

Messieurs, vous donner en santé longue et heureuse vie, saluant voz bonnes grâces de mes biens affectionnées recommandations.

D'Auxonne v septembre 1590.

Vostre très affectionné à vous servir,

SENECEY.

Messieurs,

Messieurs les viconte mayeur et eschevins de la ville de Dijon.

---

[495]

LES MAGISTRATS DE CHAUMONT AUX MÊMES.

Les royalistes de Bourgogne s'apprêtant à user de la trêve qui vient de se conclure pour faire un effort vigoureux en Champagne, ils les conjurent de faire entendre à leurs ennemis qu'ayant contracté ensemble une union pour la conservation de la religion, ils sont tous solidaires les uns des autres.

CHAUMONT, 1590, 7 septembre.

ORIGINAL.
B. 461, n° 103.

Messieurs,

Nous avons advertissement certain, mesme de la part de Monseigneur le duc de Chevreuse que les ennemys de la saincte Union estans en vostre province sentans leurs maisons et biens asseurez par le moyen de la tresve qu'avez trouvé bon faire avec eulx, ont prins résolution de se jetter dedans ceste province et y faire la guerre à toutte oultrance. Ayant já promis au baron de Sainct Amand et aultres qui tiennent le party contraire en ceste province se joindre avec eux à cest effect. C'est pourquoy nous vous avons faict ce mot, pour vous prier que recongnoissans comme il n'est raisonnable que le repos qui est apporté ausdits ennemys de vostre province par le moyen de ladicte tresve, apporte ruyne à voz voysins desquelz nous vous asseurans que vous n'avez le salut en moindre recommandation que le vostre propre. Il vous plaise d'escrire ausdictz ennemys et faire par vos prudences, forces et auctoritéz, que tant mondit seigneur le duc de Chevreuse, que nous, recongnoissions par effect que ce n'est pour néant que nous avons tous respectivement juré de nous conserver et secourir les ungs les aultrez en l'Union que moyennant la grace de Dieu nous avons embrassée pour la manutention de nostre religion. A quoy nous asseurans que donnerez ung prompt remède, sans qu'il nous soyt besoing vous en attédier daventage, nous vous baiserons bien humblement les mains, priant le Créateur,

Messieurs, vous donner très longue et heureuse vie.

A Chaumont ce viie septembre 1590.

Voz humbles et affectionnez serviteurs et amys,
Les habitans de la ville de Chaumont.

PILLOT.

A Messieurs,

Messieurs les maire, eschevins et conseil de la ville de Dijon.

A Dijon.

[496]

LE BARON DE SENNECEY AUX MÊMES.

Son intention n'est point d'attenter aux priviléges de la ville. Il leur envoie les articles de Tavanes pour se justifier de la rupture de la trêve.

AUXONNE,
1590, 20 septembre.

ORIGINAL.
B. 461, n° 104.

Messieurs,

J'ay receu celle que m'avez escripte faisant mention du procureur Changenet et Carrelet, comme aussy des privileges qu'avez en la ville, je vous prie de croyre que je ne les veulx altérer, mais au contraire vous les conserver et augmenter autant qu'il me sera possible. C'est pourquoy je ny ay voullu toucher ains vous renvoye le tout, pour, suyvant vostre jugement en disposer comme treuverez estre à faire par raison. J'envoye à Messieurs du conseil les coppies des articles que Monsieur de Tavanes à faictes sur les plainctes que je lui envoyay faire par le sieur de la Croix (1) je n'y treuve pas grande saulce, sy est qu'il nous veuille faire à croire avoir le tort. J'estime que les dits sieurs vous les communiqueront et en cest endroict je prieray Dieu,

Messieurs, vous donner en santé longue et heureuse vye, salluant vos bonnes grâces de mes affectionnées recommandations.

D'Auxonne ce xx° septembre 1590.

Vostre très affectionné et entièrement meilleur amy.

SENECEY.

A Messieurs,

Messieurs les viconte mayeur et eschevins de la ville de Dijon.

(1) Qui fut maire d'Auxonne.

[497]

LE DUC DE MAYENNE AUX MÊMES.

M. Fyot, qui retourne en Bourgogne, bien instruit de ses affaires, leur dira combien toutes choses sont en meilleur état que jamais. Recommandation de traiter le Parlement avec respect et dignité.

CAMP DE CHOISY,
1590, 30 septembre.

ORIGINAL.
B. 481, n° 106.

Messieurs,

Je ne puis assez vous donner de louange et de remerciement du soin, debvoir, prévoyance, travail et bonne affection que vous avez apporté au plus fort de noz malheurs, non seullement au bien et conservation de vostre ville mais à celluy de toute la province. Vous n'avez point esté frustrés de voz bonnes espérances et de la confiance que vous avez prinse en Dieu, puisqu'il luy a pleu nous remettre sus en meilleur estat que jamais; ainsi vous pouvez desjà appercevoir et pourrés entendre plus particullièrement de Monsieur Fiot (1) lequel s'en retourne bien instruict de nos affères et de mon intention, laquelle ne regarde qu'à l'advancement de ceste sainte cause, pour remettre nostre religion, l'honneur de Dieu et le reppos de ce royaume. Je vous prie, Messieurs, d'y apporter tousjours ce qui est en vous et que jugerés y estre propre, vous asseurant que ce qui touchera le bien de vostre province et le vostre particulier me sera tousjours autant recommandé que

---

(1) Jean Fyot l'aîné, conseiller au parlement, et l'un des plus ardents promoteurs de la Ligue en Bourgogne. C'est à lui qu'était adressée cette lettre chiffrée du président Jeannin, insérée p. 204 du t. IV des *Mémoires de la Ligue*.

le pouvez désirer. Je ne vous en diray pas davantage remettant le surplus sur la suffisance dudict sieur Fiot, lequel je vous prie croire, et me continuer voz bonnes volontés ausquelles me recommande bien affectueusement. Je supplie notre Seigneur vous donner,

Messieurs, en santé très heureuse et très longue vie.

Au camp de Choisy le dernier jour de septembre 1590.

(*De la main de Mayenne.*)

Messieurs,

Je vous prie en ce que vous aurez à traiter cy-après avecq Messieurs du Parlement le faire avecq le plus de dignité que vous pourrés et les respecter selon leurs mérites, présupposant qu'ilz tiendront le party des catholiques dont ilz m'ont faict donner asseurance.

Vostre très affectionné et plus asseuré amy,

CHARLES DE LORRAINE.

A Messieurs les maire et eschevins de la ville de Dijon.

---

[498]

LE BARON DE SENNECEY AUX MÊMES.

D'après la teneur des lettres qu'il vient de recevoir du comte de Tavanes, il est urgent de se bien garder et de lever le plus de troupes que l'on pourra, car il n'y a rien à espérer du dehors. On annonce la prochaine arrivée du maréchal d'Aumont. Sa goutte l'empêchera de se trouver à l'assemblée des Etats. Mayenne menace Corbeil et Melun.

AUXONNE,
1590, 5 octobre.

ORIGINAL.
B. 461, n° 107.

Messieurs,

A ce matin j'avons receu une lettre de Monsieur de Tavannes, par laquelle vous verrez ce qu'il me mande du capitaine Guillerme. Tout présentement j'en viens de recepvoir une aultre que je n'ay voullu faillir incontinent de vous envoyer. Vous congnoistrez en icelle son intention pour les affaires de la province, et comme il est besoing que chacun preigne garde à soy. Il me semble sy vous avez des moyens qu'il seroit fort à propos de faire lever plus de gens de pied, affin qu'à la venue de Monsieur le mareschal d'Aulmont dont les ennemis font tousjours courir le bruict, l'on les puisse jecter dedans Chastillon et Ostuin qui sont, ce me semble les places les plus jalouses de ceste province. Je crois que jusques à son arrivée de leur déclaration de guerre il n'y aura que le pauvre peuple qui en pâtisse. Le plus grand mal que j'en vois c'est que par la tenue des chemins, ilz donneront empeschement à ceulx qui se voulloient treuver à l'assemblée des Estatz. Je crois aussy que c'est la principalle cause qui leur a fait user de ceste déclaration. Je suis infiniment mari que ma goutte qui me tient encore bien fort m'empêchera de pouvoir monter à cheval pour m'y treuver.

J'estime que la meilleure résolution que l'on y puisse faire est de chercher en soy mesme les moyens d'entretenir des forces en la campaigne, car d'en espérer d'ailleurs j'en vois peu d'aparence par les lettres que j'ay receues du sieur de la Motte qui est à moy. Sa principalle charge a esté d'apporter un passeport à Monsieur le colonnel (1) pour aller sur sa parolle treuver Monseigneur de Mayenne, ce que j'espère qu'il fera deans quatre ou cinq jours, ayant treuvé des commoditez pour ce faire après quoi il est. Ledit La Motte laissa mondit seigneur devant Corbeil où il y avoit aparence que dans peu de jours il y debvoit entrer. Il menassoit au party delà, Melun qui est assez bien fourny d'hommes. Il y aura de l'honneur.

(1) Alphonse Ornano, colonel corse, fait prisonnier devant Vienne (voir n° 480). Senneçey, au lieu de le livrer au marquis de Saint-Sorlin, comme celui-ci s'y attendait, l'avait fait diriger sur Auxonne, et fixé sa rançon à 60,000 écus qui lui avaient été garantis au nom du Roi, par Tavannes et le président Fremyot.

en un mot toutes les deux armées sont fort lasses de la guerre et crois que l'une et l'autre voudroient bien qu'ung bon ange du ciel leur apportast la paix. Je vous eusse envoyé ledit La Motte pour vous en compter davantage, mais il est un peu malade, et puis vous avez plusieurs particulières lettres qui vous en informeront. Il me semble qu'il seroit fort à propos que vous donnissiez advis à toutes les villes de l'intention de mondit sieur de Tavanes sur la rupture de la tresve affin que chacun se donne garde, comme je vous ai jà dict. En cest endroict je prieray Dieu,

Messieurs, vous donner en santé longue et heureuse vye, salluant voz bonnes grâces de mes humbles recommandations.

D'Auxonne le v° octobre 1590.

Vostre humble à vous servir,

SENECEY.

---

[499]

LE COMTE DE TAVANES AU BARON DE SENNECEY.

Il lui notifie que les infractions commises à la trève par les gens de Dijon et les troupes détachées de l'armée de Mayenne, ont déterminé le Roi à rompre la trève.

SAINT-JEAN-DE-LOSNE,
1590, 5 octobre.

ORIGINAL.
B. 461, n° 109.

Monsieur,

L'intention du Roy, par ses lettres et les contrarietez générales à tous les articles de la tresve par ceulx de Dijon, plusieurs volleurs harquebusiers à cheval venus de l'armée de Monsieur du Mayne en Auxois et aultres, me contraignent à la rompre. Estant très marry que le peuple n'en a tiré le fruict qu'il espéroit. Tous ordres sont pervertis en ce temps et est mal aisé d'en avoir d'assuré. Je n'ay voullu permettre le commancement de la guerre que n'ayés heu premièrement cest advis, pour ne manquer à mon debvoir. Priant Dieu après mes bien humbles recommandations à voz bonnes grâces, vous donner, Monsieur, heureuse et longue vie.

A Saint Jehan de Losne, ce v⁰ d'octobre 1590.

Sa Majesté a sceu les mauvais déportements de ceulx de Dijon qui lui a faict juger la tresve ne se debvoit tenir, s'il vous plaist faire invoquer les deniers des cottes de ceste garnison en ce lieu qui ont esté porté à Auxonne et mis entre vos mains, ainsi que dict vostre recepveur, sera chose raisonnable, et ung moyen de soullager le peuple.

Vostre bien humble cousin à vous faire service,

TAVANES.

A Monsieur,
Monsieur de Senecey.

---

[500]

HENRI IV AU MARÉCHAL D'AUMONT.

Averti que les ennemis passant à la Ferté-sous-Jouarre s'acheminaient vers Soissons, il a rebroussé chemin et s'est mis à leur poursuite.

CHAUNY,
1590, 17 novembre.
B. 458, n° 135.

Mon cousin,

J'estois party par aller à Sainct Quentin et avoir prins sur le chemin ung chasteau quant j'ai heu advis que l'armée de mes ennemys passoit à La Ferté sous Jouarre et s'acheminoient vers Soissons qui m'a faict rebrousser chemin pour m'aprocher de mes ennemys et leur faire la guerre. J'espère de les conduire jusques sur les frontières de mon royaulme avec mil chevaulx que j'ay près de moy sans les autres forces qui sont près mon cousin le duc de Nevers et le sieur de la Nouhe, lesquelles je pourray treuver en suivant mes ennemys, je m'assure que la prinse de Corbeil vous aura beaulcoup contanté. La mort du pauvre Rigault a esté vengée. Aymé moy mon cousin, et me mandez de vos nouvelles.

A Chonny ce XVIIe de novembre.

Signé : HENRI.

Et subpercripte à mon cousin le mareschal d'Aulmont.

---

[501]

MARIVAUX AU MARÉCHAL D'AUMONT.

Il lui annonce la reprise de Corbeil qu'il a exécutée malgré la brèche et la pleine-lune. Le roi l'a fait s'arrèter à Meaux où il demeure à son service.

MELUN,
1590, 22 novembre.

COPIE.
B. 466, n° 135.

Monseigneur,

J'ay esté extrêmement merry de l'indiscrétion de cette garnison qui a destourné cest honneste homme de son chemin, bien aise néantmoings qu'il m'ay donné ceste comodité de vous assurer de mon très humble service, et vous supplier très humblement me faire tant d'honneur que d'en prendre créance. Je croy que vous aurez sceu l'heure qu'il a plut à Dieu de nous donner à la prinsse de Corbeil laquelle nous avons remis en tel estat qu'elle vault mieux beaulcoup qu'avant la prinse. Les ennemys n'en estoient encores qu'à huit lieues, alors que je me résolu de l'exécuter, mais la braiche que s'en alloit réparée, et la lune an plain me la firent précipiter, espérant que comme j'estois venu que pour les malladies qui sont dans l'armée des ennemys et la nécessité des vivres qui est à Corbeil, ils n'oseroient résoudre de revenir à nous; ils achevèrent de passer la rivière de Marne lundy, le Roy est à leur teste, que Monsieur de Givry est allé treuver avec toutte la cavallerie qu'il avoit amené ici; Sa Majesté m'a commandé d'arrester à Corbeil et icy, où sy me jugez digne de vostre service, je vous supplie,

Monseigneur,

Me commander que avec très humble et affectionné serviteur,

MARIVAUL.

De Melun ce XXIIe de novembre.

Subperscripte à Monseigneur,
Monseigneur le Mareschal d'Aulmont.

---

[502]

LE MARÉCHAL D'AUMONT AUX PRÉSIDENTS FREMYOT ET
DE CRÉPY.

Au moment, où après le ravitaillement de ses gens, la réfection de ses équipages et la solde de ses troupes, il s'apprêtait à se rendre en Bourgogne, un ordre du roi est venu suspendre sa marche. Toutefois il espère être auprès d'eux à Noël. Faire provision d'argent, et de munitions pour assurer le succès de l'expédition. Les affaires du roi sont en succès. La prise de Corbeil met les Parisiens au désespoir. Beaucoup des plus compromis se sont retirés avec le duc de Parme, à la poursuite duquel le roi s'est mis avec toutes ses forces.

TOURS,
1590, 30 novembre.

COPIE.
B, 456, n° 135.

Messieurs,

Je suis extrèmement merry de la longueur que j'ay donné à mon partement, recongnoissant très bien la faulte que ma présence faict au pays et les occasions que se sont peu perdre d'ascheminer les affaires; mais je vous asseureray que cela est procédé tant malgre moy que contre la volonté que j'ay tousjours heu de secourir ceste province et les honnestes gens qui y sont que vous me tiendrez excusable si pleutost je ne me suis peu acheminer. La maladie de tous mes gens depuis le plus grand jusqu'au plus petit desquelz je ne me pouvois passer; la réffection de mon équipage tout à neufz. Le recouvrement de deniers pour satisfaire aux despens de l'avance que j'ay faite pour vous recouvrer et amener des hommes ont esté touttes choses sy longue qu'il est impossible que cela ne m'ayt retenu quelque temps, mais contre le désir que j'avois de vous veoir m'avoit fait surmonter touttes ces difficultéz et remis tout prest à party, je fus arresté tout court par ung commandement que le Roy me fist par ses lettres d'attandre la venue de mon sieur du Plecys et d'exécuter ce qu'il me diroit de sa part, ce que met mit à l'ancre jusqu'à ce jour que j'attendz ceste conférence avec le sieur Duplecis ayant touttes fois eventé que c'est pour sy digne effect au service du roy que rien de telle importance ne se peult entreprendre; cela ne me sauroit touttesfois retardé six ou sept jours au plus, apprès lesquels je vous supplie de vous assurer que rien ne me sauroit divertir de ma première délibération et de la promesse que je vous ay faicte que j'observeray inviolablement et ce faisant que déans Noel au plus tard je seray à vous : je vous supplie surtout que nous ne manquions point d'argent et qu'il se donne ordre de bonne heure à en assembler une bonne somme, car sans cela il ne fault point espérer de faire grand fruit, d'aultant qu'il n'y à moïen qu'avec cela de contenir les hommes et de les faire vivre en la discipline que je désire. Il fauldra aussi regarder à faire provision de pouldre et boulletz; à envoïer quelqu'un de bonne heure en Suisse pour recouvrer ces dites poudres, brefz préparez toutes choses à bien, que l'on ne perde pas de temps estants là et que nous y disposions les affaires du roy en aussi heureux succès qu'elles sont de costé de Paris où la reprinse de Corbeil, la mortalité et débandement advenuz en l'armée du prince de Palme et sa retraite ont mis en désespoir les affaires de ceste grande ville que le roy ne fust jamais sy prest de la réduire à sa dévotion, car le peuple désire, espère entièrement cela. Les principaulx muttins comme le prévost des marchands, les présidens Brisson et Neulli, le petit Feullant et l'abbé de Citeaux, prescheurs séditieux et aultres leurs complices en sont sortis et mis en l'armée du prince de Palme qui fust contrainct de descamper du siège qu'il avoit posé devant Cressy, voïant la reprinze du dit Corbeil, et a passé la rivière de Marne il y a longtemps pour s'en retourner en Flandres non sans perte et ruyne de la moitié de ce qu'il a amené. Le roy s'est mis à sa queue bien fort de cavalerie et Messeigneurs de Nevers et de la Nouhe à sa teste vers la Fère en Tartenois, de sorte qu'il sera malaisé, qu'ilz se despaistre de cela, bague saulve et sans jouer bien avant des mains. Je désire qu'il y soit sy bien frotté que cela lui face perdre l'envye de retourner se mesler de noz différends. La reprinse de Corbeil a esté un important coupt car le voyant apprès ung sy long siège de tant de despenses revenue sy aisément en nostre possession et la retraite de l'armée ennemye, cela a découragé du tout les Parisiens, de sorte que cela faict bien espérer de leur réduction. Je me promets qu'estant de delà avec vostre aide et celles des bons serviteurs du roy qui sont au pays nous ne servirons pas moing d'effect, à quoy je ne m'espargneray aucunnement me rendant très humblement à voz bonnes grâces. Priant Dieu,

Messieurs, vous donner en bonne garde longue vye.

A Tours, le dernier jour de novembre 1590.

Soubscripte, Votre entièrement plus affectionné amy,

D'AUMONT.

Et subpercript à Messieurs,

Messieurs les présidents Fremyot et de Crespy.

[503]

LE DUC DE MAYENNE AUX MAGISTRATS DE DIJON.

La prise du château de Duesme important beaucoup au repos de la province, et informé que le président Fremyot offre de le rendre en échange de son fils, il les prie de ne point s'opposer à cette négociation, dont il a chargé M. de Franchesse.

CAMP DE GUISE,
1590, 3 décembre.

ORIGINAL.
B. 460, n° 128.

Messieurs,

Sachant combien le chasteau de Duesme est important au bien et repos de vostre province et la grande incommodité qu'elle recoit par le moïen de la retraicte que nos ennemys y font, j'ai pensé de le ravoir à quelque prix que ce soit et en ayt escript à monsieur de Franchesse plusieurs fois pour y pourveoir(1). Et ayant entendu que le président Fremiot a faict offre de la faire rendre et remettre entre noz mains lui retournant son fils qui est dans vostre ville, qu'est l'occasion la meilleure qui se pourroit présenter pour se servir dudict Fremiot fils. J'ai encore présentement rescript audit sieur de Franchesse pour accélerer ceste affaire le plus qu'il pourra et vous ayt faict ce mot pour vous prier de mettre entre les mains dudit sieur de Franchesse le fils dudict président pour

---

(1) En conséquence de ces lettres, Franchesse se rendit le 8 avril 1591 à la Chambre de Ville, qui remit entre ses mains le fils du président pour l'échanger contre le château. Elle déchargea en même temps ses cautions de la somme de deux mille écus qui leur avait été imposée en cas d'enlèvement de cet enfant.

tanter ceste négociation. Je vous conjure et de rechef vous prie bien affectionnément de le faire sans aucun intérêt ni difficultés, sur tant que vous m'aymez et désirez pour le repos et salut de vostre patrie. A quoy m'asseurant que satisferez conformément à mon intérêt. Et n'estant la présente à autre fin, je ne la vous feray plus longue et prie Dieu,

Messieurs qu'il vous ayt en sa sainte et digne garde.
Du camp de Guyse ce iii décembre 1590.

Vostre entièrement et affectionné amy,

Charles de LORRAINE.

A Messieurs les eschevins et gens du conseil de la ville de Dijon.

[504]

LE MÊME AUX MÊMES.

Avis de la convocation d'une assemblée générale des trois États du royaume à Orléans, et invitation d'y envoyer trois députés par bailliage.

CAMP DE GUISE,
1590, 6 décembre.

ORIGINAL.
B. 460, n° 129.

Messieurs,

Es grandes maladies de la monarchie qui ne sont moings fréquentes et pareilles à celles des corps humains, l'on a tousjours recours pour ung dernier et souverain remède à l'assemblée et tenue des estatz généraux composés des trois ordres, de chacung desquelz se faict choix et eslection de personnages sages et de singulier jugement, lesquelz de longue main versez au maniement des affaires et qui ny apportent aulcune passion ni intérêts que celuy du bien publiq et la restauration de l'Estat. Noz accidens sont si palpablés et sensibles qu'il n'est besoing de les vous représenter et la nécessité pressante qu'il y soit promptement pourveu, pendant que le corps est encore en quelque entier de sa force et vigueur pour recepvoir les remeddes qui lui seront appliqués. Nous, en vertu de nostre pouvoir aurions avant et après le décéds du Roy Charles dixième de très heureuse mémoire, notre souverain seigneur dépeschés nos lettres en toutes les provinces et assigner ceste convocation en la ville d'Orléans, ce qui n'auroit peu sortir son effect pour les empeschemens qui seroient depuis survenus. Lesquelz désirant surmonter aultant qu'il nous est possible, nous avons de rechef par l'advis des princes et seigneurs catholiques des sieurs du conseil d'estat en suivant l'arrest de la court de parlement, résolu et arresté de faire ladite assemblée deans le vingtième jour du mois de janvier prochain, pour laquelle nous vous prions, et néanmoings en vertu de nostre pouvoir mandons et ordonnons de tenir la main de vostre part à ce qu'il soit promptement procéddé à la nomination de trois depputez de votre bailliage, assurant ung de chacun des trois ordres si desjà n'a esté faict qui soient de la prudence et qualité requise, lesquelz se transporteront en ladite ville d'Orléans en la plus grande dilligence que faire se pourra bien instruictz et avec spécial et exprès pouvoir et procuration de traiter, accorder et résouldre tout ce qui sera par un chascung et le libre consentement trouvé et jugé utile et nécessaire pour le bien et repos de ce royaume et pour la seureté de nostre sainte religion catholique et extirpation des hérésies. Nous nous estimerons très heureux de pouvoir parvenir à ung si saint œuvre, s'il plait à Dieu nous en faire la grâce, à quoy nous nous promettons aussi que de vostre part vous y apportiez tous les remèdes par voz prudents conseils et advis et sur ceste asseurance nous n'estendrons poinct-

davantage la présente, que pour nous recommander affectueusement à voz bonnes grâces, priant Dieu vous donner,

Messieurs, en santé longue et heureuse vie.

Au camp à Guise le vi⁰ décembre 1590.

Votre entièrement plus affectionné amy,

Charles de LORRAINE.

A Messieurs les maire et eschevins de la ville de Dijon.

---

[505]

LE DUC DE MAYENNE AUX MÊMES.

Envoi d'un règlement pour mettre fin aux abus commis lors de l'expédition des lettres de convocation aux Etats. Il s'occupe des moyens d'assurer la liberté du labourage. Il ne faut pas se fier aux passeports envoyés par le roi de Navarre pour les Etats, et, bien que leur convocation ne soit pas encore arrêtée, il les avertira du jour où elle sera fixée.

soissons,
1591, 7 janvier.

original.
b. 460, n° 131.

Messieurs,

D'aultant qu'il s'est cy-devant commis quelques abus en l'expédition des lettres qui se sont faictes aux corps tant du clergé de la noblesse que tous estats, désirant y remédier, j'en ai sur ce fait dresser ung règlement lequel je vous envoye, affin que vous n'adjoustiez doresnavant plus de foy aux lettres qui ne seront contresignées par l'un des serviteurs de l'Estat. Congnoissant encore la misère des pauvres laboureurs en laquelle les gens de guerre les ont réduictz, la continuation de laquelle nous menasse d'une entière nécessité. Il a esté jugé nécessaire de permettre la liberté du labouraige que j'ay pour beaulcoup d'aultres raisons accordée comme vous verrez par les articles que j'espère bien tost de vous envoyer. J'estime que vous aurez veu mes lettres touchant la revocation des estats et les passeports du Roy de Navarre sur lesquelz je ne suis pas d'advis que l'on se fye, aussy bien je prévoy qu'ils ne se porront pas tenir si tost que je me prometoys (1). Je ne fauldray de vous tenir adverty du tems et de donner ordre à ce que voz deputez se puissent rendre avec force au lieu ordonné en toute seurté, quoy attendant je vous prie de maintenir toutes choses en bon estat et veiller surtout à vostre conservation pour laquelle vous me trouverez tousjours disposé d'employer tout ce qui sera en mon pouvoir. Sur ce je supplieray le Créateur,

Messieurs, qu'il vous aye en sa très saincte et digne garde.

De Soissons ce VIIe de janvier 1591.

Votre plus affectionné et meilleur amy,

CHARLES DE LORRAINE.

A Messieurs les maire et eschevins de la ville de Dijon.

---

(1) Il le savait mieux que personne, car ces convocations d'États n'étaient pour lui qu'un leurre qui lui permettait de prolonger l'intérim de la royauté.

[506]

LE MÊME AUX MÊMES.

Le roi de Navarre a cessé ses entreprises sur Paris et évacué l'Ile-de-France; il s'est dirigé sur Tours. Il attend des secours en hommes et en munitions du Pape, de la Flandre et de plusieurs provinces.

SOISSONS,
1591, 16 février.

ORIGINAL.
B. 460, n° 134.

Messieurs,

Je ne doubte pas qu'ayant intérest à ceste cause ainsy tous les autres gens de bien, bons catholiques de ce royaulme, vous désiriez recevoir le plus souvent qu'il se peult de mes nouvelles et en quel estat sont les affaires du général, c'est pourquoy je n'ay voulu perdre ceste occasion sans vous en faire part autant qu'il est permis maintenant d'en escripre. Je vous diray donc comme nos ennemys jusques à présent n'ont cessé d'entreprendre sur la ville de Paris toujours par tous les moyens et artifices possibles de l'emporter, mais après y avoir employé tout leur temps et leurs inventions en vain, Dieu m'ayant faict la grâce de la secourir à diverses fois; enfin le Roy de Navarre a esté contrainct de se retirer rompant et divisant ses forces pour tirer vers Tours (1) où l'on lui a trouvé quelques nouvelles besoignes, de façon que les villes de ceste Isle de France et les autres voisines si longuement affligées des deux armées, aurions quelque moyen de respirer et moy de donner ordre à noz affaires qui de toutes

(1) Mayenne ne disait point la vérité, car il n'ignorait pas que le roi s'était rabattu sur Chartres dont il avait déjà formé le siége.

partz, la grace à Dieu sont en estat de bonne espérance, soit du costé de l'Ytallie et du pape qui nous promet ung bon grand et prompt secours ou soit du costé de Flandre, d'où dans peu de jours j'auray forces et munitions pour renforcer et mouvoir mon armée, ou soit des aultres provinces de ce royaulme qui sont quasi toutes en bon estat et très bonne volonté de faire mieux que jamais pour l'advancement de ceste cause. Je m'asseure que la vostre ne cédera à aulcune en cela, aussi cognoistrez vous que nulle, autre ne m'est si fort recommandée y travaillant de telle façon que j'espère avecque l'ayde de Dieu de faire voir les effectz au contentement des gens de bien pour croyre le moings pouvez vous que je ny épargneray soings, peines ny dilligence que n'ayez œuvre de ce qui sera du bien et reppos de vostre ville, pour laquelle je vous prie veiller et continuer toujours vos bonnes affections sur lesquelles me reposant, je prieray notre Seigneur vous conserver,

Messieurs, en sa sainte et digne garde.

A Soyssons ce xvie de février 1591.

Votre entièrement affectionné et asseuré amy,

CHARLES DE LORRAINE.

A Messieurs les maire et eschevins de la ville de Dijon.

[507]

LE MÊME AUX MÊMES.

Le maréchal d'Aumont, retenu par le roi qui s'opiniâtre devant Chartres, ne pourra rien entreprendre sur la Bourgogne. Il regrette que les villes du pays n'aient pas à leur service des troupes de cavaliers pour tenir la campagne et se préserver des voleurs qui l'infestent. Néanmoins, redoubler de zèle jusqu'au moment où, plus libre de ses mouvements, il pourra aller les en délivrer.

SOISSONS,	ORIGINAL.
1591, 15 mars.	B. 461, n° 135.

Messieurs,

J'ai veu ce que m'avez escript touchant le bruict qui a courru par de là que Monsieur le maréchal d'Aumont alloit en vostre province pour y faire la guerre ce que toutteffois je ne pense point, par ce que je scai bien qu'il est mandé du Roy de Navarre qui est devant Chartres et qui résolu de s'y opiniastrer, attend une battaille ou au partir de là d'aller devant Paris et c'est pourquoy je mande mes amys et assemble mes forces pour empescher ses desseings et entreprendre quelque chose d'importance; cependant je ne néglige point les affaires de vostre province, laquelle m'est recommandée plus que nulle autre, estant après à y pourveoir par un si bon moyen qu'avec l'aide de Dieu, les gens de bien en repcoivront du contentement et ne seront plus en la peyne ou ilz ont esté jusques à présent estant; bien marry des incommodités que recepvez aux environs de vostre ville par les courreurs et volleurs des places ennemyes qui avec petit nombre vous apportent beaucoup de dommage, parce qu'on leur souffre sans que personne s'y oppose comme aux autres villes qui entretiennent des gens de cheval pour tenir la campagne voisine en liberté. C'est ce qui convie les ennemys de vous visiter souvent, dont je désire vous délivrer aultant qu'il m'est possible, et en cela je vous prie vous ayder aynsi que jugerez estre nécessaire, et que vos forces le peuvent permettre, afin que au dehors comme au dedans vous soyez en rapport et jusques à ce que je vous puisse nettoyer du tout par une force à ce suffisante. Quant à ce que désirez scavoir de moy pour votre conservation contre ceux qui soubz ung beau semblant vous peuvent nuire, je ne vous en diray rien, sinon vous prieray de continuer le soing, le debvoir et la dilligence dont vous avez usé jusqu'à ceste heure, parce que l'expérience vous ayant apporté plus de jugement et de congnoissance des choses comme de la qualité des personnes que je n'en puis avoir, je vous remettray la dessus et sur les témoignages que vous avez rendu de vos bonnes affections desquelles prenant une entière confiance, je ne vous en ferray aultre recommandation. Priant Dieu vous donner,

Messieurs, heureuse et longue vie.

A Soyssons le xve de mars 1591.

Vostre plus affectionné et asseuré amy,

CHARLES DE LORRAINE.

A Messieurs les vicomte maïeur et eschevins de la ville de Dijon.

[508]

L'AVOYER ET LE CONSEIL DE LUCERNE AUX MÊMES.

Nouvelles représentations sur les arriérés de solde des soldats engagés par la ville.

LUCERNE,
1591, 26 mars.

ORIGINAL.
v. 461, n° 127.

Messieurs,

Vous avez bien ce que Monsieur le duc de Mayenne vous a ordonné et commandé pour le payement de nos souldatz que vous ont servy au passé et en partye en servont encores pour la garde de vostre ville. Là ou nous eussions creu qu'auriez mieux respecté ladite ordination, et considéré les fidels services que les dicts souldatz vous ont faict, sans les remectre à tel longueur et les contraindre à une chose impossible, c'est-à-dire d'attendre à ung terme si long et incert. Ce que nous cause de vous escripre ce mot, vous requérant et pryant très instament de prendre bien à cœur la qualité des affaires, et la très grande nécessité et extrémité en laquelle les dictz souldatz, et principallement les cappitaines en sont tombés et se treuvent tousjours encores pour le mancquement et tardation de leur payement : et pour cela encores engaigés avec leurs créditeurs, avec leurs femmes, enfanz et tout ce qu'ilz ont au monde. Si, que certes en cas qu'on ne leur donnera quelque soullagement on les verra de tout ruynez et en très mauvais estat, et pour cela leur faire payer infailliblement et au plus tost qu'il sera possible, une bonne somme, c'est-à-dire cinque ou pour le moings quatre mil escus, pour se pouveoir rachetter et libérer de ceste misère et engaigement. Car leurs créditeurs ne veulent accepter avec eulx aulcune condition ny terme, pour la pouvreté comune de tous endroictz, et ne font aultre que les poursuyvre pour se faire payer. Et le reste, puis après leur pourveoir à honeste terme, qu'il aye du raisonnable et possible aux souldatz d'attendre. Et ainsi les avoir pour recommandez en voz bonnes grâces pour amour de noz, pour nous oster toutte occasion de nous plaindre de cela près ledit Monsieur de Mayenne et chercher aultre moyen pour secourir les nostres.

Au reste, en ce faisant et reste tant ceste nostre requeste si juste, nos sommes tout promptz de la recognoistre avec tous bons offices de vrays amys et vous honorer et complaire en tout ce que pourrons.

Et pour la fin, prierons Dieu, le créateur de vous donner sa saincte grâce.

De Lucerne ce XXVI° jour de mars 1591.

Voz bien affectionnés et bons amys,

L'advoyer et conseil de la ville et canton de Lucerne.

---

[509]

LE DUC DE NEMOURS AUX MÊMES.

S'étant mis à la poursuite du maréchal d'Aumont, il a pris le château de Toulon; mais, comme il lui est impossible de s'engager dans le pays du Morvand, où le maréchal s'est cantonné, et que, d'ailleurs, son gouvernement le réclame, il va s'y rendre en laissant trois régiments qu'on lui renverra s'ils deviennent inutiles. Nouvelles de la prise de Louhans, Montagu et Arcy.

TOULON-SUR-ARROUX,
1591, 18 avril.

ORIGINAL.
B. 460, n° 136.

Messieurs,

Pensant rencontrer le maréchal d'Aumont et le combattre, je m'estois acheminé à Charolles où je seu qu'il s'estoit reculé du costé du Nivernois; cella me feist encore avancer de six grandes lieues, jusques en ce lieu ou j'ay tenu le chasteau assiégé quatre jours, pendant lesquelz en attendant la cavalerie que l'on a bien eu peine de faire conduire jusques icy et mes gens de pied aussy par le mauvais temps et le mauvais chemin que nous avons eu. L'ennemy n'a point faict contenance de le secourir ni de s'approcher, ains s'est mis dans le païs de Morvant où je ne vis nulle apparence de passer oultre, n'y pouvant aller qu'en désordre et à la filie, pour ce que ce sont tous voyes et chemins encore plus malaisez que ceux que nous avons passez. Et pour ce que j'ay pris le chasteau de Toullon hier après disner que seullement peust y arriver l'artillerie et que d'heure en heure je reçoy nouvelles de mon gouvernement qui me pressent infiniment d'y aller, je me suis proposé d'y aller en laissant à Monsieur de Tyanges (1) deux régiments de gens de pied et environ six vingtz bons chevaulx outre le régiment de Montilly que j'ay mandé passer par Dijon pour servir de ce coté là, si l'on en a besoin et de environ deux cens bons chevaulx qui viennent quant et luy. Lesquelles troupes je vous recommande comme aussi j'en escry à Monsieur de Senecey pour me les renvoyer si vous n'en avez que faire dans ce gouvernement, que je vous supplie croire que je n'ay en moindre considération que le mien.

Je vous ay cy-devant mandé la composition de Louhans et Montagu et la prise d'Arcy qui me gardera vous en faire redicte en me recommandant très affectionnément vos bonnes grâces, prions Dieu,

Messieurs,

Qu'il vous donne tout bien et contantement.

De Toullon le xviiie avril 1591.

Votre plus affectionné et plus asseuré amy,

CHARLES DE SAVOYE.

A Messieurs les maire et eschevins de la ville de Dijon.

(1) François Damas, seigneur de Thianges.

[510]

LE DUC DE MAYENNE AUX MÊMES.

Annonce la prise de Château-Thierry qu'il vient d'emporter. Il envoie M. de Rodon presser l'arrivée des troupes de la province qu'il attend pour les joindre à celles que le duc de Parme lui amène. Prière de se bien garder.

CHATEAU-THIERRY,
1591, 19 avril.

ORIGINAL.
B. 460, n° 137.

Messieurs,

Le sieur de Rodon présent porteur que j'envoye pour faire acheminer ces trouppes de vostre province pour me venir joindre, affin de m'opposer aux dessings de nos ennemys, empescher leurs progrèz, attendant le secours de monsieur le duc de Parme qui s'avance, vous fera bien particulièrement entendre de mes nouvelles et l'estat de nos affaires suyvant la charge que je lui en ay donnée. Je vous prie de toute mon affection de veiller à avoir l'œuil ouvert à la conservation de vostre ville pendant l'absence desdites troupes, prendre bien garde que nos ditz ennemis n'y facent aucune praticques et maintenir tousjours vos concitoyens en bonne paix et union les ungs avec les aultres, car c'est le seul moïen de vostre conservation leur faisant entendre l'estat de nos affaires, afin qu'ils ne s'ennuyent. Je me remettray au surplus sur ledit sieur de Rodon que je vous prie croire à que je n'espargneray jamais chose qui dépende de mon pouvoir pour votre contentement. Je vous diray, au surplus, qu'attendant de pouvoir joindre mes forces. Je suis venu attaquer ceste place pour estre de grande importance pour Paris et après avoir faict tirer de quatre à cinq cents coups de canon, j'ai emporté la ville d'assault sans y avoir heu aucune résistance, encore que la brêche ne fut raisonnable pour s'être fait retrancher par le dedans le chasteau est rendu par composition après quelques vollées de canon tirés. J'espère que ce bon succès sera suivi dans meilleurs et que Dieu nous donnera la grâce de remettre nos affaires en meilleur estat que jamais. Je le prie,

Messieurs, vous conserver heureusement.

Au camp de Chasteau-Tierry, ce xixe apvril 1591.

Votre entièrement affectionné amy,

CHARLES DE LORRAINE.

A Messieurs les maire et eschevins de la ville de Dijon.

---

[511]

LE MÊME AUX MÊMES.

Nouvelle convocation des Etats généraux dans la ville de Reims. Prière d'y envoyer leurs députés sous l'escorte que fournira M. de Sennecey.

REIMS,
1591, 23 avril.

ORIGINAL.
B. 460, n° 138.

Messieurs,

L'assemblée à laquelle je vous conviay dernièrement par mes lettres pour résouldre avec l'advis de toutes les provinces des moyens qui se trouveront plus expédiens pour l'advancement de nostre sainte religion et bien général de ce royaume, aïant esté intermise pour quelques considérations, j'ay depuis advisé qu'il estoit nécessaire pour le bien de cest Estat de continuer et poursuivre la fin de ceste convocation de laquelle je suis même requis et invité par Messieurs de la Court de parlement de Paris. Au moyen de quoy je vous prieray de faire le plus promptement que vous pourrez l'eslection de voz depputtez si desjà ne l'est faict et les faire partir en toute diligence avec l'escorte que leur donnera pour la seureté de leur voyage le sieur de Senecey, lieutenant général en vostre province, auquel je escritz particulièrement pour cest effect désirant qu'ils se puissent rendre en ceste ville de Reyms le dernier jour de may prochain ou plustost s'il est possible, où j'ay pareillement assigné les deputtez de toutes les autres provinces, pour avec une mesme délibération prise de l'advis de tous les corps et ordres de cest estat pourvoir aux meilleurs remèdes qui se pourront trouver pour la conservation de nostre sainte religion et bien de cest Estat, à quoy il n'y a point de doubte que nous emploïans avec le zèle et droite intention que nous devons et que je m'asseure que chacun de vous y apportera, Dieu ne nous en fera réussir des fruictz salutaires pour l'avancement de son saint service et manutention de ce royaume, de quoy je le supplie de tout mon cœur et qu'il vous tienne après m'estre recommandé à vos bonnes grâces,

Messieurs,

En sa sainte et digne garde.

A Reyms ce XXIIIᵉ jour d'avril 1591.

Votre entièrement affectionné et asseuré amy,

CHARLES DE LORRAINE.
PÉRICARD.

A Messieurs les maire et eschevins, bourgois et habitans de la ville de Dijon.

[512]

LE DUC D'ELBEUF AUX MÊMES.

Prière de contribuer au paiement de sa rançon, qui a été fixée à 150,000 écus.

CHATEAU DE LOCHES,
1591, 20 mai.

ORIGINAL.
B. 460, n° 140.

Messieurs,

Ayant esté arresté prisonnier au mesme temps et à l'occasion du massacre de Blois, Je n'avois depuis peu tant faire envers nos ennemis qu'ils se voulussent condescendre à tirer quelque commodité de moy pour me délivrer d'une captivité si misérable en laquelle ils me destiennent, sinon depuis quatre ou cinq mois qu'ilz m'ont demandé cent cinquante mil escus qui est une somme tant excessive qu'il m'est du tout impossible d'y satisfaire sans l'aide des bons catholiques que j'implore; à quoy plusieurs bonnes villes se sont desjà montrées fort affectionnées, cela me fait penser, recongnu vostre zelle et piété à ce sainct party, que je ne debvois faire faulte à vous en supplier, ce que je fais très affectueusement et d'eslargir quelque peu de vos moyens pour m'aider à sortir d'une si estroitte prison que j'endure, laquelle néantmoins m'est beaucoup plus insupportable, que l'empeschement qu'elle me fait de pouvoir servir à si bonne cause, ou je m'assure que je pourrois apporter du secours comme j'espère le faire paroistre quand pour vostre libéralité je me verray plus libre. Et vous en aurez une telle obligation que je ne l'oublieray jamais pour m'en revenger de tout mon pouvoir l'occasion s'en présentant, en cette dévotion, je prieray Dieu qu'il vous doint,

Messieurs, très longue et très heureuse vye.

Au Chasteau de Loches, ce xx⁰ de may 1591.

Vostre très affectionné meilleur amy,

CHARLES DE LORRAINE

A Messieurs les maire et eschevins de la ville de Dijon (1).

[513]

LE DUC DE MAYENNE AUX MÊMES.

Les cruautés commises par les gens du parti contraire doivent être une excitation pour les catholiques à défendre la cause de l'Union. Il espère venir bientôt à leur secours. Comme il a été jugé nécessaire d'adjoindre aux députés des Etats les maires des villes, il témoigne le désir que M. Bernard soit choisi comme maire à la première élection.

REIMS,   ORIGINAL.
1591, 26 mai.   B. 460, n⁰ 141.

Messieurs,

Par vostre lettre du six de ce mois, j'ay veu comme noz ennemys se comportent en vostre province à l'endroict de ceux qui n'embrassent leur party ainsy qu'il leur plait et les cruautés dont ils usent pour esbranler ceux qui ne sont

(1) La mairie ne fit aucune réponse à ces lettres, mais le duc de Mayenne et la duchesse d'Elbeuf ayant insisté, la Chambre de Ville écrivit le 20 avril qu'il lui était impossible d'y satisfaire, la misère des habitants étant telle qu'à peine pouvaient-ils suffire à leur propre défense.

encore bien asseurés et donner de l'estonnement aux aultres, cella nous servira en ce que les bons catholiques seront plus animés à la déffence de nostre relligion par l'ingratitude qu'ils recongnoissent en ceux qu'ils ont voulu doulcement traicter et favoryser et qu'ung chascun aura plus de soing désormais à ce qui est de l'advancement de ceste cause. J'espère avecque l'ayde de Dieu que dans si peu de jours je vous assisteray de si bonnes forces, tant du costé de monsieur de Nemours et de Lorraine que d'ailleurs ainsy que dans deux jours j'espère vous mander par le sieur de Faulcany que je despèche exprès. Cependant je vous prie vous en asseurer et continuer en vos courage et bonnes résolutions ainsy que vous avez faict jusqu'à s'theure. Il a esté treuvé nécessaire pour autoriser l'assemblée que nous faisons d'ung nombre d'hommes choisis de toutes les provinces pour le bien de ceste cause que les maires et chefs des villes s'y treuvent. C'est pourquoy ayant escript exprès à Monsieur le maire de y venir; je désire qu'à la première réception de maire que vous fairez que Monsieur Bernard soit esleu pour l'estimer tel non seulement comme vous et moy le désirons, mais comme il est nécessaire et à temps pour la conservation de vostre ville et le bien de vostre province; son mérite vous estant tellement recogneu que ce seroit estre superflu de le vous recommander. Je vous prie donc, Messieurs, de tesmoigner en cela vostre bonne affection et la prévoyance que vous debvez avoir. A l'establissement d'une charge de si grande importance à quoy m'asseurant que vous satisfairez ainsy qu'il est de vostre debvoir et que je désire, je prieray Nostre Seigneur vous donner,

Messieurs, heureuse vie.

A Rheyms le xxvi may 1591.

Vostre plus affectionné et asseuré amy,

Charles de LORRAINE.

A Messieurs les vicomte maieur et eschevins de la ville de Dijon.

[514]

LES MAIRE ET ÉCHEVINS DE CHALON AUX MÊMES.

Prière de leur faire connaître ce qu'ils ont décidé touchant l'élection des députés aux Etats généraux.

CHALON,   ORIGINAL.
1591, 10 juin.   B. 461, n° 116.

Messieurs,

Nous vous suplions bien humblement nous advertir de façon que tenez pour envoyer à l'assemblée des Estats Généraux par ce que nous désirons nous conformer avec vous. Deans quel jour vous résoudres de fayre partir vos deputez et si vous avez procédé à une nouvelle nomination autre que celles que feistes il y a ung an pour mesme subject. Nous avons esté advertiz que monsieur le Président Jeannin estoit arrivé à Dijon. Par la communication qu'avez eu avec luy vous debvez estre mieux informez que nous de ce qu'on doibt fayre pour ladicte assemblée. Par quoy nous vous supplirons de rechef nous en donner voz bons advis, dont nous ferons part à Messieurs de Mascon qui sont aux escoutes, attendant mesme chose de nous, qui sera l'endroict où nous saluons bien humblement voz bonnes (grâces) de noz plus affectueuses recommandations, priant Dieu, Messieurs,

Qu'il vous conserve en heureuse santé et longue vie.
A Chalon ce x juing 1591.

Voz plus affectionnez amyz et serviteurs,
      Les mayre et eschevins de la ville de Chalon.
Par ordonnance des ditz sieurs,
          DEPOYTE.

A Messieurs, Messieurs les viconte mayeur et eschevins de la ville de Dijon.   à Dijon.

[515]

LE DUC DE MAYENNE AUX MÊMES.

Sollicite le secours de la ville pour la rançon du duc d'Elbeuf.

AMIENS, 1591, 29 juin.

ORIGINAL.
B. 460, n° 143.

Messieurs,

N'ayant cydevant monsieur le duc d'Elbœuf peu tout faire envers nos ennemis que de le voulloir mettre à rançon à quoy je me suis employé de ma part comme le debvoir et l'affection m'y obligent, enfin ils s'en sont toutefois condescendus, et depuis cinq ou six mois taxé à la somme de cent cinquante mille escus, pour quoy satisfaire considérant l'utilité qu'il peut apporter à ce saint party, j'ay recherché comme lui aussi, tous les moïens qui nous ont été possibles, mais nous nous trouvons encore de beaucoup esloignez de faire une si grande somme et n'espérons pas d'y parvenir, si ce n'est par l'aide des bons catholiques, aucuns desquels mesmes en corps de ville ont faict paroistre leur sincérité et bonne volonté en cause si recommandable en despartant quelque peu de leurs commoditez pour y servir à ceste cause. Ne vous recognoissans moins affectionnez à ce sujet, je n'ai voulu faillir accompagnant la lettre que le dit sieur d'Elbœuf vous en escript de vous prier comme je fais très affectueusement de vouloir estendre vostre zèle et piété en cest endroit et le secourir de telle somme que vous pourrey, afin que délivré qu'il sera d'une si grande misère, il fera paroistre à tous le monde combien sa présence proffeitera à cette cause dont je m'assure vous aurez beaucoup de plaisir quand vous recongnoistrez mesmes que votre libéralité sera en partie l'occasion. Et oultre cela nous vous en aurons tous deux une telle obligation que pour nous en acquicter selon nostre désir, vous nous trouverez tousjours très disposez.

Priant Dieu qu'il vous doinct,
Messieurs, très bonne vye et longue.

A Amiens, ce xxixe jour de juing 1591.

Vostre entièrement affectionné et plus parfait amy,

Charles de LORRAINE.

Marteau.

A Messieurs de la ville de Dijon (1).

---

[516]

LE MÊME AUX MÊMES.

Les presse de nommer et d'envoyer leurs députés à l'assemblée convoquée à Reims.

AMIENS,
1591, 3 juillet.

ORIGINAL.
B. 460, no 144.

Messieurs,

Le peu de dilligence que Messieurs du clergé, de la noblesse et vous avez faict d'envoyer vos depputez à Reims pour assister à l'assemblée générale y convoquée (1), m'a donné occa-

---

(1) Voir le no 512, en note.

(2) La dépêche du 23 avril (voir no 511) étant demeurée sans résultat, Mayenne adressa celles-ci, qui furent apportées le 30 par le maire à la Chambre de ville. Etienne Bernard, échevin, qui avait été élu député du tiers état, déclara à ses collègues qu'il était prêt à partir, nonobstant que les chemins fussent suspects et très périlleux, voire qu'il était obligé de faire emprunt pour sa bourse, mais qu'il ne le pouvait par suite de la négligence du greffier du bailliage à lui délivrer sa commission.

sion de vous faire ce mot de recharge pour vous prier de ne plus différer ceste affaire qui est plus nécessaire et importante que nul aultre pour la manutention de nostre relligion et de l'Estat. Il y a déjà audit Reims des deputez d'aucunes provinces qui s'ennuyent du long séjour qu'ilz y ont faict et pensant que cette assemblée ne se doibve effectuer pour ce que les autres provinces diffèrent d'y envoyer. Je vous prie et conjure sur tant que désirez, l'avancement de la gloire de Dieu et le repos de vostre patrye de haster le plus que vous pouvez les députez de tous les trois ordres suivant mes précédentes lettres et qu'ilz puissent estre audit Reims dans la fin ce mois au plus tard. Auquel temps je seray aussy de retour du voyage que j'ay esté contraint faire en ce pays pour le bien du général. Sur ce je prie Dieu,

  Messieurs,

Qu'il vous aye en sa saincte et digne garde.

D'Amiens ce IIIe de juillet 1591.

 Vostre meilleur et plus asseuré amy,

      CHARLES DE LORRAINE.
      PÉRICARD.

A Messieurs les maieur et eschevins de la ville de Dijon.

[517]

LE MÊME AUX MÊMES.

Il annonce l'heureuse évasion du duc de Guise; va au-devant des troupes du Pape espère bientôt reprendre Noyon.

HAM,
1591, 22 août.

ORIGINAL.
B. 456, n° 164.

Messieurs,

Je vous veux faire part de la bonne nouvelle que nous avons de la liberté de M. de Guyse mon nepveu, qui s'est sauvé avec tant de hazard de sa vye, qu'il faut croyre que Dieu seul l'ayt conservé. Je m'asseure que sa personne et son auctorité joincte à l'affection qu'il porte au bien de ceste sainte cause aporteront beaucoup d'avancement aux affaires d'icelles, et qu'il y prouffitera grandement (1). Je partz présentement d'icy pour aller recevoir les forces d'Italie que le pape nous envoye avec les quelles et celles qui viennent de Flandres, j'espère que Dieu nous fera la grâce de regaigner ce que la nécessité et le malheur nous a fait perdre et que l'on congnoistra ung grand changement aux affaires. Dieu a voullu que ces jours passés nous ayons perdu la ville de Noyon où je m'estois achemyné en toute diligence pour la secourir et avoir mandé de tous costez les troupes pour cest effest, lesquelles si elles feussent venues à temps je me promettois non seullement de faire lever le iége au roy de Navarre, mais de ruyner entièrement son armée, car il sembloit que Dieu nous eust envoyé

(1) La Chambre de ville, informée par ses correspondants de l'heureuse nouvelle, n'avait pas attendu la dépêche de Mayenne pour manifester la joie qu'elle en ressentait. Le 30 août elle avait fait chanter le *Te Deum*, ronfler le canon et allumer des feux de joie.

ceste occasion pour ce faire. J'espère que les ennemys ne la garderont guères de temps, et que bientost nous la reprendrons et encores d'autres meilleures, Dieu aydant. Je vous prie d'avoir tousjours l'œil ouvert à vostre conservation et croyre que je n'espargnerai rien de ce qui dépendra de moy pour vous faire paroistre combien elle m'est chère. Je prye nostre Seigneur vous avoir,

Messieurs, en sa sainte et digne garde.

De Ham, ce XXII° jour d'aoust 1591.

Vostre antièrement meilleur amy,

Charles de LORRAINE.

Messieurs les visconte maïeur et eschevins de la ville de Dijon.

---

[517]

LE DUC DE NEMOURS AUX MÊMES.

Il regrette le différend entre son frère le marquis de Saint-Sorlin et le baron de Sennecey, qui a amené la détention de ce dernier. Néanmoins il va en écrire à son frère.

SEAUNE PRÈS SAINT-DIDIER,   AUTOGRAPHE.
1591, 24 août.   B. 460, n° 145.

Messieurs (1),

Si vous avez bien entendu ce qui s'est passé du fait de Monsieur de Senecey dont m'escrivez (2), je m'asseure que vous

---

(1) A la première nouvelle de l'arrestation du baron de Sennecey, la Mairie de Dijon, se voyant privée de chef dans des circonstances si critiques (le maréchal d'Aumont était encore sur la frontière) avait décidé qu'on écrirait aux ducs de Mayenne et de Nemours pour réclamer la délivrance du baron (Délibération du 9 août 1591). Le duc de Nemours répondait à cette dépêche.

(2) On a vu par la lettre n. 480, comment, à la suite d'un engage-

aurez cogneu ce qu'il a (1) tousjours maintenu, que le tort qu'il luy tenoist estoit tellement attaché à sa réputation qu'il ne pouvoit moins que d'en tirer raison. Touteffois le menant avec moy en Bourgogne, je le prié de ne lui rien demander, ce qu'il me promit tant que Monsieur de Senecey seroit avec moy comme il m'a faict. Mays il est advenu comme par accident inévitable que l'ayans laissé à Chalons où je luy dis adieu ne le pensant plus voir de ce voyage là et depuis mon frère estant à cheval pour aller au devant de l'armée d'Italie, où il est encores, il sceut que ledit sieur baron de Senecey, venoit pour destourner le siége de Bersey, soit en se mestant dans la place ou autrement comme il désiroit quelle lui feust confié. Mon frère lui feist passer la rivière en Dombes dont je feus et marry et estonné tout ensemble. Or les choses en estans en ces termes, je suis bien d'advis comme vous que nous advisions les moyens d'éviter le désordre qui en peult arriver en vostre ville et en toute la province ; mays aussy vous supplieray-je, Messieurs, de considérer qu'en telz affaires il fault éviter toutes sortes de conséquences et que pour le plus expédiant nous devons attendre le remède de l'autorité de Monsieur de Mayenne, vers lequel j'ay despêché plusieurs messages exprès vous asseurant que mon frère Monsieur le Marquis ayant fait paroistre à ceulx qui font profession de

---

ment aux environs de Vienne, le baron de Sennecey, qui était venu au secours du marquis de Saint-Sorlin, frère du duc de Nemours, pressé par les royalistes, avait fait prisonnier le colonel Alphonse Ornano, lieutenant du Roi en Dauphiné. Seulement, comme au lieu de le remettre au marquis, il l'avait fait diriger sur Auxonne et s'était adjugé les 40,000 écus payés pour sa rançon, le marquis et son frère avaient résolu de s'en venger. Tavanes ayant rompu la trêve, le duc de Nemours arriva au secours de la province. Sennecey ne put se dispenser de l'accompagner dans son expédition. Arrivés aux environs de Mâcon et rejoints par le marquis de Saint-Sorlin, le refus de Sennecey de coopérer au siége du château de Berzé leur fournit le prétexte qu'ils cherchaient. Le marquis arrêta Sennecey, lui fit passer la Saône et l'envoya prisonnier au château de Pierre-Encise, à Lyon.

(1) C'est-à-dire le marquis de Saint-Sorlin.

l'honneur qu'il a voullu desgaiger le sien en cest endroit, il ne s'arrestera à son particulier en ce qu'il cognoistra importer le bien général de vostre patrye, à quoy je tiendray la main pour vous y servir luy et moy de toute notre affection de laquelle m'estant recommandé à voz bonnes grâces, je prie Dieu,

Messieurs, vous donner toute prospérité et contentement.

De Seaune prez Saint-Didier, ce XXIV aoust 1591.

Votre plus affectionné et meilleur amy à vous servir,

CHARLES E. DE SAVOYE.

A Messieurs de la ville de Dijon.

---

[519]

LE DUC DE MAYENNE AUX MÊMES.

Il est très mécontent de l'arrestation du baron de Sennecey; il en écrit au duc de Nemours et lui enverra un gentilhomme pour presser sa mise en liberté.

HAM, 1591, 31 août.

ORIGINAL.
B. 460, n° 146.

Messieurs,

J'ay veu avec beaucoup de desplaisir ce que m'avez mandé de la détention de Monsieur de Senecey, jugeant bien que cest accident ne peult qu'apporter de l'altération au repos de vostre province. Soudain j'ay fait une bonne despêche à monsieur de Nemours pour luy faire cognoistre que nous ne sommes pas au temps qu'il faille préférer son intérest particulier au bien général et que cest exemple ne donnera que trop de subject et de moyen à nos ennemis d'en faire proufit. Je veux croire qu'il y aura eu autant de regret que moy mesme et qu'il le tesmoignera par la prompte liberté dudit sieur de Senecey que je veux assister de tout mon pouvoir et lui faire paroistre combien je ressens lui estre obligé de tant de peines qu'il a prises pour le repos et conservation de vostre dite province. Je ne laisseray oultre ma première despêche d'envoyer dans deulx ou trois jours ung gentilhomme des miens vers mondit sieur de Nemours pour lui représenter encore plus particulièrement l'importance de ce faict. Cependant, Messieurs, je vous prie d'avoir l'œil ouvert à vostre conservation et croire que je feray tout ce qui me sera possible pour m'approcher de vous, afin par ma présence de vous apporter quelque soulagement ne désirant rien tant au monde que de vous voir en repos. Je pric nostre Seigneur vous avoir,

 Messieurs,

En sa sainte et digne garde.
De Ham ce dernier aoust 1591.

Vostre plus affectionné et parfait amy,

Charles de LORRAINE.

A Messieurs les maire et eschevins de la ville de Dijon.

[520]

LE MÊME AUX MÊMES.

Il espère que l'échec de l'armée royale va les laisser en repos. Lui compte bientôt se rapprocher d'eux et aller au-devant de l'armée papale. Il envoie un gentilhomme vers le duc de Nemours afin de faire mettre M. de Sennecey en liberté. Annonce de grands succès après la réunion de ses troupes avec celles d'Italie et du duc de Parme.

HAM,
1591, 31 août.

ORIGINAL,
B. 469, n° 147.

Messieurs,

Je veux espérer que puisqu'il a pleu à Dieu ruyner l'armée (1) que le Roy de Navarre avoit envoyé en vostre province, vous recevrez maintenant quelques soulagement parmy tant de misères que vous souffrez il y a si longtemps, ausquelles j'ay tant de désir de mettre une fin, que je suis résolu de faire tout ce qui me sera possible pour m'aprocher de vous et aller recevoir l'armée que Sa Sainteté envoye pour le secours de ceste sainte cause essayer vous apporter plus de liberté. Croyez je vous prie, Messieurs, que je ressens y avoir une si parfaite obligation, que je n'espargneray, chose qui soit en mon pouvoir, pour vous remettre entièrement en repos. J'ai sceu l'emprisonnement de Monsieur de Senecey par Monsieur le marquis de Saint-Sorlin, mon frère dont je porte aultant de deplaisir que de choses qui eussent peu arriver. Je despêche présentement un gentilhomme vers monsieur de Nemours pour lui faire congnoistre combien cest accident peult apporter d'altération aux affaires de vostre

(1) L'armée du maréchal d'Aumont avait échoué dans toutes ses attaques sur les grandes villes.

province et que ce n'est pas le temps maintenant de faire souffrir le général pour le particulier, je m'asseure qu'il y donnera ordre et que mondit sieur de Saint-Sorlin mon frère préférera la prière que je lui en feray à son propre intérest. Je ne vous diray rien davantage, sinon vous recommander continuellement le soing et la vigillance que vous devez à vostre conservation et de demeurer tousjours bien unys ensemble. Estant le vray moyen de couper chemin aux pratiques et menées qui se pourroient faire par noz ennemis, lesquels j'espère avec l'ayde de Dieu nous verrons plus mal menez qu'ilz nous est par cydevant, lorsque l'armée de Monsieur le duc de Parme, les forces d'Italie et les francoises seront touttes ensemble qui sera dans trois semaines en cest endroict,

Messieurs,

Je prieray nostre Seigneur qu'il vous ait en sa sainte et digne garde.

De Ham, le dernier jour d'aoust.

Votre plus affectionné et parfaict amy,

CHARLES DE LORRAINE.

A Messieurs les maire et eschevins de la ville de Dijon.

[521]

ÉTIENNE BERNARD, ÉCHEVIN ET DÉPUTÉ DU TIERS ÉTAT,
AUX MÊMES.

Le duc de Mayenne, qu'il a trouvé vers le duc de Lorraine et ses fils, lui a promis que tout se passerait sans mécontentement; mais, dans ce moment-ci, il est fort empêché, car les armées sont proches.

VERDUN SUR MEUSE, ORIGINAL.
1591, 26 septembre. B. 461, n° 139.

Messieurs,

Le porteur arriva en l'armée dymanche dernier, Monseigneur, Son A. de Lorraine et Messeigneurs ses filz estant à Sainnières. Il n'a pas esté expédié aussitost parce que l'on ha marché du despuis et sommes maintenant à Verdung, où de nouveau Monseigneur a receu lettres particulières de Monsieur le maire. Je n'avois laissé avant voz advis et lettres de faire pour le subject d'icelles ce qu'estoit de mon debvoir, ayant esté adverty de ce que m'avés escrit du despuis. Rien ne s'y passera qu'à la seureté du pays et de la ville sans aucung mescontantement, cest la response à Monseigneur, lequel m'a faict cest honneur que de m'ouir fort à l'aise sur toutes mes instructions. Luy ayant représenté au vray et sans particulières affections la source, progrès et entretenement de nos maux, il pourvoira à tout, mais vous estes assés prévoyantz pour remarquer que maintenant il est du tout empesché aux coups les plus grandz et importantz. Les armées sont fort proches et se fauldroit peu advancer pour venir aux mains. Je ne croys pas néantmoins que cela se face que toutes les forces ne soient venues. Nos ennemys se montrent fort diligentz, quoy que despuis la venue de leurs reistres, ils n'aient rien faict ny entrepris. Il fault que de nostre costé la diligence soit pareille puisque la cause est la meilleure. S'il se présente occasion pour y servir de ma part, j'y emploieray ma vie et mon honneur, ce sont les meilleures gages que je puisse offrir et lesquelz mesmes je vous présente pour le bien et service de nostre ville avec aultant d'affection que je vous baise les mains et prie Dieu,

Messieurs, vous donner en prospérité accomplissement de voz désirs.

Du camp de Verdung ce XXVI septembre 1591.

Vostre confrère et humble serviteur,

BERNARD.

A Messieurs,

Messieurs les viconte maieur et eschevins de la ville de Dijon.

---

[522]

LE MÊME AUX MÊMES.

Le duc est toujours dans les mêmes intentions vis-à-vis d'eux et du pays. Tous les princes sont en bonne intelligence. On n'attend que le prince de Parme pour en venir aux mains avec le roi de Navarre.

VERDUN SUR MEUSE,
1591, 27 septembre.

ORIGINAL.
B. 461, n° 141.

Messieurs,

Avant mon arrivée l'on avoit ja entamé l'affaire dont m'avés escrit, je n'ai laissé sans vos lettres et advis d'y faire ce qu'estoit de mon debvoir prévoyant assés l'importance de la suitte. Monseigneur est résolu de ny rien résouldre qu'à la seurté de la province et à vostre contentement, se louant fort de la fidelité de vos déportementz, lesquelz il scaura bien recognoistre et entretenir de ses affections accoustumées. Je vous assureray qu'il n'a ville en plus grande recommandation que la nostre, c'est pourquoy je n'espère rien que de bon pour le subject de vos advis. Les voiages que par nécessité j'ay faict à Nancy pour l'assemblée et entrevue des princes (1) profiteront, car j'y voys une grande et bonne intelligence à la ruine de nos ennemys. Les armées ne sont esloignées que de huict lieues, l'on se verra de près à la venue du prince de Parme que l'on attend de jour à autre. Dieu, par sa grâce y travaillera plus que les hommes, c'est pourquoy les prières y sont tousjours nécessaires. Je n'ose escrire plus particulièrement pour le péril des chemins, ce qui me servira d'excuse à la briefveté de ma responce, vous priant de croire que rien ne se passera par deça pour le bien et repos de la ville que je n'y employe tout ce que doibt à sa patrie ung fidel et affectionné habitant. Vous offrant en particulier de vous servir d'aussy cœur que je vous baise les mains, et prie Dieu vous donner,

Messieurs, en santés et prospérités, accomplissement de vos désirs.

Du camp de Verdun ce xxvii septembre 1591.

Je vous escriray par vostre messager, qui porte response de tout.

Vostre confrère et serviteur bien humble,

BERNARD.

A Messieurs,

Messieurs les viconte maieur et eschevins de la ville de Dijon.

---

(1) Pour recevoir l'armée du Pape, celle que le duc de Parme devait amener de Flandre et convenir du plan de campagne à suivre contre Henri IV, dont l'armée venait d'être grossie de renforts protestants venus d'outre-Rhin.

[523]

LE MÊME AUX MÊMES.

Le duc de Mayenne, indigné des cruautés dont ils sont l'objet, voudrait pouvoir aller lui-même en tirer vengeance; mais il se doit au salut de la France. Le maréchal d'Aumont a été mandé par le roi, et le duc de Mayenne est résolu à leur envoyer des forces considérables sous un chef de nom. Le président Jeannin l'y pousse fort. Les Anglais ont ravagé la Normandie ; les vendanges de Paris ont été troublées; l'ennemi joue son dernier jeu et va être enseveli sous les ruines.

VERDUN,
1591, 8 octobre.

ORIGINAL.
p. 461, n° 142.

Messieurs,

J'ay aux propos de Monseigneur veu une extrême douleur sur l'advis des cruautés et barbaryes de nos ennemis (1), il ne respire que d'en avoir tost raison, que s'il pouvoit honestement s'acheminer luy mesme au pays, il en feroit resentir la peine d'une juste vengeance. Mais vous le croirés, icy plus que nécessaire au salut de toute la France, ayant mis tel ordre à son armée que son ennemy s'est reculé de neuf lieues. C'estoit au mesme temps et jours que les hérétiques vous ont aprochés ayant veu l'heure que le gros se mesloit non sans prévoiance d'avantage. Si pour le particulier des provinces Monseigneur se feist dégarny, outre ce que je vous assureray qu'il ha esté adverty à diverses foys que le mareschal d'Aumont mandé en diligence venoit dès Chastillon droict à l'armée hérétique comme tous les autres de leur party, mais maintenant ou il fera croire en Bourgogne l'on ne se contentera pas

---

(1) Dijon était en ce moment bloqué par le maréchal d'Aumont et ses troupes mettaient les environs au pillage.

des troupes du pays pour le peu d'effect qu'en avons ressenty, ains Monseigneur est résolu d'y envoyer un chef de nom, suivy de gens sans cousinage. Monsieur Jeanin y faict un très bon et fidel debvoir, je l'accompagne en ceste affection. Messieurs de Rouen n'ont pas eu meilleur marché que nous, car les Angloys (1) n'estant venus à chef de leur entreprise ont tout bruslé. Les vendanges de Paris se sont faictes de mesme façon. Nos ennemys couchent leur reste et jouent à la despécade. L'on est résolu de les ensevelir à la ruine de leurs propres biens. Cependant j'ay assuré Monseigneur de vostre fermetté contre les insolences du dehors et de vos prudences au gouvernement du dedans où je me suis désiré pour avec vostre sage conduicte participer à l'honneur de vos mérites et à l'obligation où vous retiendrés la ville, la préservant du mal, me disposant tousjours au fidel service qu'à vostre exemple j'ay voué à la relligion et au publicq. En ceste assurance, je vous baiseray les mains et prieray Dieu,

Messieurs, vous donner en prospérité longues vies.

Du camp de Verdun ce VIII octobre 1591.

Vostre très humble confrère et serviteur,

BERNARD.

A Messieurs,

Messieurs les viconte maieur et eschevins de la ville de Dijon.

---

(1) Envoyés par la reine Elisabeth.

[524]

LE DUC DE MAYENNE AUX MÊMES.

Il a donné ordre aux troupes du pays qui venaient le rejoindre de rester pour s'opposer aux entreprises du maréchal d'Aumont. Lui va leur envoyer du renfort et marchera lui-même s'il est nécessaire. Invitation de rester unis.

CAMP DE VERDUN,
1591, 9 octobre.

ORIGINAL.
B. 460, n° 149.

Messieurs,

Je vous ai donné advis par deux de mes lettres comme le maréchal d'Aumont ne séjournoit en vostre province que pour exécuter une entreprise qu'il y avoit sur l'une des bonnes villes d'icelle afin que vous prinssiez soigneusement garde à la votre. Présentement j'escrips à Messieurs de Lux, de Thianges et autres seigneurs et gentilhommes du païs qui me doibvent venir treuver avec trouppes de ne bouger poinct encore, ains de vous assister des forces qu'ilz ont pour empescher les dessings dudit maréchal d'Aumont qui aura moins de subject d'y séjourner quant il verra que lesdites trouppes y demeureront et cependant je prépareray l'entier secours qui vous est nécessaire et n'y espargneray rien qui soit en mon pouvoir pour le désir que j'ai de vous veoir en plein repos qui sera Dieu aydant, dans peu de jours. Je vous prie, Messieurs, de vous monstrer en ceste occasion telz que vous avez esté jusques icy affectionnez au bien de ceste sainte cause et surtout demeurer tellement unys ensemble qu'il ne reste à nostre ennemy aucune espérance de faire proffict de vostre division. Il y va de votre perte si vous faites autrement, croiez que quand je verray qu'il en sera besoing plustost que de vous veoir en danger d'une ruyne, je quicteray tout autre dessing pour vous aller assister de ma vie ou de tous les moyens que j'auray.

Je prie sur ce Nostre Seigneur,

Messieurs, qu'il vous ayt en sa sainte et digne garde.

Du camp de Verdung ce ixe d'octobre 1591.

Votre entièrement meilleur amy,

CHARLES DE LORRAINE.

A Messieurs les vicomte maieur et eschevins de la ville de Dijon.

---

[425]

BERNARD AUX MÊMES.

Le roi de Navarre se dirige sur la Picardie; Mayenne, fort de 20,000 hommes, s'apprête à le suivre; quant à lui-même, le duc l'envoie à Reims avec M. de Trémon.

CAMP DE VERDUN,
1591, 22 octobre.

ORIGINAL.
B. 461, n° 144.

Messieurs,

Vostre messagier arriva le XXIe du présent avant lequel vous aurés deu recevoir des lettres de Monseigneur et les miennes portées par ung laquays de Madame d'Elbœuf. N'ayant rien plus en recommandation que de vous advertir souvent de la vérité des nouvelles de par deça. Elles sont toujours en bon estat. Les armées s'estant de nouveau approchées jeudy et sammedy derniers sans aucun effect. Maintenant le roy de Navarre tourne teste du costé de Picardie (1). Les bruictz de ses desseings sont incertains. Il est

(1) Il allait assiéger Rouen.

suivy par Monseigneur duquel l'armée desloge et marche aujourd'huy, composée de bonne cavalerie et de plus de vingt mil hommes de pied, ores que Monseigneur de Guise que l'on tient à Rheims ne soit encores joinct. L'on se prépare de tous costés à de grands effects et n'y aura temps d'hyver qui empesche que l'on ne vienne aux mains. J'ay ce jourd'huy faict veoir et représenter les vostres à Monseigneur, qui ha promis de faire aussy tost responce quoy qu'à un deslogement d'armée il soit travaillé incessament, je n'en seray pas le solliciteur parce qu'il m'envoye à Rheims avec Monsieur de Trémon (1). Je ne lui manqueray jamais de la fidelité que j'ay commune avec vous pour le bien de la relligion et de son service. Quant à celluy de la ville et le vostre, j'en feray tousjours preuve par l'exécution de vos advis et commandements d'affection aussy entière que je vous baise humblement les mains et prie Dieu,

Messieurs, vous donner en prospérité ce que désiréz.

Du camp de Verdung ce XXIIe octobre 1591.

Votre humble confrère et serviteur,

BERNARD.

A Messieurs,

Messieurs les maire et eschevins de la ville de Dijon.

---

(1) Sous le prétexte de préparer l'assemblée des Etats dont le duc de Mayenne reculait sans cesse la convocation.

[526]

LE DUC DE NEMOURS AUX MÊMES.

Cédant aux sollicitations du marquis de Saint-Sorlin et du duc de Mayenne, il a consenti à l'élargissement de Sennecey moyennant une caution de 60,000 écus, qui sera une garantie de sa fidélité au parti de l'Union et pour le paiement de laquelle il a laissé ses enfants en gage.

SAINT-POURÇAIN,
1591, 5 novembre.

ORIGINAL.
B. 461, n° 145.

Messieurs,

Je vous ay cy-devant mandé que m'estant venu trouver mon frère Monsieur le marquis de Saint-Sorlin qui m'a faict entendre estre satisfaict de Monsieur de Senecey, comme aussy j'ay sceu sur sa détemption l'intention de Monsieur de Mayenne. J'ay consenti sa délivrance et que néantmoings pour lui donné d'autant plus d'occasion de n'entendre aux inductions de ceulx qui, pansans faire leur proffit de ce qui s'est passé, voudroient pousser à quelque injuste ressentiment ou domage de la cause publique des catholiques, j'ay esté d'advis de l'abstreindre à se conformer de nouveau à nostre party, mesme par obligation de LX mille escus, dont il me baillera caution bourgeoise, laquelle n'ayant peu promptement fournir je croy pour l'incommodité du lieu où il est. A sa requeste j'ay permis qu'il sortist de prison en laissant ses enfans à Lyon jusqu'à ce qu'il ait satisfaict ausdictes cautions, dont je n'ai voulu faillir de vous advertir et vous pryer de croire que je le fais pour très grandes considérations, affin qu'en cella tout se passe au contantement de vous et de nos amys. Et n'estant la présente à autre fin je ne l'estendray que de mes affectionnées recommandations à vos très bonnes grâces, priant Dieu,

Messieurs,

Vous donner tout le bonheur et contentement que désirez. De Saint-Pourcain ce v novembre 1591.

Mon intention est que les filz de Monsieur de Senecey se rendront à Lyon avant qu'il en parte, et pour ce je vous prie permettre qu'ilz sortent de vostre ville.

Vostre très affectionné amy à vous servir,

CHARLES DE SAVOIE.

A Messieurs,

Messieurs les maire et eschevins de la ville de Dijon.

---

[527]

BERNARD AUX MÊMES.

L'armée des princes continue à suivre celle du roi de Navarre. Le président Jeannin est allé au devant du prince de Parme. Se défier des bruits défavorables que les hérétiques font circuler. Le roi de Navarre n'a rien tenté et on n'a à redouter que la division des catholiques. Paris est content.

REIMS,
1591, 9 novembre.

ORIGINAL.
B. 461, n° 148.

Messieurs,

Estimant que vostre messagier partiroit plustot, je l'avois chargé des miennes premières dès le XXIII° du moys passé, despuis estant arrivé en ceste ville pour affaire du général et nécessaire outre le subject de ma desputation. La mesme commodité du porteur m'a faict continuer le debvoir que j'ay à vous dire comme Messeigneurs du Mayenne, de Guise, de

Vaudemont et Chaligny, bien unis conduisent l'armée catholique qui marche du costé de Laon en Picardie à la suite de celle des hérétiques esloignée de trois journées. La mort de notre Saint Père n'a donné l'adventage crainct et espéré par nos ennemys car (1) elle demeure sur pied en asseurance de séjour et payement. Monsieur Jeanin continuant ses bons et signalés services va au devant du duc de Parme duquel la venue estonnera aultant nos ennemys, que sa demeure leur ha donné subject de se jeter en leurs artifices et calomnies ordinaires. Si quelques autres nouvelles desquelles tous les passantz feront le mesme bruict que par deça se treuvant véritables, l'on aura occasion de leur faire changer leur insolentes joyes de la mort du pape en extrêmes pleurs. Mais sachant à qui j'escrits et le blasme que l'on nous donne d'estre trop ligier à croire, je ne seray ligier à escrire; bien vous diray-je que jusques à ores l'effort d'une armée estrangère avec laquelle le roy de Navarre se promettoit beaucoup de progrès, n'a faict chose qui soit à nostre grand préjudice. Dieu dissipant les conseils et affaiblissant la force des ennemys de son Eglise. Tout ce qu'est à craindre ce n'est que la division des catholiques ou vos prudences scauront bien pourveoir, sans que Monseigneur soit diverty de ce qui touche le général, comme il ha esté ces jours passés, avec une bonne yssue pour l'union de ceux qui s'estoient divisés. Paris est très bien et leurs députés pour subject particulier très contantz. Quant à ce que vous m'aviez commandé par vos dernières, vous croierés que je ny ay rien oublié, ayant eu à mon départ pareille résolution à celle que je vous ai fait savoir par les miennes premières. Il en fault parler sobrement et penser tousjours à nostre conservation, sans offense. Je suis desjà au but de ce costé là, mais j'ay le serment à vous croire à ce qu'avec vous je juge de raison et à nostre seurté. Vous assurant de l'affec-

---

(1) Sous-entendu l'armée soldée par le Saint-Père.

tion que je tesmoigneray tousjours pour les services de la ville et les vostres.

En ceste assurance je vous baiseray humblement les mains et prieray Dieu,

Messieurs,

Qu'il vous donne en paix et prospérité, accomplissement de vos désirs.

De Rheims, ce ix novembre 1591.

Vostre très humble confrère et serviteur,

BERNARD.

A Messieurs,

Messieurs les viconte maieur et eschevins de la ville de Dijon.

---

[528]

LE DUC DE MAYENNE AUX MÊMES.

Berbisey et La Motte-Réal les informeront de ce qui a été résolu pour la sûreté du pays. Prière de croire ce qu'ils leur transmettront. Il attend le duc de Parme et après leur réunion on verra les ennemis changer de contenance.

CAMP DE MONTIERMET,
1591, 16 novembre.

ORIGINAL.
B. 460, n° 151.

Messieurs,

J'ay prié les sieurs Berbisy et la Mothe-Réal de vous faire entendre ce que nous avons icy résolu pour les affaires de la Bourgongne tant sur ce qu'ilz nous ont proposé que sur d'autres occasions qui se sont offertes. Touts deux s'en retournent fort instruictz de ce qui s'en est passé pour y avoir esté présens. Et par ce, ils pourront vous esclaircir de beaucoup de choses, je vous prie donc de les croire comme moy-mesme et vous asseurer que c'est tout à quoy j'ay plus d'affection que de veoir votre province en repos, et que je asseureray point que cela ne soit. J'attends de quatre ou cinq jours Monsieur le duc de Parme selon qu'il m'a mandé par plusieurs courreurs et despêches que j'ay recues. J'ay l'espoir que nous ne serons guère de temps ensemble, que l'on verra changer de visaige aux affaires de la France et changer de contenance à nos ennemis, lesdits sieurs Berbisy et de la Motte-Réal vous dirons plus particulièrement de nos nouvelles et l'affection que je vous ayt en particulier (1) sur lesquels me remettant je n'en feray de plus long discours, sinon pour vous prier d'avoir tousjours le même soing à la conservation de vostre ville et d'y maintenir toutes choses par une bonne intelligence, vous asseurant que je ne manqueray jamais à l'assistance que je vous ay promise de tous mes moïens et de ma personne propre.

Je supplie notre Seigneur,

Messieurs,

Qu'il vous ayt en sa sainte et digne garde.

Du camp de Montiermet, ce XVIe novembre 1591.

Votre entièrement meilleur amy,

CHARLES DE LORRAINE.

A Messieurs les maieur et eschevins de la ville de Dijon.

---

(1) Mayenne, pour faire prendre patience aux magistrats de Dijon, avait chargé les envoyés de les assurer de son intention d'envoyer un prince commander dans la province et la débarrasser de ses ennemis. (Délib. du 3 décembre.)

[529]

LE BARON DE SENNECEY AUX MÊMES.

Leur annonce sa délivrance en les remerciant des témoignages de déplaisir qu'ils ont donné lors de son arrestation.

SENNECEY,
1591, 24 novembre.

ORIGINAL.
B. 461, n° 149.

Messieurs,

Ayant heu tesmongnage que vous avez participé au desplaisir que tous les gens de bien et personnes d'honneur de ceste province avoient reçu de ma détention. J'ay creu que semblablement vous auriez part au contantement que ceulx de ceste qualité recepvront sachant ma liberté, de laquelle je n'ay voullu faillir de vous advertyr et vous assurer que ceulx qui avoient poussez ces princes à me traicter de ceste façon ne triompheront jamais de mon honneur, lequel Dieu mercy, j'ay conservé plus chèrement que ma vye que j'employeray tousjours fort librement pour ce qui concernera le bien général de la province et celluy en particulier de vostre ville, comme

Vostre très affectionné et meilleur amy,

SENECEY.

A Senecey ce XXIIIIe novembre 1591.

A Messieurs,

Messieurs les viconte mayeur et eschevins de la ville et commune de Dijon.

[530]

ÉTIENNE BERNARD AUX MÊMES.

On attend une dernière résolution de l'entrevue des ducs de Parme et de Mayenne à Valenciennes, à laquelle doivent assister le nonce et le légat; lui et l'abbé de Cîteaux vont rejoindre Mayenne. Ce prince déplore ce qui vient d'arriver à Paris et qui témoigne que rien ne nuit plus aux affaires publiques que les divisions des villes.

1591, 25? novembre.

ORIGINAL,
B. 461, n° 151.

Messieurs,

Je feroys tort à Messieurs qui s'en retournent, si j'entrois en discours de nouvelles; ilz viennent de l'armée et près de la personne de Monseigneur, bien instruictz de ce qui se passe et chargés de ses commandementz. Je croys néantmoins qu'ilz vous diront que la dernière résolution s'attend de l'entrevue de Monseigneur avec S. A. de Parme estant à Valentienne. Messieurs Le Nonce (1) et de Plaisance (2) sont ce matin partys d'icy pour être à ceste conférence et réception de si longtemps souhaittée. Monsieur de Cyteaux et moy avons commandement de suivre et nous treuver au premier lieu du séjour. Je me conformeray tousjours à la volonté de Monseigneur que je scais toute entière à la religion et à l'Estat. Les coups advenus à Paris mal à propos et hors de saison (3) luy donnent du regret et du repenty à ceulx qui les ont commis. Mais le mal est que telles faultes ne se réparent pas par repentance. Cela vous confirmera aux bonnes et sages

(1) Landriano.
(2) Philippe Séga, cardinal de Plaisance, vice-légat.
(3) Assassinat du premier président Brisson et des conseillers Larcher et Tardi par les Seize.

conduictes nécessaires en ce temps, car rien ne retarde plus les affaires du général et l'exécution des meilleurs conseilz que les divisions des villes. Je croy que j'arriveray assés à temps vers Monseigneur pour ayder et servir au voiage de Monsieur Fournier. Je n'ay encores pris langue de luy pour vous pouvoir rescrire sur le subject de sa venue où je me comporteray avec mes premieres affections. Et en ceste assurance, je vous baiseray les mains et demeureray à jamais

Vostre humble confrère et serviteur,

BERNARD.

Recues le 3 décembre 1591.

A Messieurs,

Messieurs les viconte mayeur et eschevins de Dijon.

---

[531]

ÉTIENNE BERNARD AUX MÊMES.

Se plaint de ce que les lettres qu'il a adressées à la Chambre restent sans réponse, tandis qu'il a la preuve que celles écrites à ses amis arrivent toujours à leur adresse.

REIMS,
1591, 27 novembre.

ORIGINAL.
B. 461, n° 150.

Messieurs,

L'incertitude du retour de Monsieur Fournier par deça m'a donné occasion de me plaindre qu'à toutes les occurances, je vous ay diligemment adverty de ce qui se passoit et néantmoins mes lettres n'ont point veu le jour de vostre chambre. J'en faictz les plaintes pareilles à Monsieur le Maire et justement, car les miennes particulières viennent à mes amys avec responce, et celles qui sont les plus nécessaires et qui regardent le publicq n'ont pas semblable heur ne seurté. Je ne laisse pas d'estre consolé d'une chose que si la preuve de mon debvoir par escrit est cachée, les effectz la feront mieux paroistre, de quoy la remise doibt estre attribuée aux grandes traverses que nos ennemys, et encores plus les divisions et partialités des villes donnent à Monseigneur. Je croys et attendz une prospérité plus grande ou tous les gens de bien participeront, me remettant à la suffisance de ce porteur, de ce qu'il aura veu et cogneu pendant son séjour. Cependant je vous baiseray les mains et prieray Dieu,

Messieurs,

Vous donner en santé longues vies.

De Rheims ce xxvii novembre 1591.

Vostre très humble confrère et serviteur,

BERNARD.

A Messieurs,

Messieurs les vicomte maieur et eschevins de la ville de Dijon.

[532]

LE DUC DE MAYENNE AUX MÊMES.

Annonce le meurtre commis par les Seize sur la personne de Brisson, premier président, et Larcher, conseiller au parlement, et la punition qu'il a tirée des plus coupables. Il a fait renouveler le serment de l'Union et va rejoindre le duc de Parme pour faire lever le siége de Rouen.

PARIS,
1591, 7 décembre.

ORIGINAL.
B. 460, n° 152.

Messieurs,

Vous avez déjà esté advertiz (1) de ce qui a esté violentement attenté et exécuté contre les sieurs Président Brisson et le conseiller Larcher (2), par certains particuliers contre tout ordre et forme de justice, dont j'ay senti autant de déplaisir que de malheur qui soit arrivé il y a longtemps. Vous laissant à juger combien tel acte doibt être odieux à tous les gens de bien qui ont en horreur la cruauté et en respect et révérance l'auctorité de cette compaignie la première du royaume. Je suis venu par deça pour y pourveoir et empescher désormais que toute licence n'ait plus de lieu. Et j'espère d'y rétablir la dignité de la justice de façon qu'elle soit obeye et honorée et que chacun se contiendra es bornes de son debvoir, affin que par ce moyen ceste ville puisse reprendre

---

(1) La ville de Paris avait mandé ces événements aux magistrats de Dijon, et annoncé que Mayenne, après avoir châtié quatre des principaux coupables, avait accordé aux autres des lettres d'abolition. Sa dépêche, ainsi que celle-ci et celle de Bernard, furent lues à la séance de la Chambre de ville, tenue le 26 décembre. Et il fut délibéré qu'il serait fait réponse à la ville de Paris « avec toutes regraciations et cortoysies honnestes, » et que l'on continuerait les prières pour la levée du siége de Rouen.

(2) Mayenne oublie Tardif, conseiller au Chatelet.

sa première splendeur, de quoi j'ay bien voulu vous donner advis à ce que voz habitans demeurent de leur costé en bonne unyon et amitié et que par cest estroit lien nous puissions maintenir nostre sainte religion qui ne peult recevoir altération que par les partialités et divisions qu'aucuns mal affectionnez au bien et au repos publicq, essaient de semer et fomenter parmy les catholiques et me promettant que y aporterez toute la prudence requise, n'aians autre but ni dessing que l'avancement de l'honneur de Dieu à la seureté et salut de vostre ville. Je ne feray ceste plus longue que pour prier Dieu vous avoir,

Messieurs, en sa sainte et digne garde.

De Paris, ce VII septembre 1591.

Messieurs,

Depuis mon arrivée aïant esté informé au vray que les exécutions ci-dessus auroient esté faictes soubs couleur de quelques conspirations contre la ville dont il ne s'est trouvé aucune preuve et que par ce prétexte ils s'estoient servis de la simplicité d'aucuns du peuple, lesquels ont receu très grand déplaisir d'avoir esté ainsi circonvenus. Et encore aussi resconnu que l'on tenoit des conseils pour attenter aux premiers magistrats et remuer sans dessus dessous l'estat de la ville. J'ay esté contrainct à mon plus grand regret de faire chastier quatre des principaux auteurs de si meschans actes et conseilz et après ayant égard à la simplicité des autres pour les tirer hors de peine et des craintes de l'assistance qu'ilz avoient prestée par fauces inductions et sans volonté de mal faire de leur octroyer mes lettres d'abolition qui ont esté publiées au parlement pour leur descharge. Espérant que par ceste voye de douceur contenir ung chacun en son debvoir, lever les soupçons et deffiances, de réunir les catholiques à un mesme but auquel nous devons tous viser qui est la deffense de notre sainte religion et la ruine de nos ennemis. A ceste fin j'ai fait prester le serment de tous les collonels et catholiques capitaines. Je partiray dans deux ou trois jours, Dieu aidant pour m'en retourner en l'armée et me joindre avec Monsieur le duc de Parme pour en la plus grande diligence que nous pourrons nous avancer au secours de Rouen que le roy de Navarre tient assiégée, faisant tous ses efforts et mandant de tous costez ses amis et y estant grandement assisté de la Royne d'Angleterre soit d'hommes, vivres et d'artillerie et munitions de guerre. De ma part je n'oublie à mander tous ceux de nostre party recongnoissant l'importance de la conservation d'une si bonne ville et de tant de gens de bien qui s'y sont employez.

Votre entièrement et meilleur amy,

CHARLES DE LORRAINE.

BAUDOUYN.

A Messieurs les maire et eschevins de la ville de Dijon (1).

---

[533]

BERNARD AUX MÊMES.

Paris est calme. Il déplore à sa manière l'affaire des Seize. Mayenne est sur le point de rejoindre le duc de Parme et de marcher sur Rouen. Le roi de Navarre mande toutes ses forces. On s'attend à de grands effets.

REIMS,
1591, 18 décembre.

ORIGINAL.
B. 461, n° 157.

Messieurs,

Vous debvez avoir receu les lettres de Monseigneur du VIIIe de ce moys, je les eusse accompagnées de plusieurs coppies

(1) Les magistrats reçurent en même temps une dépêche de la ville de Paris qui leur apprenait les mêmes faits.

des despesches qui m'ont estées envoyées, mais je scay l'honneur deu au corps de ville et qu'il n'y fault point parler par coppies et extraictz. Paris est en bon estat maintenant, les premiers coups sont à blasmer et les derniers à plaindre. Vous aurez veu l'ordre que Monseigneur veust estre gardé par tout, et de votre costé vous ne deffaillirés en affections et prudence pour donner effect à ses commandements. Monsieur Fournier le suit pour veoir et après estre porteur des nouvelles de l'entrevue de mondit seigneur et de S. A. de Parme. Mondit seigneur me l'a aynsy mandé et ledit sieur Fournier me l'a pareillement escrit. L'armée catholique est à la Fère en Picardie, Monseigneur partist avant hier de Laon pour s'y rendre. S. A. de Parme est partie de Landrecye pour y estre en mesme temps, affin que la teste baissée ilz aillent faire lever le siége de Rouen ou donner bataille. Le roy de Navarre mande les siens de tous costés, l'on faict de mesme de nostre part, et debvés en bref veoir de grands effectz. La justice de nostre cause me faict espérer une bonne yssue avec les prières que tous les gens de bien redoublent plus que jamais. Quant à moy je continue de faire ce qui m'est commandé où personne ne me devancera par l'intégrité et fidélité requise en une si grande action. Vous offrant en général et en particulier ce que debvés attendre de

Vostre très humble confrère et serviteur,

BERNARD.

De Rheins ce xviiie décembre 1591.

A Messieurs,

Messieurs les viconte maieur et eschevins de la ville de Dijon.

[534]

LE DUC DE MAYENNE AUX MÊMES.

Il enverra prochainement les ordres pour faire rendre le canon emprunté à la ville. Il part le jour même avec le duc de Parme pour faire lever le siége de Rouen.

LA FÈRE,
1592, 3 janvier.

ORIGINAL.
B. 460, n° 154.

Messieurs,

Le peu de séjour que le sieur Rougeot présent porteur a faict icy ne m'a permis de vous envoyer les expéditions dont vous m'avez escript pour faire retourner en vostre ville le canon que Monsieur de Nemours mon frère en a tiré. Mais je donneray ordre comme à chose que je désire aultant que vous mesmes par le retour de celuy qui est icy de la part des sieurs de Montmoyen et de Chissey, lequel je despescheray au premier séjour. Vous avez entendu par le sieur Fournier ung de vos eschevins (1) l'advenue de monsieur le duc de Parme et avecq quelles forces et équipage de guerre; ledit Rougeot vous dira comme nous partons aujourd'hui de ceste ville pour nous acheminer droict à Rouen, j'espère que Dieu nous fera la grâce d'y arriver dans peu de jours et de vous en donner

---

(1) Il était porteur d'une lettre datée de La Fère, le 26 décembre 1591, par laquelle Mayenne leur réitérait l'assurance de prochains secours et les suppliait de bien veiller à leur conservation. (B 460, n. 153.)

bientôt de bonnes nouvelles, attendant je prie nostre Seigneur,

    Messieurs,

Qu'il vous ayt en sa sainte et digne garde.

De la Fère ce III de janvier 1592.

    Vostre entièrement affectionné amy,

        CHARLES DE LORRAINE.

A Messieurs les maire et eschevins de Dijon.

---

[535]

LE MÊME AUX MÊMES.

Il n'est plus qu'à huit heures des ennemis, rien n'empêchera qu'on en vienne aux mains. Demande des prières publiques. Il les avisera des événements. Prière de se bien garder.

CAMP DE DAVENECOURT,   ORIGINAL,
1592, 28 janvier.   B. 460, n° 156.

    Messieurs,

J'ai esté très aise de la venue de ce messager tant pour avoir heu ce contentement de vos nouvelles que le mien de vous faire scavoir des nostres. Je vous diray, Messieurs, que nous ne sommes maintenant qu'à sept ou huit lieues des ennemis, et qu'au second logis que nous ferons, rien ne pourra empescher que ne venions aux mains, nous y sommes très résoluz et ne voy personne de nous qui ny aille de très bon cueur. Qui me faict espérer que Dieu nous fera la grâce de nous en donner bon succès, faites s'il vous plaist que l'on le prie par toutes voz églises et que les gens de bien se mettent en bon estat. Je vous dépescheray incontinent un autre des messagers qui sont icy afin que soyez adverty de ce qui se passera, cependant ayez toujours l'œil ouvert à la conservation de votre ville et à vous maintenir en la meilleur intelligeance qu'il vous sera possible et je vous en prie de même affection que le faictz Notre Seigneur,

Messieurs, qu'il vous ait en sa sainte et digne garde.

Du camp à Davenecourt le xxviii janvier 1592.

Votre entièrement meilleur amy,

CHARLES DE LORRAINE.

A Messieurs les maire et eschevins de la ville de Dijon.

---

[536]

ÉTIENNE BERNARD AUX MÊMES.

Il déplore la perte de ses lettres, et se défend du reproche de négligence qu'à ce propos on serait tenté de lui faire. La mort du Pape a arrêté les conférences avec le légat et la conclusion des affaires. Les Anglais se sont retirés de devant les murs de Rouen.

REIMS,
1592, 3 février.

ORIGINAL.
B. 461, n° 159.

Messieurs,

Je m'assure que Monsieur Fournier vous aura faict rapport du juste regret qu'a suivy la perte de mes fréquentes lettres, vous affirmant par le serment que j'ay en vostre compagnie avoir faict tout mon debvoir de vous tenir advertys de ce que s'est passé par delà. Le respect que j'ay aux particuliers ne m'oblige pas à comparaison de ce que je vous suis tenu par ainsy ayant eu bonne souvenance d'eux, jugés ce que j'auray faict pour l'honneur de la Chambre. Monsieur Desmarquetz ha veu la preuve de ma diligence lorsque j'estois près Monseigneur et Monsieur de Cyteaux sera tousjours fidel tesmoing que j'ay continué despuis que nous sommes icy, sans que la perte de mes lettres soit réjetée sur le péril des chemins, mais sur la légereté ou malice des porteurs. La répétition de ma deffense et justification ne sera treuvée mauvaise puisque je confesserois estre en tort, si j'avois esté tardif à escrire. Le temps et la nécessité des affaires requéroit bien que vous eussiés souvent advis de ce que je voyois et pensois servir, c'est pourquoy rien n'y ha esté oublié. Je continueray tousjours de marcher de mesme pied, et ny aura longueurs et peines de voyages qui me dégoustent si le corps peust suivre la fermetté de mes bonnes volontés. Je n'en scaurois rendre meilleur tesmoignage que par le faire et non par le dire ou promettre. Que si l'on n'est pas adverty amplement des nouvelles et courses qui se passent, il en fault accuser la varietté de la saison ou l'incertitude est si grande qu'ayant escrit d'une façon il advient d'autre. Nous estions prestz de partir pour accompagner Monseigneur le cardinal de Plaisance que l'on tenoit pour légat, et avec lui aller aux conférences nécessaires pour la relligion de l'Estat, et néantmoins aussy tost l'advis changé par la mort du Pape aultant regretté que ses plus longs jours estoient à souhaitter. Ces grands coups pour les morts si fréquentes nous esloignent la conclusion de nos affaires, ou tous les bons désirent de l'avancement. J'espère que Dieu nous fera bien tost paroistre ses grâces, car les armées sont à la veue les unes des autres despuis le xxx du moys passé. Les Angloys ont quitté leurs tranchées et se sont retirés de honte et de perte, de sorte que par jugement humain Rouan est tout assuré. Cela estant les belles et grandes forces de dehors ne demeureront inutiles. J'en faictz veoir plus de particularités à Monsieur le Maire qui vous pourroit resjouir et consoler, vous baisant humblement les mains d'aussy bon cœur que je supplie le Créateur vous donner,

Messieurs, accomplissement de vos désirs.

De Rheims ce III feubvrier 1592.

BERNARD.

A Messieurs,

Messieurs les viconte mayeur et eschevins de la ville de Dijon.

---

[537]

LE DUC DE MAYENNE AUX MÊMES.

Les ennemis, avertis de leur venue, ont brûlé les villages où eux comptaient s'établir, ce qui a retardé leur marche; néanmoins ils partent demain en intention de combattre.

CAMP DE MAYMERES,
1592, 27 février.

ORIGINAL.
B. 460, n° 157.

Messieurs,

Il n'y a que quatre jours que je vous ay donné advis, comme après avoir pris la ville de Neufchastel nous nous advancions toujours vers nos ennemys en résolution de secourir Rouen et de donner une bataille si l'on nous en vouloyt empescher nous en feussions déjà venus là, n'eust esté qu'ils ont bruslé quatre ou cinq grands villaiges qui estoient le prochain logis que nous devions faire qui a esté cause de nous faire séjourner icy jusque au jourd'huy. Nous faisons estat d'en partir demain bien délibérez si les dits ennemis se présentent de nous bien battre, avecq espérance que le bon Dieu pour la querelle duquel nous combattons nous y assistera comme nous l'en prions tous, et vous, Messieurs, de luy en faire en nostre faveur les mesmes prières et de vouloir mettre fin à nos misères, vous serez toujours avertis de ce qui se passera, priant Nostre Seigneur qu'il vous ayt,

Messieurs,

En sa sainte et digne garde.
Du camp à Maymères, le xxvii° jour de février 1592.

Votre entièrement bon amy,

Charles de LORRAINE.

Baudouyn.

A Messieurs les maire et eschevins de la ville de Dijon.

---

[538]

LE MÊME AUX MÊMES.

Annonce l'heureuse sortie de Villars, commandant de Rouen, contre les assiégeants, la concentration des forces de la Ligue en vue de la levée du siége, et du secours jeté dans la place.

CAMP D'YOCOURT PRÈS ABBEVILLE,
1592, 10 mars.

ORIGINAL.
b. 460, n° 158.

Messieurs,

Vous aurez apris par mes précédentes lettres comme notre armée s'estoit aprochée à sept lieues de Rouen avec intention de passer oultre et de faire lever le siége par la force si l'ennemy de lui-même ne le quittoit qu'au mesme temps advis nous estoit venu d'une sortye faicte par les assiégez avec tant d'advantage qu'ils auraient deffaict huit cent hommes des ennemis demeurés sur la place, dans les tranchées, pris trois maistres de camp, ung colonel de lansquenet, enmené trois canons, deux couleuvrines, abattu tous les logis et comblé les tranchées au moyen de quoy l'ennemy estoit aussy peu advancé qu'au premier jour du siège, vous serez maintenant advertis que cest heureux succeds advenu par la vaillance et bonne conduite de Monsieur de Villars qui commande en la dite ville et des assiégez nous a faict demeurer quelques jours en même lieu sans nous advancer. Attendant de veoir quelle seroit la résolution de l'ennemy et depuis ayant recongnu qu'il semblait vouloir encor continuer le siége. Estimé que le meilleur seroit puisque les assiégés nous pouvoient donner loisir de les secourir ou commoditté de faire entrer quelques gens dedans et y mettre des poudres dont ils avoient besoing comme nous avons faict et de retirer cependant l'armée en lieu où elle peut se rafraichir quelques jours, entreprendre ce que seroit jugé plus à propos pour le bien du party; l'accroistre d'ung bon nombre de forces mandées et attendues de plusieurs endroits tant dedans que dehors du royaume qui y doibvent arriver pendant tout ce moys et après si l'ennemy continue ledit siège de le faire lever à force ouverte et sans aucun hazard, comme nous pourrons faire lors notre armée estant entière et accrue de beaucoup, et celle des ennemys fatiguée et diminuée par la longueur et incommoditté du siége. Je vous ay bien voulu rendre cappables de nos desseing et intention affin que n'en soyez en peine. Sur les faulx bruitz que nos ennemiz pourroient faire courir au contraire c'est la véritté, vous le congnoistrez ainsi par les effectz, et que ceste conduite sera utile pour le bien des affaires, je vous advertiray encore par cy après et à touttes occasions de ce qui en succédera. Et, sur ce, après m'estre bien affectueusement recommandé à vos bonnes grâces je prieray Dieu,

    Messieurs,

Qu'il vous aye en sa sainte garde.

Du camp d'Yocourt près Abbeville, le x° jour de mars 1592.

Depuis ce que dessus escript, j'ai eu advis certain qu'un secours de huit cents hommes que j'avois envoyé à Rouen y est entré sans fortune dont je loue Dieu, ne jugeant pas qu'il soit plus maintenant au pouvoir du Roy de Navarre de demeurer en ce siége qui sera Dieu aidant sa rupture entière.

Votre plus affectueusement et meilleur amy,

CHARLES DE LORRAINE.

BAUDOYN.

Messieurs les maire et eschevins de la ville de Dijon.

---

[539]

LE MÊME AUX MÊMES.

Il renvoie l'avocat Bernard en Bourgogne pour traiter d'affaires d'importance, et comme il a vu tout ce qui s'est passé dans son armée, il les prie d'ajouter toute créance à ce qu'il leur racontera sur ce sujet.

CAMP DE CAUDEBEC,
1592, 11 mai.

ORIGINAL.
B. 460, n° 161.

Messieurs,

J'ai prié M. l'avocat Bernard prendre la peyne de faire un voïage jusqu'en Bourgogne pour quelques affaires d'importance que je ne veux commettre qu'à sa fidélité de laquelle son dernier voïage m'a confirmé ce que j'en ay toujours veu avec tous les gens de bien de ce royaume. Je vous prie de le croire de ce qu'il vous fera entendre scachant si particulièrement mon intention qu'il la vous peut représenter comme moi mesmes. Il a veu aussi tout ce qui s'est passé depuis que nous sommes près des ennemys et scait en quel estat sont les affaires, qui fera que je m'en remectray sur luy pour vous prier, Messieurs, de toute mon affection de travailler tant que vous pourrez à maintenir toutes choses en vostre ville, attendant que Dieu me face la grâce de pourvoir par effect aux remèdes nécessaires pour remettre la province en l'estat que je désire. Cependant, Messieurs, je prieray notre Seigneur après mes plus affectionnées recommandations à voz bonnes grâces, qu'il vous ayt en sa sainte et digne garde.

Du camp de Caudebec le xi⁰ jour de may 1592.

Votre entièrement affectionné et meilleur amy,

CHARLES DE LORRAINE.

BAUDOUYN.

A Messieurs les vicomte mayeur et eschevins de la ville de Dijon (1).

---

[540]

MONTMOYEN, GOUVERNEUR DE BEAUNE, AUX MÊMES.

Il leur annonce le soulèvement des paysans contre les garnisons des châteaux et les conjure de tout tenter pour l'apaiser.

BEAUNE,
1592, 18 mai.

ORIGINAL.
B. 461, n° 165.

Messieurs,

Je fais un ample discours à Monsieur de Franchesse sur l'occurance du soulèvement qui se faict par les paysans de ce

---

(1) Ces lettres furent présentées la Chambre le 29 mai, par l'avocat Bernard lui-même, qui fit à ses collègues un récit des opérations militaires auxquelles il avait assisté, récit que nous avons reproduit page 80 du tome I du *Livre de Souvenance de Pépin.*

bailliage (1). A quoi je m'asseure vous jugerez qu'il sera besoing de donner ordre à ce que un tel mal ne preigne accroissement, le faict est tout véritable comme je lui escriptz et m'asseure que Messieurs de ceste ville n'oublieront à vous faire scavoir de leur part ce que avec moy ilz en ont aprins. C'est chose très nécessaire de couper chemin à tant de malheurs que nous prévoyons qui pourroient naistre d'ung tel désordre, je faictz conscience d'avoir espargné ma diligence à vous faire savoir ce qu'il en est. Jé encores adverty toutes les villes et les gouverneurs où j'ay peu promptement envoyer et croy que chacun y aporteroit une volonté telle que nous sommes tenuz envers le bien public (2), vous suplians croyre que en cela et en tous autres endroictz où je pourray faire paroistre la dévotion que j'ay envers le public et en votre particullier, je ne m'y espargneray jusques au péril de ma vye et avec ceste volonté je vous baise bien humblement les mains et prieray Dieu,

Messieurs,

Vous donner en santé très heureuse et longue vye.

A Beaune ce XVIII may 1592.

Vostre humble et affectionné à vous faire service,

MONTMOYEN.

A Messieurs,

Messieurs les maire et eschevins de la ville de Dijon.

---

(1) Ils voulaient prendre les armes et demandaient un chef pour se défendre contre les ravages et les oppressions des garnisons des châteaux, qui exigeaient des cotes particulières en dehors de celles votées par les élus des deux partis.

(2) La Mairie répondit à Montmoyen que si les garnisons des châteaux ne s'étaient pas permis ces levées illégales, les communes ne seraient point à la veille de se soulever, que son intention à elle était de tout sacrifier pour empêcher que le plat pays continuât à être foulé. Elle le pria d'intervenir aussi par moyens doux pour apaiser l'irritation des campagnes, et décida que de nouvelles représentations seraient faites au duc de Mayenne pour avoir un chef dans la province.

[541]

LE DUC DE MAYENNE AUX MÊMES.

Félicitations sur le choix des magistrats municipaux.

NEUILLY SAINT-FRONT,   AUTOGRAPHE.
1592, 22 août.   B. 460, n° 162.

Messieurs,

J'ai esté fort comptant d'entendre que continués d'avoir des magistrats dignes, fidèles et que j'aime. Il a esté (1) choisy tel que je le désirois pour estre celuy, lequel est instruit de mes intentions et qui pour sa capacité a participé au secret des affaires générales, de quoy la saison et mon séjour nécessaire en Normandie n'a permis de m'en réjouir plustost avec vous, attendant qu'en bref vous ayés de mes plus amples nouvelles par l'arrivée de mon fils (2) que j'ay résolu de vous envoyer pour tesmoignage à la province et à votre ville de mon affection, vous commettant mon plus précieux gage, vous serez pour le reste adverty par ce porteur que mes affaires preignent plus de prospérité que jamais et comme estant à cheval, Monsieur de Guise mon nepveu m'est venu joindre pour suivre de près nos ennemis et empescher leurs desseings qui ne peuvent maintenant estres grands. Nous attendons de touttes parts de si bonnes forces que j'auray moyen de vous en faire part pour tenir le dessus, me confiant tant en vous en vos vigilances et fidélités accoustumées que rien ne demeurera de

---

(1) Sous-entendu Etienne Bernard, qui venait d'être élu vicomte mayeur.
(2) Henri, prince de Mayenne, fils aîné du duc de Mayenne. Il fut tué en 1610, au siége d'Aiguillon.

vostre costé pour tous ensemblement conserver la religion ou j'aye voué ma vye. Et en ceste asseurance je prierai Dieu,

Messieurs,

Qu'il vous aye en sainte et seine garde.

A Neuilly-Saint-Front, le xxii aoust 1592.

Votre entièrement affectionné à vous servir,

Charles de LORRAINE.

A Messieurs les maire et eschevins de la ville de Dijon.

---

[542]

LE MÊME AUX MÊMES.

Nouvelle convocation des Etats généraux dans la ville de Soissons.

SOISSONS,
1592, 28 septembre.

ORIGINAL.
B. 460, n° 163.

Messieurs,

Le désir et l'affection que nous avons eue en l'advancement et conservation de nostre sainte religion et de remédier aux misères et calamitez dont ce royaume a esté si longuement affligé nous feist résouldre l'année dernière une assemblée en la ville de Reyms des depputez des trois ordres des provinces et bonnes villes de ce royaume ou plusieurs se treuvèrent environ le temps limité et les autres estoient sur le point d'y venir si l'on eust passé oultre à l'ouverture de ladite assemblée, mais comme chacun scait noz ennemys estans secouruz de grandes forces estrangères qui y entroient de toutes partz, feusmes contrainctz pour nous y oposer et empescher la prise de la ville de Rouen qu'ilz tiendrent bien tost après estroitement assiégée, de remettre ceste affaire à une saison plus propre pour y pouvoir vacquer; dont il est advenu que plusieurs desdits depputez sont retournez en leurs maisons et aucuns autres des provinces plus esloignées demeurez près de nous où ils sont encore à présent. Or continuant au mesme désir et affection qui nous avoit faict premièrement résouldre ladite assemblée ne voulant différer un œuvre si utile et nécessaire nous avons arresté de faire convertion d'icelle en la ville de Soissons qui a esté jugée plus propre pour cest effect que nulle aultre dans la fin du mois d'octobre prochain ou le commencement de novembre, sans qu'il soit usé d'aucune remise. C'est pourquoy nous vous prions et conjurons, Messieurs, par toute l'affection que vous avez toujours eue à l'advancement de cette sainte cause et au bien soulaigement de ce pauvre et désolé royaulme que vous nommiez si vous ne l'avez desjà faict voz depputez pour s'y trouver et que vous les faciez incontinent acheminer en ceste dite ville bien instruictz de vos advis et conseils et pourveus d'amples procurations pour faire et résouldre avec les autres qui y assisteront, tout ce qui sera jugé utile et nécessaire pour le bien de la religion et de l'Estat, vous suplians aussi de prendre soigneusement garde en ce choix et ellection de dépputtez qui soient personne de prudence d'intégrité et bien affectionnez à l'advancement et conservation de notre sainte religion catholique qui est le but auquel nous debvons tous tendre. J'escriptz aux gouverneurs des provinces de pourveoir à leur escorte et sureté tant pour leur venue que pour leur retour, de sorte que n'en puisse mesadvenir comme je m'asseure qu'ils feront. Nous aurons Dieu aydant devant ce tems là des forces suffisantes pour empescher les ennemys de nous divertir comme ils firent l'année dernière et ne voyons nulle apparence qu'ils en ayent de leur costé pour le pouvoir entreprendre, nous espérons de la bonté et providence divine qu'elle fera naistre parmy tant de personnes esleues à choisir par leur mérite, quelque bon conseil et résolution dont sa sainte Majesté sera louée, ce royaume conservé, le pauvre peuple soullaigé et tous les catholiques unis pour leur religion satisfaictz et bien édiffiez en leur persévérance. Je l'en suplie de tout mon cœur et affection qu'il vous ait,

Messieurs,

En sa sainte et digne garde.

A Soissons ce xxviii° jour de septembre 1592.

Votre meilleur et affectionné amy,

CHARLES DE LORRAINE.

ROYSSIEU.

A Messieurs les maire, eschevins et officiers de la ville de Dijon.

---

[543]

LE DUC DE MAYENNE AUX MAGISTRATS DE DIJON.

Il mande le maire Bernard à l'assemblée des États et les prie de trouver bon qu'il fasse ce voyage qui importe au bien général du royaume.

PARIS, 1593, 16 janvier.

ORIGINAL.
D. 460, n° 155.

Messieurs,

Estant Monsieur Bernard à présent vicomte mayeur de vostre ville dépesché pour se trouver en l'assemblée des Estats, je désire qu'il y vienne pour la confiance qu'ay de son intégrité et prudence. Son absence sera pour peu de jours, je vous prie donc de le trouver bon et permetter qu'il fasse le voyage puisque c'est pour occasion que importe au bien général du royaume, et cependant continuez tousjours avec mesme soin et affection qu'avez faict du passé à la conservation de voŝtre ville. Je me recommande affectionnement à voz bonnes grâces et prie Dieu,

    Messieurs,

        Qu'il vous conserve.

De Paris le xvi⁰ jour de janvier 1593.

        Vostre très affectionné amy,

          Charles de LORRAINE.

A Messieurs les viconte maieur et eschevins de la ville de Dijon.

---

[544]

ÉTIENNE BERNARD AUX MÊMES.

Il est arrivé à Châtillon, leur compagnie s'est grossie en route de tous ceux qui voulaient voyager en sûreté. Il leur enverra des nouvelles en passant à Troyes.

CHATILLON,
1593, 20 janvier.

ORIGINAL.
B. 461, n° 173.

    Messieurs,

Rien ne s'est présenté depuis mon départ qui mérite advis. Je n'en laisseray perdre l'occasion quand il sera besoing ; cependant la souvenance de vos amitiés et le contentement qu'aurés de mon voiage en santé, m'invite à vous advertir comme notre compagnée croist en allant et que ceux qui veuillent passer à seurté se mettent avec nous. Si je prends langue de quelques nouvelles à Troye, je vous en feray part par la voye de ceste ville : saluant vos bonnes grâces d'aussi bon ceur que je prie Dieu,

Messieurs, vous donner accomplissement de vos désirs.

De Chastillon ce xxe janvier 1593.

Votre frère et serviteur,

BERNARD.

A Messieurs, Messieurs de la ville de Dijon (1).

---

[545]

ÉTIENNE BERNARD AUX MÊMES.

Arrivés à Troyes ils y ont recontré le duc de Guise qui rassemblait ses troupes. D'autres députés se sont joints à eux. S'il peut se procurer la déclaration du duc de Mayenne publiée au Parlement, il la leur expédiera avant son départ. Continuer à bien se garder, car Rouen a failli être surpris.

TROYES,   ORIGINAL.
1593, 23 janvier.   B. 461, n° 174.

Messieurs,

Nous arrivâmes le jour d'hier en ceste ville, où nous avons trouvé Monseigneur de Guise qui est venu exprès pour amasser plustôt les forces de Champagne et se joindre à l'armée estrangère que l'on tient près Moncornet. Nous ne laissons de partir avec ung bon nombre d'autres depputés qui n'attendoient que nostre passage, ayant esté requis par lettres reçues sur le chemin de nous advancer. Si avant mon départ de ce lieu j'ay moyen de recouvrer la déclaration de Monseigneur de Mayene, publiée au parlement de Paris le

(1) Imprimée dans la *Bibliothèque de l'Ecole des Chartes*, 2e série, t. I, p. 500.

cinquiesme de ce moys, je vous en feray part, quoyque je sois assuré quelle sera envoyée par toutes villes de la France. Cependant, il est besoing, au temps des grands mouvements qui se préparent, d'user de vos vigilences ordinaires, sur lesquelles toute la seurté du pays repose, vous pouvant donner advis que jamais les pratiques et artifices ne furent sy fréquents. Ceux de la ville de Rouan en ont esté de nouveau en hazard, et néantmoins préservés. Que si quelque chose se remue, faites que les advertissements se donnent aussy tost, et de mon costé rien ne passera que vous n'y participiés ; priant Dieu,

Messieurs, qu'il vous conserve en toute prospérité.

De Troye, ce XXIII° janvier 1593.

Votre frère et serviteur,

BERNARD.

A Messieurs, Messieurs de la ville de Dijon (1).

[546]

ÉTIENNE BERNARD AUX MÊMES.

Il est arrivé à Paris. La députation de Bourgogne, qui était la plus complète, a reçu beaucoup d'honneurs. Les États ont été ouverts le 26. Les catholiques royaux ont fait une réponse à la déclaration du duc de Mayenne. Il leur envoie un exemplaire des propos tenus aux États par le légat du Pape. Prière de se bien garder. Avis que, par suite d'une négligence, Orléans a failli être surpris. Avis de la déclaration publiée à Mantes par le roi de Navarre.

PARIS,
1593, 1er février.

ORIGINAL.
B. 461, n° 175.

Messieurs,

Nous arrivâmes en ceste ville vendredy dernier, 29° du

(1) Imprimée dans la *Bibliothèque de l'Ecole des Chartes*, 2° série, t. I, p. 500.

passé. L'incommodité du temps ne nous ha pas tant fachés que la seurté du voiage, parmy tant de périls, nous a esté aggréable. Nostre veue et présence estoit ici désirée, et y ha receu la Bourgongne beaucoup d'honneur en sa députation complette pour le[s] trois ordres. Les Estats avoient estés ouverts le lundy auparavant sans autre entrée depuis l'ouverture. Je vous ai jà faict part estant à Troye de la déclaration de Monseigneur, publiée en ce Parlement depuis le 5ᵉ de janvier. Mais quant au propos tenu à la première séance, il n'est encore imprimé. Ceux qui suivant le party du Roy de Navarre se dient catoliqs, ont par un trompette envoyé une responce, sur laquelle nous délibérerons aux premiers jours, après que Monseigneur le Légat aura le IIIᵉ de ce moys porté le propos qu'il ha nous tenir de la part de N. S. P. J'ai heu ceste faveur que de ceux qu'il ha jà imprimés je vous en envoye ung exemplaire, pour veoir comme se jette le commancement de l'Assemblée, où nous avons de la besogne pour travailler avec peine et soucy. Cependant toutes les provinces sont ménagées, et ha on conspiré de bien remuer la nostre où le bruict est que le comte de Saint-Pol, frère de M. de Longueville, doibt aller avec forces. Si cela est, l'on a jà pourveu aux remèdes nécessaires et aurés l'assistance requise. Mais c'est il besoing de veiller plus que jamais et s'ayder soy-mêmes, car faulte de garde en un quartier de muraille, Orléans a failly d'estre surpris. Je n'appréhende rien sy l'obéissance est pareille aux commandemens, et me reposeray sur vos prudences et fidélités accoustumées. Vous aurés sceu comme depuis peu de temps le Roy de Navarre ha faict un édict à Mantes, par lequel tout François sans distinction de relligion sont rendus capables d'offices, et de là vous jugerés le reste. Et comme les bruicts et artifices de nos ennemys sont contraires à la vérité, rien ne se passera pour confirmer les bons que je ne vous y rende participans ; ayant tant d'affection et de respect à la compagnée que c'est le moindre tesmoignage de mon debvoir que de vous escrire à toutes commodités ; vous baisant les mains d'aussy bon ceur que je prie Dieu,

Messieurs, vous donner accomplissement de vos désirs.

De Paris ce premier febvrier 1593.

Votre frère et serviteur,

BERNARD (1).

A Messieurs, Messieurs de la ville de Dijon.

---

[547]

LE DUC DE MAYENNE AUX MÊMES.

Injonction pressante pour éviter tout inconvénient d'échanger le fils du conseiller Catherine contre Mademoiselle de Vaugrenant.

REIMS, 1593, 14 février.

ORIGINAL.
B. 460, n° 164.

Messieurs,

Je vous ay cy devant escript sur la plainte qui m'a esté faicte de la détention du filz du sieur conseiller Catherine (2)

---

(1) Imprimée dans la *Bibliothèque de l'Ecole des Chartes*, 2ᵉ série, t. I, p. 500.

(2) Guy Catherine, seigneur de Saint-Usage, fut reçu conseiller au Parlement en 1574. Il était beau-frère de Jeannin, ce qui explique l'empressement que mit le duc de Mayenne à intervenir pour faciliter l'échange de son fils contre Mademoiselle de Vaugrenant. Les magistrats municipaux, qui espéraient tirer un plus grand parti du précieux otage qu'ils avaient entre leurs mains, lui en gardèrent rancune, car le conseiller étant allé plus tard visiter les propriétés qu'il avait à Auxonne et à Chalon, deux villes de l'Union, ils lui refusèrent de rentrer à Dijon, et il lui fallut encore pour cela recourir à l'intercession du duc de Mayenne. 1593, 12 octobre. — B. 460, n° 172.

par le sieur de Vaugrenant, qui à ce que j'ay apris faict refuz de le mettre en liberté, sinon en luy rendant sa fille qui est en vostre ville. C'est chose qui ne se peut desnier ayant esté accordé par l'un et l'autre party dès long temps, aussi me prometz-je que suivant la prière que je vous ay faicte par mes précédentes lettres de ne faire difficulté de renvoyer au dit sieur de Vaugrenant sa fille qui ne peut vous aporter aucune comodité ny soulagement, vous y aurez satisfaction. Je vous fais encor celle cy à mesme fin, à ce qu'il ny ait aucune remise comme chose raisonnable qui doibt estre observée songneusement pour éviter à beaucoup d'inconvéniens qui en pourroient autrement arriver. Donnez y donc ordre je vous prie si jà ne l'avez faict et tenez la main que mon intention soit suyvie sur ce après m'estre recommandé à vous, je prie Dieu,

Messieurs,

Qu'il vous ayt en sa sainte garde.

De Reims le xive jour de febvrier 1593,

Vostre entièrement affectionné et plus parfaict amy,

CHARLES DE LORRAINE.

A Messieurs les viconte mayeur et eschevins de la ville de Dijon.

[548]

PHILIPPE SÉGA, CARDINAL DE PLAISANCE, LÉGAT DU PAPE,
AUX ÉCHEVINS DE DIJON.

Il les félicite sur le choix d'Étienne Bernard comme député et leur fait pressentir que l'importance des affaires qui vont se traiter aux États ne lui permettra peut-être pas le prompt retour qu'ils espèrent. Il accompagne cette lettre de plusieurs exemplaires de son *Exortation aux catholiques suivant le party de l'hérétique*, avec invitation d'y donner, ainsi qu'aux prières qui y sont jointes, la plus grande publicité.

PARIS,
1593, 15 février.

ORIGINAL,
B. 461, n° 177.

Messieurs,

L'arrivée de Messieurs vos députés en ceste ville, m'a apporté un singulier contentement, pour le bien que j'espère en devoir réussir au public, ayant desjà remarqué en chacun d'eux autant de piété, de zèle et de suffisance, comme il y en doit avoir en la personne de ceux que vostre prudence et bon jugement a voulu choisir pour estre employez à une charge si importante et honorable. Mais la particulière consolation que je reçois journellement de la présence de M. Bernard, viscomte maïeur de vostre ville, me représante assez combien vous doit estre incommode et ennuieuse l'absence d'un tel magistrat. Et c'est pourquoy nous employerons, Dieu aidant, tous nos efforts pour vous le rendre au plustost qu'il sera possible. En quoy si notre diligence combattue par la difficulté des affaires, ne peult assez promptement satisfaire à vostre désir et au sien, au moins restera-t-il ceste consolation à vous et à luy d'avoir postposé ceulx qui est de voz commodités particulières, pour rendre à vostre commune patrie le fidelle debvoir qu'elle attend de tous les gens de bien en une si extrême nécessité. Et certes puisque en ce fait il ne va pas moins que de chercher quelque remède au mal qui a presques réduit ce pauvre Estat à son dernier souspir, je veux croire que vous presterés volontiers pour autant de temps que besoing sera ceux dont vous-mesme avez jugé la dextérité et industrie ne pouvoir estre plus salutairement employés qu'en un si bon effet. J'ay au surplus donné audit sieur Bernard quelques copies tant de l'exhortation que j'ay ces jours passés addressée aux catholiques qui suivent le party de l'hérétique, que des prières instituées en ceste ville durant la tenue des Estats; pour vous faire savoir le tout, vous priant de vouloir tenir la main à ce que ladite exhortation soit divulguée le plus que faire se pourra parmy ceux-là principalement à qui elle est addressée; et que surtout il vous souvienne d'implorer par vos très humbles et continuelles prières le secours de celui qui seul nous peut délivrer de tant de calamités qui nous affligent. Suppliant en cest endroit sa divine bonté nous vouloir octroyer ceste grâce et vous avoir toujours,

Messieurs,

En sa sainte garde et protection, me recommandant affectueusement à voz bonnes grâces.

De Paris ce xv⁵ de febvrier 1593.

Vostre très affectionné à vous servir,

PHILIPPES, cardinal de Plaisance (1).

A Messieurs les eschevins de la ville de Dijon à Dijon.

(1) Imprimée dans la *Bibliothèque de l'Ecole des Chartes*, 2ᵉ série, t. I, p. 500.

[549]

ÉTIENNE BERNARD AUX MÊMES.

Le roi de Navarre a été sollicité d'envoyer un prince et des forces pour ruiner la Bourgogne, mais des mesures ont été prises contre ce dessein, et, dit-on, le vicomte de Tavanes va bientôt retourner au pays. Le duc de Nevers marche sur la Champagne. Le roi est à Tours pour le mariage de sa sœur avec le duc de Montpensier. L'assemblée des États est nombreuse, il espère que tout ira à l'honneur de Dieu. Dimanche tous les députés doivent communier. Le roi de Navarre ravage les environs d'Orléans.

PARIS,
1593, 21 et 22 février.

ORIGINAL.
B. 461, n° 180.

Messieurs,

Les messagiers de notre ville partis depuis le viiie de ce moys ont emporté de mes lettres, desquelles j'ay aussi chargé le sieur Dumeney affin que souvent aiés de nos nouvelles et que j'aye cest honneur de participer aux vostres, non que je désire ou qu'il faille envoier homme exprès, si ce n'estoit affaires qui requisse voiage fort pressé et nécessaire, mais seullement par les commodités qui sont si fréquentes et sans frais, estant demeuré jusques à présent sans aulcun de vos advis. Nos ennemis dient d'ung et font d'autres, car à notre départ ils publioient ce qu'ils souhaitent, et néanmoins solicitoient importunément leur Roy pour envoier ung prince de leur party et des forces à la ruyne du pays. Je vous ay mandé que l'on a mis ordre par deçà pour empescher leurs desseins. M. le viscomte de Tavanes ha, à cest effet, suivy Monseigneur [le duc de Mayenne] jusques à l'armée avec résolution de vous revoir aussytost. M. de Nevers est depuis deux jours passé à Melun pour troubler la Champagne, estant l'intention de nos ennemis de remuer avec plus de violence que jamais. Le Roy de Navarre a séparé son armée en plusieurs lieux, de sorte que les efforts ne peuvent estre grands. Il est maintenant à Tours pour le mariage de sa seur avec M. de Montpentier (1), que l'on publie se vouloir déclarer ouvertement huguenot. Je ne vous faicts part de cette nouvelle que par bruicts comungs. Je ne la veux croire qu'après l'exécution. Cependant notre venue a faict joindre les moins diligents. Nous commanceons à avoir une belle assemblée où je ne voys personne qui ne soit disposé au bien de la relligion et du royaume. La députation de MM. de Paris est de douze des plus célèbres et premiers de leur ville, qui nous recongnoissent avec toute sorte de respect. Il ne tiendra à nous de bien faire. Sy les grands, desquels dépend la puissance, veulent faire de même, tout yra à l'honneur de Dieu et de notre contantement. Nous les inviterons au premier jour pour sçavoir leurs intentions. Je vous ai envoyé de nouveau la déclaration de M. le Légat, lequel a esté dignement receu au Parlement, y aportant le bref de N. S. P., estant délibéré d'en envoier partout. Mais le malheur est que le péril des chemins fait tout perdre. Dimanche prochain se fera la communion laïque de tous MM. les deputés, où un chacun se préparera par jeûnes et prières, desquelles seules j'attends la fin de nos troubles (2). J'ai esté fort joyeux d'avoir sceu par quelques particuliers de mes amys le debvoir ou par bon exemple vous invitez le peuple. Il est besoing de continuer plus que jamais afin qu'il plaise à Dieu faire des coups de sa main. Vous baisant les mains d'aussy bonne volonté que je prie le Créateur vous donner accomplissement de vos désirs et que je demeure toujours,

   Messieurs,
    Votre frère et serviteur,
     BERNARD.

De Paris le xxr^e de febvrier 1593.

(1) Henri de Bourbon.
(2) Et. Bernard avait été commis avec MM. le président de Nully et

J'ay envoyé la coppie de la présente par le sieur de Varanges. J'escrits par autre voye et par ung nommé Batiste, auquel M. le Légat ha aussy données ses lettres. Le Roy de Navarre est à présent aux environs d'Orléans à ravager les bourgs et chasteaux pour incommoder la ville. Il faudra que bientôt il preigne autre exercice.

De Paris ce XXII° febvrier 1593.

A Messieurs, Messieurs de la ville de Dijon (1).

---

[550]

ÉTIENNE BERNARD AUX MÊMES.

Il a écrit au vicomte de Tavanes touchant l'emprisonnement des villageois et le retard des deniers dus par le Parlement; la nécessité n'ayant point de loi, la Chambre fera bien d'y mettre ordre sans appréhender l'envie et des craintes de vengeance. Une conférence a été accordée aux catholiques royaux avec le consentement du légat. Le roi s'est retiré à Tours, il doit bientôt se rendre à Mantes.

PARIS,
1593, 1er mars.

ORIGINAL.
B. 461, n° 183.

Messieurs,

J'ay cejourd'huy reçeu une des vostres du XII° de febvrier où vos plaintes sont justes, pour l'emprisonnement des villageois et retardation des deniers deus et promis par MM. du Parlement. J'en ay aussy tost rescrits à M. le visconte [de Tavanes], affin qu'il y soit pourveu à la commodité et descharge de la ville. Je croys qui le fera, synon, la nécessité n'ayant point de loy fera treuver vos délibérations justes

---

Desportes, par la chambre du tiers, pour aller avec MM. du clergé et de la noblesse « supplier le légat sur le faict de la dicte communion. » (*Procès-verbaux des Etats généraux*, publiés par Auguste Bernard dans la collection des documents inédits sur l'Histoire de France, p. 52).

(1) Imprimée dans la *Bibliothèque de l'Ecole des Chartes*, 2° série, t. I, p. 500.

quand vous pourvoierés à l'ung ou à l'aultre des désordres. Je me souviens qu'en autres moins importantes, la chambre n'a poinct fait de difficulté d'y mettre ordre ; l'envye et la crainte de vengeance ne doibvent retarder vos jugements ; mon présent advis me fera participer à ce que vous en ordonnerés et trouverés de justice ; que sy vous remettés l'exécution à ma venue, je me sentiray bien honoré d'avancer le bien et soulagement de la ville. Ceux du party contraire ayants requis une conférence sur les lettres de Monseigneur, elle a ésté accordée aux catholiqs (1). Monseigneur le Légat l'ayant heu pour aggréable, nous verrons quels effects en procéderont. Les lettres et responses ne sont encore imprimées pour vous y faire participper. Le Roy de Navarre ne s'estoit approché d'Orléans que pour s'estre les catholiqs divisés en absence de leur gouverneur. Maintenant tout y va bien et ledit Roy de Navarre s'est retiré à Tours pour mettre la ville en plus grande seurté pour luy. Il se promest de se rendre tost à Mantes. L'on ne scait icy ou nostre armée doibt tirer. Je me restiens d'escrire plus amplement parce qu'il sera difficile que la présente s'eschappe ; vous baisant les mains d'aussy bon ceur que je prie Dieu,

Messieurs, vous donner en prospérité accomplissement de vos désirs.

De Paris, ce premier de mars 1593.

Votre frère et serviteur,

BERNARD.

A Messieurs, Messieurs de la ville de Dijon (2).

---

(1) Cette conférence fut décidée en grande partie sur l'avis du président Lemaistre et d'Etienne Bernard. Celui-ci fut de plus commis par sa chambre tant pour faire entendre cette résolution aux autres chambres que pour en conférer avec le légat, le conseil de Mayenne, et préparer la réponse aux royalistes. (*Procès-verbaux des Etats gén.*, p. 60, 63, 64).

(2) Imprimée dans la *Bibliothèque de l'Ecole des Chartes*, 3ᵉ série, t. I, p. 500.

[551]

ÉTIENNE BERNARD AUX MÊMES.

Le roi de Navarre est à Tours, il doit se rapprocher de Paris. Il a été désigné parmi ceux qui doivent conférer avec les catholiques royaux. Les mascarades de carême ont été converties à Paris en processions et prières publiques vu la gravité des événements. Recommandations pour le bon gouvernement de la ville.

PARIS,
1593, 4 mars.

ORIGINAL.
n. 461, n° 184.

Messieurs,

Quoyque je vous escrive par le nommé le bossu Bault arrivé à bon port avec ses lettres, j'ai creu le porteur plus assuré et qui n'est subject à retardation comme ont esté les autres. Que sy mes lettres données à temps eussent esté portées à la diligence que je pensois, vous eussiez toutes les sepmaines reçeu de mes nouvelles et advis de ce que se passe icy : de quoy vous serés esclairés si mes lettres passées passent à vous. M. le visconte ne peust plus estre longuement par deçà, vous l'aurés au besoing, et faudra beaucoup de considérations pour empescher qu'il ne retourne avec forces. Je me rendrai toujours solliciteur pour le bien et soulagement de la ville ; les effects en feront plus congnoistre que les parolles. Le Roy de Navarre est maintenant à Tours. La réconciliation des catholiqs divisés à Orléans l'a esloigné de ses desseings. Il doibt tost retourner près d'icy, et le bruit est que nostre armée s'approche. Notre assemblée est pour grande et ample maintenant, où les lettres des catoliqs qui telz se dient près le Roy de Navarre ont estées bien leues et digérées ; ausquelles l'on ha faict la responce qui doibt cejourd'huy partyr (1). Je

---

(1) Voir cette réponse dans les *Procès-verbaux des états*, p. 73.

croys que j'auray des premiers extraicts pour vous en faire part, afin que vous ayés de quoy pour veoir clair parmi les artifices du temps. La conférence est accordée, où j'ay cet honneur que d'esire nommé non pour la suffisance, mais par la preuve de ma fidélité. Cela s'est faict de l'avis et bon gré de M. le Légat et à très bonne fin que le temps ne requiert de déclarer. Nous sommes tous résolus de faire paroistre que nous ne désirons, comme aussy ne debvons autre chose, que le bien de la relligion et du royaume; et croys que Dieu opérera parmy nous plus que les hommes. Les mascarades de ceste ville du jour de caresme entrant ont estées processions et prières, où plus de cent personnes couvertes de sacz et à pieds nuz ont monstré aux aultres villes comm il fault viwre. Croyés que la saison le requiert bien. Je me repose sur vous de tout ce que vous jugerés nécessaire à la seurté, police, dégagement de nos debtes et bonne intelligence au repos de la ville, où ce me seroit aultant de honte de n'estre présent pour y servir, comme par vos advis ce m'est honneur d'estre venu avec hazards et incommodités pour ayder au général de la France et vous rapporter fidellement le succès et ordre de nos affaires. Cependant aymés moy tousjours comme de tout mon cœur et debvoir j'honore vostre fraternelle compagnée et vos personnes particulières; vous baisant les mains avec prières à Dieu de vous donner,

Messieurs, accomplissement de vos désirs.

De Paris ce IIIIe mars 1593.

Votre frère et serviteur,

BERNARD.

A Mesieurs, Messieurs de la ville de Dijon (1).

(1) Imprimée dans la *Bibliothèque de l'Ecole des Chartes,* 2e série, t. I, p. 500.

[552]

ÉTIENNE BERNARD AUX MÊMES.

Il déplore la faute des messagers qui ont égaré les lettres qu'il leur adressait et leur annonce de prochains secours. Les divisions qui régnaient à Orléans étant apaisées, le roi de Navarre n'a rien pu tenter sur cette ville. Mayenne est en conférence avec le duc de Lorraine. Nouvelles des préparatifs de la conférence qui doit avoir lieu avec les catholiques royaux.

PARIS,
1593, 4 mars.

_ORIGINAL.
B. 461, n° 183.

Messieurs,

Le défault des nouvelles de pardeça ne procède pas tant du péril des chemins que de la faulte des messagiers. Car, entre tant de lettres, il seroit impossible que quelqu'une ne fust passée, ayant en singulière recommandation de vous tenir advertys par toutes commodités. Vous en debvés avoir maintenant preuve par les miennes du I, VIII, IX, XVI, XXII° de febvrier, I et IIII° de ce moys, portées par la Tour, Petit François; par les sieurs Du Meney et Varange; par Jehan Jeunin, Jehan Batiste et deux laquays. Ce que je vous spécifie affin qu'avec le tesmoignage de mon souvenir vous puissiés cognoistre celles qui sont ésgarées ou retenues. Le présent porteur, arrivé le I de ce moys, m'a donné la vostre du XXI du moys passé, à laquelle j'avois jà satisfaict et mis ordre. Vous aurés le secours nécessaire à la province et à la ville par des effets prompts et retour de ceux qui s'y acheminent ; les autres particularités ne se peuvent escrire : mais vous pouvez estre assurés que rien ne deffaudra de mon costé. J'y ay de l'obligation et de l'affection. Quant aux affaires qui pressoient le voiage du messagier, il a esté pourveu aussy tost, car, à son arrivée, l'un des laquays de M. le visconte sortoit pour retourner à l'armée, lequel nous chargeames de lettres avec plus de seurté et dilligence. Je vous ay mandé par les deux miennes dernières comme des legières partialités de quelques particuliers catholiqs d'Orléans avoient faict approcher le Roy de Navarre; mais la division appaisée et y estant rentré M. de la Chartres, ils ont par un meilleur conseil fait esloigner leurs ennemys qui n'y pouvoient rien gaigner à force ouverte. Le Roy de Navarre est de présent à Tours, Monseigneur à Rheims, à la conférence qui se faict avec S. A. de Lorraine. Il nous ha rescrit du xxviie du passé que deans peu de jours l'on verroit des exploicts de notre armée; il ne tiendra pas à luy que nous soyons résjouis par de bons et prompts effects. Monseigneur de Guise est retourné en Champagne. Nous continuons de travailler ayants, du gré de M. le Légat, accordée une conférence aux catholiqs du party du Roi de Navarre. Je vous anvoye les coppies de leurs lettres et nos responces pour faire veoir clair en la justice et vérité de nos actions, quoyque despuis le Roy de Navarre ayt faict une déclaration fort esloignée de ce que les prétendus catholiqs de son party ont escrit. Rien ne se peut mander de plus propre à vous et à moy pour estre mon intention ne vous mander que nouvelles assurées. Mon absence m'est fort griefve et me seroit insuportable, si je ne me reposois sur vos prudences et vigilences, pendant que je travaille à un ouvrage commung et le plus important de la crestienté, où vos prières publiqs et particulières nous feront prendre des conseils selon Dieu et à nostre repos. Vous baisant les mains d'aussy bon cœur que je suis,

Messieurs,

Votre frère et serviteur,

BERNARD.

De Paris ce viiie mars 1593.

A Messieurs, Messieurs de la ville de Dijon (1).

(1) Lue à la chambre le 30 mars.
Imprimée dans la *Bibliothèque de l'Ecole des Chartes*, 2e série, t. I p. 500.

[553]

LE MÊME AUX MÊMES.

Les affaires générales l'ont empêché de s'occuper de celles de la Bourgogne ; cependant il y a envoyé son fils pour le remplacer et les prie de lui donner la même assistance que s'il s'agissait de lui-même.

SOISSONS,
1593, 15 mars.

AUTOGRAPHE.
B. 460, VIII, n° 168.

Messieurs,

Je usse désiré satisfaire plustost à l'asseurance que je vous ay donnée de l'affection que j'ay tousjours eu au bien et repos de vostre province que je désire plus que nulle autre, mais les affaires générales m'en ont retardé les devoirs, jusques à présent, que je vous ay envoyé le gage le plus sur que j'aye pour commander en la province, qui n'espargnera rien non pas sa propre personne pour ruiner les ennemis et les places qu'ils tiennent. Je veux croire que vous le désirés et honorés de la mesme volonté que j'ay recongnu que vous avés en mon endroit qui tiendray plus encore l'assistance que vous lui ferés que si elle estoit faite à moy-mesme. Je ne l'ay peu accompaigner si promptement de tous les moyens nécessaires pour faire la guerre auxquelz j'espère de pourvoir dans peu de temps. Cependant affin qu'il ne demeure inutile, je vous prie de vous évertuer de votre part de l'assister et ayder à ce que le bien de la province et la bonne volonté qu'il a au soulagement d'icelle ne puissent être retardés et vous asseurer que j'auray toujours en singulière recommandation le bien et advancement particulier de vostre ville. J'espère que dans peu de jours vous serés advertis que les affaires de l'Estat prendront ung bon et asseuré succès à la conservation de la religion catholique et contentement des gens de bien avec la grâce de Dieu, lequel je prie,

  Messieurs,

Qu'il vous ayt en sa sainte et digne garde.
A Soissons le xv° mars 1593.

 Votre entièrement affectionné et meilleur amy,

      Charles de LORRAINE.

A Messieurs les maire antique et eschevins de la ville de Dijon.

---

[554]

ÉTIENNE BERNARD AUX MÊMES.

Nouvelles de la conférence. L'ambassadeur d'Espagne doit faire ses propositions aux États. Le roi de Navarre est attendu à Saint-Denis. Lesdiguières est nommé maréchal de France. Mayenne assiége Noyon. Annonce de l'arrivée du prince de Mayenne. Avis qu'à l'âques la situation se dessinera.

PARIS,
1593, 17 mars.

ORIGINAL.
B. 461, n° 185.

Messieurs,

Je croys qu'aurés receu les miennes du IIII, IX et XII de ce moys, avec les responses imprimées sur le subject d'une conférence à laquelle noz ennemys nous ont invités, soubs assurance que sur un reffus ils rendroient la cause des catholiqs plus odieuse et s'acquerroient l'amitié d'ung chacung. Nous n'en scavons encore quel en sera le fruict et effect.

L'on entendra ceste sepmaine les propositions du Roi d'Hespagne par l'entrée que M. le duc de Féria a demandée aux Estats (1). Je ne doubte pas qu'aux premières ouvertures vous ne soyez festoyés de plusieurs bruicts et que beaucoup ne parlent selon leurs inclinations ; mais rien ne s'y passera qu'avec meure délibération à l'honneur et bien du royaume. Vous debvés plaindre avec moy la longueur de mon séjour et appréhender de loing ce que je sens et expérimente en personne, tant il y ha de traverses et incommodités parmy de si haultes négociations. Le Roy de Navarre est maintenant à Chartres et doibt venir à Saint-Denis en volonté de coucher le tout pour le tout. Ses Angloys en nombre de quinze cent sont descendus ; il ha faict de nouveau, pour une preuve de sa conversion future, Lesdiguière maréchal de France. Monseigneur ha assiégé la ville de Noyon. Ses autres desseings sont incertains. La ville de Selle a estée reprise par M. de la Chartre (2). C'est à ce coup que les remuements croissent et où nostre corps malade faict son effort pour finir ou viwre. Vous debvés avoir ung gage prétieux tant de foys promis qui nous causera plus de repos et soulagement, par l'affection que doit avoir à faire valoir les premières armes de Monseigneur le prince son fils ; envers lequel vous scaurés trop mieux recongnoistre ce qu'il mérite. L'on ha donné ordre que son arrivée luy soit aultant honorable qu'à nous utile. Je ne m'ose expliquer davantage pour le péril des chemins et pour la variation et incertitude où de jour à autre les affaires se portent. J'espère néanmoins que deans Pasques l'on verra où le poix et balance inclineront, parce que les Princes et Estats s'accordent de se résoudre. Je le désire avec vous pour continuer le serment de ma charge et jouir plus à mon ayse

---

(1) Et. Bernard était au nombre des députés qui allèrent au nom des Etats saluer cet ambassadeur à son arrivée.

(2) Elle avait été prise par le maréchal de Biron.

de l'honneur de vos compagnées, que je salue avec prières Dieu qu'il vous donne en prospérité longues vies.

De Paris ce XVIIe mars 1593.

Votre frère et serviteur,

BERNARD.

A Messieurs, Messieurs de la ville de Dijon (1).

---

[555]

LE MÊME AUX MÊMES.

Incertitude sur l'époque à laquelle il pourra aller les retrouver. Le roi de Navarre a levé le siége de Selles; sa réponse au président du Parlement de Toulouse. Proposition du duc de Féria aux États où Mayenne a été sollicité de se rendre au plus tôt.

PARIS,	ORIGINAL,
1593, 31 mars.	B. 461, n° 188.

Messieurs,

J'ay reçeu deux des vostres de ce moys, que, sy les miennes sont passées, vous en aurés dû recevoir des III, IX, XIII, XVIII et XXIIII portées par un laquays qui vous ha rendus les premières, les aultres ont estées commises au boussu Bault, au sieur de la Mothe, à ung messager nommé Boniface et à ung autre dont je n'ay le nom, pour vous tesmoigner la volonté que j'ay d'employer toutes commodités aux advis qui vous sont nécessaires de deça. Je désire d'estre le porteur des nouvelles de nos résolutions, mais mon désir est combattu et

---

(1) Imprimée dans la *Bibliothèque de l'Ecole des Chartes*, 2e série, t. I, p. 500.

différé jusques à l'heureuse heure et journée que Dieu nous donnera, qui ne sera pas si ésloignée qu'avant le temps de notre magistrat et année je ne vous en aille rendre compte. Cependant ma venue et séjour seront toujours bien pris par ceux qui ont du jugement et de la conscience, sans qu'avec honneur l'on puisse profiter à mon préjudice de ma longue absence. Elle n'a esté advancée que par vos délibérations pour le service de la relligion et bien général du Royaume duquel déppend celluy de la ville. J'y faicts mon debvoir à mes frays difficils à estre récouvrés; ma peine et vie y sont employées sans autre ambition qu'à la gloire de Dieu; c'est pourquoy je croys avec vous mon voyage juste, nécessaire et util, ores qu'il se face pendant le temps de ma charge. Vous aurés sceu comme le Roy de Navarre ha esté contrainct lever le siège de la ville de Selles en Berry; nous l'avons maintenant icy près où il ne nous faict peur ny mal. Sa venue n'a pas empesché la prise de la ville de Noyon. Je ne scays pas que produira la conférence; mais tant est que sur la remontrance que l'on dict avoir esté faicte par le premier président de Tours pour la conversion du Roy de Navarre, il a faict responce qu'il iroit à la messe qui pourroit et au presche qui voudroit. Ses ministres et ceux qui veuillent estre distribués par toutes les provinces sont couchés en estat comme officiers ordinaires. M. le duc de Féria ha eu jour pour estre ouy vendredy 2ᵉ d'avril (1) et se doivent icy rendre touts les princes pour tout résoudre et conclure. Les Estats leur ont escrit et a esté de nouveau Monseigneur mandé et supplié de venir. Tous les bons doibvent regretter justement les traverses et agitations de la diversité des conseils où avec le faix de l'armée il est poussé. Mais à mon jugement c'est un faire-le-fault d'en sortir à ce coup; la remise serviroit de ruine; et une plus grande longueur ne donnera pas de meilleurs advis. Je lui ay dictz et escris de mesme. Vous jugerés de là sy les prières et dévotions ne doi-

---

(1) Voy. *Procès-verbaux des états généraux*, p. 118, 124, 125.

vent croistre partout, aussi que nos ennemis, quelque mal ensemble que l'on les dit, se préparent à leurs plus grands efforts. Pour ce qui est du dedans de nostre ville je me repose sur vos fidélités et prudences, lesquelles avec la concorde louable en notre compagée ne peuvent produire qu'une seurté et heureux gouvernement. Je participeray au proffict de la louange par vous méritée et vous donneray advis qu'il est besoing de rescrire à Mgr et à Mad^{me} du Mayene de l'arivée de Mgr le prince, duquel la présence vous tirera du secours. Que si vous recongnoissés quelques particularités où il faille mettre ordre pour le bien de la ville, j'en feray par vos advertissemens ce que sera de mon debvoir. Du moins j'auray ce contantement de l'avoir offert et meilleure intention de l'exécuter. Je faicts pareilles offres à tous Messieurs en particulier, que j'ayme et honore comme mon serment m'y oblige et en ceste assurance, je suis,

    Messieurs,

        Vostre frère et servitéur,

            BERNARD.

De Paris ce XXXI mars 1593.

A Messieurs, Messieurs de la ville de Dijon (1).

---

(1) Imprimée dans la *Bibliothèque de l'Ecole des Chartes*, 2ᵉ série, t. I, p. 500.

[556]

LE MÊME AUX MÊMES.

Nouvelles de la conférence. Il leur envoie un extrait du bref du Pape. Le roi vient d'arriver à Saint-Denis et son conseil est à Mantes.

PARIS,
1593, 10 avril.

ORIGINAL.
B. 461, n° 189.

Messieurs,

Je pensois commettre au laquais de M. de la Tour celle que je vous envoye du XXXI de mars : il eust occasion d'en faire refus ne se chargeant que de nouvelles communes. Depuis rien n'est survenu qui mérite advis. Je vous envoye coppie de ce que je croys debvoir venir à vos cognoissances avec ung extrait, escrit de ma main sur l'original que j'ay retenu, du Bref de N. S. P., lequel jusques à ores avoit esté perdu avec d'autres papiers de Mgr le Légat. Je crois qu'il debvra estre enregistré. Nous sommes maintenant à faire le coup de nos résolutions. La conférence ne sera pas de longue durée, et sy Mgr doibt estre icy au premier jour, la nécessité feroit perdre le fruict espéré s'il y avoit plus de remise. Le Roy de Navarre, assisté des troupes du duc de Bouillon, estoit hier attendu à Saint-Denis. Tout son conseil est à Mantes. Il est facile à plusieurs de parler et discourir de nos affaires et à juger d'ou viendroit le bien. Mais les chemins pour y parvenir sont fort espineux. Nostre party est celluy de Dieu qui rendra, s'il lui plaist, les progrès et la fin de nos guerres à son honneur et gloire. Je n'ay jamais eu autre but ny souhaist, et en ceste volonté il me fera profiter l'ardeur de vos zèle et prières. Vous saluant tous aussy affectionnement que je suis,

．Messieurs.

Votre frère et serviteur,

BERNARD.

De Paris ce x avril 1593.

A Messieurs, Messieurs de la ville de Dijon (1).

---

[557]

LES MAGISTRATS DE LANGRES A CEUX DE DIJON.

Plaintes sur les infractions à la liberté du labourage commises par la garnison de Montsaugeon et prière de faire réparer le dommage sous peine de représailles.

LANGRES,
1593, mai?

ORIGINAL.
B. 25, IV, n° 142.

Messieurs,

Nous sommes tombez d'accord avec Monsieur le duc de Lorraine et les sieurs de Chaulmont pour le repos des laboureurs fondez en ce sur l'esdict du roy et ordonnance de Mgr de Mayenne, ce esdit est fondé sur la liberté du labourage par laboureurs faisans profession de l'agriculture; c'est accord est entretenu non seulement en ce quartier, mais par toute la France. Aussy n'est il raisonnable que les personnes de telle qualité qui n'ont aulcunes passions en leur âmes et qui apportent de la commodité pour la nourriture de l'homme soient

---

(1) Imprimée dans la *Bibliothèque de l'Ecole des Chartes*, 2ᵉ série, t. I, p. 500.

tirez en ruine avec ceux qui s'y sont jà précipitez. Ce néanmoins nous avons receu plaintes que les soldatz de la garnison de Montsauljon (1) en laquelle le sieur de Trestoudan a tous commandements, ont pris ung laboureur au lieu de Montlaudon nommé Michel Viard et emmené ses chevaulx, auxquels ils veuillent faire payer rançon ; nous scavons assurément que vous avez toute autorité et commandement sur ledit sieur de Trestoudan qui nous incite vous prier de luy commander de mectre en liberté le dit Viard et restituer ce qui lui a esté pris, car si ceste rigueur se pratique sur les laboureurs de ces quartiers, nous seront contrainctz de convier ceulx des garnisons qui vous sont voisines d'user de mesme forme. Nous ne vouldrions estre aucteurs de ce mal, nous vous prions aussy de retrancher toutes ces occasions ; attendans sur ce vostre response, nous prions Dieu vous donner,

Messieurs,

En parfaite santé longue et heureuse vie.
De Langres l'an 1593.

Vos bien bons amys à vous servir,

Les maire et eschevins de la ville de Langres,

J. ROUSSAT, N. COURTEL, GIRAULT,
HEUDELOT, ROUX ET BOULET.

A Messieurs, Messieurs les visconte mayeur et eschevins de la ville de Dijon.

---

(1) Montsaugeon, seigneurie appartenant à l'évêque de Langres, avait un château-fort dont le vicomte de Tavanes s'était emparé, et dont il avait donné le commandement à M. de Trotedan, un de ses officiers. Montsaugeon dépend aujourd'hui du canton de Prauthoy, arrondissement de Langres, Haute-Marne.

[558]

ÉTIENNE BERNARD AUX MÊMES.

Les princes de Lorraine sont entrés aux États. La conférence continue entre les royalistes et les députés des États, dont il fait partie, ainsi que de celle qui se tient chez le légat.

PARIS,
1593, 12 mai.

ORIGINAL.
B. 461, n° 491.

Messieurs,

Je vous ay donné advis de l'estat de nos affaires par deux foys depuis ce moys, et néantmoings je ne laisseray de vous advertir comme nous sommes à présent sur le point le plus important. Messeigneurs les Princes du Mayene, de Guise, d'Aumalle, d'Elbœuf avec MM. de Bassompierre pour S. A. de Lorraine, et Tornebon pour M. de Mercure [Mercœur] sont icy. Ils entrèrent aux Estats le ix° de ce moys avec déclaration et protestation fort solennelles d'avoir leurs intentions communes avec les nostres, pour la seurté de la religion et repos du royaume. Leur concorde et bonne union nous ha de beaucoup resjouys. La conférence avec ceux du party contraire sous le nom des princes et seigneurs se disant catholiqs se continue. Leurs députés, selon que je vous l'ay jà mandé, sont MM. l'archevesque de Bourges(1), de Chavigny(2),

---

(1) Renaud de Beaune.
(2) François le Roy de Chavigny, capitaine.

de Belliesvre (1), de Rambouillet (2), de Chombert (3), de Pontcarré (4), d'Esmery (5), de Thou (6), de Révol (7), de Vic (8); Mgr y en ha trois et de chacune chambre des Estats pareil nombre, MM. l'archevesque de Lyon (9), évesque d'Avranche (10), abbé de S.-Vincent (11), de Villers, admiral (12), de Belin, gouverneur de Paris (13), président Jeanin (14), de Thalemay (15), de Montigny (16), de Montaulain (17), président Lemestre l'esné (18); je me mettray après, puisque c'est mon rang, et du Laurens (19). Ceste conférence donne source à divers bruits, où il y a plus de passion que de vérité. Chacun en parle à son désir; mais, comme fidel tesmoing, je vous assureray que les principalles ouvertures et propositions n'ont estées autres de leur part que de recongnoistre le Roy de Navarre et, recogneu, le semondre et inviter d'estre catholiq. La responce de nostre costé ha rendu tesmoignage quels nous estions, et par la voix de Mgr de Lyon, prélat de zèle et rares mérites, avons conservé notre serment entier. La partie est remise au XIIII, au lieu de Surainnes. Je ne veux m'avancer

(1) Pompone de Bellièvre.
(2) Nicolas d'Angennes de Rambouillet.
(3) Gaspard de Schomberg, comte de Nanteuil.
(4) Godefroi Lecamus de Pont-Carré.
(5) D'Esmery, conseiller.
(6) De Thou, Jacq. Aug., conseiller.
(7) Louis de Révol, secrétaire d'Etat.
(8) De Vic, gouverneur de Saint-Denis.
(9) Pierre d'Epinac, député du Lyonnais.
(10) François Péricard, député de Normandie.
(11) Geoffroy de Billy, député de Vermandois.
(12) André de Brancas, député général de Normandie.
(13) François d'Averton.
(14) Pierre Jeannin, conseiller d'Etat, président au parlement de Dijon.
(15) J. Louis de Pontailler, baron de Talmay, député de Bourgogne.
(16) Louis de Montigny, député de Bretagne.
(17) Nic. de Pradel, député de Champagne.
(18) J. Lemaistre, député de Paris.
(19) Honoré Dulaurens, député de Provence.

de prédire quelle sera l'issue, sinon que l'honneur de Dieu et la seurté de sa relligion nous seront plus chers que nos vyes. Il se fait encore en ceste ville une autre conférence en la maison de M. le Légat, où les propositions du Roy catholiq doibvent estres ouyes en présence de nos princes avec deux de leur conseil, MM. Janin et Vetus, et de six des Estats, MM. de Lyon et évesque de Sanlys, pour le clergé; MM. de la Chartre et de Montigny, pour la noblesse ; de M. le Prévost des Marchands et de moy, pour le Tiers Estat (1). Dieu me fera la grâce que le deffault des capacités requises en actions si grandes sera suppléé par la continuation de ma fidélité. L'on s'est mis en ceste ville en prières avec une procession aussy solennelle qui fust oncques, afin que nous soïons inspirés de faire quelque chose à la gloire de Dieu, conservation de l'Estat et repos du pauvre peuple. Cependant tenés toutes autres nouvelles pour artifices de nos ennemys et attendés avec moy l'heure de nos résolutions en bref, où le temps ne produiroit quelques traverses contraires à nos droictes volontés, la saison ayant de moment à autre tant de variéttés que ce que l'on escrit en un jour se change à l'autre. Je suis après à faire expédier votre messagier. S'il demeure aultant à son retour qu'à sa venue vous serés tard advertys pour n'estre arrivé que le vi de ce moys. Vous priant de faire part de la présente aux villes prochainnes, puisque ma dépputation m'oblige à les recognoistre et que s'est de mon debvoir de les servir. Je n'oublieray le particulier soulagement de la province, tant pour la négociation du seel avec M. Zamet, qui est icy, que pour les autres soulagements dont je sçays qu'el ha plus de besoing que jamais. Quant à nostre ville elle ne peut estre que bien régie par vos prudents conseils, non sans extrême desplaisir de mon trop long séjour où la nécessité des affaires du général et le respect que j'ay à vos advis m'ont plus contrainct

---

(1) Ces députés avaient été nommés *ad hoc* dans la séance du 10 mai.

que la volonté ne m'y ha appelé. Vous baisant les mains avec assurance que je suis,

  Messieurs,

Votre frère et serviteur,

          BERNARD.

De Paris ce xiie mai 1593.

A Messieurs de la ville de Dijon (1).

---

[559]

Notification faite aux conférences de Suresne par les commissaires royaux à ceux de la Ligue de la résolution du roi de se faire instruire dans la religion catholique, et de la proposition d'une trêve générale.

1593, 17 mai.   COPIE DU TEMPS.
            B. 456, n° 143.

  Messieurs,

Nous avons donné compte là ou nous debvons de ce qui est passé entre nous sur le subject pour lequel ceste assemblée a esté faicte depuis le commencement que nous entrasmes en conférence, jusques aux derniers errements ou nous en sommes demourez.

Nous jugeasmes que cela se pouvoit assez suffisamment traicter par lectres et qu'il estoit besoing que ce fût de vive voix par aulcungs d'entre nous, qui après en avoir faict le discours eussent replicquées aux objections qui pourroient estre faictes; Messieurs de Schombert et Revol preindrent volontiers ceste charge comme ils en furent priez par communes délibérations faictes entre nous.

(1) Imprimée dans la *Bibliothèque de l'Ecole des Chartes*, 2e série, t. I, p. 500.

Le voyage a esté ung peu plus long que nous n'éussions désiré, pour ne vous tenir plus longuement en suspend d'ung affaire dont nous congnoissons que l'accéllération est plus que nécéssaire pour le bien commung de tout le royaulme, car si le mal presse d'ung cousté, nous croyons qu'il ne se faict moings aigrement sentir de l'autre en toutes les partyes de l'Estat, dont la religion tient le premier rang et ne reçoit moindre en sa qualité par la guerre que les autres partyes qui avec icelles font la constitution entière de l'Estat.

L'indisposition de Monsieur de Schombert quy luy arriva par chemin en allant et absence de Monseigneur le cardinal de Bourbon auquel il a fallu donner communication des choses où il tient sy grand lien, pour y apporter son advis avec les aultres princes et seigneurs qui avoient à délibérer ce qui escheoit de nouveau en nostre charge, de leur part ont esté cause d'ung peu de retardement en la response que nous en attendons, mais ce debvra estre avec ung moindre regret sy ce peu d'attente davantage est récompensé de quelque bon succez au principal comme nous le désirons et l'espérons.

Nous ne voulons vous céler, Messieurs, selon que nous ont rapporté les ditz sieurs de Schombert et Revol que les termes par lesquelz vous aviez conclud vos promesses propres n'ayent esté trouvez ung peu estranges, veu la fin pour laquelle nous sommes assemblez et que la première conception qu'en ont faicte ceulx que nous représentons n'ait produit quelque opinion qu'il y eust moings de bonne disposition de vostre part à la perfection de ceste œuvre qu'ilz n'y en apportent de leur cousté.

Mais s'ilz ont treuvé quelques rigueurs aux mots, nous n'avons oublyé d'y donner l'adoucissement que nous avions recueilly des autres démonstrations que nous avez faictes de ne vouloir reculer au bien que nous cherchons et congnoissons les ungues et les aultres estre sy nécessaires encore que les déclarations n'ayent estées sy expresses que nous leur en ayons peu donner l'entière assurance qu'ilz eussent désiré.

Or, Messieurs, nostre bien commung est d'adviser par ensemble les moyens d'assurer la religion catholicque et l'Estat, nous vous avons dict que nous n'en congnoissions aultres moyens selon Dieu et l'ancienne obéissance du royaulme ny par raison d'Estat que en la personne du roy appellé en la coronne par droict successifz qui est sans controverse et lequel vous ne nous aviez nyé, comme aussi nous croyons que vous jugez que personne n'en peult débattre ni disputer avec luy.

Vous y arguez seullement le deffault d'une qualité que nous désirons comme vous pour réunir les cœurs et volontés de ses subjectz en un mesme corps d'Estat soubz son obéissance.

Nous ne l'avons seullement désiré pour le zèle et debvoir que nous avons à nostre religion, mais aussi toujours espéré veu son bon naturel où nous n'avons jamais congneu aulcune opiniastreté que Dieu luy toucheroit le cœur et l'inspireroit à donner ce contentement au commung souhait de tous les bons catholicques.

Sy le temps a esté long, le malheur des continuelles guerres ou l'on l'a tenu occupé en est excuse trop légitime, toutesfois noz vœux et prières n'ont en cela esté cependant du toutes vaines il s'est fleschy jusques là d'en vouloir prendre les moyens et mesme tels que ses principaulx serviteurs lui ont voullu conseiller.

En quoy ilz ont voullu faire l'honneur à nostre Sainct Père le pape qui convient à sa dignité pour rendre sa personne et son pontisficat remarquable de plus grand heur qu'ait heu de plusieurs siècles aulcungs de ses prédécesseurs et pour maintenir tousjours ce royaulme uny avec le Sainct Siège et les aultres Estatz catholicques; chacun sait l'ambassade qui a esté envoyée vers Sa Sainteté pour cest effet.

Ce n'est pas qu'on ne sache qu'il y a autre voye pour y procéder et de cela nous n'avons pas esté discordans en opinion avec vous.

Depuis que l'on voit l'attente du remede désiré et recherché de saincteté trop longue et conséquemment préjudiciable au bien de ce royaulme, joinct que nul ne peult plus ignorer des traverses et empeschemens qui y sont donnez, ni de quelle part pour rendre notre mal plus long qui pourroit enfin devenir incurable, les mesmes qui avoient donné ce conseil de prendre la voye de Romme l'ont torné à prendre le remède à noz maulx qui est dans le royaulme, c'est en ce qui touche la consternation de Sa Majesté, ne laissant toutes fois d'avoir tousjours intention de rendre l'honneur et la submission à Sa Sainteté qui luy appertient.

Et comme Sa Majesté s'estoit fleschy au premier advis, elle a volontiers embrassé le second, ayant résolu de convocquer avec soy ung bon nombre d'Evesques et autres prélatz et docteurs catholicques, pour estre instruicte et se bien resouldre avec eulx de tous les pointz concernant la religion catholicque. Les despesches en ont estés faictes avant que les ditz sieurs Schombert et Revol soient partiz de Mantes.

Elle a outre ce résolu de faire en mesme temps une assemblée d'ung plus grand nombre que faire se pourra des princes et autres grandz personnages de ce royaulme, pour rendre l'acte de son instruction et de sa conversion plus solennel et tesmoigner en ce royaulme et parmy toutes les nations chrestiennes.

Aussy, Messieurs, ce que nous vous avons cy devant dict que nous espérons touchant la dicte conversion, nous croyons et le vous pouvons à présent asseurer comme le sachant par sy expresses déclarations que Sa Majesté a faictes aux princes officiers de sa coronne et autres sieurs catholicques qui sont près d'elle et eulx à nous paru que les ditz seigneurs de Schombert et Revol nous ont apporté de leur part, qu'il ne nous peult plus demourer aulcune occasion d'en doubter y estant Sa Majesté résolue, non comme chose qui despende du succès et événement de ceste conférence, mais pour avoir congneu et juge estre bon de le faire.

Nous sommes très aises de vous pouvoir donner ceste nouvelle, croyant que vous la recevriez pour bonne selon ce que nous avons congneu de voz cœurs et intentions et espérons aussi que vous ne ferez plus difficulté de traicter des conditions et moyens de la paix avec la seureté de la religion catholique et de l'Estat, qui est la fin pour laquelle ceste assemblée a esté faicte et accordée.

Nous n'entendons vous presser d'entrer pour ceste heure en traité avec Sa Majesté, mais il nous semble que vous le pouvez et debvez faire sans scrupule avec les princes et seigneurs catholicques que [nous représentons, aultrement seroit en vain que vous en avez accepté l'offre et semonce qu'ilz vous en ont faictes et le pouvoir que nous avons de leur part, apprès avoir heu la coppye et communication d'icelluy.

Ce sera pour gagner temps et commencer de se rapprocher de la réunion à laquelle il nous fault venir sy nous n'aymons mieulx rendre les estrangiers maistres de noz vies et moyens que les posséder par nous-mesme et néanlmoings pour ne vous charger plus avant que ce que vous vouldrez en ce qui touche le Roy; vous pourrez réserver sy bon vous semble, que rien ne sera effectué de ce qui seroit accordé jusques à ce qu'il soit catholicque.

Et affin que son instruction ne soit interrompue ny empeschée par les occupations de la quelle Sa Majesté est contente d'accorder une tresve générale pour deux ou trois mois encore qu'elle congnoisse bien qu'elle puisse porter beaulcoup de préjudice à ses affaires, ce que nous estimons debvoir estre d'aultant plus volontiers de vostre part, que avec le bien qu'elle apportera à ce bonheur, chacun pourra faire sa recette en liberté, et sera ung grand heur pour tous s'il plaît à Dieu nous donner la paix, qu'elle nous trouve pourveuz de fruictz que l'on aura sceré par le moyen de la dite tresve, ce qui adviendra sy l'on ne mect ce tempérament aux désordres de la guerre.

Fait à Suresne le xviie May 1593.

[560]

LES MAGISTRATS DE LANGRES A CEUX DE DIJON.

Nouvelles plaintes sur les déportements de la garnison de Montsaugeon.

LANGRES,
1593, 18 mai.

ORIGINAL.
B. 461, n° 192.

Messieurs,

Nous vous envoyons exprès ce pourteur pour nous plaindre à vous de Monsieur de Trestoudain qui extend ses prinses sur tous sexes et toutes personnes, mesme jusque aux petis enffens, qui ne sont encore capables ny du droict ny de l'injure. Ung jeune enffent de ceste ville s'en allant en une ville pour étudier a été prins et est détenu prizonnier à Montsauljon, et ne le veult laisser aller sans ransson. Vous scavés comme à vostre poursuitte nous escripvimes à Monsieur de Vaugrenant pour la liberté de quelques enffens de vostre ville, qui estoient detenuz prizonniers à Sainct-Jehan-de-Losne, les quelz par effect, sur ce que nous en escripvimes à Monsieur de Vaugrenan furent renvoyés sans aulcune ransson. Nous vous prions doncq user de la mesme justice à l'endroict de nous. Et vous en ferons le semblable en tel occasion qui se presentera, quant requis en serons. Suppliant le Créateur qu'il vous tienne,

Messieurs,

En sancté très longue et heureuse vye.

Ledit sieur de Trestourdain menasse de depesseller et arracher noz vignes du Montsauljonnois. Nous vous prions de luy en escrire, affin que nous n'ayons poinct subject le semblable que nous fera celui qui commencera à user de tel voye est digne de mort et doibt estre chastié par une mutuel et réciprocque poursuitte.

Ce XVIII may 1593, de vostre ville de Langres.

Voz bien bons amys serviteurs et voisins,

Les maire et échevins,

J. ROUSSAT, NOURTET, P. MARINA, GIRAULT.

---

[561]

ÉTIENNE BERNARD AUX MÊMES.

Récit de ce qui s'est passé aux conférences de Suresne, aux États et à la conférence tenue chez le légat, où les ambassadeurs du roi d'Espagne ont proposé l'élection de l'Infante Isabelle.

PARIS, 1593, 22 mai.

ORIGINAL. B. 456, n° 144.

Messieurs,

Nous avons maintenant de la besogne taillée pour penser à aultre chose que d'en parler et escrire ; seullement le théâtre est remply de divers personnages, et ne scavons comment il fauldra qualifier l'histoire. Le dernier acte nous l'enseignera ; vous en debvez avoir jà ouy plusieurs bruicts. Chacun en forge des pensées et discours à son humeur, et néantmoins ce ne sont que parolles en l'air ; car jusques à ores, tout est en incertitude (1). La vérité de ce qui s'est passé est telle que depuis le XXIXe du mois passé, il se faict une conférance au lieu

(1) Les Etats allaient délibérer sur les propositions présentées, d'une part, par les députés royalistes, à la conférence de Suresnes, et de l'autre, par les Espagnols.

de Suraines avec les seigneurs de Bourges, de Chavigny, de Belliesvre, de Rambouillet, de Pontcarré, d'Esmery, Revol et de Vic, desputtez des princes et seigneurs se disant catholiqs au party du Roy de Navarre. Monseigneur et les Estats ont de leur part les seigneurs de Lyon, d'Awranches, de Saint-Vincent, de Villers admiral, de Belin, président Jeanin, de Thalemay, de Montigny, de Montaulin, président le Maistre l'esné, mon rang me fera nommer après luy, et Du Laurens. Plusieurs ouvertures et propositions se sont faites par ceuls du party contraire, qui nous ont invités et treuvés disposés à ladite conférence : comme de recongnoistre le Roy de Navarre, et, recongneu, l'inviter ensemblement à se faire catholicque. Les raisons pour nos excuses ont estées dignement discourues par M. de Lyon. Je vous les représenteroys sy je ne sçavois à qui j'escris et que je porterois de l'eau à la mer. Ces MM. ont bien recongneu que c'estoit se tresbûcher au premier pas, que ce n'estoit le chemin de seureté et de repos ; ils ont depuis un peu changé de langage et adoucy les mots, car en lieu d'espérance, ils parlent en assurance du futur et que le Roy de Navarre se fera catholicque, après que par les prélats et docteurs catholicques de son party il sera instruict, sans qu'il faille passer les monts ny chercher hors le royaulme les solemnités de la conversion, ne laissant d'avoir intention de rendre l'honneur à S. S.; cependant que l'on ayt à traictier, et que pour s'aprocher de la perfection de l'euvre l'on face une suspension d'armes pour trois mois. Ceux qui ont de la conscience et jugement appréhendent et recongnoissent le danger. Les vrayes conversions se font par mouvements du ciel et par les marques d'une pénitence et humilité. Le grand empereur Théodoze en a monstré l'exemple et le conte Raymond de Tholoze, du temps de saint Loïs, ne fist pas reffus d'abjurer ses erreurs, se réconcilier à l'Esglise et prendre absolution de N. S. P. C'estoit luy qui parloit en personne, qui ne se servoit pas de la voix de ses subjects pour déclairer ses volontés, mais qui confessa ses faultes et monstra par effects qu'il n'y avoit rien de fainct et dissimulé. Je n'ose pour mon particulier juger à la légère de l'issue, quoyque je sois tout porté au bien de la relligion et repos du peuple. Le Mercredy xix de ce moys les Princes et Estats s'assemblèrent pour respondre, c'est à quoy nous sommes maintenant employés, où nous avons bon besoing de l'ayde et grâces de Dieu, puisqu'il s'agist du poinct principal de nostre salut. Je ne voulois pas croire l'establissement des ministres à gaiges couchés sur l'estat comme officiers par toutes les provinces; mais j'ay veu de quoy, et par nos chambres ont estées leues les lettres patentes signées Henry et Pothier, avec le sceau en forme, de l'année 1592, depuis refraichies par aultres du dernier de janvier 1593 (1). Vous sçaurés aussy qu'il se faict une aultre conférance en la maison et présence de Mgr le Légat avec les ambassadeurs du Roy d'Espaigne, où les princes assistent avec MM. de Rosne, admiral, président Janin et Vetus. MM. de Bassompierre, pour S. A. de Lorraine, et Tornabon, pour Mgr de Mercure, y sont appelés, avec six de MM. des Estats, M. l'Archevesque de Lion et evesque de Senlis, pour le clergé, M. de la Chartre et de Montigny pour la noblesse, M. le Prévost des Marchands et moy pour le Tiers Estat. Ils nous ont proposé le droit prétendu par la sérénissime infante au Royaume et s'il estoit besoing la favoriser de l'élection de la couronne. Dom Inigo de Mendoze debvoit estre ouy (2). Je ne sçays pas quelles seront ses raisons, mais nos volontés sont fort esloignées de leurs demandes; aussy ne crois-je pas que ce soit leur dernier mot, ny qu'ils veullent persister à des ouvertures contraires à nos loys. Toutes ces aultres propositions aux deux conférances donnent subject aux bruits qui courent; la liberté d'aller à quatre lieues de Paris, la surséance d'armes accordée pour le temps de la conférence ausdits lieux et la facilité des passeports font porter

(1) Les lettres auxquelles Bernard fait allusion sont insérées dans le recueil des Etats de 1593, p. 190 et suivantes.
(2) Il prononça son discours à la séance du 29 mai.

les bruits de la paix. Néanmoins les affaires sont aux termes que je vous les escrits fidellement ; les ungs sont combattus de craincte, les auttres norris d'une espérance. Le zèle de la relligion faict dire qu'il est mal séant et plus périlleux de voir marchander une conversion et la traicter comme sur un bureau de banque et qu'il y a du desseing ; le proffit temporel, commodités et douceurs d'une meilleure saison font tenir aultre langage. Ainsi voguons nous incertains parmy les flots d'une mer bien agitée, parmy des murmures et doubtes de grands changements où les plus saiges de l'un et l'autre party se trouvent bien empeschés. Le fault il se résouldre et veoir ce que nous deviendrons. Les vaines plainctes et les faultes passées se repreignent assés souvent, mais les remèdes présens nous sont nécessaires ; nous y travaillons pour tost vous en porter des nouvelles que je désire estre à l'honneur de Dieu et soulagement d'un chacun.

De Paris ce xxii mai 1593 (1).

(1) Cette lettre, écrite de la main de Bernard, n'est pas signée.
Imprimée dans la *Bibliothèque de l'Ecole des Chartes*, 2ᵉ série, t. I, p. 500.

[562]

LES PRÉVOT DES MARCHANDS ET ÉCHEVINS DE PARIS
A CEUX DE DIJON.

La présence de M. Bernard étant indispensable aux États, il les prie, dans l'intérêt du pays, de ne point presser son retour à Dijon.

PARIS,
1593, 22 mai.

ORIGINAL.
B. 461, n° 194.

Messieurs,

Nous ne doubtons point que la présence de M. Bernard, maire de votre ville ne vous soit très désirée, comme de personnage très utile ; mais aussy est-il nécessaire par deça pour le bien général et pour les affaires importantes qui se traictent, auxquelles il s'est dignement emploié, auquel nous pouvons dire avec vérité que la France lui en aura obligation. Ce qu'estant recognu par ung chascun, il a été prié continuer ses bons offices et particulièrement l'en avons requis, ores qu'il inciste fort sur son retour, représentant la charge qu'il a en votre ville. Vous priant fort affectionnément donner ce contentement au publiq et ne presser tellement son retour que vous et nous soions frustrés du bien que nous attendons du séjour qu'il fera par deça pendant la tenue des Estats et confé rences. En cest endroit nous saluons humblement vos grâces et prions Dieu,

Messieurs,

Qu'il vous maintienne en sa saincte garde.
De Paris le xxii° may 1593.

Vos plus humbles et affectionnés frères pour vous servir,
Les Prévost des Marchans et Eschevins de Paris.
LHUILLIER, LEMOYNE, LANGLOIS, NERETZ (1).

A Messieurs les eschevins de la ville de Dijon.

(1) Imprimée dans la *Bibliothèque de l'Ecole des Chartes*, 2° série, t. I, p. 500.

[563]

PHILIPPE SEGA, CARDINAL DE PLAISANCE, LÉGAT DU PAPE, AUX MÊMES.

Les circonstances au milieu desquelles se trouve M. Bernard ne lui permettent pas de quitter les États pour aller rendre ses comptes. Fort de leur autorisation, il en a usé pour le déterminer à rester à son poste.

PARIS,
1593, 26 mai.

ORIGINAL,
B. 461, n° 195.

Messieurs,

Celle que m'écrivistes le moys passé, m'a apporté une bien grande consolation, non seulement pour le tesmoignage qu'elle me rend de vostre sainct zèle et constance, dont je n'ai jamais doubté, mais aussi pour m'avoir fait cognoistre que vous supportez l'absence de M. Bernard, vostre chef et magistrat, avec une patience et résolution très digne de vous. Cela nous a beaucoup servy à le divertir des poursuites qu'il faisoit pour estre licencié de ceste compaignie, afin de vous aller rendre le debvoir auquel sa dignité l'oblige, car à peine vouloit-il prester l'oreille aux raisons qu'on luy mettoit en avant pour le retenir, jusques à ce que moy-même l'ay assuré, en vertu de vostre lettre susdicte, qu'oultre ce que vostre accoutumée vigilance sçaura bien suppléer et pourveoir à tout ce qu'elle jugera convenable au bien et repos de vostre ville, vous le tiendrez toujours au mesme rang et respect que s'il estoit au milieu de vous. Certes il est bien raisonnable, vous pouvant faire foy que sa prudence et dextérité s'est rendue si signalée et recommandable à toute ceste assemblée que s'il venoit à s'en retirer, soubs quelque prétexte que ce fust, cela seroit treuvé d'un fort mauvais exemple, notamment à ceste heure que nous sommes au plus fort des affaires et que luy mesme a cest honneur d'avoir esté choisy pour l'un de ceux qui particulièrement y sont employés. Ce sera donc à vous, Messieurs, de luy faire bonne l'assurance que je lui ay donnée de vostre part, comme je vous en prie bien affectueusement, afin que, cependant qu'il s'acquiert de pardeça beaucoup de réputation, il ne perde entre vous rien du crédit et autorité que vous avez méritoirement déférés à ses rares vertus et mérites. Je ne doubte pas qu'il se sème divers bruits sur ce qui se passe en ceste ville, mais vous en apprendrez la vérité par les lettres que vous en escrira ledit sieur Bernard, auquel me remettant pour le surplus, je supplieray en cest endroit N. S. qu'il vous ayt,

Messieurs en sa saincte protection.

De Paris ce 26 may 1593.

Vostre très affectionné à vous servir,

PHILIPPES.
Cardinal de Plaisance, légat.

A Messieurs les Eschevins de la ville de Dijon, à Dijon.

---

[564]

ÉTIENNE BERNARD AUX MÊMES.

Obéissant aux commandements du légat et du duc de Mayenne ainsi qu'aux prières de ceux de Paris, il les prie de l'excuser s'il ne retourne pas à son poste. Envoi de nouvelles.

PARIS,
1593, 26 mai.

ORIGINAL.
. 461, n° 196.

Messieurs,

Mon serment m'oblige de vous aller rendre compte de ma charge en ceste saison. La joye d'un heureux retour ne m'eust pas tant contanté que la consolation et honneur de vos présences; mais la légation que vous avés jugée profitable au public, pendant le temps de mon magistrat, me lie et retient encores par deça avec un séjour plus long qu'il n'a esté préveu et espéré. Notre regret en doibt estre commung et toutteffois l'excuse sera toujours bien reçue, puisque les loix les plus fortes doibvent céder à la nécessité. Nous sommes maintenant au fort de nos affaires et sur le point de conserver ou veoir perdre la relligion et l'Estat par le déguisement de nos ennemys, ou mauvais conseils de nos amys, ne pouvant vaincre les ungs, ny par raison persuader les autres : par ainsy, il n'est pas raisonnable de se retirer au besoing. Je ne ferois moins de tort à ma qualité de Viscomte Maïeur qu'au nom de nostre ville des premières et plus catholiques de la France, si, aux plus périlleux mouvements, je ne demeurois ferme et immuable. Les commandemens de Messeigneurs le Légat et du Mayene, avec les prières de MM. de Paris, me fortiffieront, et rabatront le murmure de mon absence, oultre la considération par moy prise que par vos prudences toutes chozes seroient sy bien réglées qu'il n'y aura desbordement ny violence au préjudice du repos publiq, ne désirant rien plus que de me conformer et avoir pour aggréable ce que vous jugerés le meilleur. Vous savés comme j'ay veiscu, et qu'esloigné de toutes ambitions, l'honneur, la concorde et seureté de la ville m'est plus chère que ma propre vie. Je vous ay ces jours passés donné advis des affaires du général par lettres commises au laquays du s^r de Lux et à un messager de Chalon. Vous verrés l'estat du présent par l'extraict cy joinct, pareil à celluy que j'ay donné au laquays de M. de Sennecey, et lequel contient la vérité de ce que se passe par deça. Vous baisant les mains d'aussy bon ceur que je prie Dieu,

Messieurs, vous donner en prospérité accomplissement de vos désirs.

De Paris ce xxvi de may 1593.

Votre frère et serviteur,

BERNARD.

Ne croyés au bruict de la future et prétendue conversion du

Roy de Navarre, colorée d'une douceur de paix. Il va tous les jours au presche, ayant remis son instruction au XIX juillet, et s'il n'y ha point de doubte qu'il veut l'édict de Juillet estre observé, qui n'est guères moins dangereux que celuy de Janvier. C'est la pure vérité.

A Messieurs les Echevins de la ville de Dijon (1).

---

[565]

LE DUC DE MAYENNE AUX MÊMES.

Il leur mande qu'il n'a pas voulu consentir au départ du maire Bernard, et les prie de surseoir à toute élection jusqu'à nouvel ordre ou jusqu'au retour du maire.

PARIS,
1593, 28 mai.

ORIGINAL,
B. 461, n° 199.

Messieurs,

Ayant esté prié plusieurs fois par M. Bernard de lui permettre son retour à Dijon, affin d'y pouvoir estre lors que son magistrat doibt expirer, pour s'en descharger et rendre compte, comme il est tenu, je ne luy ay peu accorder sa requeste, pour ce que nous sommes sur la conclusion et résolution des affaires les plus importantes, où il est du tout nécessaire; y ayant jusques icy servy avec tant d'affection, intégrité et prudence, que non seullement j'ay désiré sa demoure, mais tous les députés qui sont à l'assemblée m'en ont instamment prié et requis. C'est pourquoy je l'ay retenu, m'asseurant que vous recevrez son excuse et la décharge que luy ay donné, puisque c'est pour le public. Et pour ce que je

(1) Imprimée dans la *Bibliothèque de l'Ecole des Chartes*, 2ᵉ série, t. I, p. 500.

ne juge pas estre à propos qu'on procède cependant à aucune élection d'un autre Viconte Mayeur, je vous suplie, le temps venu pour y procéder, de le sursoir jusques à ce que vous ayez autres nouvelles de moy ou bien jusqu'au retour dudict s^r Bernard, qui sera dans peu de temps. C'est chose que je désire de toute mon affection, et pour considérations qui regardent le bien et repos de vostre ville. Je vous prie donc que ma volonté soit suivie et que le fassiez entendre de bonne heure et assez à temps à vos habitans, affin que chacun se dispose d'y obéyr et que vous y aportiez de votre part ce que je me suis toujours promis de vos fidélité et affection envers moy, qui ne désire que votre bien, repos et conservation. Sur ce, après m'estre affectueusement recommandé à vous, je prieray Dieu,

Messieurs,

Qu'il vous ayt en sa sainte garde.

De Paris le xxviiie jour de may 1593.

Votre antièremant affectionné et meilleur amy,

CHARLES DE LORRAINE.

BAUDOUIN.

A Messieurs, Messieurs de la ville de Dijon (1).

---

(1) Imprimée dans la *Bibliothèque de l'Ecole des Chartes*, 2e série, t. I, p. 500.

[566]

LE DUC DE MAYENNE AUX MÊMES.

Recommandation de ne point se préoccuper des bruits qui circulent au sujet de la conférence et d'être bien assurés que rien ne se fera au détriment de la religion.

1593, 2 juin.

ORIGINAL.
B. 466, n° 167.

Messieurs,

Vous entendrez divers bruictz sur les conférences qui se font en ceste ville pour adviser à prendre quelque bonne résolution en noz affaires et chacung selon qu'il a bonne ou mauvaise intention s'en voudra prévaloir à nostre bien ou désadvantage, c'est pourquoy je vous prie et exhorte de demeurer toujours fermes et constants en votre première affection et vous reposer sur l'intégrité et prudence de l'assemblée qui est icy asseurez que tout ce qui pourra et debvra estre faict pour la seureté et conservation de la religion le bien et repos de cet Estat sera meurement considéré et que rien ne sera obmiz pour donner sur ce contentement aux gens de bien. Nous travaillons pour parvenir à ces effectz tous les jours et ne cesserons que Dieu ne nous ayt faict la grâce d'achever cest œuvre pour laquel nous sommes assemblez dont je me prometz bonne yssue. Quant nous serons plus esclairciz je vous en donneray advis plus particulier. Cependant je me recommanderay affectueusement à vos bonnes grâces et prieray Dieu qu'il vous ayt,

Messieurs,

En sa sainte et digne garde.

De Paris le 2 de juing 1593.

Votre affectionné et meilleur amy,

CHARLES DE LORRAINE.

BAUDOUYN.

A Messieurs les échevins de la ville de Dijon.

---

[567]

ÉTIENNE BERNARD AUX MÊMES.

Nouvelles de la conférence de Suresne, des États et des propositions des ambassadeurs d'Espagne. Témoignages de regret de ne pouvoir en ces circonstances retourner près d'eux pour rendre compte de sa magistrature. Envoi des articles répondus aux commissaires royaux et prière de les communiquer au prince de Mayenne et aux villes de la province.

PARIS, 1593, 2 juin.

ORIGINAL. p. 461, n° 260.

Messieurs,

Vous aurés occasion de vous contanter de la fréquence de mes advis; car, depuis que nous traictons le poinct principal de notre légation, je vous ay amplement escrit par le lacquays de M. de Lux, par un messagier de Chalon chargé de mes lettres d'importance, par le petit François et par la Tour. Il est bon besoing d'être souvent advertys parce que la diversité de la saison et des hommes fait jetter divers bruicts inventés et receus selon les diverses humeurs et compositions. Vous en aurés veu la vérité par les extraictz jà envoyez, en ayant encore chargé le porteur pour obvier aux périls des pertes ordinaires. Rien n'est depuys survenu de nouveau et sommes de moment à aultre employés à nous résouldre et respondre aux articles de nostre dernière conférence, ayant faict difficulté de nous renvoyer la coppye que la responce ne soit faicte, ores que je sache bien que noz ennemys ne fauldront pas de les publier partout pour endormir les moins sensibles et donner un avant goust du repos bien nécessaire et honorable quand il s'affermera avec l'honneur de Dieu. Que s'il y ha de la demeure et retardation, la matière le requiert bien. Les Estats ne sont pas tous en un mot et fault du temps avant qu'un chacun en ayt parlé. Oultre qu'aux mesmes jours les ambassadeurs d'Espagne veuillent estre résolus, la difficulté n'estant moindre pour leur responce. Que si j'avois ce bonheur d'estre une bonne matinée en votre compagnée, vous auriés part à tous le secret, participeriés à mes appréhensions, et sortirois bien joyeux par la participation de vos sages conseilz, qui me sont plus nécessaires que jamais, puisque le repos de toute la chrestienté et la seureté de notre saincte relligion se remue maintenant, et qu'aux extrémités où nous sommes nous n'y voyons qu'un précipice dangereux; et pensans estre au port, nous nous trouvons aux flots. Voilà pourquoy j'ay esté retenu par debvoir, par commandement et par zèle soubz une ferme espérance de tost nous résouldre et ne point partir qu'avec un heureux et salutaire succès. Aultrement, tant de conseils ensemble demeurantz inutilz, produiroient de la honte et désespoir. Je ne laisse d'avoir extrême regret et d'estre touché au cœur plus que je ne serai jamais d'estre absent ou temps que je suys par serement obligé de me descharger et rendre compte du Magistrat. Mais considérés qu'il n'i va rien de mon fait, qu'une si longue demeure n'estoit preuvée, qu'il y avoit promesse d'un bref retour; que sur mes excuses il y ha eu reitéré commandement de N. S. P.

par la bouche de M. son légat ; que Mgr en ha escript à diverses foys, que vous ne l'avés seullement trouvé bon pour les raisons portées par vos registres, mais l'avez voulu pour le bien de notre religion, soulagement du peuple et honneur de la ville. Je suis à mes fraix parmi des soucys et périlz, sans desseing ny proffit particulier. Vous n'avez esté moins faschés que moy, triste de mon départ, et ne serions moins joyeux ensemblement de mon retour, si la nécessité et la raison ne combatoit noz volontéz. Par ainsi deffendés une cause qui vous est commune et où il n'ira rien de mon particulier qu'il n'y aille du vostre. Quand vous serez contant, je seray consolé et me soucieray peu du murmure où le peuple sera poussé et porté par l'ambition d'autruy. Je parle de vostre contantement, par ce que je vous ay jà mandé que je proteste devant Dieu et devant vous que je me veux régler et conformer à tout ce que vous jugerez meilleur pour le bien, seureté et tranquilité de nostre ville : ayant tant de respect à vos prudences et paternelles volontés que j'y commets et dépose le salut public et le mien, d'aussy entière affection que je vous baise les mains et prie Dieu,

Messieurs, vous donner en prospérité accomplissement de vos désirs.

De Paris ce 2ᵉ juin 1593.

Votre frère et serviteur,

BERNARD.

Depuis, nous avons fait responce aux articles donnés à la conférence, où l'on s'est bien donné garde de mettre les premières propositions et lesquelles néantmoins verront le jour ci-après. Je vous envoye extraict de tout, affin qu'il vous plaise communiquer les articles et response à Mgr le prince et à Messieurs les Viscomte et de Franchesse (1), estant nécessaire

(1) Commandant le château de Dijon.

d'envoyer aux aultres villes la réponse par nous faicte et que nous portons aujourd'hui à Surainnes. Mgr le désire ainsy, affin que l'artifice de noz ennemys ne gaigne plus que la force estant véritable que le Roy de Navarre pense si peu à sa conversion qu'il va tous les jours au Presche, et ne furent jamais les ministres mieux vus et venus qu'ils sont maintenant en court.

De Paris ce 5e juing 1593.

A Messieurs, Messieurs de la ville de Dijon (1).

---

[568]

ÉTIENNE BERNARD AUX MÊMES.

Rien n'a été encore décidé aux conférences sur la trêve. Les premières propositions des ambassadeurs d'Espagne ayant été écartées, ils ont offert de conférer la couronne à l'Infante et de la marier à un prince français. Ces ouvertures donnent beaucoup à penser et il désirerait bien avoir leur avis. Néanmoins il les conjure de penser qu'il ne changera pas.

PARIS
1593, 22 juin.

ORIGINAL.
B. 461, n° 202.

Messieurs,

Je ne pertz aucune commodité pour ayder à rabatre les divers bruitz que nos ennemys publient d'artifice. Il est bon besoing que la vérité soit pour nous, laquelle nuée (2) est plus forte que leurs armes de mensonge. L'on travaille au discours de ce que s'est passé. Mais ilz ont de leur costé plus de diligence. La tresve ha esté longuement en termes. Je ne

---

(1) Imprimée dans la *Bibliothèque de l'Ecole des Chartes*, 2e série, t. I, p. 500.

(2) *Nuée* pour *nue*.

sçay encores ce qu'il en sera et ne vous peu rien escrire de certain, m'esbaïssant avec raison de ceux qui escrivent avec tant d'assurance : il fault bien qu'il y ayt plus d'affection ou passion que de certitude, car tout est encore en mouvement tel est si grand que les médecins scavent l'issue de la maladie. L'on vous peu bien mander que les propositions premières et secondes de MM. les ambassadeurs d'Hespagne ont esté refusées pour les personnes de l'Infante et de l'archyduc Arneste. Maintenant l'on est en d'autres termes, car le jour d'hier, en une célèbre assemblée où Mgr le Légat entra extraordinairement, ils proposèrent de donner l'Infante à un prince francoys, entre lesquels princes, ils déclarèrent comprendre toute la maison de Lorraine, à la charge que le choix et nomination demeureroit à S. M. C. et que dès à présant nous rendrions résolution sur la royaulté du roy françoys qui seroit nommé et de l'Infante propriétairement et *in solidum*, et où promptement nous ne nous en résoudrions, que la proposition seroit comme non faicte. Il y ha bien d'autres circonstances en leurs propos qui donnent à penser aux mieux entendus. Par ainsy, j'aurois bien besoing de vos advis, car ma faible portée ne permet pas d'attaindre sy loing. Je juge néantmoins qu'il fauldroit plus d'effect que de langage, et que la force présente nous est nécessaire. Je me réserve de vous en dire plus long qu'il n'est permis d'escrire. Ayés cependant toute assurance que je ne changeray jamais et que les périls et extrêmes apréhensions ne me feront autre que je doibz estre. Vous aurés veu celles que je vous ay escrites par Jehan Jeunin, venu à temps pour suppléer le deffault de ma présence, vous ayant remis le repos, l'honneur et seureté de la ville en main, pour vous croire et avoir vos délibérations aggréables, estant esloigné de touts desseings et ne tenant rien plus cher que d'estre en vos bonnes grâces, plus à mon ayse de vivre homme privé que de me porter à la fumée des charges si ambitieusement affectées. Je ne doubte pas que les lettres de par deça n'ayent estées diversement prises et interprétées. Ceux qui sans passion voudront juger de mes déportements ne me feront ce tort que de croire que je veuille retenir la place que je sçays estre méritée par un bon nombre d'hommes d'honneur ausquels je rendray toujours obéissance, et me conformeray à ce qui sera trouvé meilleur suivant mes premières protestations; vous baisant les mains d'aussy bon ceur que je suis,

Messieurs,

Votre humble serviteur,

BERNARD.

De Paris ce XXII juing 1593.

A Messieurs, Messieurs de la ville de Dijon (1).

---

[569]

LES MAGISTRATS DE CHAUMONT AUX MÊMES.

Le duc de Nevers est arrivé à Langres; son intention est d'assiéger quelques places. Prière d'en informer le prince de Mayenne afin de les assister le cas échéant.

CHAUMONT,
1593, 6 juillet.

ORIGINAL.
B. 461, n° 204.

Messieurs,

Estant de nostre debvoir de vous bailler advis, et à tous ceulx de ce sainct party de ce qui ce passe en ceste province au détriment de la cause. Et certains qu'avons estez de l'arivée de Monsieur de Nevers en la ville de Langres du jour de di-

(1) Imprimée dans la *Bibliothèque de l'Ecole des Chartes*, 2ᵉ série, I, 500.

manche dernier au soir, en intention comme nous avons apris de faire quelques effects et assiéger quelques places. Nous vous avons faict ce mot pour vous faire certains de ce que dessus et vous supplier humblement (comme nous faisons) qu'en cas que ledict sieur de Nevers entreprene sur quelque place de nous assister de vos crédictz et faveurs envers Monseigneur le prince de Mayenne, commandant en vostre province, ad ce que son bon plaisir soit d'empescher par tous moyens ledict sieur de Nevers en ses entreprinses et desseings, qui aultrement apporteroit de la ruyne en ce pays et incomoderoit grandement les villes et places tenant pour ce party ; encores qu'elles soient en bonne volunté de se deffandre et bien résister, porveu qu'elles ayent quelque espérance de secours. Vous suppliant doncques d'y adviser et si en aultre endroict nous pouvons quelque chose pour vostre ayde et service, nous trouverez aussi prêtz que le pourrez désirer priant Dieu,

Messieurs,

Vous donner en parfaite santé ses sainctes grâces.

A Chaulmont ce sixiesme juillet 1593.

Voz humbles serviteurs et affectionnés voisins et bons amys,

Les agents et eschevins de la ville de Chaulmont (1).

A Messieurs,

Messieurs les maire et eschevins de la ville de Dijon.

---

(1) Ces lettres ayant été communiquées le 8 à la Chambre de ville, celle-ci fit répondre que tout ce qu'elle pourrait pour la ville de Chaumont elle le ferait volontiers. (*Registre des délibérations.*)

[570]

ÉTIENNE BERNARD AUX MÊMES.

Bien qu'il ait à se plaindre de l'oubli où ils le laissent, il continuera de les tenir au courant de ce qui se passe. La trêve a été conclue pour trois mois. Les États se tiennent toujours fermes au parti de l'Union. On est néanmoins constamment en défiance. Les États du pays pourront s'assembler durant la trêve.

PARIS,
1593, 31 juillet.

ORIGINAL.
B. 461, n° 209.

Messieurs,

Je ne veux pas pour votre oubliance manquer à mon debvoir. Ce m'est honneur de vous escrire (1) souvent et croirois estre honoré si l'on se souvenoit de la fidélité de mes services. Mais puisque vous le jugés aynsy et que depuis le changement du magistrat je ne mérite vos souvenances, je le treuveray bon avec vous, et pour cela je ne changeray ma façon accoustumée de vous advertir de l'estat de nos affaires. Il est tel maintenant que je tiens la tresve faicte pour trois moys : les raisons de la tresve sont justes et nécessaires. Elle n'est

---

(1) Les efforts du Légat et de Mayenne pour retarder les élections municipales afin d'assurer la réélection d'Etienne Bernard étant demeurés impuissants, la Chambre de ville, dirigée par Jacques La Verne, compétiteur de Bernard, s'était refusée d'obtempérer aux volontés de ces deux puissants personnages, et, nonobstant les services rendus par l'*Antique* à la cause de l'Union, non seulement les élections avaient eu lieu à l'époque ordinaire, mais aucun suffrage n'avait été donné à Bernard. Celui-ci s'en étant plaint par une lettre du 10 juillet conservée par La Verne, la Chambre lui répondit que l'élection s'était faite avec « autant de candeur, paix, fassons louables que jamais ; » elle trouvait fort étrange le blâme qu'il voulait verser sur elle, et, comme elle avait été informée que la lettre par laquelle elle s'excusait auprès de Mayenne de ne pouvoir satisfaire à son désir ne lui était point parvenue, elle prescrivit de lui expédier aussitôt le duplicata. — Délibération du 24 juillet.

encore publiée. Cependant les Estats ne laissent de continuer et d'être fermes au party de l'Union des Catholiqs. Vous en verrés les délibérations au premier jour, et serés contens des particularitéz, par la bouche de ceux qui auront congé de retourner : j'espère estre de la partie et vous apporter de la consolation. Les langages de plusieurs seront selon leurs passions, et la vérité aura plus de crédit et de meilleurs effets. Le porteur ne s'est voullu charger d'autres nouvelles et la saison ne permet pas d'en escrire davantage. L'on ne laisse d'estre par deça sur ses gardes plus que jamais. Vos prévoïances n'ont besoing d'advis pour ce regard. La dilation des conclusions de nostre assemblée générale fera que, pendant le temps de la tresve, les Estats de la Province auront plus de seurté et liberté pour se résoudre et pendant ce mesme temps on aura advis des négociations et voiages qui se préparent au dehors. Cest advertissement servira s'il vous plaist aux autres villes, afin qu'à vostre exemple elles usent de leur ordinaire vigilance et soyent advertyes de la vérité de nos affaires. Je croys que suivant mes prières vous aurés faict de mesme de mes autres advertissements. Vous baisant les mains d'aussi bon cœur que je suis,

Messieurs,

Votre serviteur,

BERNARD.

De Paris ce xxxi juillet.

A Messieurs, Messieurs de la ville de Dijon (1).

(1) Imprimée dans la *Bibliothèque de l'Ecole des Chartes*, 2ᵉ série, t. I, p. 500.

[571]

LES MAGISTRATS DE LANGRES A CEUX DE DIJON.

Ils ont reçu les articles de la trêve et sont décidés à l'observer. Toutefois ils désirent savoir si telle est aussi leur intention, et, dans ce cas, ils les prient d'empêcher les violences et les pilleries de la garnison de Montsaugeon.

LANGRES,
1593, 13 août.

ORIGINAL.
B. 461, n° 210.

Messieurs,

Nous avons receu les articles de la tresve géneralle, laquelle doit avoir lieu huict jours après qu'elle a esté accordée particulièrement es pays de Brye, Champaigne et Bourgogne, de nostre part nous nous délibérons à y satisfaire et l'entretenir. Nous désirons fort d'estre advertys de vostre volonté si elle est conforme à la nostre, affin de nous disposer tous ensemble au bien du publique et donner quelque soulagement à ce pauvre peuple tant affligé. Nous ne voyons pas que le sieur de Trotedan, qui est à Montsaujon, en ayt la volonté, oultre ce qu'il se saisise des grains des pauvres gens, les faict battre et mener en son château : il tient prisonnier le capitaine de Marac nommé Monsieur Lemoyne avec le curé de Varennes contre la teneur de la tresve et bien qu'il n'aye ledict capitaine qu'en dépost du chevalier de Talmet, duquel il est prisonnier et non de luy. Ce néantmoins il le menasse de luy faire courir semblable fortune que à ung traictre chanoine que nous tenons le procès, duquel l'on instruict pour bonnes et justes raisons. En cela ce n'est point rompre la treve, c'est restablir la justice et donner ordre à notre conservation. Nous vous prions d'en escrire audict sieur de Trotedan, nous avons bien les moyens de recouvrer d'autres prisonniers et user de mesme cruauté, ne désirans rien plus que de maintenir la tresve, ny donner ouverture à la rompre. Nous vous prions faire le semblable de vostre part et le faire entendre audict sieur de Trotedan, affin qu'il n'en advienne pire inconvénient, ce qui n'adviendra si l'on faict tort audict capitaine Lemoyne, la liberté duquel nous vous prions et de celle dudict curé de Varennes, d'aussy bonne affection que humblement nous supplions le Créateur de vous donner à tous,

Messieurs,

Prospérité heureuse et longue vie.

De Lengres ce xiiie aoust 1593.

Voz bien humbles serviteurs, voisins et meilleurs amys,

Les maire et eschevins,

J. Roussat, N. Courlet, Girault, Vallette, J. Davernau et J. Goux.

A Messieurs,

Messieurs les viconte mayeur et eschevins de la ville de Dijon (1).

---

(1) La Chambre de ville répondit le 15 août que si les habitants de Langres avaient à se plaindre de la garnison de Montsaugeon, ceux de Dijon n'avaient pas moins de griefs contre la garnison de Saulx-le-Duc, aux ordres de Madame de Fervaques, et que, s'ils voulaient s'interposer pour que cette dame cessât les hostilités, eux s'emploieraient de même vis-à-vis du vicomte de Tavanes pour Montsaugeon.

[572]

LES MAGISTRATS DE CHALON A CEUX DE DIJON.

Prière d'obtenir du prince de Mayenne la publication de la trêve, afin d'arrêter le cours des misères du pauvre peuple.

CHALON,
1593, 17 août.

ORIGINAL.
B. 461, n° 211.

Messieurs,

Nous sumes contrainctz pour les grandes pertes que nous souffrons par le ravissement et enlèvement de touttes noz moissons recourir à Monseigneur le prince, afin de faire publier la tresve générale (1) qui est le seul moyen d'arrester le cours de tant de misères qui accable tout le pauvre peuple et luy donner quelque répit. Nous sumes assurez que symbolisantz en telles afflictions, vous procurerez la publication de ladicte tresve qui nous faict vous prier, vous interposer et joindre avec nous pour en supplier mondict seigneur. Veu que tel retardement est la perte et ruyne de tout le pays. Et nous prierons Dieu,

Messieurs,

Qu'il vous conserve en heureuse santé et longue vie.
De Chalon ce 17 aoust 1593.

Voz très humbles et affectionnés serviteurs,
Les maire et eschevins de Chalon.

Par ordonnance desdits sieurs et comme secrétaire,

BISSEY.

A Messieurs,

Messieurs les viconte mayeur et eschevins de la ville de Dijon.

(1) Elle avait été publiée le même jour à Dijon.

[573]

LES MAGISTRATS DE LANGRES A CEUX DE DIJON.

Le commandant de Montsaugeon persistant à ne tenir aucun compte de la trêve, ils les en informent afin de les prévenir qu'ils sont résolus à user de représailles si M. de Trotedan continue ses vexations et le vicomte de Tavanes ses exactions sur les villages.

LANGRES,
1593, 7 septembre.

ORIGINAL.
B. 461, n° 217.

Messieurs,

Nous sommes très joyeux qu'après tant d'afflictions et misère que la France a enduré pendant ces guerres civiles signamment ce pauvre pays, Dieu nous a donné quelque peu de relasche pour respirer par le moyen de la tresve accordée d'une part et d'autre. L'entretenement de laquelle dépend plus des villes et communautéz que de nul autre à cause de l'intérest plus grand qu'ilz y ont. Nous faisons de nostre part ce qu'il nous est possible et à cest effect avons prié M. de Dinteville escrire à Monseigneur le prince de Mayenne, Monsieur le viscomte de Tavannes et à Messieurs de la Court de parlement. Par la response desquelz et rapport de celluy qu'y avons envoyé ne trouvons assurance pour faire noz vendanges libres au Montsauljionnoys, où Monsieur de Trotedan y commandant soubz mondit sieur le viscomte se veult rendre absolut et sans respect de supérieur, qui est une contravention trop ouverte pour empescher le bénéfice de la tresve de troubler le bien et repos que chacun en doit espérer. C'est pourquoy nous avons advisé de vous en advertir, parce que nous croyons que ce soit contre vostre volonté et que seriez marrys si telz turbateurs triomphoient pour leur profflict de la ruyne des gens de bien. Le temps nous presse d'avoir résolution du faict ou failly, affin que si on nous veult faire tort, nous pourvoyons à nous deffendre, et s'il est besoing nous nous revanchions par la mesme voye qui aura esté préparée contre nous. L'agression ne viendra de nostre costé. Faites s'il vous plaist envers les dictz seigneurs qu'ilz y ordonnent ce qui est de raison et justice, mesme que ledict sieur viscomte fasse entendre sa résolution sans remise à mondit sieur de Dinteville et qu'il pourvoye aux cottes immodérées et excessives qu'il envoye sans mandement d'officiers et villages circonvoisins de ceste ville. Ce qu'il ne peult ni doibt faire, et s'il continue et ne révocque ses contrainctes, on en fera de mesme en voz quartiers à nostre grand regret. Il vault mieux de bonne heure remédier au mal qu'attendre l'yssue d'un effect misérable. L'espérance qu'avons que tiendrez la bonne main à œuvre si louable et que nous en assurerez par ce porteur nous fera clore les présentes par nos humbles recommandations à vos grâces, priant Dieu,

Messieurs,

Vous conserver en sa sainte et digne garde.

A Lengres ce VII septembre 1593.

Voz bien bons voisins serviteurs et amys,
Les maire et eschevins de la ville de Dijon.

J. ROUSSAT, MOURTET, J. MARINETZ, GIRAULT, J. GOUX, S. VALLETTE ET J. DAVERNAULT (1).

---

(1) A la réception de cette lettre la Chambre commit MM. Bernard et Royhier, échevins pour en faire des remontrances au vicomte de Tavanes et l'inviter à écrire à M. Trotedan de cesser ses hostilités. Elle en informa les magistrats de Langres en protestant de sa volonté d'observer scrupuleusement les articles de la trève. — Délib. du 10 septembre.

[574]

LA COMTESSE DE FERVAQUES AUX MÊMES.

Représentations sur les infractions à la trève commises par les garnisons de Montsaugeon et de Bèze.

GRANCEY,
1593, 9 septembre.

ORIGINAL.
B, 25, IV, n° 147.

Messieurs,

J'ay recongneu par celles qu'il vous a pleu m'escripre que vous aviez beaucoup d'affection à l'entretennement de la tresve et à ne vouloir point suporter ceux qui la vouldroient enfraindre et toutefois voz bonnes intentions n'ont point encore produit d'effest, car ceux de Bèze et de Monsaujon ne laissent pas de tormenter le peuple. Quelle compassion est-ce en temps de tranquilité que ceux de Monsaujon ont enmenez et par conséquent perdus de cinquante à soixante vaches d'Avot (1), enmené tous les chevaux de labeur de Foncegrive (2) qui leurs ont coustez beaucoup plus qu'ilz ne vallent à rachepter et de plus vous recongnoitrez ce que ceulx de Bèze demandent encore à Foncegrive comme ilz font à Marey (3) et par conséquent partout. Il me déplaist d'en tant importuner Monseigneur le prince, car je crois que son intention y est très bonne de dire que Monsaujon n'est pas du gouvernement de Bourgongne cela est vray, mais M. le viconte de Tavanes qui commande au gouvernement de Bourgogne commande

---

(1) Aujourd'hui commune du canton de Grancey (Côte-d'Or).
(2) Canton de Selongey.
(3) Marey-sur-Tille, même canton. Ces trois villages dépendaient de la terre de Grancey.

aussi à Monsaujon. Messieurs je m'en adresse à vous car vous y avez de l'intérest, je ne scay sy par cest effest l'on n'en pensoit promptement porter à la revanche pour entretenir tousjours les confusions, mais je prendray loisir de m'en plaindre et d'en rechercher la justice partout comme je vous suplie selon la tresve et ce qui a esté ordonné sur icelle, faire restablir les vaches d'Avot ou la valeur, l'argent déboursé à Beze pour rachepter celles de Marey et l'argent pour vous rachepter les chevaux de Foncegrive et restablir le ravage de tout le besteail de Buxerotte et dispositions s'il plaist que tous ces désordres n'adviennent plus. Ce que Monsieur Berthault avoit esté arresté, n'estoit que pour ses considérations et que se fut un moïen pour restablir ce qui avoit esté ravagé et touteffois au premier commandement de Monseigneur le prince et de vostre prière, il a été reslaché espérant à la vérité que je recepvrois meilleur justice que je ne l'y ay encore trouvée, pour laquelle encores ceste fois bien humblement je vous suplie, à quoy vous satisferez sy vous désirez le repos du pays, saluant vos bonnes grâces, priant Dieu,

Messieurs,

Vous donner heureuse et longue vie.

A Grancey ce ixe septembre 1593.

Vostre humble et bonne voisine à vostre service,

Rénée de MARCONNAY (comtesse de Grancey).

Messieurs,

Messieurs les viconte mayeur et eschevins de la ville et commune de Dijon (1).

---

(1) Ces lettres, renvoyées par la mairie à M. de Tavanes, lui parurent si convaincantes, qu'il se détermina enfin à faire observer la trêve par son lieutenant. — Délib. du 12 octobre 1593.

[575]

LES MAGISTRATS D'AUTUN A CEUX DE DIJON.

Les élus nommés aux derniers États se perpétuant au préjudice des priviléges de la province, ils sont résolus de demander la convocation des États au mois d'octobre prochain, afin d'aviser sur l'excessivité des subsides dont on accable le pays, et, en cas de refus, de protester de la nullité de ce qui sera ordonné, passé ce terme.

AUTUN,
1593, 21 septembre.

ORIGINAL.
B. 461, n° 8.

Messieurs,

Nous attendions dois le moys de may dernier la convocation des Estats de ceste province, mais nous en avons esté frustrés jusques à présent, encores que Monseigneur ayt envoyé ses lettres patentes pour les convoquer et que les députés aux Estats généraux ayent esté licentiés soubs le prétexte de l'assemblée particulière de ceulx de ce pays. Nous scavons que c'est l'intention de Monseigneur qu'ils soient tenus et que la volonté de Monseigneur le prince, son fils, y est conforme; mais il semble que Messieurs les Esleus procurent ses remises et qu'ils désirent se perpétuer au préjudice des droicts et privilèges du pays, et enfin nous fayre perdre ceste belle marque que nous avons si soigneusement conservée jusques à présent. Cela vous reguarde plus que nous, pour l'aucthorité perpétuelle que vous y avés qui vous doibt exciter à la conserver et maintenir et nous devons y assister. Il y a encore un autre plus grand mal qui suit le premier, qu'est l'excessiveté des subsides que nous voyons croistre de jour à autre, à la grande foule du peuple, lequel est entièrement ruiné s'il n'y est promptement pourvehu. C'est pourquoy nous nous sommes résolus de supplier Monseigneur le prince de convoquer au plustost lesdits Estats et Messieurs les Esleus de surséoir le departement et levée du quartier d'octobre que l'on nous a dict estre de beaucoup plus excessif que touts les aultres et où ils ne le vouldroient faire, protester de la nullité dudict departement, en empescher la levée par toutes voyes dehues et raysonnables, et révoquer leur puissance et aucthorité. De quoy nous vous avons bien voulu donner advis par ses présentes et vous suplier, comme vous estes nos chefs, non seulement de nous assister, mais aussi de nous précéder en ceste action, qui ne tend qu'à la conservation des privilèges et aucthorités du pays et au soulagement du pauvre peuple tant affligé. Nous espérons que toutes les aultres villes feront le même. L'asseurance que nous avons que ne défauldrés au public en ceste occasion nous fera finir ceste par nos humbles recommandations à vos bonnes grâces. Priant Dieu,

Messieurs,

Qu'il vous ayt en sa saincte et digne guarde.

D'Ostun ce 21 septembre 1593.

Vos plus affectionnés serviteurs,

Les Vierg et Eschevins de la ville d'Ostun (1).

A Messieurs, Messieurs les vicomte maieur et eschevins de la ville de Dijon, à Dijon (2).

---

(1) Cinq jours après les magistrats de Beaune adressèrent à leurs collègues de Dijon, une lettre non moins pressante. — B. 461, n° 219.

(2) Ces lettres et celles semblables de la ville de Beaune ayant été mises sur le bureau, la Chambre décida qu'il y serait répondu et que copie en serait envoyée au prince de Mayenne et au vicomte de Tavanes. Ceux-ci n'osèrent retarder plus longtemps la convocation. Ils la fixèrent au 20 octobre. — Délibération des 28 septembre et 12 octobre.

[576].

LA COMTESSE DE FERVAQUES AUX MÊMES.

Nouvelles plaintes sur les déportements de la garnison de Montsaugeon.

GRANCEY,
1593, 27 septembre.

ORIGINAL.
B. 461, n° 218.

Messieurs,

C'est à mon très grand regret le subject pour lequel vous m'escripvez, car je ne désire pas que l'innocent pâtisse pour le coulpable. Vous scavez que j'ai faict tout ce que j'ay peu par les meilleures voyes, je me suis plainte et suplié le plus humblement que j'ay peu non seullement à vous, mais à Monseigneur le prince du Mayne et beaucoup plus à Monsieur le viconte de Tavanes, parce que je craignois d'importuner l'eage de mon dit seigneur le prince et que le rang que Monsieur le viconte tient en ceste province, les debvroit convier à me faire justice ; mais au lieu de cela il s'en est mocqué. Encores dernièrement qu'il fut à Montsaujon, j'ay ouy dire que Monsieur de Trotedan luy représentant ses lettres luy dict : Voila les lettres que vous m'escripviez alors. Ils se prindrent tous deux à rire et dirent que pauvres gens qui avoient perduz leur bestiail n'estoient pas trop gastez de perdre cela et de le bailler au sieur de Trotedan. Cela n'est pas beau et si ce n'est pas justice qui doit tousjours estre observée envers les amys et les ennemys en paix en guerre et en tresves, comment voulez-vous que je face pour la recepvoir, car vous scavez combien de fois je vous ay suplié de m'en faire justice ou d'y mectre ordre, car Messieurs de dire que vous ne pouvez sans en vouloir tirer la souvenance à plus grande conséquence, Dieu m'en est tesmoing. Vous scavez que nous avons bien esprouvé ce que vous pouvez quand vous voulez au peu de temps que Monseigneur de Nevers a esté icy. Il a veu combien de sortes de villages se sont venuz plaindre du bestiail que ceulx de Montsaujon leur amenoient ce mesme jour, dont les uns furent rescous, et les chevaux de ceux qui les emmenoient pris, lesquelz depuis on a faict randre pour de nostre costé n'enfraindre point la tresve, ce que l'on ne veult pas faire pourveu que l'on me face raison de ce qui a esté pris sur noz terres et sur la chastellenye de Saux-le-Duc oultre qui est imposé par Messieurs les Esleuz du pays. Croiez je vous suplie que je désire la tranquilité aultant que personne scauroit faire et de vous tesmoigner en ce que je pourray que je veux demeurer,

Messieurs,

Vostre humble voisine à vous faire service,

Renée de MARCONNAY.

[Granc]ey ce xxviie septembre 1593.

A Messieurs, Messieurs les Viconte mayeur et eschevins de la ville de Dijon (1).

---

(1) A la réception de cette lettre le maire convoqua extraordinairement la Chambre de ville, lecture faite, elle fut trouvée conçue en tels termes qu'il fut décidé que copie en serait envoyée au prince de Mayenne et au vicomte de Tavanes afin de pourvoir et mettre ordre sur ce fait. — Délib. du 29 septembre.

[577]

LE VICOMTE DE TAVANES AUX MAGISTRATS DE DIJON.

Réponse aux plaintes de Madame de Fervaques.

LYON
1593, 5 octobre.

ORIGINAL.
B. 461, n° 220.

Messieurs,

Il y a un an que ceulx de Langres, pour avoir permission de faire leurs vendanges, promirent et s'obligearent de payer à Montsaujon certaine somme dont il reste à payer unze cens escus, lesquelz ont esté remis à six cens, qu'ilz ont promis payer avant les présentes vendanges : ce qui est très raisonnable et à faulte de ce faire l'on les y peult contraindre sans préjudicier à la tresve. Ce peuvent estre les raisons sur quoy ceulx de Montsaujon se fondent qui ne doibvent altérer le repos de ceux de Bourgogne, ny donner sujet à Madame de Farvaques de souffrir ny permettre les ravages et volleryes des siens ; mais ce n'est que sa coustume. Toutes fois, voullant préférer ce qui est de nostre contantement à toutes aultres considérations, j'escrye fort expressément au capitaine Fabyen, qui commande au dit Montsaujon en absence du sieur de Trotedan de n'inquiéter ceulx dudit Langres, ny les prendre prisonniers à ce qu'elle ne se puisse plus couvrir de ce prétexte. Je suis contrainct demeurer encore icy atendant nouvelles de Monseigneur, et afin d'empescher de tout mon pouvoir qu'il ny advienne quelque mouvement, bien que ceste ville ayt juré de demeurer au party de l'Union soubz l'authorité de mondit seigneur ! A quoy ilz sont bien disposez. Cependant, je vous prie voulloir tousjours veiller à la conservation et à ce qui est nécessaire pour contenir toutes choses en bon ordre, selon vostre prudence acoustumée. Sur ce, je me recommande très affectionnement à voz bonnes grâces, priant Dieu,

   Messieurs,

Qu'il vous donne heureuse et longue vie.

A Lyon ce v° octobre 1593.

Vostre plus affectionné et obéissant amy à vous servir,

       Le Vicomte TAVANES.

A Messieurs, Messieurs les maire et eschevins de la ville de Dijon (1).

---

(1) Le capitaine ligueur de Montsaugeon ne tenant aucun compte des articles de la trêve, celui royaliste de Saulx-le-Duc suivit son exemple, de telle sorte que les magistrats des villes de Langres et de Dijon, qui pâtissaient le plus de cet état de choses, s'en prirent aux commandants supérieurs de ces places et les sommèrent chacun en droit soit de cesser les hostilités. Le vicomte de Tavanes était gouverneur de Montsaugeon. Force lui fut de donner des ordres en conséquence à son subordonné, ordres que la ville appuya de ses lettres et dont elle informa la comtesse de Grancey et le comte de Tavanes. (Délib. du 12 octobre.) Mais celle-ci ayant exigé, avant de rendre les hommes et les chevaux pris par ses gens, que la garnison de Montsaugeon restituât les prisonniers qu'elle avait faits, le bétail qu'elle avait pris sur les terres, et rapportât les 1,600 écus extorqués sans droit, la mairie, au retour du vicomte, le mit en demeure de s'exécuter, ce qu'il promit, mais toujours sans en rien faire. (Délib. du 19 octobre.)

[578]

LES MAGISTRATS DE CHAUMONT A CEUX DE DIJON.

Prière de faire au prince de Mayenne et au vicomte de Tavanes des représentations pour faire cesser les pilleries de la garnison de Montsaugeon.

CHAUMONT
1593, 4 novembre.

ORIGINAL,
B. 461, n° 221.

Messieurs,

Nous envoyons lettres exprès à Monseigneur le prince du Maine et à Monsieur le vicomte de Tavanne pour le faict des plaintes que nous recepvons à toute heure de Messieurs de Lengres et des pauvres laboureurs des villages voisins et proches de Montsaujon, pour les grandes munitions et impositions extraordinaires que ceulx de la garnison dudit Montsaujon lèvent sur les dictz villages; chose du tout contraire comme savez trop mieulx juger à ce qui est porté par les articles de la tresve générale, laquelle déffend toute telles munitions et impositions. Et d'aultant que nous sommes assuréz que désiréz aultant que nous le repos et soulagement du peuple, nous vous prions de joindre voz prières avec les nostres envers Monseigneur le prince pour mettre quelque bon remède à ces désordres. Lesquelz continunant et vous et nous n'en pouvons recepvoir que du blasme. Et affin que a cela n'arive, nous vous supplions humblement y apporter tout, ce que pourrez de vostre part et moyener s'il vous plaist que l'ordre que doibt estre en chacune province soit gardé par ceulx qui y tiennent garnison pour nostre sainct party. L'assurance que nous avons de voz bonnes volontez nous donne espérance que vous y ferez ce qui dépendra de vous et de rechef vous en prions humblement. Vous présentant noz bien affectionnéez recommandations, avec prière que nous faisons à Dieu qu'il vous maintienne,

Messieurs,

En très longue et heureuse vye.
A Chaumont, ce iv° novembre 1593.

Vos humbles serviteurs, bons voisins et amys,

LES AGENT ET ÉCHEVINS DE CHAUMONT.

A Messieurs, Messieurs les viconte mayeur et eschevins de Dijon.

---

[579]

LE DUC DE MAYENNE AUX MÊMES.

Il a reçu leurs plaintes sur les hostilités commises par l'armée du maréchal de Biron; si la trêve continue, ce dont il doute, il pourvoiera à leur conservation.

PARIS, 1593, 20 novembre.

ORIGINAL, B. 460, n° 173.

Messieurs,

J'ai veu les plainctes que vous me faictes par vos lettres du 9 de ce mois des ravages et hostilités que vostre province et le particulier de vostre ville ressent du séjour que l'armée du Roy de Navarre commandée par le sieur de Biron y faist, sur quoy je vous prie de croire que j'ay en telle recommandation vostre soulagement et le repos de ladite province que je ne seaurois souffrir de la veoir travailler et opprimer des forces ennemyes sans y rechercher les remèdes et les y procurer et que je veulx faire au péril même de ma propre vye, s'il est nécessaire de l'y employer et sy la tresve continue (de quoy nous ne sommes pas certains) je pourveoiray en sorte à votre commune conservation que vous n'aurez nulle occasion de doubter du soin que l'on veulx prendre quelque chose qu'il advienne, me recongnoissant bien plus redevable que de cela seulement ait mérité de votre intégrité en ceste cause et de l'affection que vous m'avez toutefois porté. Continuez en voz accoustumez debvoirs et offices envers tous les deux, comme je feray de vous aymer et faire paroistre toutes sorte de effectz de ma bonne volonté en vos endroits priant Dieu sur ce,

    Messieurs,

Qu'il vous ayt en sa sainte et digne garde.

De Paris, le xx° jour de novembre 1593.

Votre entièrement affectionné amy,

          Charles de LORRAINE.

---

(1) Cette lettre était la réponse à une dépêche du 28 septembre, et à une autre du 9 novembre, par lesquelles la mairie l'informait qu'une armée de 6,000 hommes, aux ordres du baron de Biron, se préparait à envahir le duché. Le 9 novembre, sur le bruit que cette armée avait déjà franchi la frontière, la mairie rétablit le guet de garde comme au temps d'imminent péril.

[579]

LE MÊME AUX MÊMES.

L'incertitude où il est, de la continuation ou de la rupture de la trève, l'empêche de donner suite à son projet de les aller visiter et leur témoigner l'affection qu'il a au bien de la province.

PARIS,
1593, 8 décembre.

AUTOGRAPHE.
B. 460, n° 174.

Messieurs,

Croyez que je ne me suis poinct departy de la résolution que j'ai faicte de visiter vostre province, car quand je n'y serois convyé des mouvemens de Lyon, c'est chose que j'ay eu l'intention et que je juge de sy longtemps nécessaire que je ne la scaurois plus différer et n'eusse retardé jusques à présent ce voiage sans les grandes difficultéz qui s'y sont opposées. Il ne m'en reste maintenant qu'une seulle ayant vaincu toutes les aultres qui est l'incertitude en laquelle je suis de la volonté du Roy de Navarre sur la continuation ou rupture de la tresve, mais j'en auray advis dans trois ou quatre jours au plus tard pour incontinent après m'acheminer devers vous et vous tesmoigner sur les lieux l'affection que je porteray à tout ce qui sera du bien général de votre province et du particulier repoz et soulagement de votre ville. Cependant je vous prie et conjure, Messieurs, de vouloir tousjours persévérer en vostre dévotion sans vous en reffroidir en sorte quelconque, affin que vous ne soyez privé du fruict que vous vous devez promettre de votre conscience et intégrité en ceste sainte cause. Duquel Dieu ne faudra pas voz bonnes intentions, ny de tous ceulx qui les auront aussy sincères que le sugect pour lequel nous nous sommes estroitement uniz le requiert et mérite. Je supplie sa divine majesté de vous en faire la grâce et de vous avoir,

Messieurs,

En sa sainte et digne garde.

De Paris, le viiie jour de décembre 1593.

Votre entièrement et affectionné amy,

CHARLES DE LORRAINE.

A Messieurs les vicomte mayeur et eschevins de Dijon.

---

[580]

LE MÊME AUX MÊMES.

Invitation de n'accorder aucune créance à un prétendu arrêt rendu par le Parlement de Paris en faveur du roi de Navarre.

PARIS,
1594, 28 janvier.

ORIGINAL.
B. 460, n° 175.

Messieurs,

D'aultant que voz prudence et la simplicité d'aulcuns d'entre vous pourroit estre circonvenues d'un certain escrict en forme d'arrest que noz ennemys font courir et qu'ils attribuent au parlement de Paris, encore que ce soit une pure supposition qu'il n'y ayt rien de vraysemblable et que ladite court n'a jamais pensé à prononcer une chose si inepte et indigne d'un sénat si célèbre qui a tousjours veu fort clair en mes intentions et à l'integrité de mon procedé en ceste charge, lequel n'a jamais esté esloigné de ce que les gens de bien en ont peu désirer. J'ay bien voulu vous escrire la présente pour vous prier de rejeter et condamner ledit escrist comme faulx et supposé et duquel la fin estant pernicieuse et de mauvaise conséquance comme elle le recognoistra tousjours par ceux qui auront tant soit peu de jugement ne tend qu'à nous diviser et désunyr. Mais croiez seulement de moy ce que l'on se doibt promettre d'un prince désireux de la conservation de l'honneur de Dieu et du commung bien et repos de cest Estat qui ont tousjours esté les seules fins de mes actions en ceste charge et de vous tesmoigner en particulier l'affection que j'ai à votre soulagement et repos dont vous ressentirez bien tost les effects, et cependant je vous prie de persévérer constamment en votre première dévotion envers ceste cause, et avoir soigneusement l'œil ouvert à la conservation de vostre ville avec quoy ny puisse rien entreprendre et je prieray Dieu,

Messieurs,

Qu'il vous ayt en sa sainte et digne garde.

De Paris, le xxviiie jour de janvier 1594.

Vostre plus affectionné et entier amy,

CHARLES DE LORRAINE.

MARTEAU.

A Messieurs les maire et eschevins de la ville de Dijon.

(Délibération du 15 févrter 1594.) M. le maire a dict avoir reçu lettres de M. le duc de Mayenne dont il a faict lecture faisant mention comme certain prétendu arrest qui se sème partout, prétendu fait par la cour du Parlement de Paris est suposé et faux. (Reg. 103, p. 37 v°.)

[581]

LES MAGISTRATS DE LANGRES A CEUX DE DIJON.

Nouvelles plaintes sur les déportements de la garnison de Montsaugeon.

PARIS,
1594, 11 février.

ORIGINAL,
B. 461, n° 223.

Messieurs,

Nous vous avons faict plainte plusieurs fois des déportemens du sieur de Trestondant et des soldatz de la garnison de Montsaujon. Les parroisses de ce pays sont branquetées et cottizées en deniers et munitions excessivement. Vous nous avez assuré du passé que ceste garnison seroit réduicte à ung certain nombre et couché en l'estat des garnisons de vostre party en Champaigne. Néantmoins cela n'a sorty aulcun effect, du moings qui soit venu à nostre congnoissance et ne laisse led. sieur de Trotedan de prendre les laboureurs pour le paiement de ses cottes. Ceste qualité de laboureurs les doibt rendre exemptz de prise et courses suyvant ce que a esté traicté pour le bien publicq entre le Roy et M. du Mayne. Bref on praticque sur les dictz laboureurs toute sorte de barbarie aud. Montsaujon auquel lieu sont encores de présent trente ou quarante laboureurs prisonniers qu'il force à payer rançon. Nous vous représentons ce que dessus pour la dernière fois, afin qu'il vous plaise d'y donner ordre comme vous avez le pouvoir et authorité de ce faire, car si lad. garnison continue d'user de telles voies nous serons exemptz du blasme si les garnisons qui vous sont voisines praticquent le semblable sur les villages d'alentour de vostre ville, lesquelz nous prierons de s'y emploier ce qui adviendroit avec beaucoup de regret. Nous en avons escript aud. sieur de Trotedan pour le tirer à raison, mais il faict peu d'estat des nostres, se disant souverain de la place, l'espérance que nous avons que pour le bien et soulagement de l'un et l'aultre des pays vous y apporterez par voz prudences le remède convenable que nous fera finyr ceste, priant Dieu,

Messieurs,

Vous donner en parfaicte santé longue et heureuse vie.
A Langres, ce xivᵉ febvrier 1594.

Voz bons voisins et affectionnez serviteurs et amys,
Les Maire et Eschevins de Lengres (1).

---

[582]

LE DUC DE MAYENNE AUX MÊMES.

Nouvelles promesses d'un prompt secours. Il approuve leur résolution de se servir des compagnies des sieurs de Colombières et de Villeneuve.

CHALON,
1594, 15 mars.

ORIGINAL.
B. 460, n° 177.

Messieurs,

Ce m'est ung grand contentement de veoir la continuation de vostre bonne volonté de quoy les preuves passées sont si grandes qu'elles vous aportent beaucoup d'honneur et de mérite. Je pourvoiray à vostre mal quand je debvrois aller moymesmes vous secourir. Cependant je treuve fort bonne la résolution qu'avés prise de vous servir des compaignies des sieurs de Colombière et Villeneufve, lesquels je désire vous assister entièrement et si avez besoing de plus grandes forces,

---

(1) La mairie de Dijon leur répondit en s'excusant sur ce qu'elle n'avait aucun pouvoir sur cette garnison. (Délib. du 18 février.)

elles vous seront envoiées sy tost que l'aurés mandé. C'est là où est l'honneur et la gloire qu'en la perséverance et ay espérance en Dieu qu'il nous assistera et réduira dans peu de temps touttes choses en bon estat, vous assurant que rapporteray tousjours pour vostre contentement tout ce qui sera de mon pouvoir, très désireux d'exposer ma vye et mes amys pour vostre conservation ; sur ce je prieray Dieu,

Messieurs,

Qu'il vous tienne en sa sainte garde.
A Chalons, le xve de mars 1594.

Votre entièrement plus affectionné a vous servir,

CHARLES DE LORRAINE.

A Messieurs les maire et eschevins de la ville de Dijon.

[583]

LE MÊME AUX MÊMES.

Il annonce la trahison du comte de Brissac qui a livré Paris au roi de Navarre. Exhortations de ne pas se décourager de cet échec du parti qui a toujours pour appui le Pape et le roi d'Espagne. Lui ne perd pas courage et espère leur envoyer bientôt du secours.

VITRY,
1594, 12 avril.

ORIGINAL.
B. 460, n° 178.

Messieurs,

L'accident duquel il a pleu à Dieu de visiter ceste cause en la perte que nous avons faicte de Paris, ne vous sera pas nouveau lorsqu'on vous rendra ceste lettre pour ce que je vous en ay desjà adverty. Mais avec le ressentiment de l'affection des gens de bien de dedans qui ont esté misérablement venduz. Je m'asseure que vous aurez en horreur les moyens desquelz le comte de Brissac s'est servy pour porter au Roy de Navarre une sy grande et catholique ville, après avoir souffert pour sa religion les plus extrêmes nécessitéz et laquelle j'avois à mon partement laissé en ceste résolution de les endurer encore sy le peuple de dedans s'en fust veu pressé, plus tost que de manquer à ung seul poinct des religieux debvoirs qu'il y avoit jusques allors rendus pour l'exaltation de la gloire de Dieu, et diminuer tant fust peu les mérites que son zèle luy avoit acquis. Mais les effetz de ceste bonne affection ont esté prévenuz par la plus indigne perfidie que pouvoit tesmoigner celuy à qui l'on avoit confié le dépost et duquel l'intégrité m'estoit en tel estime que l'on se peult réputer par l'establissement que j'avois faict de sa personne au gouvernement de ladite ville et d'autant que ce malheur a une pernicieuse suytte qui procedde de mauvais exemple et de l'affaiblissement du zèle des moings constans en ce party qui n'a rien perdu néantmoings de sa bonté et justice ayant tousiours l'assistance et affection de ses principaulx appuys tant en Sa Sainteté que Sa Majesté Catholique. Je m'asseure touteffois de l'inclination et ardeur que vous y avez tousjours faict paroistre que ces inconvenientz n'esbransleront aucunement votre fermeté et que vous ne vous montrerez à l'advance moings entiers et résoluz à sa déffence et à vostre conservation que vous y avez esté jusques à présent sincèrement affectionnez, mesmes si vous entrez en considération du sage et non préoccupé jugement qu'a faict Sadite Sainteté sur le changement advenu en la personne du Roy de Navarre et que vous vous rendiez capables de celle-cy, que Dieu nous visite pour nous esprouver et que s'il nous afflige, il ne nous abbandonnera poinct des remèdes que les hommes n'y peuvent apporter, n'ayant accoustumé de faire ses miracles que lorsque les moyens humains mancquent aux siens, ainsy que depuis ces troubles nous l'avons assez recongneu. Je ne vous conforte pas en ces debvoirs avec intention de négliger cependant les miens en ceste charge, car je n'espargneray aucun travail ny labeur qui se puisse désirer de moy pour le bien des affaires. Cependant nostre secours qui est grand et présente tant de moyens que de forces paroistra, lequel je communiqueray aussy tost à vostre province qui ressentira ung grand soulagement de ses incommoditéz et particulièrement vostre ville que j'auray en telle recommandation que vous aurez toute occasion de vous louer de mon soing et de la bonne volonté que je vous porte dont je vous prie de faire estat. J'attendray doncques la continuation des effects de la vostre en ceste cause et en mon endroict et supplieray Nostre Seigneur,

  Messieurs,

Qu'il vous ayt en sa très sainte et digne garde.

De Vitry, le xiie jour d'apvril 1594.

  Votre entièrement affectionné amy,

     Charles de LORRAINE.

       Baudouyn.

A Messieurs les vicomte mayeur et eschevins de Dijon.

A la réception de cette lettre, le maire convoqua la Chambre de ville pour lui en donner communication. La lecture faite, tous les magistrats jurèrent de défendre la cause de l'Union jusques au dernier soupir, et, pour réchauffer le fanatisme populaire, ils prescrivent des neuvaines et quarantaines dans toutes les églises, avec accompagnement de sermons prêchés par les prédicateurs les plus furibonds. (Délib. du 14 avril. Reg. 103, f° 158 v°.)

[584]

LE MÊME AUX MÊMES.

Nouvelles exhortations de ne pas suivre l'exemple des villes qui, par infidélité ou impatience, abandonnent le parti de la Ligue, et de s'en remettre pour le salut commun au zèle du Saint-Père et des seigneurs.

BAR-LE-DUC,   ORIGINAL
1594, 15 avril.   B. 460, n° 179.

Messieurs,

Je ne fais poinct de doubte que les bons et vraiz catholiques auxquels le zèle et désir de conserver la religion, a faict souffrir jusques icy tant d'incommoditez et périlz, ne recoyvent comme moy ung extrême déplaisir des changemens advenuz en plusieurs endroictz de ce royaume par l'infidélité d'aucungs et l'impatience et légèreté des autres qui se sont précipitez à chercher leur repos, sans attendre celuy qu'ilz pouvoient trouver plus honorable et asseuré, pour la religion pour eulx que nous tous en la résolution générale que nous sommes prestz de prendre. C'est pourquoy vous tenant au nombre des plus affectionnés et de ceulx qui avez rendu plus de tesmoignage de vostre fidélité et constance je vous exhorte et prie de toute mon affection d'y continuer maintenant que le besoing en est plus grand et de prendre ceste asseurance de nostre Saint Père, des souverains princes et seigneurs auxquels appartient le soing et deffense de ceste cause que rien ne sera oublié pour conserver la religion et pour le salut commun d'un chacun ; que nous travaillons incessamment de notre part pour y apporter ung bon et prompt remède, duquel je me promectz que recevrez bientost le fruict et contentement. Rejectez cependant les artifices et mensonges des ennemys qui pour esbranler vostre constance et affection, pourroient essayer de vous persuader que nous soyons tellement affaibliz qu'il y eu du péril à deffendre une cause sy juste, soubstenue par de sy bons et puissants appuys et par ung sy bon nombre de seigneurs, noblesse, villes et communaultez qui nous restent encore, que la désunyon de ceulx qui nous ont abandonnéz à rendu plus affectueusement et désireux d'employer tout pour notre conservation qu'ilz ne furent jamais. Nous ne laisserons pourtant en employant les forces assemblées pour nostre déffense de rechercher tous moyens de vous mectre en repoz, sy avec l'honneur de Dieu nostre seureté et celle de tant de gens de bien qui continuent a suyvre ce party pour le seul zèle de la religion, le moyen de le faire se peult trouver. Attendant,

Messieurs,

Je supplie Nostre Seigneur qu'il vous ayt en sa très sainte et digne garde.

De Bar-le-Duc, le xve jour de apvril 1594.

Vostre affectionné et parfait amy,

Charles de LORRAINE.

Baudoyn.

A Messieurs les vicomte mayeur, eschevins et habitans de la ville de Dijon.

<small>Le 22 avril, le maire lui expédia une dépêche pour l'assurer qu'elle ni les habitants ne se sépareraient de l'Union des catholiques qu'à son commandement.</small>

[585]

LE MÊME AUX MÊMES.

Remerciements de leurs témoignages de fidélité. Prière de demeurer toujours unis et promesse de ne point perdre de vue le repos de la province.

REIMS,
1594, 21 avril.

ORIGINAL.
b. 460, n° 180.

Mes amys,

Tous les bons et vrays tesmoignages que je scaurois désirer et attendre de personnes fidèlles affectionnées et entièrement résolues à ce saint party, je les recoy maintenant de vous pour la continuation que vous me faictes paroistre de vostre affection. Je vous suplie seulement de deux choses, la première de demeurer tous en ceste bonne union et exhortéz les autres villes de faire de mesmes, et l'autre de croire qu'en quelque résolution que nous prenions, le repoz de vostre province et la seureté des gens de bien s'y trouveront tousjours ce que je ne permetray jamais que ceuxqui auront esté contraires à ceste sainte cause comme à mon particulier demeurent avec moing de pouvoir de nuire en quelque façon que ce soit. Vous verrez dans peu de jours l'ordre que je donneray pour vostre dite province qui sera tel, qu'avec l'aide de Dieu elle en ressentira du bien et soulagement. Je le prieray de tout mon cueur qu'il vous ayt,

Mes amys,

En sa sainte et digne garde.

De Reyns, le xxi° jour d'avril 1594.

Votre entièrement asseuré amy,

CHARLES DE LORRAINE.

BAUDOUYN.

[585]

LES MAGISTRATS D'AUTUN AUX MÊMES.

Promesse de rester constamment unis avec eux et les autres villes de la province afin d'arriver à une bonne paix.

AUTUN,
1594, 1er mai.

ORIGINAL.
B. 461, n° 228.

Messieurs,

Ayantz dernièrement receu les vostres, par lesquelles vous nous exhortez à demeurer fermes nonobstant la mutation advenue en plusieurs villes de ce royaulme, en attendant la résolution géneralle qui se prendroit en ce party, nous avions déliberé de vous rescripre pour vous asseurer de nostre volonté qui n'a jamais esté aultre que de nous conformer à voz bons advis et conseilz, et demeurer inséparablement unis avec vous et toutes les aultres villes de la province pour attendre le fruict de ceste géneralle résolution, que nous espérons, avec l'ayde de Dieu, deveoir réhussir à une bonne paix, et qui sera à son honneur et au soulagement du pauvre peuple, tant affligé ; mais les entreprinses qui estoient sur nostre ville ausquelles nous estions en peyne de rémédier nous en ont empeschés jusques à présent. Nous estimons que vous aurez esté advertis de ce qui c'est passé et comme Dieu, par sa saincte grâce, nous a miraculeusement délivrés des mains de noz ennemis, lorsqu'ilz estoient prestz à éxécuter leur maulvaise volonté par le moyen de l'intelligence qu'ilz avoient au dedans qui nous empeschera de vous en discourrir plus au long. Nous vous prierons seulement de croyre que nous n'avons rien en plus grande affection que de servir au publicq et de demeurer en bonne union et intelligence avec vous et les aultres villes, comme nous avons faict du passé, pour toutes ensemble rechercher les moyens et conseilz les plus salutaires pour la conservation du corps général de la province duquel nous ne nous voulons aulcugnement séparer, recongnoissant que la désunion n'y peult apporter que de la ruyne, les effectz vous en rendront ung tesmonnage plus asseuré quant les occasions se présenteront. Vous baysant bien humblement les mains, priant Dieu,

  Messieurs,

Qu'il vous ayt en sa saincte garde.
D'Ostun, ce 1ᵉʳ de may 1594.

  Vos plus affectionnez voysins et serviteurs,

Les Gouverneur, Vierg et Eschevins de la ville d'Ostun,

       CHISSEY.

  Par ordonnance :

  Moreau.

A Messieurs, Messieurs les viconte maieur et eschevins de la ville de Dijon.

[587]

LES MAGISTRATS DE BEAUNE AUX MÊMES.

Adhésion semblable.

BEAUNE, 1594, 4 mai.

ORIGINAL.
B. 461, n° 229.

Messieurs,

Nous receusmes dernièrement les vostres par lesquelles avons entendu la volonté en laquelle Dieu vous continue de demeurer fermes en l'estat de l'Unyon. Ce que nous a esté fort aggréable, pour n'avoir jamais eu aultre intention que de nous y comporter avec aultant d'affection que l'on pourroit désirer. Et en cela et toutes aultres choses nous conformer à voz bons advis. Nous vous assurons que ne deffauldrons en attendant la réssolution génerálle qui se prendra en ce party pour l'entretenement et manutantion de nostre saincte et catholicque religion. Vous nous tiendrez, s'il vous plaist, en voz bonnes souvenances, et nous demeurerons,

Messieurs,

Voz humbles voisins et affectionnés serviteurs,

LES MAIRE ET ESCHEVINS DE LA VILLE DE BEAULNE.

Par ordonnance :

CHEVIGNARD.

Á Beaulne, ce IVe may 1594.

A Messieurs, Messieurs les vicomte maieur et eschevins de la ville de Dijon.

[588]

FERVAQUES AUX MÊMES.

La Verne venant d'être évincé de la mairie, il espère qu'on lui rendra justice, sinon il se la fera lui-même.

TROYES, ORIGINAL.
1594, 27 juin. B. 459, n° 76.

Messieurs,

Je croyes que ayant jeté hors de vostre meson de ville Verne (1), que vos yeux seront désiliés et que sa cruauté sera à seste hure changée en quelque forme de justice pour fere reson à seus qu'il a offencés, de ce qui touche mon partiqulier sella vous doyest estre sy cler que je croyes que tous les jens de bien i doyve avoyer regret, mes sella n'est sufficant anvers Dieu, il faut fere satisfacion. Je suis veneu an se peïs pour vous la demander ou rechercher lorsque vous la refuceriés et vous asure que le donmage vous en sera commeun ou jere beaucoup de regret que les bons soufre pour les méchans pour les proumeses de coy vous me conviés de les exéquter. J'en suis si bien quite que les ecsês que j'é soufers et

(1) La Verne venait d'échouer aux élections municipales. Mayenne et Franchesse, pour le punir de l'opposition qu'il avait faite l'année précédente à la réélection d'Etienne Bernard, alors député aux Etats généraux, avaient fait pencher la balance en faveur du procureur René Fleutelot.

antreprinses sur ma meson et autre ravage sonst suficans pour fere rompre une bonne pes. Je pris Dieu,

Mesieurs,

Vous donner très heureuse vie et longue essance,

Et suis vostre humble voysin à vous servir,

FARVAQUES.

Ce xxvii° jour de juin.

A Mesieurs les vicomte mayeur et eschevins de la ville de Dijon.

---

[589]

LE DUC DE MAYENNE AUX MÊMES.

Il est parvenu à apaiser les troubles survenus à Amiens. Il les assure que durant la trêve et les conférences de Suresne, les royalistes n'ont jamais voulu parler de sûreté pour la religion catholique. Son armée se fortifie tandis que celle des ennemis qui assiége Laon s'affaiblit. Il espère bientôt les dégager.

AMIENS, 1594, 4 juillet.

ORIGINAL. B. 460, n° 182.

Messieurs,

Sur l'advis que je recuz en l'armée il y a six jours, que les habitans de ceste ville d'Amiens estoient venus aux armes les ungs contre les autres par l'artiffice des ennemys qui y avoien faict avancer des forces et pensoient s'en rendre les maistres par ce moyen, je m'y en vins en dilligence, et sy à propos que je pacifiay toutes choses à mon arrivée, depuis j'ay tellement travaillé et pourveu à dissiper leurs trames et desseings, que je m'asseure qu'il leur sera malaysé d'y plus revenir et que ceste ville demoura très asseurée en ce party. Les habitans qui ont recongneu le péril ou l'on mettoit la religion catholique se soubsmettant au Roy de Navarre, sont résolus de souffrir plus tost toutes les extrémitez du monde que d'en venir là, et ont renouvellé le serment de leur Unyon pour y demeurer plus fermes et plus constans que jamais. Je vous diray sur ce sujet, Messieurs, que durant la tresve et la conférence qui ont esté ci-devant faictes avec nos ennemys, qu'ils n'ont jamais voulu entrer en nulle pourparler de seureté pour la religion catholique, ny en donner aucune espérance, et que si quelqu'un des nostres s'est estendu sur ce discours qu'ilz lui ont tout aussitost couppé chemin, voullant remettre ce point qui est le premier et principal que nous devions disputer à leur arbitre et discrétion ou pour mieux dire en celle des huguenotz, lesquels ont plus de crédit et d'aucthorité près du Roy de Navarre qu'ilz n'avait jamais. J'espère que Dieu renversera leurs pernicieux desseings et prendra soin de sa cause. Notre armée en laquelle je suys sur le point de retourner, se fortifie tous les jours et sera bientôt en estat de faire quelque bon progrèz. Cependant celle des ennemys s'affaiblit devant Laon où leurs affaires ne sont guères plus advancées que le premier jour. Au reste j'ay pourveu à faire acheminer des forces en vostre province que vous y verrez bientost entrer, et seront suffisantes non seulement pour vous conserver, mais pour entreprendre dessus les ennemys et vous eslargir et dellivrer de ce qui vous oppresse. Je n'ay point de soing plus grand que celuy-là, comme vous le recongnoistrez bientost par vrays effectz. Cependant je supplie le créateur qu'il vous donne,

    Messieurs,

Très heureuse et longue vye.

D'Amyens, ce IV° juillet 1594.

    Vostre plus affectionné parfait et asseuré amy,
        CHARLES DE LORRAINE.

                  ROYSSIEU.

Messieurs les vicomte mayeur, eschevins et commune de la ville de Dijon.

A l'audition de ces lettres, le procureur syndic de la mairie, considérant qu'elles contenaient tout le contraire de ce que « plusieurs semaient par la ville, » que le Roy de Navarre était catholique et qu'il faisait la paix avec « Monseigneur, » requit d'être autorisé à informer contre eux. La Chambre décida seulement que le secrétaire en ferait des copies pour les répandre dans la ville et qu'il en adresserait aux villes catholiques de la province. (*Reg. des Délib.*, 104, p. 75.)

---

[590]

LE MÊME AUX MÊMES.

M. de Gouville leur fera connaître que la nécessité pressante où il se trouve de secourir la ville de Laon, a retardé l'envoi des renforts qu'il leur avait promis. Lui-même les accompagnera, et se promet de châtier sévèrement les déserteurs de la cause.

AMIENS, 1594, 6 juillet.

ORIGINAL.
B. 460, n° 184.

Messieurs,

Depuis vous avoir dépesché le sieur Carré, encore que les affaires que j'ay sur les bras pour le secours de la ville de Laon qui m'est de telle conséquence que vous pouvez juger puisque mon fils est dedans. Sy n'ai-je laissé dépenser pour pouvoir mettre à éxécution ce que je vous ay mandé par luy avoir faict pour le bien de vostre province et sy ce n'a esté sy promptement, croyez je vous prie que ce n'est faulte d'affection, ny de soing que j'ay de vous. Ainsy que le sieur de Gouville vous fera entendre de ma part, lequel, je vous dépesche exprès et vous dira que je prépare les moïens de vous assister et bientost en attendant que je m'achemine moy mesme de par delà et alors je me prometz moiennant la grâce de Dieu de travailler tellement que je rabaisseray bien l'orgueil des ennemys, à chastier tellement ceulx qui au préjudice de leur serment se sont faict tant de déshonneur que de se rendre perfides et d'habandonner une si saincte cause que la nostre où il s'agist de l'honneur de Dieu et de la conservation de ce que nous debvons avoir le plus cher au bien que les préfèrent leur intérest particulier. Ceux qui demeureront résolus et fermes, Notre Seigneur leur fera la grâce de ne leur porter nulle ennuys, tant s'en fault ilz en remporteront une gloire immortelle et les aultres un regret perpétuel qui leur restera, et sur ce je prie Dieu après mes affectionnées recommandations, vous donner,

  Messieurs,

En sainte heureuse et longue vye.

D'Amyens, le vi^e jour de juillet 1594.

  Vostre plus affectionné et meilleur amy,

   CHARLES DE LORRAINE.

A Messieurs les vicomte maieur et eschevins de la ville de Dijon.

---

(1) Le 20 juillet, il renouvellait la même promesse par une lettre datée d'Amiens, B 460, n° 187.

[591*]

LES MAGISTRATS DE LANGRES AUX MÊMES.

Plaintes énergiques sur les barbaries commises dans le Montsaugeonnois par le vicomte de Tavannes et son lieutenant Trotedan, et menaces de représailles.

LANGRES,
1594, 3 août.

ORIGINAL.
B. 461, n° 233.

Messieurs,

Nous n'eussions jamais pensé que Monsieur le vicomte de Tavanes eust esté député de vostre part pour brusler les villages du Montsaujonnois, saccager, forcer et violer femmes et filles sans respect. Toutes ces cruaultés se sont exécutées sur personnes innocentes qui ne doibvent souffrir pour d'aultres (1). Si ceste délibération s'est prise entre vous pour nous fascher et apporter de l'incommodité, ce feu et sa suitte ne la faict, mais nous a seulement induict à commisération pour exercer les œuvres charitables sur eulx. Vous pourrez estre spectateurs de plus grande injure si la cruaulté et barbarie avoit lieu parmy ceulx du party du Roy. Le capitaine Trotedan dict avoir commandement du sieur vicomte et de vous de continuer le feu et de pendre les païsans. Il a jà commencé

(1) Voici en quels termes le conseiller Breunot parle de ces exploits du vicomte de Tavanes, qui seront à jamais une tache pour sa mémoire : « Le 26 juillet 1594, M. le prince de Mayenne et M. le vicomte « retournent. L'on dit qu'ils ont tout perdu où ils ont passé, qu'ils « ont brûlé les villages de Rivières-les-Fosses, de Prauthoy et de Vaux, « pillé les églises, volé et tué, et fait tous les actes d'inhumanité que « l'on pourrait excogiter, n'y ayant trouvé aucune résistance. Il n'y « faut pas grande vaillance pour faire tout cela. » (*Journal de Gabriel Breunot*, II, 229.

de ce faire et en faict magazin pour les traicter à l'espagnolle ; il y en a six qui sont jà mortz aux cachotz. Les païsans de voz quartiers se peuvent traicter de mesme façon et n'y a poinct encores esté commancé. Si ceulx de ces quartiers se sont baricadez, la cruaulté dudict Trotedan et de ses soldatz les ont admenez là pour rachepter leurs vies et leurs moyens. Ce n'est pas pour exterminer la noblesse ny pour desnier à l'obéissance qu'ilz doibvent au Roy qui est le prétexte que l'on a pris pour lesdictz faire pendre, mais seulement pour eulx mectre sur la déffensive et empescher les exactions que l'on faisoit journellement sur eulx. Et croirez, Messieurs, s'il vous plaist que si ne donnez ordre de faire restablir le dommage qui a esté faict, comme la raison le veult, qu'il sera très dificille de contenir ces désespérez, comme nous avons faict jusques à présent. Le canon et munitions de guerre qui ont esté tirez de vostre ville pour ce subject les faict juger que vous estes autheurs de tout leur mal. Toutefois, soubz l'espérance que leur avons donnée que donnerez ordre de leur faire restituer le dommage qu'ilz ont souffert, ilz se sont contenuz et serions très merry de veoir la suitte qui en réussira si vous n'y prévoiez, chose qui sera tousjours à nostre grand regret pour avoir usé envers vous de tous les bons offices qu'il nous a esté possible. Et attendant sur ce vostre response. Nous prions Dieu,

Messieurs,

Vous donner en santé heureuse vie.

A Lengres, ce IIIᵉ aoust 1594.

Voz bons voisins et serviables amys,

Les maire et eschevins de Lengres,

Fruilleton, J. Goux, Deguinant, A. Noirot, Richard.

La Chambre, après la lecture de cette dépêche, décida qu'il y serait fait réponse, mais le registre demeure muet sur le contenu de la dépêche. (*Reg.* B, 104, 1° 80.)

[592]

LE DUC DE MAYENNE AUX MÊMES.

Le défaut de résolution des habitants de Laon a amené la reddition de leur ville, juste au moment où il marchait à leur secours. Dans ces circonstances, il part pour Bruxelles conférer avec l'archiduc Ernest, et leur annonce l'entrée en Bourgogne du régiment de Tremblecourt, envoyé pour les assister.

SAINT-QUANTIN PRÈS DOUAY, ORIGINAL.
1594, 7 août. B. 460, n° 188.

Messieurs,

Sy les habitans de la ville de Laon eussent secondé de courage et de résolution la valleur des gens de bien desquels ils étoient assistéz. Ils nous eussent encore donné dix ou douze jours de plus pour les secourir à quoy je travaillois incessamment de la volonté et des effects, mais ils se sont précipités jusques à faire violence mesmes à leurs gens de guerre pour faire advancer la capitulation de leur reddition qui est advenue par leur seul mancquement et contre l'assurance qu'ilz m'avoient donnée et réytérée, car ils n'estoient nullement incommodés au dedans et ils pouvouait s'ilz eussent eu quelque volonté de se conserver, ayder à rendre les effectz du dehors encore pour quelques jours vains et inutiles. Cependant que nous nous fussions approchez avec l'armée qui m'attendoit à s'acheminer que la conjonction des forces tant de cavallerye que d'infanterye qui s'y doibvent rendre dans huit ou dix jours au plus tard, cette perte ainsy advenue m'est fort sensible. Mais affin qu'elle ne feist progrez ailleurs ou n'apportast quelque estonnement aux autres villes de ce party, je m'en suis venu prendre la charge de ladite armée et cependant qu'elle se fortiffira d'un bon nombre de troupes, j'ay résolu un voyage jusqu'à Bruselles pour m'abboucher avec Monsieur l'archiduc Arnest et veoir clair une fois pour toutes aux moïens que nous pouvons espérer pour remettre noz affaires en quelque vigueur après de si mauvais accidents dont aussy tost je vous donneray advis n'ayant touteffois différé de pourvoir à ce que j'ay jugé nécessaire pour le service de vostre province dont vous devez maintenant ressentir quelque effectz, sinon ce sera bientost par l'acheminement vers vous du régiment du sieur Tremblecourt, qui sera incontinent suivy d'ung autre qui est encore destiné avec d'autres moïens et commodités pour vostre dite province de laquelle la conservation et le soulagement ne sera moings désirez de moy que de vous-mesmes, ainsy que vous le congnoistrez tousjours et faictes estat que j'en ay le soing qui m'oblige d'en prendre vostre fidelle affection qu'en laquelle je vous prie et conjure de vouloir persévérer. Car je me le prometz en attendant que je ne voye avec quelque plus agréable sujet pour vous continuer mes lettres sur nos occurrences. Je prieray Dieu, Messieurs, qu'il vous conserve heureusement. Du camp de St-Quentin près Douay le VIIe jour d'aoust 1594.

(Ce qui suit est de la main de Mayenne.)

Messieurs, je vous prie de croyre que je n'ay ne plus à cueur que le bien et soulagement de vostre province et celuy en particulier de vostre ville et que je pourvoyray en ce voyage tellement à l'un et à l'autre que les effets de l'ordre que je donneray vous contenteront. Je retiens encore ung messager avec moy que je vous dépêcheray de Brusselle.

Votre entièrement affectionné amy,

Charles de LORRAINE.

A Messieurs les mayres vicomte et eschevins de Dijon.

[591]

LES MAGISTRATS DE CHALON AUX MÊMES.

Démentent les bruits répandus que du consentement de Lartusie ils avaient traité avec le roi de Navarre, et protestent de leur volonté de se maintenir dans l'Union. Energiques réclamations sur les cotes que leur impose le prince de Mayenne, nonobstant la résolution dernière des Etats.

CHALON,
1594, 10 août.

ORIGINAL.
B. 461, n° 234.

Messieurs,

Dimanche dernier septembre du présent mois, Monsieur de Lartuzie nous communiqua un mot de lettres que luy escripvoit un sien secrétaire, estant de présent à Dijon, par lesquelles il luy donnoit advis que la ville de Dijon estoit en rumeur par le moyen de certaines lettres qu'aulcungs de ceste ville avoit escriptes audict Dijon, par lesquelles ilz mandoient que nous avions faict accord avecq le Roy de Navarre du consentement dudict sieur de Lartuzie, et que l'on avoit publié à son de trompe en ceste dicte ville tous ses éedictz. Sur le champt nous mandames ceulx que l'on prétendoit autheurs de telles nouvelles et suppositions, lesquelz nous ont fort assuré n'avoir jamais pensé à telle chose, et par effect ilz escripvent à ceulx ausquelz ilz ont accoustumé d'escrire de leurs affaires pour se purger envers vous de telles calomnies, et comme cest affaire nous touche vivement, nous avons voulu vous assurer de la vérité, comme aussy faict Monsieur de St-Vincent, pour vous prier de croire que nous n'avons jamais heu intention de nous séparer de l'Union que nous avons sy solennellement jurée avecq vous et aultres villes de ceste province, estantz assurez que Monseigneur le prince que nous avons veu puis peu de jours en ceste ville n'aura adjousté foy à telles inventions, ayant assez recongneu noz scincères et bonnes intentions au service de Monseigneur son père et du sien ; nous estantz descouvertz à luy de toutes noz affaires sans aulcune dissimulation, comme à celuy auquel nous entendons obéyr pour le rang et qualité qu'il porte en ceste dicte province. Nous l'avons bien requis sy ses affaires le pouvoient permettre d'entendre à quelque tresve générale avec ceulx du party contraire pour empescher leurs coursses et violences, et facilliter la récolte des fruictz. Il nous feit response qu'il y entendroit volontiers moyennant que toutes les villes de son gouvernement l'en requissent, comme vous estes la capitalle, nous vous vouldrions supplier d'adviser les moyens les plus propres pour y parvenir. De nostre part nous ne mancquerons aulcunement d'y apporter toutte la bonne affection que nous avons au soulagement du pauvre peuple et conservation commune de ceste pauvre province tant désolée et ruynée, estant bien de besoing de treuver quelque remède propre et convenable pour avoir quelque respit et évitter la perte entière et ruyne de ce peu de moyens et facultez qui nous restent. Nous avons occasion sur tous aultres de nous en plaindre pour le mal que nous en ressentons. Nous en avons escrit cy-devant à Messieurs les esleuz du pays, mais le tout est demeuré sans aulcun effect. Nous sumes poursuiviz diversement par les impositions grandes et excessives qu'il nous convient payer par chacun quartier non seulement en vertu des billets de mesdits sieurs les esleuz, mais par aultres billetz de sommes beaucoup plus grandes qui s'envoyent soubz l'authorité de mondit seigneur le prince par chacun quartier contre le décret et résolution dernière des Estatz. On nous a faict payer le premier quartier de ceste année desditz billetz et nous veult on contraindre pour les aultres choses à nous du tout impossible. Aussy que nous scavons bien que vous ny ceulx des aultres villes de ce party n'en ont payé aulcune chose et n'est raisonnable que nous soyons de pire condition. Nous sumes aussy estrangement travaillez en noz fermes et métaries par les garnisons de ceste ville qui preignent indifféremment le bestial pour le payement de leurs contributions qui se pert par ce moyen la plus part, ou bien il nous le fault rachepter pour le reprendre à tous les quartiers pour mesme cause. Nous nous sumes espanchez sy avant à vous représenter touttes ces choses, parce que vous faictes une partie de la Chambre de Messieurs les Esleux, vous suppliant affectueusement nous y assister et croire que nous demeurerons toujours fermes avecq vous et de mesmes volontez pour entendre au salut commun de ceste province et particulièrement à vous rendre service à touttes occasions qu'il vous plaira nous employer et de mesme volonté que nous prions Dieu,

Messieurs,

Qu'il vous conserve en heureuse santé et longue vie.

A Chalon, ce x⁰ d'aoust 1594.

Voz bien humbles et affectionnez frères et serviteurs,

Les Maire et Eschevins de la ville de Chalon.

Par ordonnance desdits sieurs,

Biney.

A Messieurs, Messieurs les viconte mayeur et eschevins de la ville de Dijon.

[594]

MONTMOYEN, GOUVERNEUR DE BEAUNE, AU MAIRE DE DIJON.

Se plaint de ce qu'ayant traité, par la permission du prince de Mayenne, avec M. de Vaugrenant pour la liberté des vendanges, on répand le bruit que lui et les habitants ont trahi l'Union. Il lui rappelle, en fait de fidélité, que pour se conserver en l'obéissance, ils n'ont point encore été obligés, comme à Dijon, d'élever des barricades et de faire le procès à des traitres.

BEAUNE,
1594, 22 septembre

ORIGINAL,
B. 456, n° 148.

Messieurs,

J'ay appris par quelques-uns de ceste ville qui sont retournés de Dijon, que vous leur avez fait entendre que vous teniez ceux de ceste ville de Beaune pour ennemys et que nous estions confédérez avec le sieur de Vaugrenant. Je ne scay qui sont ceux qui vous donnent ces mauvais adviz que vous recevez ce me semble trop légèrement, parlant de voz voisins encore avec plus de légèreté que si vous nommez ceux qui sont soubz l'auctorité de Monseigneur de Mayenne voz ennemis, à la vérité ilz le sont et moy avec eux, car nous sommes tous ses très humbles serviteurs. Si nous avons fait quelque traitté avec Vaugrenant pour faire avec plus de liberté la récolte de la vandange, nous l'avons fait soubz le bon plaisir de Monseigneur le prince qui l'a aggrée et en avons ses lettres, je vous diz tout cecy pour vous lever les mauvaises impressions que l'on vous peut avoir données et pour vous advertir qu'il ne faut point offencer ses voisins et ses amyz sans suget et non point pour randre conte de mes déportementz à autre qu'à mon maistre et à Monseigneur son filz et à ceux à qui il a donné le commandement, par dessus moy et vous dire en passant, qu'en fin de conte l'on treuvera que nous

nous serons conservez en la mesme obéissance, ou nous avons tousjours estez sans faire des barricades et sans avoir la peine de faire le procez à des traistres. Vous suppliant encores une fois de croire que j'ay trop d'honneur pour faire quoy que ce soit contre mon devoir, et sur ce, je prie Dieu,

Messieurs,

Vous conserver en santé et heureuse vie.

A Beaune, ce XXII° septembre 1594.

Vostre plus affectionné à vous servir,

MONTMOYEN.

A Monsieur, Monsieur le maire de Dijon.

---

[595]

MAYENNE AUX MAGISTRATS DE DIJON.

En présence des efforts qu'il fait pour assurer le repos de la province, il les exhorte à persévérer dans l'affection qu'ils lui ont toujours portée et à demeurer fermes et unis.

CHALON,
1594, 26 novembre.

ORIGINAL.
n. 460, n° 190.

Messieurs,

Je vous ay assez faict recongnoistre les bonnes intentions avec lesquelles je m'estois acheminé en ceste province et veulx croire que vous n'en revocquiez par ce doubte les effectz, qui s'estendront tousjours autant au particulier repos et soulagement de vostre ville que vous le pouvez désirer et l'une des choses à laquelle il me semble plus nécessaire et je suis aussy très disposé de pourveoir et de réprimer les ravages des ennemys et empescher les fréquentes courses qu'ils font aux envyrons de vostre ville pour y rendre l'accès plus libre aux commoditéz que vous pouriez recevoir, à quoy je travailleray à sy bon escient lorsque j'y seray de retour qui sera incontinent, que sy vous avez eu par le passé ou pendant mon absence quelques occasions de vous plaindre de ces misères qui m'ont toujours plus sensiblement tousché que plusieurs ne l'ont voulu croire, je vous donneray en récompense assez de subject de vous louer du soing que je veulx prendre de vostre bien et conservation et pour m'accroistre la bonne volonté que j'en ay que est plus grande à la vérité, que ne vous persuadent ceulx qui en appréhendent et craingnent plus les tesmoignages et effectz qu'ilz ne les désirent. Je vous prie de demeurer tousjours fermes et entiers en vostre dévotion, ce que vous ne trouverez aussy en la sincère affection que je vous ay tousiours portée, qui ne desclinera jamais et au surplus de voulloir tellement veiller à la garde de vostre ville qu'on ne puisse troubler vostre tranquilité par des nouveaux desseings, d'aultant que je suis bien adverty qu'il se fera encore des praticques très dangereuses, qui ne pourront estre si promptement estouffées, qu'elles ne soyent très préjudiciables à vostre bien et repoz, ayez y doncques l'œil ouvert. Cependant que je donneray ordre aux affaires de ces quartiers qui ne peuvent que de bien peu de jours différer mon retour en vostre dite ville, et je prieray Dieu en cest endroit,

Messieurs,

Qu'il vous ayt en sa très sainte et digne garde.

De Chalon, le xxvie jour de novembre 1594.

Votre entièrement et affectionné amy,

CHARLES DE LORRAINE.

A Messieurs les vicomte mayeur et eschevins de Dijon.

[596]

LE MÊME AUX MÊMES.

Il les prémunit contre les tentatives que ne manqueront pas de faire les mécontents à l'approche du maréchal de Biron, qui est sur le point d'envahir la province. Il les exhorte à redoubler de vigilance. Annonce l'arrivée prochaine d'une armée du duc de Savoie, à laquelle lui et le duc de Nemours doivent se joindre.

BEAUNE,
1594, 1er décembre.

ORIGINAL.
B. 460, n° 191.

Messieurs,

Je me persuade bien que ceulx qui ont tousjours eu plus d'inclination au party des ennemys que de bonne volonté envers celuy-cy, ni d'affection à mon endroit, feront maintenant plus congnoistre que jamais en vostre ville leurs mauvaises intentions, puisqu'ils sentent approcher l'armée que conduit le maréchal de Biron, et qu'elle doibt entrer en ceste province pour essayer de faire progrèz et ne doubte point que ceste occasion ne leur doibve faire lever la teste qu'ilz n'en demeurent plus insolentz, voyre insupportables aux gens de bien, et croy qu'il ne tiendra pas à eux d'y faire naistre de nouveaux et pernicieux mouvemens pour faire entreprendre sur vostre ville avec plus de facilité et d'espérance de parvenir au changement qu'ilz y ont jusques icy désiré et procuré. Mais je m'asseure aussy que voz prudences et intégrité en le soing que vous avez tousjours faict paroistre en voz charges se rendront d'aultant plus grands que la nécessité de vostre salut et conservation le requiert et que vous y serez d'ailleurs conviés par les bons respects que vous l'ont faict embrasser avec tant de zèle et d'ardeur par le passé. Mais cependant je ne veult laisser de vous prier et exhorter par cest-cy de veiller si exactement sur leurs actions qu'elles ne puissent rien esclore de préjudiciable à ceste cause ny à vostre bien propre et y employez la continuation des bons et fidèles debvoirs et offices que vous avez jusqu'à présent dignement renduz en voz charges et de ma part croyez, Messieurs, que les mesmes considérations ont tant de bien et de pouvoir sur moy que je n'oublie rien qui puisse servir à vostre conservation et vous garantir ainsy que j'espère avec la grâce de Dieu et l'assistance de mes amys de faire de tous sinistres événements et accidentz pourveu que vous fassiez aussy de vostre part ce que vous pouvez et devez et que j'attends de vostre constance et fidélité en semblable occasion que celle qui se présente et pour vous y induyre et conforter davantage. Je vous advise qu'il n'y a rien de plus certain que Monsieur de Savoye est passé deça les montz avec une bonne et forte armée qui n'est pas composée de moings que de dix-huit mil hommes, avec laquelle j'ay sceu de Monsieur le marquis de Tréffort que Son Altesse s'advancera en toute diligence d'entrer en ceste province et Monsieur de Nemours et moy ne fauldrons point de la joindre avec d'autres bonnes forces, pour tous ensemble nous approcher de l'armée ennemye et empescher tellement ses desseings qu'elle ne puisse rien entreprendre au préjudice de ceste cause ny de la commune seureté des villes et si je ne veulx encore promectre qu'il en succera de très bons et avantageux effectz. Voyla ce que j'ay à vous dire et que vous ne devez aucunement révocquer en doubte, sur quoy je prieray Dieu,

  Messieurs,

Qu'il vous veuille heureusement conserver en sa sainte garde.

De Beaune, le 1ᵉʳ jour de décembre 1594.

Vostre très affectionné et parfaict amy,

CHARLES DE LORRAINE.

BAUDOUYN.

[597]

LE MÊME AUX MÊMES.

Approuve la réception d'une garnison dans la ville. Franchesse leur communiquera les ordres qu'il a reçus pour les assister et réprimer les brouillons.

BEAUNE, 1594, 8 décembre.

ORIGINAL.
B, 466, n° 192.

Messieurs,

Je ne puis que grandement louer voz saintes résolutions (1) et ne faict nulle doubte qu'en attendant que les moïens nous arrivent qui se préparent de beaucoup d'endroitz pour pouvoir eslargir vostre ville des plans que luy causent maintenant les incommoditez qu'elle reçoit, vous ne fassiez paroistre les effortz que je me suis toujours promis de voz integritez. Cependant vous verrez par la lettre en chiffre que escrips au sieur de Franchesse l'ordre que je donne pour vous assister et apporter quelque soullagement parmi les brouilleurs. Croyez je vous prie qu'à cela il n'y aura point de mancquement et que je ne désire rien davantage que le bien, la conservation et le repos de vous et de voz semblables qui ont tant mérité pour le salut de ce saint party, que je me précipiteray tousjours plus tost à tous hazardz que de les veoir souffrir. Je ne vous scaurois là-dessus répéter davantage que ce qui est porté en la dépesche dudit sieur de Franchesse qui vous sera commune comme la présente à laquelle je feray fin

---

(1) Mayenne fait allusion à la détermination prise par la Chambre de ville de recevoir en garnison 100 hommes de cheval et 200 gens de pied.

par mes affectionnées recommandations à voz bonnes grâces, priant Dieu,

Messieurs,

Qu'il vous ayt en sa sainte et digne garde.
De Beaune, ce VIIIe de décembre 1594.

Vostre entièrement affectionné amy,

Charles de LORRAINE.

A Messieurs les vicomte maieur et eschevins de Dijon.

---

[598]

LE MÊME AUX MÊMES.

Envoi d'une garnison pour la défense de la ville.

BEAUNE,
1594, 13 décembre.

AUTOGRAPHE.
B. 460, n° 193.

Messieurs,

Vous scaurez par le sieur de la Roche, présent porteur, l'ordre que j'ay donné pour la conservation de vostre ville, à quoy j'ay le soing comme à ma propre vye. Cependant, pour vous eslargir des garnisons des ennemis qui vous font ravages, je vous envoie six vingts des meilleurs hommes que j'aye commandés par le sieur de Villers-Oudan. Je vous prieray de les faire accommoder de logis seulement, car pour leur despenses, j'y ay donné ordre pour ung mois. Vous aurez aussi de mes nouvelles par ce que vous représentera ledit sieur de la Roche, sur lequel je me remettray, priant Dieu, Messieurs, qu'il vous conserve heureuse vye.

De Beaune, ce 13ᵉ de décembre 1594.

Votre très affectionné et meilleur amy,

CHARLES DE LORRAINE.

BAUDOUYN.

A Messieurs les maire et eschevins de la ville de Dijon.

---

[599]

LE MÊME AUX MÊMES.

Ordre de livrer un canon et des munitions pour la défense du château de Montsaujon.

PARIS,
1595, 22 janvier.

ORIGINAL.
B. 454, n° 135.

Messieurs les Maire et Eschevins,

Je vous prie faire délivrer promptement au sieur Trotedant, gouverneur de Monsaujon, une bastarde de coullevryne ou deux moyennes avec cent balles de leur calibre, pour servir à la conservation dudit Monsaujon que les ennemys font estat d'assiéger.

Fait à Dijon, le XXIII janvier 1595.

CHARLES DE LORRAINE.

[600]

LE MÊME AUX MÊMES.

Les ennemis n'auront pas à se féliciter de la prise de Beaune, car il entre en campagne pour la leur reprendre; prière de demeurer unis et de lui continuer leur affection.

CHALON,
1595, 8 février.

ORIGINAL.
B. 460, n° 176.

Messieurs,

J'espère avec l'ayde de Dieu que noz ennemys n'auront pas grande occasion de se louer de la prise de Beaulne et qu'avant qu'il soit peu de jours, je seray en estat de me bien battre avec eux pour la leur faire quicter. Je vous prie de demeurer toujours fermes et bien unys ensemble et me conserver l'affection et la fidellité que vous m'avés jurée, de laquelle je ne doulteray jamais, pour vous avoir recongneus gens de bien et très affectionnez à la deffence de nostre relligion. Ce porteur vous dira plus particulièrement de mes nouvelles, et je prieray nostre Seigneur qu'il vous donne, Messieurs, ses saintes et dignes grâces.

De Challon, ce huit février.

Votre très affectionné amy,

CHARLES DE LORRAINE.

A Messieurs les vicomte maieur et eschevins de la ville de Dijon.

[601]

LE MÊME AUX MÊMES.

Remerciments de la constance qu'ils font paraître pour le parti. Il rassemble ses troupes, auxquelles le duc de Nemours va joindre les siennes et marcher au secours du château de Beaune.

CHALON
1593, 4 février.

ORIGINAL,
B. 460, n° 194.

Messieurs,

La constance que vous tesmoignez parmy tant d'adversitez et de malheurs faict paroistre que vous estes vrayement gens de bien et m'obligez toujours davantaige, oultre la volonté et inclination particulière que j'y ay, de penser à vostre conservation plus qu'à chose du monde. Croiez, je vous prie, que je n'y oublieray rien et que l'ordre que j'y donneray vous ostera toute la crainte et le mal que pourriez apréhender. Je vous diray que hièr au soir, par le retour des sieurs de Commune et de Merindet, je fuz asseuré de l'acheminement de nostre armée qui sera icy dans trois ou quatre jours, à laquelle se joindra Monsieur de Nemours, mon frère, qui m'a promis de m'assister en ceste occasion de sa personne et de ce qu'il aura de forces sytost que tout sera arrivé. Je partiray pour aller secourir les assiégez en résolution de me perdre ou de les tirer de peyne. J'espère que Dieu m'en fera la grâce. Cependant, Messieurs, je vous recommande l'unyon parmy vous et vous prie d'avoir plus de couraige que jamais. Je supplieray sur ce nostre Seigneur qu'il vous ayt, Messieurs, en sa sainte et digne garde.

De Chalons, le 14ᵉ jour de février 1595.

Vostre très affectionné amy,
CHARLES DE LORRAINE.

BAUDOUYN.

A Messieurs les viscomte mayeur et eschevins de la ville de Dijon.

[602]

LE MÊME AUX MÊMES.

Sur le même sujet.

CHALON,
1595, 24 février.

ORIGINAL.
B. 460, n° 195.

Messieurs,

Ce porteur vous dira comme Monsieur de Tianges est party ce matin pour aller recevoir nostre armée, qui est icy auprès, et pour la faire loger. J'espère de m'y joindre dimanche au plus tard, ne désirant rien tant au monde que de me trouver au milieu de ces forces qui sont bonnes en lieu ou j'aye moyen de venir au combat avec nos ennemys, espérant que Dieu me fera la grâce d'en sortir honorablement et d'y faire chose qui sera à sa gloire. Ceux qui sont assiégez dedans le chateau de Beaune monstrent beaucoup de courage et d'affection. S'il ne leur survient quelque mauvais accident, je me prometz que nous les verrons bientost, d'ailleurs, avec l'aide de Dieu que je prie, Messieurs, vous avoir en sa sainte et digne garde.

De Chalon, le 24 de février 1595.

Vostre très affectionné amy,

CHARLES DE LORRAINE.

A Messieurs les maire et eschevins de la ville de Dijon.

[603]

LES MAGISTRATS DE DIJON AU DUC DE MAYENNE.

Informés que la conclusion de la paix ne tenait qu'à ces deux points : l'exercice de la religion réformée interdit en Bourgogne et le maintien des Jésuites, ils le prient de leur faire connaître s'il ne serait pas à propos d'inviter toutes les villes du pays à formuler la même demande, afin de peser davantage sur la détermination du roi.

DIJON,
1595, 18 avril.

ORIGINAL.
B. 232, n° 246.

Monseigneur,

Nous avons toujours certainement creu que la résolution de la paix dès si longtemps mise en termes n'estoit retardée que d'ung très saint zèle que vous avés à conserver et maintenir nostre foy catholique, apostolique et romaine, ayans encores plus esté ressament confirmés en ceste créance par le rapport de plusieurs vos très fidels serviteurs qui assurent que ce bon œuvre eust jà réussy à sa perfection en vous accordant que l'édict de soixante et dix sept n'eust regné en vostre gouvernement et que ceulx de la société du nom de Jésus y fussent retenus et comme ses deux cordes sont les principales en nostre navire, au trait desquelles nous voulons estre tandus et inséparablement jointz avec vous pour le conduire à bon port, nostre compaignée, premiers magistratz de ceste ville, capitale de la province, jettant sa veue et ses conseilz à la conservation de touttes les aultres comme fait le chef aux membres de son corps a mis en délibération de vous escripre la présente sur ce subject pour scavoir si Vostre Grandeur trouvera bon et auroit pour agréable que nous escripvions, non seullement aux villes de nostre party, mais aussy à celles du contraire pour les inviter à joindre la mesme demande avec la vostre, afin qu'estans nos veus et sufrages pareilz, conformes et visans à semblable but, celuy (1) auquel ils seront adressés aye moings d'excuse de les refuser. Car soubz vostre bonne correction, il nous semble que tant plus tost ilz seront assistés d'intercesseurs, tant plus tost pourront ilz estre octroyés et exaulsés, de sorte que pour le repos, soulas et contantement de vostre personne, qui nous est plus chère que les nostres propres. Nous sommes contans pour attirer nos adversaires à cest heureulx desseing nous réduire à ce point de leur escripre avec la plus grande courtoisie et fraternité qu'il sera possible. Que nos désirs succèdent selon nostre espérance, vostre faict et nostre debvoir en seront à jamais plus louables devant Dieu et les hommes, mais sy à l'opposite nous estions esconduits, cela nous préparera soubz vostre obéissance et non aultrement à nous affermir et prandre nouvelle résolution de pourveoir à nos affaires selon qu'il plaira à Dieu nous conseiller (2). Lequel nous suplions, attendant sur le tout vostre bon plaisir et ample response, vous conserver,

  Monseigneur,

   En bonne santé et longue vie.

De Dijon, le xviiie apvril 1595.

  Voz très humbles serviteurs,

    Les Vicomte Mayeur et Eschevins
    de la Ville de Dijon.

---

(1) Le roi Henri IV.

(2) Mayenne, qui ne combattait plus que pour avoir des conditions d'accommodement plus avantageuses, ne répondit point à la proposition, et l'affaire en resta là.

[604]

LE DUC DE MAYENNE AUX MAGISTRATS DE DIJON.

Invitation pressante de se maintenir au parti, malgré les trames des malintentionnés. Il consent à une trêve si on la juge nécessaire, mais si elle servait de prétexte à des mouvements, il ne lui serait plus possible d'empêcher la ruine de la ville.

CAMP DE VESOUL,
1595, 25 mai.

ORIGINAL.
B. 460, n° 196.

Messieurs,

Encores qu'il y ayt en vostre ville une infinité de gens qui, mal affectionnez de tout temps à ce party, ne cherchent que le moïen de la porter par toutes sortes d'artifices entre les mains des ennemys et qui monstrent vouloir faire maintenant un dernier effort. Néantmoings comme vostre prudence et vostre fidèlle affection y a tousjours resisté, je me prometz que vous vous roidirez encore plus vivement que jamais contre leur mauvaise intention, et que vous scaurez bien empescher le mal que ceux qui préfèrent leurs passions particulières à la ruyne de vostre ville vous procurent. Je vous prie, Messieurs, puisque vous avez si bien faict jusques icy, faictes paroistre la continuation de vostre constance et à moy particulièrement que vous vous ressouvenez que j'ay tousjours faict ce qui m'a esté possible pour vostre repos et conservation. Quelques ungs d'entre vous m'avoient faictes ouverture d'une tresve ou neutralité. Si elle peult estre utile à la ville, je l'approuveray fort volontiers et vous prie d'y penser, mais surtout empeschez qu'il ne se fasse des mouvements parmy vous, parce que s'ilz arrivoient, je seroys contrainct de my en aller avec toute ceste armée, et ne seroit plus en la puissance de tout le monde d'empescher qu'elle ne fust entièrement ruynée, à quoy j'aurois plus de regret que de la perte de mes propres enfans. Je me prometz que vous le scaurez bien empescher. Sur ce, Messieurs, je prie Dieu qu'il vous ayt en sa sainte et digne garde.

Du camp de Vezou, le 25ᵉ jour de may 1595.

Vostre affectionné amy,

CHARLES DE LORRAINE.

BAUDOUYN.

A Messieurs les vicomte mayeur et eschevins de la ville de Dijon.

LA PUBLICATION

DES

ANALECTA DIVIONENSIA

EST FAITE SOUS LES AUSPICES

DE L'ADMINISTRATION MUNICIPALE DE DIJON

Analecta divionensia
Correspondance de la mairie de Dijon
Tome 2
28990

www.ingramcontent.com/pod-product-compliance
Lightning Source LLC
Chambersburg PA
CBHW071154230426
43668CB00009B/956